Umsatzsteuerbelastung öffentlicher Vertragspartner bei PPP-Projekten

Europäische Hochschulschriften

European University Studies

Publications Universitaires Européennes

Reihe II **Rechtswissenschaft**

Series II Law

Série II Droit

Band/Volume **5589**

Bastian Liegmann

Umsatzsteuerbelastung öffentlicher Vertragspartner bei PPP-Projekten

PL ACADEMIC RESEARCH

Bibliografische Information der Deutschen Nationalbibliothek
Die Deutsche Nationalbibliothek verzeichnet diese Publikation in der Deutschen Nationalbibliografie; detaillierte bibliografische Daten sind im Internet über http://dnb.d-nb.de abrufbar.

Zugl.: Berlin, Freie Univ., Diss. 2013

Gedruckt auf alterungsbeständigem,
säurefreiem Papier.

D 188
ISSN 0531-7312
ISBN 978-3-631-65906-9 (Print)
E-ISBN 978-3-653-04163-7 (E-Book)
DOI 10.3726/978-3-653-04163-7

PL Academic Research ist ein Imprint der Peter Lang GmbH.
Peter Lang – Frankfurt am Main · Bern · Bruxelles · New York · Oxford · Warszawa · Wien

Dieses Buch wurde vor Erscheinen peer reviewed.

www.peterlang.com

Meinen Eltern

Vorwort

Die vorliegende Untersuchung wurde im Wintersemester 2013/2014 von der Juristischen Fakultät der Freien Universität Berlin als Dissertationsschrift angenommen. Sie befindet sich auf dem Stand Frühjar 2013. Mit der mündlichen Prüfung am 13. November 2013 wurde das Promotionsverfahren abgeschlossen.

Mein Dank gilt an erster Stelle meinem Doktorvater Herrn Professor Dr. Markus Heintzen, der das Thema angeregt und mich stets gut betreut hat. Für die Erstellung des Zweitgutachtens danke ich Herrn Professor Dr. Helge Sodan. Für die Unterstützung bei der Korrektur des Manuskripts gebührt mein Dank Herrn Dr. Dirk Hofmann.

Großen Nutzen konnte ich aus intensiven Diskussionen mit meinen Kollegen Herrn Martin Schmitz und Herrn Dr. Andreas Erdbrügger ziehen, denen ich herzlich für ihre Unterstützung danken möchte.

Ein anschaulicher Beleg für die Aktualität des Themas dieser Untersuchung im Zeitpunkt der Drucklegung ist ein von der EU-Kommission am 14. Oktober 2013 eingeleitetes Konsultationsverfahren zur Überprüfung bestehender umsatzsteuerlicher Rechtsvorschriften zu öffentlichen Einrichtungen. Hier werden die betroffenen Interessengruppen gebeten, bis zum 14. Februar 2014 Stellung zu Reformoptionen zu nehmen, die auch zum Untersuchungsgegenstand der vorliegenden Arbeit gehören[1]. Die weitere Entwicklung bleibt mit Spannung abzuwarten.

Berlin, im Dezember 2013 Bastian Liegmann

[1] Konsultationspapier vom 14. Oktober zur Überprüfung bestehender MwSt-Rechtsvorschriften und Steuerbefreiungen für dem Gemeinwohl dienende Tätigkeiten, abrufbar unter http://ec.europa.eu (Stand: 08.12.2013).

Inhaltsübersicht

Inhaltsverzeichnis

Vierter Teil: Konsequenzen für PPP-Projekte und Lösungsansätze 163

Abkürzungsverzeichnis

a. A.	anderer Ansicht
Abl.	Amtsblatt
Abschn.	Abschnitt
AEUV	Vertrag über die Arbeitsweise der Europäischen Union
AG	Aktiengesellschaft
AO	Abgabenordnung
Art.	Artikel
BayHO	Haushaltsordnung des Freistaates Bayern
BB	Betriebs-Berater (Zeitschrift)
BFH	Bundesfinanzhof
BFH/NV	Sammlung amtlich nicht veröffentlichter Entscheidungen des Bundesfinanzhofs
BFHE	Entscheidungssammlung des Bundesfinanzhofs
BGBl.	Bundesgesetzblatt
BGH	Bundesgerichtshof
BMF	Bundesministerium der Finanzen
BVerfG	Bundesverfassungsgericht
BStBl.	Bundessteuerblatt
BT-Drucks.	Bundestagsdrucksache
bzw.	beziehungsweise
ca.	circa
DM	Deutsche Mark
DÖV	Die öffentliche Verwaltung (Zeitschrift)
DRW	Deutsche Rechtswissenschaft (Zeitschrift)
DStR	Deutsches Steuerrecht (Zeitschrift)
DStZ	Deutsche Steuer-Zeitung (Zeitschrift)
DVBl.	Deutsches Verwaltungsblatt (Zeitschrift)
EMB	Eigenmittelbeschluss
EG	Europäische Gemeinschaft
EGV	Vertrag zur Gründung der Europäischen Gemeinschaft
Einf.	Einführung
EPEC	European PPP Expertise Centre
EU	Europäische Union
EuGH	Europäischer Gerichtshof
EuR	Europarecht (Zeitschrift)
EWG	Europäische Wirtschaftsgemeinschaft
EuZW	Europäische Zeitschrift für Wirtschaftsrecht
f.	und folgende
ff.	und fortfolgende

FMStG	Gesetz zur Umsetzung eines Maßnahmepakets zur Stabilisierung des Finanzmarkts vom 17. Oktober 2008
FR	Finanz-Rundschau (Zeitschrift)
FS	Festschrift
gem.	gemäß
GmbH	Gesellschaft mit beschränkter Haftung
GrEStG	Grunderwerbsteuergesetz
GrStG	Grundsteuergesetz
GST	General Sales Tax
GStB	Gestaltende Steuerberatung (Zeitschrift)
Habil.	Habilitationsschrift
Hrsg.	Herausgeber
HGrG	Gesetz über die Grundsätze des Haushaltsrechts des Bundes und der Länder
IAS	International Accounting Standards
IHK	Industrie- und Handelskammer
i.S.d.	im Sinne des
IStR	Internationales Steuerrecht (Zeitschrift)
Jur. Diss.	Juristische Dissertation
KrW-/AbfG	Kreislaufwirtschafts- und Abfallgesetz
KStDV	Körperschaftsteuer-Durchführungsverordnung
KStG	Körperschaftsteuergesetz
KStR 2004	Körperschaftsteuer-Richtlinien 2004
LHO	Landeshaushaltsordnung
m.w.N.	Mit weiteren Nachweisen
MwSt-RL	Mehrwertsteuerrichtlinie
MwStSystRL	Mehrwertsteuersystemrichtlinie
NJW	Neue Juristische Wochenschrift (Zeitschrift)
Nr.	Nummer
NZBau	Neue Zeitschrift für Baurecht und Vergaberecht (Zeitschrift)
OFD	Oberfinanzdirektion
ÖPP	Öffentlich Private Partnerschaft
ÖPPBeschlG	ÖPP-Beschleunigungsgesetz
PPP	Public Private Partnership
PSC	Public Sector Comparator
RabelsZ	Rabels Zeitschrift für ausländisches und internationales Privatrecht (Zeitschrift)
RGBl.	Reichsgesetzblatt
RIW	Recht der internationalen Wirtschaft (Zeitschrift)
RL	Richtlinie
RT-Drucks.	Reichstagsdrucksachen

RStBl.	Reichssteuerblatt
Rz.	Randziffer
S.	Seite
SäHO	Haushaltsordnung des Freistaates Sachsen
Slg.	Sammlung der Rechtsprechung des Gerichtshofes und des Gerichts Erster Instanz
StC	SteuerConsultant (Zeitschrift)
StRK	Sammlung höchstrichterlicher Steuer-Rechtsprechung in Karteiform
StuW	Steuer und Wirtschaft (Zeitschrift)
TLR	Tax Law Review (Zeitschrift)
UR	Umsatzsteuer-Rundschau (Zeitschrift)
UStAE	Umsatzsteuer-Anwendungserlass, Stand: 3. April 2012
UStB	Umsatzsteuerberater (Zeitschrift)
UStG	Umsatzsteuergesetz
UStR 2008	Umsatzsteuer-Richtlinien 2008
UVR	Umsatzsteuer- und Verkehrsteuer-Recht (Zeitschrift)
UWG	Gesetz gegen den unlauteren Wettbewerb
Vorb.	Vorbemerkung
VwVfG	Verwaltungsverfahrensgesetz
zugl.	zugleich

Einleitung

I. Ziel der Arbeit

Es existiert eine Fülle juristischer und nichtjuristischer Fachliteratur zu Public Private Partnership Projekten. Eine Recherche unter diesem Suchbegriff bei dem Internetauftritt der Deutschen Nationalbibliothek[2] fördert mehr als 600 einschlägige Publikationen zutage, deren Zahl auch weiterhin laufend anwächst. Das nachhaltige Interesse der juristischen Fachwelt an Public Private Partnerships ist vor allem dem Umstand geschuldet, dass mit ihnen komplexe rechtliche Probleme verbunden sind, die eine Vielzahl unterschiedlicher Rechtsgebiete betreffen. Die vorliegende Arbeit widmet sich dem umsatzsteuerlichen Aspekt von Public Private Partnership Projekten und ist daher eng mit dem stets aktuellen Thema der Umsatzbesteuerung der öffentlichen Hand verknüpft. Im Jahre 2007 hat *Kaiser* eine Arbeit vorgelegt, die sich mit der umsatzsteuerlichen Behandlung bestimmter Public Private Partnership Modelle beschäftigt[3]. Dieses Unterfangen soll vorliegend nicht wiederholt werden. Ziel dieser Arbeit ist es vielmehr, die Frage zu untersuchen, ob Public Private Partnership Projekte durch das geltende Umsatzsteuerrecht beeinflusst werden und es zu einer Benachteiligung von Public Private Partnership Projekten kommen kann, weil dem öffentlichen Partner eine Umsatzsteuerbelastung entsteht[4]. Die Aktualität des Themas der Umsatzbesteuerung der öffentlichen Hand zeigt sich, neben der stets anwachsenden Zahl von Veröffentlichungen im umsatzsteuerlichen Schrifttum, auch an der fortlaufenden Kritik des Bundesrechnungshofes an den bestehenden Regelungen des UStG und an der Finanzverwaltungspraxis[5] sowie an einem derzeit von der Europäischen Union be-

[2] http://www.d-nb.de/ (Stand: 20.01.2013).

[3] Vgl. *Kaiser*, Umsatzsteuerliche Behandlung.

[4] Vgl. *Jacob/Berger*, Umsatzsteuerrefund, S. 1, die in der unterschiedlichen umsatzsteuerlichen Behandlung von Eigenleistungen der öffentlichen Hand und des Leistungsbezugs von privaten Unternehmen einen „wesentlichen Hinderungsgrund" für die Umsetzung von Public Private Partneship Projekten sehen, und *Schenke*, UR 2007, S. 4 (4 und 6 ff.), der es so ausdrückt, dass Public Private Partnership Projekte mit einer erheblichen „umsatzsteuerlichen Hypothek" belastet seien.

[5] *Bundesrechnungshof*, Umsatzsteuerliche Behandlung, S. 42; *Bundesrechnungshof*, Umsatzsteuerreformvorhaben, S. 12 ff.

triebenen Reformbestreben zur Modernisierung des Mehrwertsteuersystems. Die Kommission hat Ende 2010 ein Grünbuch zur Zukunft der Mehrwertsteuer vorgelegt[6], welches auch die Vorgaben des harmonisierten Mehrwertsteuersystems für die Umsatzbesteuerung der öffentlichen Hand thematisiert[7]. Im Rahmen des durch das Grünbuch angestoßenen Konsultationsprozesses hat sich gezeigt, dass in der Union ein erhebliches Interesse an der Frage besteht, ob die derzeitigen Regelungen akzeptabel sind[8]. Die große Bedeutung dieses Themas zeigt sich zudem darin, dass die Kommission eigens hierzu eine Studie in Auftrag gab, die im Frühjahr 2011 veröffentlicht wurde und Reformansätze zur umsatzsteuerlichen Behandlung der öffentlichen Hand aufzeigt[9]. Ergänzt wurde diese durch eine aktuelle Folgeuntersuchung aus dem Jahr 2013, die insbesondere die zu erwartenden ökonomischen Konsequenzen verschiedener Lösungsansätze vertieft darstellt[10]. Hierin wird deutlich, dass die Kommission aktuell an einem Vorschlag zur Änderung der unionsrechtlichen Regelungen zur Umsatzbesteuerung der öffentlichen Hand arbeitet. Es ist daher möglich, dass sich die umsatzsteuerlichen Rahmenbedingungen für Public Private Partnership Projekte in absehbarer Zukunft ändern werden.

In der vorliegenden Arbeit soll herausgearbeitet werden, in welcher Weise Public Private Partnership Projekte allgemein durch die Umsatzsteuer beeinflusst werden können und ob sich aus dem gegenwärtigen System tatsächlich eine besondere Benachteiligung ergibt. Auf dieser Grundlage sollen Lösungsmöglichkeiten auf Basis des geltenden Rechts und denkbare Reformansätze dargestellt und bewertet werden.

II. Gang der Untersuchung

Da der Begriff des Public Private Partnerships trotz vielfacher Definitionsbemühungen weiterhin umstritten ist, ist es notwendig in einem ersten Teil der Arbeit zu untersuchen, was Public Private Partnership bedeutet, um ein Begriffsverständnis zu entwickeln, das dieser Untersuchung zugrunde gelegt werden kann. Im Anschluss ist in einem zweiten Teil zu untersuchen, welchen Einfluss die Umsatzsteuer auf ein Public Private Partnership Projekt haben kann. Das hierfür notwendige Verständnis soll durch einen Überblick über das Umsatzsteuersystem und

[6] Grünbuch über die Zukunft der Mehrwertsteuer - Wege zu einem einfacheren, robusteren und effizienteren MwSt-System, abrufbar unter http://ec.europa.eu (Stand: 20.01.2013).

[7] S. 11 des Grünbuchs.

[8] Vgl. Zusammenfassung der Kommission über die Ergebnisse des Konsultationsprozesses vom 02.12.2011, abrufbar unter http://ec.europa.eu (Stand: 20.01.2013) S. 4, wonach auf diese Frage 178 Antworten eingegangen sind.

[9] *CE/KPMG*, VAT in the public sector (2011); vgl. hierzu auch zusammenfassend: *Schmitz/ Erdbrügger/Liegmann*, DStR 2011.

[10] *CE*, VAT in the public sector (2013).

das für die Umsatzsteuer besonders bedeutsame Zusammenspiel von Unionsrecht und nationalem Recht hergestellt werden, so dass auf dieser Basis die Grundkonstellationen von Public Private Partnership Projekten identifiziert werden können, bei denen die Umsatzsteuer einen Einfluss haben kann. Es wird sich hierbei herausstellen, dass es entscheidend darauf ankommt, ob die öffentliche Hand[11] die Möglichkeit hat, ihr vom privaten Partner überwälzte Umsatzsteuer als Vorsteuer abzuziehen. Dies macht es erforderlich, sich im dritten Teil der Arbeit dem komplexen Thema der unionsrechtlichen und nationalrechtlichen Voraussetzungen des Vorsteuerabzugs der öffentlichen Hand anzunehmen. Es bietet sich in diesem Zusammenhang insbesondere die Gelegenheit, die aktuelle Rechtsprechung des Europäischen Gerichtshofs zu dieser Thematik darzustellen und kritisch zu untersuchen. Auf dieser Basis wird es möglich, im vierten Teil der Arbeit eine Aussage darüber zu treffen, in welchen Fällen sich tatsächlich eine negative Auswirkung der Umsatzsteuer auf Public Private Partnership Projekte ergibt. Im anschließenden Teil wird untersucht, ob im Rahmen des geltenden Rechts eine Vermeidung der Umsatzsteuerbelastung durch Gestaltungen möglich ist und welche Lösungsmöglichkeiten sich bieten könnten, das Umsatzsteuerrecht im Hinblick auf eine Vermeidung der umsatzsteuerlichen Belastung von Public Private Partnership Projekten zu reformieren. Den Schluss der Arbeit bildet eine thesenartige Zusammenfassung der wesentlichen Ergebnisse.

[11] Der Begriff der öffentlichen Hand ist eine Sammelbezeichnung für Bund, Länder und Gemeinden sowie sonstige verselbstständigte öffentlich-rechtliche Rechtssubjekte, vgl. *Köhler* in: *Hefermehl/Köhler/Bornkamm*, UWG, § 4, Rz. 13.1; *Kraeusel*, FS Korn, S. 457, der den Begriff der öffentlichen Hand als Synonym für juristische Person des öffentlichen Rechts versteht.

Erster Teil:

Der Begriff Public Private Partnership

Der Begriff Public Private Partnership ist vielfach in der Fachliteratur diskutiert. Trotz seiner Aufnahme in zwei steuergesetzliche Normen[12], hat sich bis heute noch keine allgemein anerkannte Definition herauskristallisiert. Ausgangspunkt für die Frage, wie sich das deutsche Umsatzsteuerrecht auf Public Private Partnership Projekte auswirkt, muss daher eine Beschäftigung mit dem Begriff des Public Private Partnership sein.

Zu diesem Zweck folgen zunächst allgemeine Ausführungen, die sich dem Begriff über seine historischen Wurzeln und die wirtschaftliche und politische Bedeutung in Deutschland und Europa nähern. Im Anschluss soll der Versuch einer Definition unternommen und ein Blick auf gängige sogenannte Public Private Partnership Modelle gerichtet werden. Ziel ist es, eine Arbeitsdefinition zu finden, die der weiteren Untersuchung zugrunde gelegt werden kann.

§ 1 Herkunft und Bedeutung

Die Zusammenarbeit zwischen der öffentlichen Verwaltung und privaten Unternehmen ist kein neues Konzept. Bereits im 19. Jahrhundert arbeiteten deutsche Städte auf vertraglicher Basis mit englischen Gasgesellschaften zusammen, die als konzessionierte Firmen die Bevölkerung mit Gas belieferten[13]. Seit langem praktiziert und verbreitet ist auch die Bildung von sogenannten „gemischtwirtschaftlichen Unternehmungen". Damit ist eine Situation gemeint, in der eine privatrechtliche Gesellschaft – zumeist in der Rechtsform einer GmbH – öffentliche Aufgaben wahrnimmt und sowohl ein Hoheitsträger als auch Vertreter der Privatwirtschaft Gesellschaftsanteile halten[14].

---

[12] Vgl. § 3 Absatz 1 Satz 3 GrStG und § 4 Nr. 9 GrEStG, die sich auf das deutsche Begriffsäquivalent der Öffentlich Privaten Partnerschaft beziehen.

[13] *Püttner* in: *Budäus*, Kooperationsformen, S. 98.

[14] *Budäus* in: *Budäus*, Kooperationsformen, S. 12; *Weiß*, Privatisierung, S. 279.

Kooperationen zwischen Öffentlichen und Privaten sind also keine Neuheit, dennoch ist der Begriff des Public Private Partnerships erst in jüngerer Zeit in Deutschland populär geworden. Vor diesem Hintergrund drängt sich die Frage auf, ob der Ausdruck Public Private Partnership nicht eher ein Modewort[15] ohne eigene Daseinsberechtigung[16] ist, das ein altes und bekanntes Konzept lediglich neu benennt, oder ob mit der neuen Bezeichnung auch ein neuer Inhalt verbunden ist[17].

Die nachfolgenden Ausführungen zeigen die historischen Wurzeln des Public Private Partnership Begriffes auf (dazu I.) und verfolgen seine Adaption in Deutschland und Europa (dazu II.). Im Anschluss soll ein grober Überblick über die wirtschaftliche Bedeutung von Public Private Partnership (dazu III.) zur weiteren Verdeutlichung beitragen.

I. Historische Wurzeln

Wie die sprachliche Herkunft suggeriert, ist Public Private Partnership, kurz PPP, keine deutsche Wortschöpfung. Ihr Ursprung liegt in den Vereinigten Staaten von Amerika. Das generelle Ziel von Public Private Partnerships lag ursprünglich in der Förderung der wirtschaftlichen Entwicklung der amerikanischen Gemeinden[18]. In diesem Zusammenhang kam das Konzept bereits in den 40er Jahren des zwanzigsten Jahrhunderts zur Anwendung, während der Ausdruck Public Private Partnership erst später geprägt wurde.

Die Stadt Pittsburgh im US-Bundesstaat Pennsylvania befand sich in den 40er Jahren des zwanzigsten Jahrhunderts wirtschaftlich in einer schwierigen Lage. Der bislang stark auf die Stahlindustrie ausgerichteten Region drohte ein wirtschaftlicher Niedergang. Als Reaktion auf diese Bedrohung schlossen sich 1942 Vertreter aus Politik, Wirtschaft und Hochschulen zusammen, um Gegenmaßnahmen zu ergreifen; sie bildeten die *Allegheny Conference On Community Development*, aus welcher schließlich die *Regional Industrial Development Corporation* hervorging, die ab 1944 das Ziel verfolgte, die Neuansiedlung von Unternehmen in der Region Pittsburgh zu fördern. Beteiligt waren die Stadt Pittsburgh, Hochschulen und verschiedene örtliche privatwirtschaftliche Unternehmen[19]. Da-

[15] So *Tettinger*, DÖV 1996, S. 764.

[16] Vgl. *Stelkens*, Verwaltungsprivatrecht, S. 47 f., der dem Begriff die rechtsdogmatische Relevanz abspricht.

[17] So *Wolff*, Verwaltungsrecht III, S. 612, der PPP für einen notwendigen Schlüssel- und Sammelbegriff hält und in den PPP-Anwendungsfeldern eine neue quantitative und qualitative Dimension sieht, die sich von traditionellen Arten der Zusammenarbeit unterscheidet; *Mirow* in: *Budäus*, Aufgabenerfüllung, S. 22 betrachtet PPP als einen Teil der Modernisierung des öffentlichen Sektors.

[18] *Fainstein/Fainstein* in: *Heinz*, Stadtentwicklung, S. 83.

[19] *Stratmann*, Globalisierung, S. 150 ff.

mit entstand eines der ersten dokumentierten Beispiele eines Public Private Partnerships; es wurde zum Vorbild für ähnliche Projekte in anderen Städten[20].

Eine besondere Bedeutung erlangte Public Private Partnership schließlich unter der Regierung von Präsident Carter. Nachdem dieser im Rahmen seines *Urban Development Action Grant* Programms zunächst den Versuch unternahm, die finanziell angeschlagenen Gemeinden mit einem staatlichen Hilfsfonds von 400 Millionen US-Dollar zu unterstützen, suchte er nach weiteren Wegen, um die lokale Wirtschaft anzukurbeln. Vor diesem Hintergrund propagierte er am 28. März 1978 eine Zusammenarbeit zwischen der öffentlichen Verwaltung und dem privaten Sektor unter dem Titel *New Partnership to Conserve America's Communities*[21]. Anknüpfend an diese Erklärung wird Präsident Carter die Wortschöpfung Public Private Partnership zugeschrieben[22]. Die Geburtsstunde der Bezeichnung Public Private Partnership kann also auf das Jahr 1978 datiert werden, wenngleich das Grundkonzept bereits mehr als dreißig Jahre zuvor in Pittsburgh praktiziert wurde.

II. Europa und Deutschland

Nach Präsident Carters Erklärung überquerte der Ausdruck den Atlantik und setzte sich auch in Europa für ein neuartiges Konzept der Zusammenarbeit zwischen der öffentlichen Hand und Privaten durch. Einen ersten „Boom“ erlebten Public Private Partnership Projekte in England und Schweden in den 80er Jahren des letzten Jahrhunderts[23].

In Deutschland dauerte es etwas länger, bis dieses Konzept erste Aufmerksamkeit erregte. In den 90er Jahren gewannen Public Private Partnership Modelle jedoch zunehmend an Attraktivität, was nicht zuletzt mit dem erhöhten Investitionsbedarf im Rahmen der deutschen Wiedervereinigung zusammenhing[24].

Unmittelbar in Verbindung mit Public Private Partnership steht die Hoffnung der öffentlichen Entscheidungsträger, durch eine Zusammenarbeit zwischen dem privaten Sektor und der öffentlichen Hand öffentliche Leistungen effizienter be-

[20] *Barnekov*, Privatism, S. 41 f.; *Budäus/Grüning* in: *Budäus*, Aufgabenerfüllung, S. 42; *Schrallhammer*, PPP in Kunst und Kultur, S. 99.

[21] *Barnekov*, Privatism, S. 69.

[22] *Schrallhammer*, PPP in Kunst und Kultur, S. 99.

[23] *Stratmann*, Globalisierung, S. 154, 158.

[24] *Stelkens*, Verwaltungsprivatrecht, S. 47 f. weist richtigerweise darauf hin, dass der Erfolg und die Verbreitung des Ausdrucks (jedenfalls zusätzlich) dadurch begünstigt wurden, dass er als Anglizismus einerseits modern klingt und andererseits durch die dreifache Alliteration eine sehr einprägsame Abkürzung liefert.

reitzustellen[25]. In Deutschland besteht ein starker politischer Wille, Public Private Partnership Projekte zu fördern, um die erhofften Effizienzgewinne zu verwirklichen. Nachdem die Bundesregierung unter Bundeskanzler Gerhard Schröder ein umfangreiches Gutachten zum Thema „PPP im öffentlichen Hochbau" in Auftrag gab, welches die von der Bundesregierung beauftragte Beratergruppe „PPP im öffentlichen Hochbau" 2003 vorlegte[26], gründete sie zum 1. Juli 2004 die *PPP Task Force* als Geschäftsstelle des Lenkungsausschusses *PPP im öffentlichen Hochbau*[27]. Am 28. Februar 2009 stellte die PPP Task Force ihre Tätigkeit ein; ihre Arbeit wird von einem neu gegründeten Kompetenzzentrum, der *ÖPP Deutschland AG*, die auch unter dem Namen *Partnerschaften Deutschland* auftritt[28], fortgeführt[29]. Ein weiteres Zeugnis des politischen Willens zur Förderung von Public Private Partnerships ist das sogenannte ÖPP-Beschleunigungsgesetz[30], welches noch kurz vor dem Ende der 15. Wahlperiode verabschiedet wurde. Am 11. November 2005 setzte sich die große Koalition aus CDU und SPD für die 16. Wahlperiode das Ziel, die Zahl der Public Private Partnership Pilotprojekte zu steigern, die Rahmenbedingungen für Projekte im Bereich des öffentlichen Hoch- und Tiefbaus weiter zu verbessern und die Arbeit der PPP Taskforce zu verstärken[31]. Dieses im Koalitionsvertrag 2005 formulierte Ziel wurde in dieser Form im Koalitionsvertrag zwischen CDU, CSU und FDP für die 17. Legislaturperiode nicht erneut festgeschrieben. Es finden sich jedoch neben dem weit gefassten Vorsatz, eine „Wettbewerbsgleichheit kommunaler und privater Anbieter insbesondere bei der Umsatzsteuer" anzustreben[32], weiterhin Passagen, die das Festhalten an dem Förderwillen in Bezug auf Public Private Partnership Projekte verdeutlichen. So sollen z.B. „Modelle für die Beteiligung Privater im Rahmen von ÖPP-Projekten" vorangebracht werden[33] und Public Private Partnerships als ein Instrument zum „Ausbau und Schutz" des Privatsektors genutzt werden[34].

---

[25] *Bürsch/Funken*, ÖPP-Kommentar, S. 4 bezeichnet das Erzielen von Effizienzgewinnen als die entscheidende Legitimation für Öffentlich Private Partnerschaften; zu den theoretischen Grundlagen dieser Hoffnung, insbesondere im Zusammenhang mit der sogenannten Public Choice Theorie vgl. *Budäus/Grüning* in: *Budäus*, Aufgabenerfüllung, S. 27 ff.

[26] *BMVBS*, Leitfaden.

[27] *Christen* in: *Immenga*, Moving Ahead, S. 40.

[28] Hintergrundinformation zur ÖPP Deutschland AG abrufbar unter http://www.partnerschaften-deutschland.de (Stand: 20.01.2013).

[29] Mitteilung des BMVBS unter http://www.bmvbs.de (Stand: 20.01.2013).

[30] Gesetz zur Beschleunigung der Umsetzung von Öffentlich Privaten Partnerschaften und zur Verbesserung gesetzlicher Rahmenbedingungen für Öffentlich Private Partnerschaften vom 01.09.2005, BGBl. I, 2676 - 2681.

[31] Koalitionsvertrag vom 11.11.2005, S. 52

[32] Koalitionsvertrag vom 26.10.2009, S. 14.

[33] Koalitionsvertrag vom 26.10.2009, S. 35.

[34] Koalitionsvertrag vom 26.10.2009, S. 128.

Auch auf europäischer Ebene besteht ein starker politischer Wille zur Förderung von Public Private Partnership Projekten. Am 16. September 2008 gründete die Europäische Investitionsbank in Zusammenarbeit mit den Mitgliedstaaten der Europäischen Union, den Beitrittskandidaten und der Europäischen Kommission das *European PPP Expertise Centre*, kurz EPEC. Das Ziel dieses Expertengremiums ist es, die öffentlichen Stellen zu effektiveren Akteuren bei PPP-Transaktionen zu machen, die Kosten der einzelnen Vorhaben zu verringern und das Investitionsvolumen anzuregen[35].

Wie in zahlreichen anderen EU-Mitgliedstaaten hat auch Deutschland ein sogenanntes PPP-Kompetenznetzwerk aufgebaut, das vor allem der Förderung der organisatorischen Rahmenbedingungen und dem Austausch von Wissen dienen soll. Hierzu gehören neben der ÖPP Deutschland AG diverse sogenannte '"PPP-Kompetenzzentren" auf Länderebene. Eigene PPP-Kompetenzzentren[36] unterhalten Baden-Württemberg[37], Bayern[38], Berlin und Brandenburg[39] sowie Brandenburg[40], Hamburg[41], Hessen[42], Nordrhein-Westfalen[43], Rheinland-Pfalz[44], Sachsen-Anhalt[45], Schleswig-Holstein[46] und Thüringen[47].

III. Wirtschaftliche Bedeutung

Public Private Partnership Projekte haben häufig ein hohes Auftragsvolumen. Dies gilt insbesondere für Projekte im Bereich des Straßenbaus und des öffentlichen Hochbaus. So betrug das durchschnittliche Investitionsvolumen pro Projekt im Hochbau 2011 43,6 Millionen Euro[48]. Ein besonders hohes Investitionsvolumen haben Public Private Partnership Projekte auf Bundesebene im Bereich des Ausbaus von Autobahnabschnitten. In diesem Bereich entfiel beispielsweise auf 6 langfristige Ausbauprojekte in Deutschland, die im Jahr 2009 abgeschlossen wurden, ein Investitionsvolumen von insgesamt 1,8 Milliarden Euro, welches bis zu

[35] Hintergrundinformationen, abrufbar unter http://www.eib.org/epec (Stand: 20.01.2013).
[36] Eine Übersicht findet sich bei: *Christen* in: *BMVBS*, PPP-Handbuch, S. 29 und auf http://www.ppp.niedersachsen.de (Stand: 24.06.2012).
[37] PPP-Taskforce des Wirtschaftsministeriums Baden-Württemberg.
[38] PPP-AG Bayern der obersten Baubehörde und des Bayerischen Staatsministeriums des Innern.
[39] Regionalforum PPP Berlin-Brandenburg.
[40] PPP-Kontaktstelle der Investitionsbank des Landes Brandenburg.
[41] PPP-Leitstelle der Finanzbehörde der Freien und Hansestadt Hamburg.
[42] PPP-Kompetenzzentrum Hessen des Hessischen Ministeriums der Finanzen.
[43] PPP-Task-Force des Finanzministeriums Nordrhein-Westfalen.
[44] PPP-Kompetenzzentrum Rheinland-Pfalz, PER Projektentwicklungs GmbH RLP.
[45] PPP-Task Force des Ministeriums der Finanzen des Landes Sachsen-Anhalt.
[46] PPP-Kompetenzzentrum der Investitionsbank Schleswig-Holstein.
[47] PPP-Arbeitsgruppe des Ministeriums für Bau und Verkehr Thüringen.
[48] Vgl. Artikel der Immobilien-Zeitung vom 07.05.2011, abgerufen unter http://www.immobilien-zeitung.de (Stand: 03.06.2012).

diesem Zeitpunkt 34 % aller Investitionen in Public Private Partnership Projekte deutschlandweit ausmachte[49]. Der Anteil besonders großer Public Private Partnership Projekte mit einem Volumen von über 500 Millionen Euro betrug im Jahr 2011 europaweit 8 % aller Projekte[50]. Teilweise wird angenommen, ein Public Private Partnership Projekt werde erst ab einem Volumen von etwa 12 - 15 Millionen Euro überhaupt sinnvoll, da sich die hohen Transaktionskosten insbesondere in Bezug auf das komplexe vertragliche Regelungswerk sonst nicht lohnen würden[51]. Während die Public Private Partnership Projekte und die Investitionsvolumina seit 2003 bis 2007 stetig zunahmen, kam es 2008 erstmals zu einer Abschwächung, die sich in einer sinkenden Anzahl von Vertragsabschlüssen manifestierte[52] und deren Ursache insbesondere auf die weltweite Finanzmarktkrise zurückgeführt wird[53]. Der deutsche Public Private Partnership Markt konnte sich jedoch erholen. Im Jahr 2011 betrug das Volumen von PPP-Projekten, die in Deutschland abgeschlossen wurden, 1,141 Milliarden Euro[54]. Die Realisierung und Förderung von Public Private Partnership Projekten ist folglich mit einem milliardenschweren Markt verbunden. Es ist ein erklärtes Ziel der Bundesregierung, den Anteil der PPP-Realisierung im Bereich öffentlicher Hochbauprojekte langfristig auf 15 Prozent zu steigern[55]. Dabei ist von einem noch unerschlossenen Marktpotenzial in Milliardenhöhe auszugehen[56]. Ein weiterer wirtschaftlicher Hintergrund, der vor allem Public Private Partnership Projekte im Bereich des öffentlichen Hochbaus betrifft, liegt in der anhaltenden angespannten Haushaltslage der Gebietskörperschaften in Deutschland[57]. Die Errichtung eines öffentlichen Gebäudes im Rahmen eines Public Private Partnerships ermöglicht es dem öffentlichen Vertragspartner, die hohen Kosten für die Gebäudeerrichtung auf einen längeren Zeitraum zu verteilen[58].

Innerhalb der Europäischen Union nahm Großbritannien lange Zeit eine unangefochtene Vorreiterrolle bei der Realisierung von Public Private Partnership

---

[49] *Christen* in: *BMVBS*, PPP-Handbuch, S. 11.

[50] Market Update der EPEC für das Jahr 2011 vom März 2012, abrufbar unter http://www.eib.org/epec (Stand: 20.01.2013).

[51] Vgl. *Budäus* in: *Budäus*, Kooperationsformen, S. 24.

[52] 38 Vertragsabschlüssen in 2007 stehen im Jahr 2008 27 Vertragsabschlüsse gegenüber, das Gesamtinvestitionsvolumen ging jedoch nur leicht zurück von ca. 1,5 Milliarden Euro im Jahr 2007 auf 1,42 Milliarden Euro im Jahr 2008, vgl. *Christen* in: *BMVBS*, PPP-Handbuch, S. 10.

[53] Vgl. *ÖPP Deutschland AG*, ÖPP in der Finanzmarktkrise, S. 17.

[54] Übersicht European PPP Market by Country der EPEC für das Jahr 2011, abrufbar unter http://www.eib.org/epec (Stand: 20.01.2013).

[55] Vgl. Presseerklärung des BMVBS vom 17.09.2008.

[56] Vgl. *Wuermeling* in: *Immenga*, Moving Ahead, S. 95, der anführt, die Bundesregierung schätze das noch nicht erschlossene Marktpotenzial auf ca. 7 Milliarden Euro pro Jahr.

[57] *Budäus* in: *Budäus*, Kooperationsformen, S. 11; *Bürsch/Funken* in: *Bürsch/Funken*, ÖPP-Kommentar, S. 1; *Littwin*, PPP im Hochbau, S. IX; *Stratmann*, Globalisierung, S. 150.

[58] Vgl. zu den verschiedenen PPP-Modellen im Bereich des öffentlichen Hochbaus, § 1 III. 1.

Projekten ein. Der Anteil von Public Private Partnership Projekten an der Bereitstellung öffentlicher Dienstleistungen betrug in Großbritannien bereits im Jahre 2006 etwa 15 Prozent[59]. Die Verwirklichung einer vergleichbar hohen Quote für Deutschland ist ein erklärtes Ziel der Bundesregierung[60]. Andere EU-Mitgliedstaaten konnten in jüngerer Zeit jedoch aufschließen und 2010 Großbritannien erstmalig überholen. Spitzenreiter in Bezug auf das PPP-Auftragsvolumen waren im Jahr 2010 Spanien[61] und 2011 Frankreich[62], jeweils gefolgt von Großbritannien. Es ist jedoch hervorzuheben, dass diese Entwicklung in beiden Fällen mit einigen besonders großvolumigen Projekten zusammenhing, die von Spanien im Jahr 2010 bzw. von Frankreich im Jahr 2011 abgeschlossen wurden. Großbritanien war sowohl in 2010 als auch in 2011 weiterhin Spitzenreiter im Hinblick auf die Anzahl der PPP-Projekte.

[59] *Wissmann* in: *Immenga*, Moving Ahead, S. 9.

[60] *Christen* in: *Immenga*, Moving Ahead, S. 39; Presseerklärung des BMVBS vom 17.09.2008.

[61] Market Update der EPEC für das Jahr 2010 vom April 2011, abrufbar unter http://www.eib.org/epec (Stand: 20.01.2013).

[62] Market Update der EPEC für das Jahr 2011 vom März 2012, abrufbar unter http://www.eib.org/epec (Stand: 20.01.2013).

§ 2 Definition von Public Private Partnership

Trotz der Bedeutung, die Public Private Partnership in Politik und Wirtschaft erlangt hat, gibt es bis heute keine allgemein anerkannte Definition des Begriffes[63]. Die Schwierigkeit beruht zu einem großen Teil darauf, dass der Begriff geradezu inflationär in Bezug auf viele unterschiedliche Gestaltungsformen verwendet wird, so dass die Gefahr besteht, dass er jegliche Konturschärfe verliert und damit zu einer Leerformel wird[64]. Einige Autoren bezweifeln sogar, dass es überhaupt gelingen kann, eine einheitliche und allgemeine Begriffsbestimmung zu entwickeln[65].

Wissenschaft und Praxis verwenden den Begriff Public Private Partnership für eine Vielzahl von Kooperationsverhältnissen zwischen staatlichen Stellen einerseits und Akteuren aus der Privatwirtschaft andererseits, die auf den verschiedensten Feldern öffentlicher Aufgabenwahrnehmung eingegangen werden[66]. Der öffentliche Hochbau, der bislang im Mittelpunkt der Diskussion stand[67], ist daher nur einer der vielen Bereiche öffentlicher Aufgabenwahrnehmung, in denen Public Private Partnerships möglich sind[68]. Es gibt kaum ein öffentliches Handlungsfeld, auf dem Public Private Partnerships nicht diskutiert oder zumindest für möglich gehalten werden[69]. Innerhalb vieler dieser Teilbereiche gibt es wieder-

---

[63] *Budäus/Grüning* in: *Budäus*, Aufgabenerfüllung, S. 40 bezeichneten dies zutreffend als den einzigen Punkt, in dem sich die Literatur völlig einig sei. *Schuppert*, Verwaltungskooperationsrecht, S. 4 ff. stellt überspitzt fest, dass jede Definiton des Begriffes dem Versuch gleiche, einen Pudding an die Wand zu nageln; a. A.: *Demuth/Kaiser*, BB 2008, S. 2497, die das im Bereich des öffentlichen Hochbau entwickelte Begriffsverständnis als allgemein anerkannten PPP-Begriff bezeichnen.

[64] *Budäus/Grüning* in: *Budäus*, Aufgabenerfüllung, S. 46.

[65] *Kämmerer*, Privatisierung, S. 58.

[66] *Reuter/Polley*, NVwZ 2007, 1345; *Ziekow/Windoffer*, NZBau 2005, 665.

[67] *Budäus* in: *Budäus*, Kooperationsformen, S. 7.

[68] Eine Übersicht weiterer Bereiche, die mit PPP-Projekten in Verbindung gebracht werden, liefern: *Budäus/Grüning* in: *Budäus*, Aufgabenerfüllung, S. 41; vgl. exemplarisch zu PPP in einzelnen anderen Bereichen: *Funke*, PPP im Krankenhaussektor; *Hannappel*, PPP im Hochschulwesen; *Leitner*, F-Modell zur Fernstraßenfinanzierung; *Schrallhammer*, PPP in Kunst und Kultur; *Wolff*, Verwaltungsrecht III, S. 614 f.

[69] *Budäus* in: *Budäus*, Kooperationsformen, S. 13.

um eine Vielzahl von unterschiedlichen Gestaltungsmöglichkeiten, die die Praxis häufig als Public Private Partnership „Modelle" bezeichnet[70].

Es ist nach alledem nicht überraschend, dass es weder auf europäischer Ebene[71] noch in Deutschland gelang, sich auf eine allgemeine Definition zu einigen. Die Schaffung einer deutschen Begriffsvariante, der *Öffentlich Privaten Partnerschaft*, kurz ÖPP[72], hat zur Klärung des Begriffsinhaltes nicht beigetragen.

Der langen und erfolglosen Suche nach einer allgemeinen Definition steht jedoch ein wachsendes Bedürfnis nach einer klaren und praxistauglichen Begriffsbestimmung gegenüber. Der Gesetzgeber selbst hat dieses Problem verschärft, indem er mit dem ÖPP-Beschleunigungsgesetz den Begriff der Öffentlich Privaten Partnerschaft in zwei neue Rechtsnormen aufgenommen hat; denn das Vorliegen einer ÖPP ist Tatbestandsmerkmal für die Anwendung des neuen § 3 Absatz 1 Satz 3 GrStG und für die Grunderwerbsteuerbefreiung nach § 4 Nr. 9 GrEStG. Dennoch unterließ es der Gesetzgeber, den Anwendungsbereich der neuen Normen durch eine Legaldefinition klarzustellen[73]. Die rechtsverbindliche Auslegung des Begriffes im konkreten Fall bleibt im Rahmen der neuen Normen daher der Rechtsprechung überlassen[74]. Als Konsequenz ergibt sich aus der neuen Gesetzeslage bis zur Entstehung einer einheitlichen höchstrichterlichen Rechtsprechung eine erhebliche Rechtsunsicherheit, die die Durchführung von Public Private Partnerships hemmen dürfte. Die Rechtsunsicherheit konterkariert damit den Zweck des ÖPP-Beschleunigungsgesetzes, Public Private Partnerships zu fördern.

Die Suche nach einer Public Private Partnership Definition macht es erforderlich, sich zunächst mit der Frage nach der Begriffsform auseinanderzusetzen (dazu I.). Die daran anschließenden Ausführungen beschäftigen sich mit unterschiedlichen Begriffsmerkmalen und deren möglicher Interpretation, um sich so dem Inhalt des Public Private Partnership Begriffes zu nähern. Es ist dabei zweckmäßig, zwischen sektorübergreifenden Merkmalen (dazu II.) und sektorspezifischen

---

[70] Die Beratergruppe „PPP im öffentlichen Hochbau" unterscheidet allein im Bereich des öffentlichen Hochbaus sieben unterschiedliche Grundmodelle der Vertragsgestaltung, *BMVBS*, Rahmenbedingungen, S. 3 ff., zu diesen Modellen vgl. unten § 3 auf Seite 35; *Tettinger*, DÖV 1996, S. 765 f. unterscheidet für den Bereich der Abfallentsorgung 8 unterschiedliche Modelle und spricht treffend von dem Versuch, Schneisen in den „Modell-Dschungel" zu schlagen.

[71] *EG-Kommission*, Grünbuch, S. 3.

[72] Die Begriffe des Public Private Partnerships und der Öffentlich Privaten Partnerschaft werden in Deutschland synonym verwendet. Der Übersichtlichkeit halber sollen im Folgenden einheitlich der Begriff Public Private Partnership bzw. dessen Abkürzung PPP verwendet werden.

[73] *Bürsch/Funken*, ÖPP-Kommentar, S. 116.

[74] Eine vertiefte Auseinandersetzung mit dem Begriff des ÖPP hat der BFH bislang noch nicht unternommen. In seinem Urteil vom 16.12.2009 – II R 29/08, führte er in Rz. 14 dieser Entscheidung zwar § 3 Absatz 1 Satz 3 GrStG zur Unterstützung seiner Argumentation an, nutzte diese Gelegenheit jedoch nicht, zur Anwendbarkeit der Norm im konkreten Fall Stellung zu nehmen und ein eigenes Begriffsverständnis von ÖPP zu entwickeln.

Merkmalen zu unterscheiden (dazu III.). Abschließend soll die Zweckmäßigkeit der Einteilung der Gesamtmenge aller Public Private Partnerships in bestimmte Teilgruppen (dazu IV.) und der Ansatz einer negativen Begriffsbestimmung (dazu V.) untersucht werden.

I. Begriffsform des Public Private Partnership

Bevor der Versuch einer Definition des Public Private Partnership Begriffes unternommen werden kann, stellt sich die Frage, um was für eine Art von Begriff es sich handelt. Dies ist bedeutsam, da ein Teil der Literatur die Ansicht vertritt, dass eine Definition nicht möglich sei, wenn es sich um einen sogenannten Typusbegriff handelt[75]. Fraglich ist daher, ob Public Private Partnership ein derartiger nicht definierbarer Typusbegriff ist. Dies erfordert zunächst eine Klärung darüber, was unter einem Typusbegriff zu verstehen ist:

1. Der Typusbegriff

Der Typusbegriff wird in der Rechtswissenschaft bereits seit den 30er Jahren diskutiert[76]. Während er sich in den meisten Rechtsgebieten nicht durchgesetzt hat, erfreut er sich insbesondere im Steuerrecht einer anhaltenden Beliebtheit[77]. Die Daseinsberechtigung der Typuslehre im Steuerrecht ist jedoch in der Literatur umstritten[78]. Typusbegriffe sind von der sogenannten typisierenden Betrachtungsweise zu unterscheiden[79]. Bei der Letzteren handelt es sich nicht um eine bestimmte

[75] Vgl. *Kuhlen*, Typuskonzeptionen, S. 120 ff.; so auch der Bundesfinanzhof in: BFH, Urteil vom 12.04.1991 – III R 105/88, BStBl. II 1991, 616.

[76] Vgl. *Weber-Grellet*, FS Beisse, S. 551 (555), der einen Überblick über die Entwicklung des Typus in der Rechtswissenschaft unter Bezug auf die Arbeiten von Engisch (vgl. *Engisch*, Juristisches Denken), Kaufmann (vgl. *Kaufmann*, Natur der Sache), Larenz (vgl. *Larenz*, DRW 1940, S. 279), Radbruch (vgl. *Radbruch*, Klassenbegriffe) und Schmitt (vgl. *Schmitt*, Rechtswissenschaftliches Denken) gibt.

[77] Vgl. *Florstedt*, StuW 2007, S. 314 (314), der davon spricht, dass typologische Begriffe im Steuerrecht als unentbehrlich gelten würden; *Mössner*, FS Korn, S. 161 (161 und 171), der Typusbegriffen eine „Konjunktur" im Steuerrecht bescheinigt und im Steuerrecht eine Tendenz zu erkennen glaubt, dass ein Begriff mit an sich klaren Merkmalen zum Typusbegriff erklärt wird, um dann zu einer Steuerbarkeit zu gelangen, wenn ein Sachverhalt nicht alle, sondern nur einige Merkmale erfüllt, nach Ansicht des Interpreten jedoch eine Besteuerung erfolgen sollte; *Weber-Grellet*, FS Beisse, S. 551 spricht vom „Aufwind" der Typuslehre im Steuerrecht.

[78] Befürwortend insbesondere: *Fischer*, DStZ 2000, S. 885 (886, 893), unter Hinweis auf die Ausführungen des Bundesverfassungsgerichts in Bezug auf ein typologisches Begriffsverständnis des sozialversicherungsrechtlichen Arbeitnehmerbegriffs in: BVerfG, Beschluss vom 20.05.1996 – 1 BvR 21/96, NJW 1996, 2644; kritisch: *Florstedt*, StuW 2007, S. 314 (323); *Mössner*, FS Korn, S. 181; *Weber-Grellet*, FS Beisse, S. 568.

[79] Vgl. *Florstedt*, StuW 2007, S. 314, der insoweit etwas undeutlich von „typologischer" Betrachtungsweise spricht; *Mössner*, FS Korn, S. 161 (161 f.); *Schenke*, Rechtsfindung, S. 131 ff.; monographisch: *Strahl*, Typisierende Betrachtungsweise; *Weber-Grellet*, FS Beisse, S. 561 bis 567.

Begriffsform, sondern um eine vereinfachte Form der Gesetzesanwendung[80]. Die typisierende Betrachtungsweise ist deshalb für die Begriffsbestimmung von Public Private Partnership im Gegensatz zu der Lehre von den Typusbegriffen nicht relevant und bedarf daher in diesem Rahmen keiner vertieften Untersuchung.

Der Zugang zum Verständnis der Typuslehre wird dadurch erschwert, dass der Begriff „Typusbegriff" selbst in unterschiedlicher Weise verwendet wird, so dass es erforderlich ist, zunächst Klarheit darüber zu schaffen, welches Verständnis von Typusbegriff angewendet wird[81]. Nachfolgend soll es um das im Steuerrecht herrschende Verständnis vom Typusbegriff gehen, welches vor allem von *Larenz* geprägt wurde, der sich seinerseits an der Philosophie *Hegels* orientierte[82]. Der Typusbegriff in diesem Sinne zeichnet sich dadurch aus, dass er offen und einer Subsumtion nicht zugänglich ist; bei ihm kommt es zu einer fließenden Anwendung[83]. Am besten erschließt sich das Konzept des Typusbegriffs in Abgrenzung zum abstrakten Klassenbegriff oder auch klassifikatorischen Begriff.

2. Abgrenzung des Typusbegriffes vom Klassenbegriff

Der Inhalt eines Klassenbegriffes lässt sich durch eine abschließende Definition erfassen. Erfüllt ein Sachverhalt sämtliche Merkmale der Definition, so lässt sich durch Subsumtion der abstrakte Rechtsbegriff für den konkreten Fall bejahen[84]. Indem sie darlegt, welche Merkmale vorhanden sein müssen, damit der Begriff bejaht werden kann, gibt die Definition also den Inhalt eines Begriffes an. Sie leistet dies durch Angabe der Gattung (genus proximum) und des Artunterschieds (differentia specifica) eines Begriffes[85]. Eine Sache gehört zum Beispiel der Gattung der Gegenstände an. Innerhalb der Gesamtmenge aller Gegenstände zeichnet die Sache aus, dass sie körperlich ist; hierin unterscheidet sie sich von anderen Gegenständen. Auf diese Weise definiert § 90 BGB den Begriff der Sache als einen körperlichen Gegenstand. Das Problem dieser Art der Begriffsbestimmung liegt darin, dass es sich als äußert schwierig gestalten kann, den Artenunterschied zu bestimmen. Interessanterweise sind davon nicht nur vermeintlich komplizierte und besonders abstrakte Begriffe, sondern – wie *Giesberts*[86] aufzeigt – auch Din-

[80] *Schenke*, Rechtsfindung, S. 131, der darauf hinweist, dass sich darüber hinaus keine allgemein akzeptierte Definition für die typisierende Betrachtungsweise durchgesetzt hat.

[81] Vgl. *Mössner*, FS Korn, S. 167 ff. mit Hinweis auf die unterschiedlichen Verwendungen des Begriffs u.a. bei *Engisch*, Konkretisierung, S. 238 f., der als Typus etwas Konkreteres als einen Begriff sieht und *Wolff/Bachof/Stober*, Verwaltungsrecht I, § 31 Rz. 11, der Typusbegriffe als „unbestimmte Rechts- oder Gesetzesbegriffe im engeren Sinne" versteht.

[82] *Florstedt*, StuW 2007, S. 314 (316), weist darauf hin, dass die „ideengleiche Reinform" des Typus der konkret-allgemeine Begriff *Hegels* ist.

[83] Vgl. *Mössner*, FS Korn, S. 170.

[84] Vgl. *Larenz*, Methodenlehre, S. 439 ff.

[85] *Schneider*, Logik, S. 45.

[86] *Giesberts*, UR 1993, S. 279 (279).

ge aus dem alltäglichen Leben betroffen, mit denen jeder Mensch täglich zu tun hat. Es dürfte der allgemeinen Überzeugung entsprechen, dass man „weiß“, was ein Stuhl ist. Dennoch bereitet seine Definition unüberwindbare Schwierigkeiten, wenn es darum geht, einen Stuhl so exakt zu beschreiben, dass er sich trennscharf von anderen Sitzmöbeln unterscheiden lässt.

Der Typusbegriff entzieht sich im Gegensatz zum abstrakten Klassenbegriff einer abschließenden Definition[87]. Er bestimmt sich über mehrere Merkmale, die „typischerweise“ vorhanden sind. Weder müssen diese Merkmale sämtlich noch in einer bestimmten Ausprägung vorhanden sein, um den Typusbegriff zu bejahen. Der Rechtsanwender muss vielmehr im Rahmen einer Betrachtung des Einzelfalls entscheiden, ob das Gesamtbild dem Typus entspricht[88]. Im Gegensatz zur Subsumtion eines Sachverhaltes unter einen Klassenbegriff kommt es beim Typusbegriff daher zu einer wertenden Zuordnung[89].

3. Streitstand und Stellungnahme zur Typuslehre

Die Befürworter des Typusbegriffs begrüßen ihn als eine praktikable Möglichkeit, Begriffe der Rechtsanwendung zugänglich zu machen, die einer abschließenden Definition, wie sie für die Subsumtion eines abstrakten Rechtsbegriffes erforderlich ist, nicht zugänglich sind[90]. Die Bedenken, die in der Literatur gegen den Typusbegriff geäußert werden, sind jedoch ernst zu nehmen. Die Gegner der Typuslehre betonen vor allem, dass ein typologisches Begriffsverständnis zu einer erheblichen Beeinträchtigung der Rechtsstaatlichkeit führen würde, weil Typusbegriffe im Gegensatz zu Klassenbegriffen unbestimmt sind und dem Rechtsanwender in bedenklicher Weise die Möglichkeit geben, subjektive Vorstellungen in den Auslegungsprozess einfließen zu lassen[91]. Diese Argumentation wird durch den geschichtlichen Zusammenhang, in dem *Larenz* das Konzept seiner Typuslehre entwickelte, unterstrichen; denn bei genauer Betrachtung zeigt sich, dass die Typuslehre als Mittel erdacht und geschaffen wurde, um überpositive Beliebigkei-

---

[87] In diesem Sinne: BFH, Urteil vom 12.04.1991 – III R 105/88, BStBl. II 1991, 616; *Klose*, Unternehmerbegriff, S. 64 f.; *Kuhlen*, Typuskonzeptionen, S. 120 ff.; *Schenke*, Rechtsfindung, S.160; a.A. hingegen: *Florstedt*, StuW 2007, S. 314 (316); *Weber-Grellet*, FS Beisse, S. 553, der die Auffassung vertritt, dass jeder in einem Tatbestand verwendete Begriff definierbar sein muss.

[88] Vgl. *Larenz*, Methodenlehre, S. 461 ff.; *Offerhaus*, UR 1991, S. 279.

[89] *Schenke*, Rechtsfindung, S. 160.

[90] Vgl. *Fischer*, DStZ 2000, S. 885 (887), der im Hinblick auf den umsatzsteuerlichen Unternehmerbegriff nach § 2 UStG konstatiert, es sei nicht erkennbar, dass und inwiefern ein klassenbegriffliches Verständnis der typologischen Ausformung überlegen wäre und die typologische Handhabung in der Praxis der Rechtsprechung zu einem Verlust an Rechtsstaatlichkeit oder Orientierungsungewissheiten führen könnte.

[91] Vgl. *Weber-Grellet*, FS Beisse, S. 551 (568 f.)

ten in Form des nationalsozialistischen Führerwillens im Rang vor das Gesetz zu stellen[92].

Ein Verständnis von Public Private Partnership als Typusbegriff ist abzulehnen, weil es damit zu einer unklaren Abgrenzung kommen würde. Darüber hinaus setzt ein typologisches Begriffsverständnis voraus, dass es überhaupt einen Urtyp nach dem empirischen Allgemeinbild der sozialen Welt gibt, mit dem ein konkretes Projekt verglichen werden könnte[93]. Denn es entspricht dem Wesen des typologischen Begriffsverständnisses, dass ein allgemeiner Konsens über das typische Gesamtbild des fraglichen Begriffes besteht. Dies ist daher eine notwendige Voraussetzung, um das Bündel der typischen Merkmale zu entwickeln. Bevor der Rechtsanwender Public Private Partnership typologisch gebrauchen kann, müsste er zunächst Klarheit darüber haben, welche Merkmale typischerweise in einem Public Private Partnership vorkommen. Bei Public Private Partnership handelt es sich jedoch gerade um einen Begriff, zu dem ein solches allgemeines Verständnis eines Urtyps nicht existiert. Ein Anhaltspunkt könnte lediglich in den Projekten gesehen werden, die von den Beteiligten als Public Private Partnership bezeichnet werden. Dies würde jedoch das Begriffsverständnis von der Willkür des terminologischen Gebrauchs der Projektbeteiligten abhängig machen.

Public Private Partnership soll daher nachfolgend nicht als ein Typusbegriff, sondern als ein Klassenbegriff verstanden werden. Die Frage, ob ein Projekt ein Public Private Partnership ist oder nicht, kann daher nicht durch einen Vergleich mit dem „typischen PPP“ erfolgen. Es stellt sich damit die Aufgabe, den Public Private Partnership Begriff durch eine Definition zu erfassen, auf deren Grundlage im Wege der Subsumtion über das Vorliegen von PPP entschieden werden kann. Zu diesem Zweck ist es sinnvoll, sich ausgehend von dem Wortlaut zunächst über allgemeine Begriffsmerkmale von Public Private Partnership Gedanken zu machen, die für alle denkbaren Sektoren, bei denen einen Zusammenarbeit zwischen öffentlicher Hand und Privaten stattfinden könnte, Anwendung finden. Im Anschluss erhebt sich sodann die Frage, ob es sinnvoll ist, sektorspezifische Begriffsbestimmungen vorzunehmen.

II. Sektorübergreifende Begriffsmerkmale

In der langjährigen und immer noch aktuellen Debatte über den Begriff des Public Private Partnership werden eine Vielzahl von Merkmalen für die Bestimmung des Public Private Partnership Begriffes erwogen. Die Vielfalt der Veröffentlichun-

[92] *Florstedt*, StuW 2007, S. 314 (316); vgl. auch: *Schenke*, Rechtsfindung, S. 163 f., der darauf hinweist, dass *Larenz* sein Typuskonzept erstmals in seiner 1938 veröffentlichten Methodenschrift „Über Gegenstand und Methoden des völkischen Rechtsdenkens“, die aus einem Vortrag vor dem Nationalsozialistischen Rechtswahrerbund hervorgegangen war, auf den Punkt brachte.

[93] Vgl. *Florstedt*, StuW 2007, S. 314 (315); *Kokert*, Typusbegriff bei Larenz, S. 130 ff.

gen, die sich mit diesem Begriff beschäftigen, ist nahezu unüberschaubar geworden, so dass die folgende Übersicht über diskutierte Begriffsmerkmale nicht den Anspruch auf Vollständigkeit erhebt; sie will jedoch einen Überblick über die wissenschaftliche Diskussion vermitteln und eigene Gedanken beisteuern, um hierauf aufbauend ein Begriffsverständnis für die weitere Untersuchung zu entwickeln.

1. Die Beteiligten: „Public“ und „Private“

Einigkeit besteht dahingehend, dass die Beteiligten dem öffentlichen und dem privaten Bereich angehören müssen[94]. Auf der öffentlichen Seite stehen grundsätzlich einer oder mehrere Hoheitsträger, wobei sämtliche Verwaltungsebenen in Frage kommen und vielfältige organisationelle Gestaltungen möglich sind. Öffentliche Partner eines Public Private Partnerships können sowohl Gebietskörperschaften selbst als auch Stiftungen bis hin zu öffentlichen Unternehmen sein[95]. Auch Anstalten des öffentlichen Rechts sind als Partner auf der öffentlichen Seite denkbar[96]. In der Praxis ist es häufig eine kommunale Gebietskörperschaft, die Public Private Partnerships im Zusammenhang mit den ihr obliegenden kommunalen Aufgaben eingeht.

Auf privater Seite können sowohl Gesellschaften, die in privatem Anteilseigentum stehen, als auch einzelne private Personen selbst Vertragspartner sein. Letzteres ist jedoch die Ausnahme[97]. Fraglich ist, wie öffentliche Unternehmen in privatrechtlicher Rechtsform zu behandeln sind. Diese Eigengesellschaften der öffentlichen Hand kommen einerseits aufgrund ihrer privatrechtlichen Rechtsform als Beteiligte auf privater Seite in Frage; andererseits unterliegen sie als öffentliches Unternehmen der Kontrolle der öffentlichen Hand, so dass auch eine Beteiligung auf öffentlicher Seite möglich erscheint.

Die Frage, auf welcher Seite Eigengesellschaften der öffentlichen Hand an einem Public Private Partnership Projekt teilnehmen können, lässt sich auf Grundlage der Legitimation des PPP-Konzepts beantworten: Diese liegt vor allem dar-

[94] *Heinz* in: *Heinz*, Stadtentwicklung, S. 33. Zur Möglichkeit der Beteiligung von Non-Profit-Organisationen des sogenannten dritten Sektors: *Schrallhammer*, PPP in Kunst und Kultur, S. 102; *Roggencamp* in: *Roggencamp*, Public Private Partnership, S. 36, die darauf hinweist, dass in Europa nur vereinzelt und auf bestimmte Handlungsfelder begrenzt Non-Profit-Organisationen beteiligt werden.

[95] *Schrallhammer*, PPP in Kunst und Kultur, S. 102.

[96] Im Zusammenhang mit öffentlich-rechtlichen Anstalten hat sich eine Sonderform der Privatisierung herausgebildet, bei der sich ein privater Investor über eine Holdinggesellschaft als stiller Gesellschafter an der Anstalt beteiligt. Ausführlich zu dieser Art einer rechtsformwahrenden Privatisierung und den mit ihr verbundenen verfassungsrechtlichen Bedenken: *Ochmann*, Privatisierung, S. 13 ff., die diese Kooperation jedoch nicht als Public Private Partnership, sondern als eine Form der Teilprivatisierung mit Elementen von Vermögensprivatisierung und funktioneller Privatisierung versteht, vgl. *Ochmann*, Privatisierung, S. 80 f.

[97] *Eichhorn* in: *Neumann/Nieswandt*, Sozialpolitik, S. 174.

in, durch eine Zusammenarbeit zwischen dem privaten Sektor und der öffentlichen Hand öffentliche Leistungen effizienter bereitzustellen[98]. Wenn die öffentliche Hand mit einer Eigengesellschaft kontrahiert, findet eine Zusammenarbeit zwischen dem öffentlichen und dem privaten Sektor jedoch nicht statt. Dies wird insbesondere in Fällen der Organisationsprivatisierung deutlich, bei der Aufgaben der öffentlichen Verwaltung von öffentlich-rechtlichen in privatrechtliche Organisationsformen – beispielsweise in eine GmbH, deren Kapital und Stimmrechte vollständig von der öffentlichen Hand gehalten werden – überführt werden, die Aufgabenträgerschaft jedoch bei der öffentlichen Verwaltung verbleibt[99]. Das Verhältnis zwischen der öffentlichen Hand und ihren Eigengesellschaften kann in diesen Fällen nur aus einer formalen Perspektive als eine Zusammenarbeit zwischen privaten und öffentlich-rechtlichen Rechtssubjekten betrachtet werden, inhaltlich findet hingegen keine Kooperation zwischen dem privaten und dem öffentlichen Sektor, sondern innerhalb des öffentlichen Sektors statt.

Es ergibt sich als Konsequenz, dass eine Eigengesellschaft der öffentlichen Hand zwar nicht auf privater Seite, jedoch durchaus auf öffentlicher Seite Partner eines Public Private Partnership Projektes sein kann[100].

2. „Partnership"

Eine über die Bezeichnung der beteiligten Personen hinausgehende Bedeutung lässt sich den ersten beiden Begriffsteilen „Public" und „Private" nicht abgewinnen. Als Anknüpfungspunkt für weitere Begriffsmerkmale kommt daher nur der Begriffsteil „Partnership", zu Deutsch „Partnerschaft" in Frage. In diesem Sinne lassen sich alle diskutierten und die nachfolgend dargestellten Begriffsmerkmale letztlich als eine Konkretisierung des Ausdrucks Partnerschaft verstehen.

Lawless weist bei seiner Analyse von Public Private Partnerships in Großbritanien darauf hin, dass es keine gesetzliche Definition des Begriffes Partnerschaft gäbe. Auch gäbe es nichts, dass man als „typische" Partnerschaft bezeichnen könne, so dass eine Vielzahl unterschiedlicher Definitionen möglich sei[101]. Dieses Problem ergibt sich in gleicher Weise auch für den deutschen Rechtsraum. Zwar ist hier der Begriff der Partnerschaft seit dem Partnerschaftsgesellschaftsgesetz

---

[98] *Bürsch/Funken*, ÖPP-Kommentar, S. 4.

[99] Vgl. *Heintzen*, DStR 1999, S. 1799, der darauf hinweist, dass als ein Grund für eine derartige Organisationsprivatisierung auch die Möglichkeit von PPP-Projekten angeführt wird. Dieser Anreiz setzt die Möglichkeit einer Beteiligung der Eigengesellschaft auf der privaten Seite eines PPP-Projektes voraus.

[100] So auch *Schrallhammer*, PPP in Kunst und Kultur, S. 102, die öffentliche Unternehmen in privatrechtlicher Rechtsform für taugliche Beteiligte eines PPP-Projektes auf öffentlicher Seite hält.

[101] *Lawless* in: *Heinz*, Stadtentwicklung, S. 210.

juristisch für eine bestimmte Gesellschaftsform reserviert[102], indes besteht kein Zusammenhang zwischen dieser Gesellschaftsform und Public Private Partnerships.

Unter einer Partnerschaft kann im Allgemeinen eine Kooperation im weitesten Sinne verstanden werden[103]. An dieser Stelle lässt sich bereits der kleinste gemeinsame Nenner aller denkbaren Definitionsvorschläge und damit gleichzeitig auch die weiteste Definitionsmöglichkeit erkennen: Danach wäre Public Private Partnership jede Zusammenarbeit zwischen Beteiligten aus dem öffentlichen einerseits und aus dem privaten Bereich andererseits[104]. Eine derart weite Definition muss sich jedoch entgegenhalten lassen, dass sie den Begriff zu einer Leerformel ohne eigenen Wert macht[105]. Eine brauchbare Definition müsste eine Aussage darüber treffen, welche Teilmenge aller Formen der Zusammenarbeit zwischen dem öffentlichen und dem privaten Sektor genau gemeint ist.

3. Dauer der Zusammenarbeit

Zusammenarbeit ist eine Tätigkeit. Wie jede Tätigkeit ist auch sie von einer gewissen Dauer. Es stellt sich daher nicht die Frage, *ob* Public Private Partnership eine Zusammenarbeit von einer gewissen Dauer voraussetzt. Die Frage ist vielmehr, *wie lange* eine Zusammenarbeit sein soll, um die Bezeichnung Public Private Partnership zu führen. Abhängig von der Antwort auf diese Frage fällt ein Teil aller Zusammenarbeiten zwischen dem öffentlichen und dem privaten Sektor aus dem Begriffsbereich heraus, so dass die Begriffsbestimmung enger und damit praktikabler wird. Der Wert dieses zeitlichen Begriffsmerkmals in Bezug auf ein trennscharfes Begriffsverständnis ist daher umso höher, je genauer bestimmt wird, wie lange die Zusammenarbeit ausfallen soll.

Der Gesetzgeber des ÖPP-Beschleunigungsgesetzes war der Ansicht, dass mit Public Private Partnership eine dauerhafte Kooperation angestrebt werde und die Zusammenarbeit auf eine gewisse Dauer angelegt sein solle; er definierte in seiner Gesetzesbegründung Public Private Partnership allgemein als Kooperation von öffentlicher Hand und privater Wirtschaft beim Entwerfen, bei der Planung, Erstel-

---

[102] Vgl. Gesetz über Partnerschaftsgesellschaften Angehöriger freier Berufe (Partnerschaftsgesellschaftsgesetz – PartGG) vom 25.07.1994, BGBl. I 1994, 1744.

[103] *Tettinger* in: *Budäus*, Aufgabenerfüllung, S. 125.

[104] Vgl. der nahezu ebenso weite Definitionsversuch von: *Hartmann*, Beziehungen, S. 37, die als PPP jede Form des öffentlich-privaten Zusammenwirkens bezeichnet, die durch Kommunikation, Koordination oder Kooperation gekennzeichnet ist und die der Bewältigung der anstehenden Problem- und Aufgabenkomplexe unter Berücksichtigung technischer, wirtschaftlicher und gesellschaftlicher Aspekte dienen soll.

[105] *Budäus/Grüning* in: *Budäus*, Aufgabenerfüllung, S. 46 (48).

lung, Finanzierung, dem Management, dem Betreiben und dem Verwerten von bislang in staatlicher Verantwortung erbrachten öffentlichen Leistungen[106].

An der Begriffsbestimmung des Gesetzgebers wird die Schwäche des Merkmals deutlich: Die Länge der Zusammenarbeit steht in einem starken Zusammenhang mit der Art und dem Gegenstand des Projektes. Dieses Abhängigkeitsverhältnis würde es erforderlich machen, das zeitliche Moment spezifisch für bestimmte Arten oder Bereiche von Public Private Partnership zu bestimmen, so dass es sich als Merkmal für eine allgemeine Begriffsbestimmung schlecht eignet. Beispielsweise könnte für eine Zusammenarbeit im Bereich der Kunstförderung ein anderer zeitlicher Maßstab angemessen sein als für den Bereich des öffentlichen Hochbaus oder für eine Zusammenarbeit, die darauf gerichtet ist, mit gemeinsamen Kräften die drohenden Folgen einer Naturkatastrophe zu vermeiden.

Der deutsche Gesetzgeber ging in seiner Begriffsbestimmung von der ungeschriebenen Prämisse aus, dass Public Private Partnerships solche Projekte betreffen, die sich in die aufgeführten unterschiedlichen Phasen aufteilen lassen. Hier wird deutlich, dass dem Gesetzgeber bei dieser vermeintlich *allgemeinen* Definition vor allem Projekte aus dem Bereich des öffentlichen Hochbaus vorschwebten[107]. Hieraus erklärt sich auch die Ähnlichkeit zum sogenannten Lebenszyklusansatz der Beratergruppe „PPP im öffentlichen Hochbau“[108]. Mag diese Bestimmung des Zeitelements für Projekte des öffentlichen Hochbaus und vergleichbare Projekte praktikabel sein, so versagt sie jedoch, wenn es um eine Zusammenarbeit in einem anderen Bereich geht, der sich gerade nicht in derartige Phasen unterteilen lässt. Wenn es nicht um die Errichtung eines Gebäudes oder einer Anlage, sondern zum Beispiel um die Förderung einer Kunstausstellung geht, ist für die Zusammenarbeit die zeitliche Aufteilung in die Phasen Entwerfen, Planung, Finanzierung, Errichtung und Verwertung nicht nachvollziehbar.

Die Schwierigkeit, die hier zu Tage tritt, ist ein Grundproblem aller allgemeinen Definitionsversuche des Public Private Partnership Begriffs: Viele der in Frage kommenden Begriffsmerkmale eignen sich zwar gut, um Public Private Part-

---

[106] Vgl. Allgemeiner Teil der Begründung zum ÖPP-Beschleunigungsgesetz, BT-Drs 15/5668, S. 10; *BMVBS*, Leitfaden, S. 4, fordert ebenfalls eine dauerhafte Zusammenarbeit im Bereich des öffentlichen Hochbaus über den gesamten Lebenszyklus eines Bauprojektes; *Budäus* in: *Budäus*, Kooperationsformen, S. 19 fordert eine auf Dauer angelegte bzw. längerfristige Interaktion; vgl. auch *Littwin*, PPP im Hochbau, Rz. 2, die eine langfristige Zusammenarbeit fordern und *Claudy/Ohde* in: *Weber/Schäfer/Hausmann*, Praxishandbuch, S. 31.

[107] So auch: *Drosdzol/Schmitz* in: *Bürsch/Funken*, ÖPP-Kommentar, Art. 5, Rz. 7, der die Absicht des Gesetzgebers darin erkennt, dass mit dem ÖPP-Beschleunigungsgesetz gezielt nur ein Teilbereich der ÖPP angesprochen werden soll, namentlich Kooperationen im Bereich des Baus und der Sanierung von Immobilien, die für Verwaltungs- und Bildungszwecke genutzt werden, die Errichtung von Justizgebäuden und die Errichtung von Straßen und Bauten für Verkehrszwecke.

[108] Vgl. *BMVBS*, Leitfaden, S. 5.

nerships eines bestimmten Bereichs zu beschreiben; sie erweisen sich jedoch als ungeeignet für eine allgemeine Definition, die alle Einsatzfelder von Public Private Partnerships erfassen soll. Dieses Dilemma ist mitverantwortlich dafür, dass sich bislang kein Konsens über eine einheitliche allgemeine Begriffsbestimmung gefunden hat.

Für eine allgemeine Begriffsdefinition kann das Merkmal der Dauerhaftigkeit nur wenig leisten, weil sich die Anforderungen an das Zeitelement je nach Anwendungsfeld stark unterscheiden können. Es besteht jedoch kein Grund, eine relativ kurzfristige Zusammenarbeit nicht als Public Private Partnership zu verstehen, wenn die Kurzfristigkeit sich aus der Art und dem Ziel der Zusammenarbeit ergibt. Wegen der Vielzahl der unterschiedlichen Anwendungsfelder von Public Private Partnerships ist es daher kaum möglich, auf allgemeiner Ebene genauer festzulegen, wie lang die Zusammenarbeit mindestens sein sollte. Da jede Zusammenarbeit wenigstens von einer gewissen Dauer ist, ist auf die explizite Aufnahme eines rein deklaratorischen zeitlichen Merkmals („von gewisser Dauer") in die allgemeine Definition daher zu verzichten.

Im Rahmen einer konkretisierenden Definition von Public Private Partnerships eines bestimmten Bereichs hingegen ist die Aufnahme eines solchen Merkmals möglich und zweckmäßig. In diesem Fall drängt sich die Frage auf, woran anzuknüpfen ist. Für die Bestimmung der Dauerhaftigkeit sind nämlich grundsätzlich zwei Anknüpfungspunkte denkbar: Einerseits könnte im Nachgang einer Partnerschaft, also ex post, beurteilt werden, wie lange die Zusammenarbeit tatsächlich dauerte. Andererseits kann zu Beginn einer Partnerschaft danach gefragt werden, auf welche Dauer die Zusammenarbeit angelegt ist.

Der erste Anknüpfungspunkt bietet den Vorteil der Objektivität. Er ist jedoch nur retrospektiv möglich, so dass die Qualifikation der Zusammenarbeit zunächst unklar wäre. Der zweite Anknüpfungspunkt ist dagegen in die Zukunft gerichtet und knüpft an die Vorstellung der Parteien, also eine subjektive Ebene, an. Die Gefahr besteht hier darin, dass die Zusammenarbeit tatsächlich nicht von der Dauer ist, auf die sie ursprünglich angelegt wurde, so dass sich die Qualifizierung als Public Private Partnership nachträglich als objektiv falsch erweisen könnte. Schließlich könnten der prospektiv subjektive und der retrospektiv objektive Anknüpfungspunkt miteinander kombiniert werden. In diesem Fall könnte zunächst eine ex ante Beurteilung auf subjektiver Ebene erfolgen. Sollte sich ex post objektiv etwas anderes ergeben, so könnte der Status eines Public Private Partnerships gegebenenfalls rückwirkend verneint werden.

Die Auswahl des Anknüpfungspunktes ist letztlich eine rechtspolitische Entscheidung. Sie könnte unter Beachtung der individuellen Umstände eines bestimmten Anwendungsfeldes oder Vertragsmodells jeweils unterschiedlich ausfallen und soll daher an dieser Stelle dahingestellt sein.

4. Freiwilligkeit

Der Begriff Partnerschaft impliziert, dass sich die Beteiligten aus eigenem Antrieb zusammenfinden und ihre Zusammenarbeit freiwillig fortsetzen. Partnerschaften bilden sich typischerweise, wenn ein Ziel gemeinsam besser erreicht werden kann, als jeder der Partner es alleine vermag. Hingegen basiert nicht jede Zusammenarbeit notwendigerweise auf Freiwilligkeit. Wird zum Beispiel ein Betrieb teilweise verstaatlicht, indem sich die öffentliche Hand eine Gesellschafterposition einräumen lässt[109], so sind innerhalb dieses neuen gemischtwirtschaftlichen Unternehmens die Gesellschafter aus dem privaten Sektor und die öffentliche Hand auf eine Zusammenarbeit angewiesen. Diese Zusammenarbeit ist jedoch nicht freiwillig, sondern das Ergebnis einer Zwangslage des Privaten. Es dürfte Einigkeit darüber bestehen, dass in einem solchen Fall nicht von Public Private Partnership gesprochen werden kann[110]. Die Frage nach dem „*ob*“ der Freiwilligkeit kann damit bejaht werden: Die Zusammenarbeit im Rahmen eines Public Private Partnerships muss freiwillig sein.

Schwieriger und in der Literatur noch nicht geklärt ist die Frage danach, wie groß der Grad an Freiwilligkeit sein muss; denn das Maß an Freiwilligkeit einer Zusammenarbeit kann unterschiedlich stark ausgeprägt sein: So kann zum Beispiel der Grund für die Zusammenarbeit für den privaten Partner in einer finanziellen Krise liegen, die seine wirtschaftliche Existenz bedroht. Bleibt ihm dann nur die Wahl zwischen einem Insolvenzverfahren und einer Zusammenarbeit im Rahmen eines Public Private Partnerships, so kann sicherlich nicht von einer freiwilligen Zusammenarbeit gesprochen werden. Andererseits ist die Zusammenarbeit hier auch nicht vollständig erzwungen, da es dem privaten Partner grundsätzlich überlassen bleibt, – wenn dies auch wirtschaftlich unvernünftig sein mag – die Zusammenarbeit abzulehnen und sich seiner schlechten Finanzlage im Rahmen des Insolvenzverfahrens zu stellen.

In derartigen weniger offensichtlichen Fällen ist es umstritten, ob nur dann von Public Private Partnership gesprochen werden kann, wenn es sich um eine *rein* freiwillige Zusammenarbeit handelt, oder ob bereits Freiwilligkeit in weniger starkem Ausmaß genügen soll[111]. Soll ein gewisses Maß an Freiwilligkeit erforderlich sein, so stellt sich die Frage, wie sich diese Anforderung konkretisieren lässt. Im Gegensatz zum Merkmal der Dauerhaftigkeit, die in Tagen, Wochen und

[109] Ein Beispiel ist die Teilverstaatlichung der Commerzbank AG in Verbindung mit der Inanspruchnahme von Mitteln des Sonderfonds Finanzmarktstabilisierung vgl. Pressemitteilung der Commerzbank vom 08.01.2009.

[110] Vgl. *Birnstiel* in: *Ridinger/Steinröx*, Wirtschaftsförderung, S. 226 ff., der explizit eine freiwillige Zusammenarbeit fordert.

[111] So stellen *Budäus/Grüning* in: *Budäus*, Aufgabenerfüllung, S. 45 die Einordnung des dualen Ausbildungssystems als PPP in Frage, da es sich nicht um eine rein freiwillige Zusammenarbeit handele.

Monaten gemessen werden kann, gibt es für den Grad an Freiwilligkeit keine abstrakte Maßeinheit. Fordert man eine völlige Freiwilligkeit, verschiebt sich das Problem nur; denn in diesem Fall müsste bestimmt werden, welche Umstände für die Freiwilligkeit schädlich sind. Aufgrund der Vielzahl denkbarer Einflussfaktoren auf die Entscheidung für oder gegen ein Public Private Partnership erscheint es in diesem Zusammenhang schwierig zu beurteilen, ab wann die Freiwilligkeit berührt sein soll.

Wie bei dem Merkmal der Dauerhaftigkeit, zeigt sich auch beim Merkmal der Freiwilligkeit, dass eine konkrete Entscheidung über das erforderliche Ausmaß auf allgemeiner Ebene Schwierigkeiten bereitet. Denn die Anwendungsbereiche von Public Private Partnerships sind zu unterschiedlich, als dass für sie einheitlich konkret festgelegt werden könnte, wann die Zusammenarbeit ausreichend freiwillig ist und wann nicht. Beim ursprünglichen Anwendungsbereich von Public Private Partnership in den Vereinigten Staaten von Amerika ging es zum Beispiel darum, den wirtschaftlichen Niedergang einer Region zu vermeiden[112]. Bei derartigen Projekten zwischen der öffentlichen Hand und privaten Vertretern aus der Wirtschaft in der betroffenen Region bedingt bereits der Zweck des Projektes, dass für die Entscheidung zur Zusammenarbeit immer auch ein wirtschaftlicher Zwang jedenfalls mitursächlich ist.

In eine allgemeine Definition des PPP-Begriffes kann daher lediglich das Erfordernis über das „*ob*" der Freiwilligkeit aufgenommen werden. Das erforderliche Ausmaß an Freiwilligkeit kann nur in Bezug auf den jeweiligen Anwendungsbereich bestimmt werden.

5. Gleichberechtigung

In engem Zusammenhang mit dem Kriterium der Freiwilligkeit steht die Frage danach, ob für die Annahme eines Public Private Partnerships erforderlich ist, dass und inwieweit der private und der öffentliche Partner gleichberechtigt, auf Augenhöhe zusammenarbeiten. Der Begriff Partnerschaft impliziert zunächst eine Zusammenarbeit, bei der beide Partner in gewisser Weise gleichberechtigt sind. Wenn innerhalb einer Zusammenarbeit eine eindeutige Hierarchie zwischen den vermeintlichen Akteuren besteht, so dass sich der eine nach dem Willen des anderen richten muss, widerspräche es dem natürlichen Sprachempfinden, diese Zusammenarbeit als Partnerschaft zu bezeichnen. Es darf insoweit vorausgesetzt werden, dass eine Zusammenarbeit auf gleicher Augenhöhe ausgeschlossen ist, wenn eine Seite diese Zusammenarbeit erzwingt, also das Merkmal der Freiwilligkeit bereits nicht vorliegt. Ohne Freiwilligkeit gibt es also in diesen Fällen auch keine Gleichberechtigung. Dies bedeutet jedoch nicht, dass eine freiwillige Zusammenarbeit auch notwendigerweise immer gleichberechtigt ist.

[112] Zu den historischen Wurzeln des PPP-Begriffes siehe oben I. auf Seite 6.

Auch eine Zusammenarbeit ist denkbar, die zwar freiwillig erfolgt, bei der jedoch die Beteiligten nicht auf gleicher Ebene zusammenarbeiten, sondern eine Hierarchie besteht. Wenn zum Beispiel ein privates Unternehmen, ohne sich in einer wirtschaftlichen Krise zu befinden, öffentliche Subventionsleistungen beantragt, diese jedoch nur erhält, wenn es bestimmte Auflagen erfüllt, so handelt es sich zunächst im weitesten Sinne um eine Zusammenarbeit zwischen zwei Beteiligten aus dem öffentlichen und dem privaten Sektor. Diese Zusammenarbeit wäre auch freiwillig, da der Private sich freiwillig dafür entscheidet, die Subventionsleistungen in Anspruch zu nehmen und damit eine Zusammenarbeit mit der öffentlichen Hand eingeht.

In manchen Fällen mag ein privates Rechtssubjekt zum Beispiel auf die Hilfe der öffentlichen Hand angewiesen sein, um seine wirtschaftliche Existenz zu sichern. Behält sich die öffentliche Hand für ihre Hilfe dann ein Mitspracherecht oder sogar eine gesellschaftliche Beteiligung vor, so werden diese Bedingungen einseitig dem Hilfsbedürftigen diktiert, so dass die Zusammenarbeit nicht auf Augenhöhe erfolgt. Ein Beispiel für eine solche hierarchische Zusammenarbeit ist das Gesetz zur Umsetzung eines Maßnahmenpaketes zur Stabilisierung des Finanzmarkts vom 17. Oktober 2008 (FMStG)[113], in dem sich die Bundesregierung die Möglichkeit vorbehält, durch Rechtsverordnung den Empfängern von Stabilisierungsleistungen umfangreiche Bedingungen zu diktieren, die unter anderem die geschäftspolitische Ausrichtung des Kreditinstituts betreffen können[114]. Es dürfte Einigkeit darüber bestehen, dass in solchen Situationen keine Partnerschaft im Sinne des Public Private Partnership Begriffes vorliegt. Notwendig ist, dass beide Partner zusammen arbeiten und bei dieser Zusammenarbeit in gewisser Weise gleichberechtigt sind. Schädlich muss es daher sein, wenn ein Partner dem anderen gegenüber seinen Willen uneingeschränkt durchsetzen kann[115].

Ließe man streng hierarchisch strukturierte Zusammenarbeit im weitesten Sinne genügen, so kämen unter anderem reine öffentliche Subventionsleistungen als Public Private Partnerships in Betracht, da Subventionen in der Regel an bestimmte Auflagen geknüpft sind und daher jedenfalls eine Zusammenarbeit im weitesten Sinne zwischen der öffentlichen Hand und dem privaten Subventionsempfänger voraussetzen. Ein derart weites Verständnis dieses Merkmals ist überzogen.

Einerseits besteht also ein Bedarf, das Merkmal einer gewissen Gleichberechtigung bei der Zusammenarbeit für die Definition des Begriffs Public Private Part-

[113] BGBl. I 2008, S. 1982 ff.

[114] Vgl. § 10 Absatz 1 Nr. 1 FMStG.

[115] Vgl. *Budäus* in: *Budäus*, Kooperationsformen, S. 17 fordert einen Kooperationsbedarf, der aus einer gewissen Unsicherheit der Planungsprämissen resultiert und der ein gegenseitiges Vertrauen erfordert; *Mühlenkamp* in: *Budäus*, Kooperationsformen, S. 45 wägt ab, ob ab einer gewissen Höhe der Kosten eher eine hierarchische Gestaltung als PPP zu wählen sei, und erhebt damit die Abwesenheit von Hierarchie zum Begriffsmerkmal von PPP.

nership anzuwenden. Andererseits sind in Bezug auf dieses Merkmal Abgrenzungsprobleme vorprogramiert, da die Entscheidung darüber, ab wann eine Zusammenarbeit gleichberechtigt ist, eine Wertung voraussetzt. Es sind daher viele unterschiedliche Auslegungen dieses Merkmals denkbar.

6. Gemeinsame Ziele

Eine weitere Implikation, die sich dem natürlichen Sprachgebrauch des Wortes Partnerschaft entnehmen lässt, liegt darin, dass die Partner gemeinsame Ziele haben und diese Ziele zusammen verfolgen. Es wird in diesem Zusammenhang vertreten, dass Public Private Partnership nicht vorliegen soll, wenn sich die Ziele des privaten Partners und des öffentlichen Partners derart gegenüberstehen, dass sich die Zielerreichung des einen Partners zu Lasten des anderen auswirkt[116].

Das Erfordernis gemeinsamer Ziele verdient grundsätzlich Zustimmung. Allerdings wird auch dieses Begriffsmerkmal problemanfällig, wenn man sich vergegenwärtigt, dass die Partner eines Public Private Partnerships viele unterschiedliche Ziele verfolgen und sich hiervon einige decken, andere jedoch im oben beschriebenen Sinne gegenüberstehen können. Deutlich wird dies zum Beispiel im Bereich eines Projektes im öffentlichen Hochbau: Hier besteht das Interesse des öffentlichen Vertragspartners unter anderem darin, ein möglichst hochwertiges Gebäude zu einem möglichst geringen Entgelt zu erhalten. Der private Partner hat hingegen ein Interesse daran, sich seine Leistungen möglichst gut entgelten zu lassen. Bezüglich der Höhe des Entgelts stehen sich hier also die Interessen beider Partner derart entgegen, dass sich die Zielerreichung des einen zu Lasten des anderen auswirkt. Bezüglich der Qualität der Gebäudeerrichtung und -erhaltung hingegen hat auch der private Partner ein Interesse daran, den Qualitätsanforderungen des öffentlichen Partners zu genügen, weil er durch mangelhafte Leistung seinen Entgeltanspruch gefährden würde. In diesem Punkt besteht deshalb ein gemeinsames Ziel beider Partner.

Vor diesem Hintergrund stellt sich die Frage, ob jeder auf Leistungsaustausch angelegte und durchgeführte schuldrechtliche Vertrag als Partnerschaft in diesem Sinne verstanden werden könnte; denn bei jeder Zusammenarbeit, die auf den Austausch von Leistungen ausgerichtet ist, haben die Beteiligten ein gemeinsames Interesse daran, dass dieser Leistungsaustausch reibungslos verläuft. Dies könnte dazu führen, dass jedes einfache Hilfsgeschäft der Verwaltung, wie etwa der Einkauf von Büromaterial bei einem privaten Händler, potenziell ein Public Private Partnership vor dem Hintergrund dieses Begriffsmerkmals wäre.

Dieses Verständnis des Merkmals der gemeinsamen Ziele würde zu weit führen, da es sich nicht mehr mit der Implikation aus dem Wort Partnerschaft verein-

---

[116] *Budäus* in: *Budäus*, Kooperationsformen, S. 16; *Budäus/Grüning* in: *Budäus*, Aufgabenerfüllung, S. 51 – 55.

baren lässt. Die in einer Partnerschaft gemeinsam verfolgten Ziele müssen also jedenfalls in einer bestimmten Weise über diejenigen gemeinsamen Ziele und Interessen hinausreichen, die ohnehin bei jedem auf einen Leistungsaustausch ausgerichteten Vertrag vorliegen. Eine genauere Festlegung, wie weit die gemeinsamen Ziele darüber hinaus konkret gehen sollen, bereitet wiederum erhebliche Schwierigkeiten auf dieser allgemeinen Ebene. Eine allgemeine Formulierung könnte so lauten, dass die Verfolgung gemeinsamer Ziele erforderlich ist, die über das Interesse an einem reibungslosen Leistungsaustausch hinausgehen.

7. Institutionalisierung

Ein weiteres Merkmal, dass zum Teil für erforderlich gehalten wird, ist das Vorliegen eines gewissen Institutionalisierungs- oder Formalisierungsgrades. Public Private Partnership soll nur dann vorliegen, wenn die Zusammenarbeit eine gewisse Institutionalisierung im Sinne einer vertraglich oder gesellschaftsrechtlich geregelten Zusammenarbeit aufweist[117].

Ein hoher Grad an Institutionalisierung in diesem Sinne ist erreicht, wenn beide Partner als Gesellschafter eines gemischtwirtschaftlichen Unternehmens zusammenarbeiten; denn hier ist es die Institution der gemeinsamen Gesellschaft, in deren Rahmen die Zusammenarbeit stattfindet. Eine einfache informelle und rechtlich unverbindliche Absprache zwischen den Beteiligten, in einem Bereich zu kooperieren, hat hingegen einen niedrigen Institutionalisierungsgrad. Eine solche informelle Form der Zusammenarbeit war es, die in dem eingangs erwähnten Projekt in der Stadt Pittsburgh stattfand[118].

Den Institutionalisierungsgrad der Zusammenarbeit zum Begriffsmerkmal zu erheben, ist bedenklich. Im Ergebnis hinge die Qualifizierung eines Public Private Partnerships davon ab, ob sich die Parteien rechtsverbindlich gegenseitig verpflichtet haben oder nicht. Es ist jedoch nicht nachvollziehbar, warum der Umstand, dass die Zusammenarbeit im Zweifel gerichtlich einklagbar ist, notwendig sein soll, um eine Partnerschaft anzunehmen. Im Gegenteil taucht an dieser Stelle ein Konflikt mit dem Merkmal der Freiwilligkeit auf. Je niedriger der Institutionalisierungsgrad ausfällt, desto höher muss nämlich der Grad an Freiwilligkeit und gegenseitigem Vertrauen sein, damit die Zusammenarbeit funktioniert. Zudem sind durchaus Bereiche denkbar, in denen die Zusammenarbeit zwischen der privaten Wirtschaft und dem öffentlichen Sektor auf eine Art stattfindet, bei der kein Bedürfnis nach einer vertraglichen Verpflichtung besteht[119].

---

[117] *Budäus/Grüning* in: *Budäus*, Aufgabenerfüllung, S. 50 ff.; *Kaiser*, Umsatzsteuerliche Behandlung, S. 14

[118] Siehe oben I. auf Seite 6.

[119] So auch *Schrallhammer*, PPP in Kunst und Kultur, S. 109, die auch informelle Abreden als Public Private Partnerships versteht.

8. Risikoverteilung

Ein Teil der Literatur erachtet eine bestimmte Risikoverteilung als ein notwendiges Merkmal des Public Private Partnership Begriffs. So fordert die Beratergruppe „PPP im öffentlichen Hochbau", das Risiko solle zwischen den Partnern optimal verteilt sein[120].

Das Merkmal der Risikoverteilung ähnelt dem Merkmal der Dauerhaftigkeit; denn wie jede Tätigkeit notwendigerweise von einer gewissen Dauer ist, so gibt es auch bei jeder Zusammenarbeit, die Risiken beinhaltet, notwendigerweise eine Risikoverteilung. Die Abwesenheit von individuellen Vereinbarungen ändert daran nichts, weil sich dann die Verteilung der Risiken aus den allgemeinen gesetzlichen Bestimmungen ergibt. Auch bei diesem Merkmal ist es daher nicht fraglich, *ob* eine Risikoverteilung erforderlich ist, sondern *wie* diese Risikoverteilung beschaffen sein soll.

An der Forderung, die die Beratergruppe „PPP im öffentlichen Hochbau" an die Risikoverteilung stellt, offenbart sich wiederum eine Schwäche dieses Merkmals. Wie der Grad der Freiwilligkeit, lässt sich auch die Verteilung des Risikos nicht allgemein und einheitlich messen. Dies macht es erforderlich, wertende Elemente zur Charakterisierung des Merkmals aufzunehmen, wie etwa vorliegend das Erfordernis einer *optimalen* Risikoverteilung. Da die Frage, wann die Riskoverteilung optimal ist, jedoch ihrerseits ebenfalls nur wertend beantwortet werden kann, ist eine Vielzahl unterschiedlicher Auslegungen möglich, so dass es dem Merkmal an klaren Konturen fehlt.

Des Weiteren ist das zu verteilende Risiko stark von dem Bereich, in dem die Zusammenarbeit stattfindet, abhängig. Um die vielen unterschiedlichen Anwendungsbereiche von Public Private Partnership zu erfassen, müsste das Merkmal der Risikoverteilung im Rahmen einer allgemeinen Definition sehr weit gefasst werden. Entsprechend gering würden der Wert des Merkmals und damit seine Praxistauglichkeit ausfallen. Auf ein konkretes Projekt oder einen bestimmten Anwendungsbereich bezogen, wäre hingegen eine Aussage darüber denkbar, welcher Partner welches Risiko tragen sollte, damit die Zusammenarbeit als Public Private Partnership qualifiziert werden kann.

Im Zusammenspiel mit dem Kriterium der Gleichberechtigung lässt sich die Forderung aufstellen, dass die Risikoverteilung nicht zu einseitig sein darf; denn eine Zusammenarbeit, in der ein Partner allein sämtliche Risiken trägt, ist nicht mehr gleichberechtigt. Auf allgemeiner Ebene könnte sich dies in dem Erfordernis einer *angemessenen* Risikoverteilung manifestieren.

[120] *BMVBS*, Rahmenbedingungen, S. 3.

III. Sektorspezifische Ansätze

Vielfach haben Autoren versucht, den Public Private Partnership Begriff im Hinblick auf einen bestimmten Anwendungsbereich zu definieren. Als Konsequenz finden sich in derartigen Begriffsbestimmungen unter Umständen Merkmale, die nur in einem bestimmten Anwendungsbereich relevant werden, sich jedoch nicht für eine allgemeine Definition eignen. Als Beispiel wurde bereits die Bestimmung der Dauerhaftigkeit der Zusammenarbeit dahingehend genannt, dass sie sich über mehrere Phasen eines öffentlichen Hochbauprojektes erstrecken muss[121].

Es wird deutlich, welche Vorteile eine bereichsspezifische Definition hat: Sie bietet die Möglichkeit, konkreter zu werden und damit die Brauchbarkeit des Begriffs zur Subsumtion zu erhöhen. Der Nachteil liegt darin, dass sie jeweils unter Umständen ungeeignet ist, um auf Modelle in anderen Bereichen übertragen zu werden. Dieser Aufgabe kann nur eine allgemeine Definition gerecht werden.

IV. Teilgruppen

In ähnlicher Weise wie bei der Definition nach bestimmten Anwendungsbereichen haben mehrere Autoren versucht, aus der Gesamtmenge der Public Private Partnerships unterschiedliche Teilgruppen abzugrenzen. In dieser Tradition existieren mittlerweile eine Vielzahl an „PPP-Gruppen“, die ihre Erschaffer nach unterschiedlichen Kriterien voneinander unterscheiden.

Unter anderem wird zwischen Public Private Partnership im engen und im weiten Sinn unterschieden, wobei das unterscheidende Merkmal der Grad der Formalisierung beziehungsweise Institutionalisierung sein soll[122]. *Budäus* unterscheidet zwischen Public Private Partnership als Tauschmodell, das auf den Austausch von Leistung und Gegenleistung zwischen den Partnern ausgerichtet ist, und Public Private Partnership als Poolmodell, bei dem die Zusammenlegung von Ressourcen im Mittelpunkt steht, um mit diesen eine bestimmte Aufgabe zu erfüllen[123]. Des Weiteren wird zwischen Policy- und Administrations-PPP, zwischen Kommunikations- und Handlungs-PPP, Projekt- und Organisations-PPP und zwischen informellen, vertraglichen und gesellschaftsrechtlichen PPPs unterschieden[124].

Die Bildung unterschiedlicher Gruppen von Public Private Partnerships hat jedoch nur einen eingeschränkten Wert für die Suche nach einer allgemeinen Begriffsbestimmung. Sie mag die Rolle eines bestimmten Merkmals verdeutlichen, indem vergegenwärtigt wird, welche Arten der Zusammenarbeit jeweils bei der

[121] *BMVBS*, Rahmenbedingungen, S. 3.
[122] *Budäus/Grüning* in: *Budäus*, Aufgabenerfüllung, S. 50 – 55.
[123] *Budäus* in: *Budäus*, Kooperationsformen, S. 17 f.
[124] Vgl. *Budäus/Grüning* in: *Budäus*, Aufgabenerfüllung, S. 54 f. m.w.N.; *Wolff*, Verwaltungsrecht III, S. 619.

Anwendung des Merkmals erfasst werden. Darüber hinaus ist die Bildung unterschiedlicher Gruppen jedoch nicht zielführend. Entscheidend für die Erfassung des Begriffes im Rahmen einer allgemeinen Definition ist nicht, in welche Teilmengen er sich aufteilen lässt, sondern welche Eigenschaften die Gesamtmenge hat.

V. Negative Bestimmungsansätze und Abgrenzung zu anderen Privatisierungsformen

Einem weiteren Ansatz auf der Suche nach einer tragfähigen Definition liegt die Hoffnung zugrunde, sich dem Inhalt des Begriffes durch eine Abgrenzung zu anderen Formen der Privatisierung zu nähern. In diesem Sinne wurde etwa eine negative Abgrenzung dahingehend versucht, dass Public Private Partnership weder formelle noch materielle Privatisierung sein solle[125]. Bei der formellen, anders als bei der materiellen Privatisierung, würde im Rahmen von Public Private Partnerships die Aufgabenzuständigkeit gerade nicht auf den privaten Vertragspartner übergehen. Anders als bei der formellen Privatisierung wiederum würde im Rahmen von Public Private Partnership Projekten nicht lediglich eine Scheinprivatisierung durchgeführt, bei der die öffentliche Seite etwa zu 100 Prozent an einer GmbH beteiligt ist. Public Private Partnership nehme dagegen eine Zwischenstellung zwischen beiden Varianten der Privatisierungsformen ein.

Diesem Ansatz liegt die unausgesprochene Prämisse zugrunde, dass Public Private Partnership überhaupt eine Form der Privatisierung ist. Es bedarf daher zunächst der Prüfung, ob sich Public Private Partnership als eine Privatisierungsform verstehen lässt, da anderenfalls eine Abgrenzung zu anderen Privatisierungsformen nicht zielführend ist.

Privatisierung ist selbst ein konturschwacher Begriff mit nur beschränkter normativer Kraft[126]. Die Rechtswissenschaft hat sich ihm typisierend genährt[127]. Insbesondere haben sich dabei vier verschiedene Grunderscheinungsformen der Privatisierung etabliert: die formelle oder auch Organisationsprivatisierung, die materielle oder auch Aufgabenprivatisierung, die Vermögensprivatisierung und die funktionelle Privatisierung[128].

---

[125] Vgl. *Kaiser*, Umsatzsteuerliche Behandlung, S. 12 f.

[126] *Kämmerer*, Privatisierung, S. 8.

[127] Zu den in der rechtswissenschaftlichen Literatur entwickelten Definitionsansätzen ausführlich: *Kämmerer*, Privatisierung, S. 17 ff.

[128] Ausführlich zur funktionellen Privatisierung: *Burgi*, Privatisierung, S. 1 ff.; *Ochmann*, Privatisierung, S. 78.

Die Vermögensprivatisierung ist durch eine Veräußerung der Vermögenswerte der öffentlichen Hand gekennzeichnet[129]. Von einer formellen oder Organisationsprivatisierung wird gesprochen, wenn die öffentliche Verwaltung Aufgaben von öffentlich-rechtlichen in privatrechtliche Organisationsformen überführt, jedoch weiterhin Trägerin der Aufgaben bleibt und die Aufgabe mittels der privatrechtlichen Organisationsform selbst wahrnimmt[130]. Eine formelle Privatisierung liegt daher beispielsweise vor, wenn die öffentliche Hand die bislang durch einen Eigenbetrieb durchgeführte Pflichtaufgabe der Abwasserentsorgung durch eine neu gegründete „Abwasser GmbH" erfüllt, deren Anteile sämtlich die öffentliche Hand selbst hält. Da hierbei keine Berührung mit der Privatwirtschaft erfolgt, ist die Einordnung der formellen Privatisierung als eine Privatisierungsspielart nicht unproblematisch[131]. Funktionelle oder auch funktionale Privatisierung bedeutet, dass einem Privaten die Erledigung von öffentlich-rechtlichen Aufgaben übertragen wird, jedoch ohne einen Wechsel von Aufgabenträgerschaft und Leistungsverantwortung[132]. Bei der materiellen Privatisierung zieht sich die öffentliche Hand schließlich vollständig aus einem Aufgabenbereich zurück und überlässt diesen fortan privaten Anbietern. Ein Beispiel hierfür ist die im Rahmen der sogenannten „Postreform I bis III"[133] erfolgte Liberalisierung des Telekommunikationsbereichs. Zwischen diesen Privatisierungsformen sind auch Mischvarianten denkbar. Hält die öffentliche Hand in Fortführung des vorgenannten Beispiels nicht sämtliche Anteile an der Abwasser GmbH, sondern beteiligt ein privates Unternehmen, so finden sich neben der formellen Privatisierung auch Elemente der funktionellen Privatisierung.

Es wird deutlich, dass sich aus der Abgrenzung zu den beschriebenen Privatisierungsformen für die Bestimmung des Begriffs Public Private Partnership keine neuen Erkenntnisse gewinnen lassen. Es ist fraglich, ob Public Private Partnership eine Form der Privatisierung ist. Selbst wenn diese Annahme zutreffen würde, so wäre die Feststellung, dass es sich weder um eine formelle noch um eine materielle Privatisierung handeln soll, nicht hilfreich; denn hieraus ließe sich nur dann etwas gewinnen, wenn Konsens über die allgemeinen Merkmale des Begriffs Privatisierung bestünde, so dass dessen Merkmal auch für Public Private Partnerships

---

[129] Vgl. *Ochmann*, Privatisierung, S. 78 mit einem Hinweis auf die umfangreiche Veräußerung von Unternehmensbeteiligungen des Bundes im Zeitraum zwischen 1983 und 1995.

[130] *Heintzen*, DStR 1999, S. 1799 (1799).

[131] Vgl. *Krebs*, Verwaltungsorganisationsrecht, S. 339 (341).

[132] *Wolff*, Verwaltungsrecht III, S. 501.

[133] Gesetz zur Neustrukturierung des Post- und Fernmeldewesens und der Deutschen Bundespost (Poststrukturgesetz) vom 08.06.1989, BGBl. I, 1026; Gesetz zur Neuordnung des Postwesens und der Telekommunikation (Postneuordnungsgesetz) vom 14.09.1994, BGBl. I, 1994, 2325; Telekommunikationsgesetz vom 25.07.1996, BGBl. I, 1120 neugefasst durch Telekommunikationsgesetz vom 22.06.2004, BGBl. I S. 1190; vgl. zur ersten Phase der Reform: *Badura*, Rechtsfragen der Telekommunikation, S. 877 (879 ff.).

gelten müssten. Ein solches klares Begriffsverständnis von Privatisierung existiert jedoch nicht.

Zudem zeigt sich die Schwäche einer Abgrenzung zu Privatisierungsformen daran, dass Public Private Partnerships sowohl in Mischformen der vorgenannten typischen Privatisierungsformen als auch in Reinform denkbar sind. Zwar scheidet die rein formelle Privatisierung mangels Beteiligung eines Vertreters der Privatwirtschaft für die Annahme eines Public Private Partnerships aus; der langfristige Einsatz eines privaten Partners zur Erfüllung einer hoheitlichen Aufgabe, ohne dass die Aufgabenträgerschaft übergeht, könnte sich bei entsprechender Vertragsgestaltung hingegen als ein Public Private Partnership erweisen. In diesem Fall wäre Public Private Partnership daher ein Fall der funktionellen Privatisierung. Eine Gestaltung, in der die öffentliche Hand eine Eigengesellschaft zur Erfüllung öffentlicher Aufgaben gründet und sodann einen privaten Partner an dieser Gesellschaft beteiligt, ließe sich ebenfalls als Public Private Partnership begreifen, enthält jedoch zusätzlich Elemente einer formalen Privatisierung. Der mit der materiellen Privatisierung verbundene Rückzug der öffentlichen Hand ist in vielen Fällen damit verbunden, dass die öffentliche Hand den neu geschaffenen privaten Markt reguliert[134]. Selbst in diesem Bereich wäre eine Zusammenarbeit, die sich als Public Private Partnership verstehen lässt, nicht ausgeschlossen. Die Klassifizierung von Public Private Partnership als eine bestimmte Privatisierungsform ist daher ebenso abzulehnen wie ein Verständnis, das Public Private Partnership von einer Privatisierung negativ abzugrenzen versucht[135].

[134] Ein Beispiel hierfür bildet die Regulierungsbehörde für Telekommunikation und Post, vgl. *Ochmann*, Privatisierung, S. 79.

[135] Vgl. *Christen* in: *BMVBS*, PPP-Handbuch, S. 9, der PPP als einen dritten Weg zwischen konventioneller Realisierung und Privatisierung versteht und dadurch von Privatisierung unterschieden sieht, da es sich bei PPP um einen langfristigen Leistungsaustausch zwischen der öffentlichen Hand und dem privatem Partner handeln würde.

§ 3 Public Private Partnership Modelle

Zur Veranschaulichung der breiten Begriffsverwendung und um aufzuzeigen, welchen praktischen Anwendungsformen eine allgemeine Definition gerecht werden sollte, wird nachfolgend – ohne Anspruch auf Vollständigkeit – ein Überblick über verschiedene gängige Public Private Partnership Modelle in den Bereichen des öffentlichen Hochbaus (dazu I.) und der öffentlichen Abfall- und Abwasserentsorgung (dazu II.) gegeben. Bei den Public Private Partnership Modellen handelt es sich um bestimmte wiederkehrende Organisations- und Vertragsstrukturen, die sich in der Praxis herausgebildet haben. Die Wahl der passenden Modellstruktur eines Projektes hängt von einer Vielzahl von Kriterien ab, die anhand der Lage des konkreten Einzelfalles bewertet werden müssen. Maßgeblich sind dabei in erster Linie die rechtlichen, steuerlichen und politischen Rahmenbedingungen sowie der Grad der Einflussnahme, den der öffentliche Partner für sich beansprucht[136].

Die Unterschiede zwischen den Modellen sollen jeweils anhand eines vorangestellten Beispielsfalls verdeutlicht werden. Im Anschluss soll auf Grundlage der Darstellung eine Arbeitsdefinition entwickelt und das Zwischenergebnis der Untersuchung des Public Private Partnership Begriffes festgehalten werden.

I. Öffentlicher Hochbau

Die Beratergruppe „PPP im öffentlichen Hochbau" unterscheidet in ihrem Gutachten aus dem Jahre 2003 sieben Grundmodelle der Vertragsgestaltung[137]. Dabei verstehen die Berater Public Private Partnership als eine langfristige, vertraglich geregelte Zusammenarbeit zwischen öffentlicher Hand und Privatwirtschaft zur Erfüllung öffentlicher Aufgaben, bei der die erforderlichen Ressourcen (zum Beispiel Know-how, Betriebsmittel, Kapital, Personal) in einen gemeinsamen Organisationszusammenhang eingestellt und vorhandene Projektrisiken entsprechend der Risikomanagementkompetenz der Projektpartner angemessen verteilt werden. Die Zusammenarbeit soll während mehrerer Phasen des öffentlichen Hochbauprojekts erfolgen. Insoweit unterscheidet die Beratergruppe fünf Phasen: die Planung, den Bau, den Betrieb, die Finanzierung und schließlich die Verwertung des Hochbauprojekts.

[136] *Hoppenberg, Dinkhoff, Schäller* in: *BMVBS*, PPP-Handbuch, S. 74.
[137] *BMVBS*, Rahmenbedingungen.

1. Beispielsfall

Das Land Berlin möchte sein Angebot zur Ausübung von Wassersport ausbauen. Es plant daher den Bau und Betrieb eines neuen öffentlichen Schwimmbads. Hierfür möchte es mit der privaten Schwimmbadbau GmbH zusammen arbeiten[138].

2. Erwerbermodell

Das sogenannte Erwerbermodell[139] beschreibt eine Vertragsstruktur mit einer Laufzeit von üblicherweise 20 bis 30 Jahren. Der private Auftragnehmer verpflichtet sich, während dieser Zeit ein Gebäude auf einem eigenen Grundstück zu errichten und es anschließend dem öffentlichen Auftraggeber zur Nutzung zu überlassen. Während der gesamten Vertragsdauer steht das Objekt im Eigentum des Auftragnehmers[140]. Neben der Errichtung und Überlassung des Gebäudes ist der Auftragnehmer auch für die Planung und Finanzierung des Projektes verantwortlich. Während des Betriebs des Gebäudes übernimmt er das sogenannte Facility Management[141], welches bei Bedarf weit über den Leistungskatalog hinausgehen kann, der in der Gebäudewirtschaft üblich ist. Nach dem Ende der Vertragslaufzeit muss der private Auftragnehmer das Grundstück inklusive des aufstehenden Gebäudes dem öffentlichen Auftraggeber übereignen.

Der Pflichtenkreis des privaten Auftragnehmers erstreckt sich also über alle fünf der vorgenannten Phasen eines öffentlichen Hochbauprojekts. Als Gegenleistung zahlt der öffentliche Auftraggeber dem Auftragnehmer während der gesamten Vertragslaufzeit ein Entgelt. Dieses setzt sich aus zwei Komponenten zusammen: einerseits ein Betrag für Finanzierung, Planung, Bau und Gebäudeüberlassung und andererseits ein Betrag für das Facility Management.

In Bezug auf die Planungs- und Bauleistungskomponenten dieses Vertragsmodells findet grundsätzlich Werkvertragsrecht Anwendung, während die Facility-Management-Komponente je nach ihrer konkreten Ausgestaltung werkvertraglich oder dienstvertraglich sein kann. Bezüglich der Veräußerung einschließlich der Überlassung während der Betriebsphase handelt es sich schuldrechtlich um einen Kaufvertrag bzw. Ratenkaufvertrag. Bei dem auf die Veräußerung entfallenden

[138] Dieser Beispielsfall und alle nachfolgenden Beispiele in dieser Arbeit sind fiktiv. Es ist kein Bezug zu realen Sachverhalten und Projekten beabsichtigt.

[139] Vgl. *Alfen/Fischer* in: *Weber/Schäfer/Hausmann*, Praxishandbuch, S. 59; *BMVBS*, Rahmenbedingungen, S. 6 f., 12, 76 ff.

[140] Soll ein Gebäude auf einem Grundstück des Auftraggebers errichtet werden, so kann das Eigentum am Objekt durch die Einräumung eines Erbbaurechts auf den Auftragnehmer übertragen werden. Dieser Vorgang und auch die spätere Rückübertragung auf die öffentliche Hand sind seit dem ÖPP-Beschleunigungsgesetz von der Grunderwerbsteuer befreit gem. § 4 Nr. 9 GrEStG.

[141] Darunter fallen insbesondere die Instandhaltung und Instandsetzung des Gebäudes sowie weitere Dienstleistungen wie zum Beispiel Sicherheitsdienste, Pförtnerdienste, Catering etc.

Anteil an den monatlichen Zahlungen handelt es sich insoweit um Kaufpreisraten.

Auf den Beispielsfall übertragen bedeutet das:

Das Land Berlin schließt mit der Schwimmbadbau GmbH einen umfangreichen PPP-Vertrag mit einer Laufzeit von 20 bis 30 Jahren. Auf der Grundlage dieses Vertrages beginnt die GmbH mit der Planung des Gebäudes. Die GmbH stellt die Finanzierung für die Planung und den Bau des Schwimmbads auf ihrem Grundstück sicher, indem sie eigenständig das benötigte Kapital - typischerweise als Bankdarlehen - beschafft. Im Anschluss an die Planung errichtet die GmbH das Schwimmbad in eigener Verantwortung und nach den im PPP-Vertrag festgelegten Kriterien auf einem eigenen Grundstück. Sollte sie den vertraglich festgelegten Termin für die Errichtung oder die vereinbarte Qualität des Gebäudes nicht einhalten, so kann das Land Berlin grundsätzlich seine vertraglichen Gewährleistungsrechte geltend machen. Nach dem Abschluss der Bauarbeiten überlässt die GmbH dem Land das Schwimmbad zum Betrieb. Ab diesem Zeitpunkt übernimmt die GmbH für den Rest der vertraglichen Laufzeit das Facility Management in dem Umfang, wie ihn die Parteien im PPP-Vertrag vereinbart haben. In diesem Rahmen erbringt die GmbH sämtliche Gebäudedienstleistungen, die erforderlich sind, um den ordentlichen Betriebsablauf zu ermöglichen. Dies schließt Hausmeisterleistungen, aber auch die Sanierung und Erhaltung des Gebäudes ein[142]*. Nach dem Ablauf der Vertragslaufzeit übereignet die GmbH dem Land das Grundstück mit dem aufstehenden Schwimmbad. Ab diesem Zeitpunkt steht es im Ermessen des Landes, ob es einen weiteren Vertrag mit dem Auftragnehmer über Facility-Management-Leistungen eingeht oder sich diese Leistungen anderweitig beschafft beziehungsweise selbst übernimmt.*

3. Leasingmodell

Bei dem Leasingmodell[143] geht es – wie beim Erwerbermodell – um die Errichtung und Bereitstellung eines Gebäudes. Der Leistungsumfang des Auftragnehmers ist im Wesentlichen der gleiche wie beim Erwerbermodell. Auch hier wird eine Laufzeit von 20 bis 30 Jahren vereinbart.

Im Unterschied zum Erwerbermodell erfolgt die Überlassung des Gebäudes jedoch im Wege des Immobilienleasings. Am Ende der Betriebsphase ist der Eigentumserwerb durch den Auftraggeber nicht fest vereinbart. Stattdessen kann der öffentliche Auftraggeber wählen, ob er den Vertrag verlängern oder die Immobilie zum Restwert erwerben will. Eine alternative Gestaltungsvariante dieses Modells

[142] Je nach Vertragsgestaltung könnte etwa die Einrichtung und Unterhaltung einer Kantine für die Schüler und Lehrer geschuldet sein.

[143] Vgl. *Alfen/Fischer* in: *Weber/Schäfer/Hausmann*, Praxishandbuch, S. 58; *BMVBS*, Rahmenbedingungen, S. 7 f., 13, 94 ff.

liegt darin, dass der Auftragnehmer das Gebäude nach Vertragsende verwertet und den Auftraggeber an den Gewinnen aus der Verwertung beteiligt.

Der private Auftragnehmer erhält für die Überlassung des Gebäudes zur Nutzung und für seine sonstigen Leistungen ein regelmäßiges Entgelt nach monatlichen Raten. Die Höhe dieses Betrages basiert in der Regel auf einer Teilamortisationsrechnung[144].

Auf die Überlassung des Gebäudes an den Auftraggeber während der Betriebsphase findet im Wesentlichen Mietvertragsrecht, auf die umfassenden Facility Management-Leistungen im Wesentlichen Werkvertrags- beziehungsweise Dienstvertragsrecht Anwendung. Im Falle der Ausübung der Kaufoption durch den Auftraggeber findet auf die Veräußerung der Immobilie Kaufvertragsrecht Anwendung.

Die Risiken während der Projektphase liegen bei diesem Modell überwiegend beim privaten Auftragnehmer. Er trägt auch das Risiko einer wirtschaftlich sinnvollen Nutzung oder Verwertung nach dem Ende der Vertragslaufzeit, soweit der öffentliche Auftraggeber seine Kaufoption nicht ausübt.

Übertragen auf den Beispielsfall bedeutet das:

Das Land und die GmbH schließen einen umfangreichen Leasingmodellvertrag ab. In Erfüllung ihrer vertraglichen Pflicht übernimmt die GmbH die Planung und die Finanzierung eines Schwimmbads und errichtet dieses auf einem eigenen Grundstück. Nach der Fertigstellung überlässt sie das Gebäude dem Land im Rahmen eines Immobilienleasingverhältnisses und räumt dem Land die Option ein, das Eigentum nach Ablauf der Vertragslaufzeit zum Restwert zu erwerben. Während der vereinbarten Vertragslaufzeit betreibt die GmbH das Schwimmbad für das Land und erbringt umfassende Facility Management Dienstleistungen. Als Gegenleistung zahlt das Land der GmbH ein regelmäßiges Entgelt.

4. Vermietungsmodell

Auch dieses Modell[145] ist darauf gerichtet, dass der private Auftragnehmer dem öffentlichen Auftraggeber ein schlüsselfertiges Gebäude errichtet und umfassendes Facility Management übernimmt. Ebenso wie beim Erwerbermodell steht auch hier das Gebäude während der gesamten Vertragslaufzeit von in der Regel 20 bis 30 Jahren im Eigentum des privaten Auftragnehmers. Dem Auftraggeber kann eine Option zur Vertragsverlängerung oder zum Erwerb des Gebäudes eingeräumt

[144] Da der Auftraggeber am Ende der Vertragslaufzeit das Gebäude zum geringeren Restwert erlangen kann, ist der Auftragnehmer darauf angewiesen, die Investitionskosten, die ihm im Zusammenhang mit der Errichtung entstanden sind, auf das monatliche Entgelt umzulegen.

[145] Vgl. zum Vermietungsmodell: *Alfen/Fischer* in: *Weber/Schäfer/Hausmann*, Praxishandbuch, S. 58; *BMVBS*, Rahmenbedingungen, S. 8 f., 14, 107 ff.

werden. Bei Ausübung der Option richtet sich der Kaufpreis im Unterschied zum Leasingmodell allerdings nicht nach dem Restwert des Gebäudes, sondern nach seinem Verkehrswert. Einen fest vereinbarten Eigentumserwerb, wie beim Erwerbermodell, gibt es jedoch nicht. Die wesentliche Besonderheit dieses Modells liegt in der Art der Überlassung des Gebäudes an den öffentlichen Auftraggeber. Wie der Name des Modells bereits verrät, geschieht dies hier durch ein Mietverhältnis.

Der Leistungsumfang beider Parteien unterscheidet sich nicht wesentlich von den bereits dargestellten Modellen. Im Unterschied zum Leasingmodell basiert die Berechnung des monatlichen Entgelts hier nicht auf einer Teilamortisierungsrechnung, sondern auf der Berechnung einer marktüblichen Miete für ein vergleichbares Objekt zuzüglich des Entgelts für die übrigen Leistungen des privaten Auftragnehmers.

Auf die Überlassung des Gebäudes an den Auftraggeber während der Betriebsphase findet ausschließlich Mietvertragsrecht, auf die umfassenden Facility Management-Leistungen – je nach Ausgestaltung – Werkvertrags- oder Dienstvertragsrecht Anwendung. Übt der Auftraggeber die Kaufoption aus, so gilt für die Veräußerung der Immobilie Kaufvertragsrecht.

Die Risiken während der verschiedenen Projektphasen liegen zu einem großen Teil beim Auftragnehmer. Die Sach- und Preisgefahr des Gebäudes verbleibt während der Betriebsüberlassung beim Auftragnehmer, da dieser die Position eines Vermieters einnimmt. Übt der Auftraggeber eine etwaige Kaufoption bei Vertragsende nicht aus, so hat der Auftragnehmer auch das Risiko, das Gebäude zu einem angemessenen Preis zu verwerten.

Übertragen auf den Beispielsfall bedeutet das:

Das Land schließt mit der GmbH einen umfangreichen Mietmodellvertrag. Daraufhin plant die GmbH den Bau des Schwimmbads, den sie selbst finanziert, und errichtet das Gebäude auf einem eigenen Grundstück. Nach der Fertigstellung überlässt sie das Gebäude dem Land im Rahmen eines Mietvertrages und räumt ihm die Option ein, das Gebäude nach Ablauf der Vertragslaufzeit zum Verkehrswert zu erwerben. Während der Vertragslaufzeit betreibt die GmbH das Gebäude für das Land und übernimmt das umfassende Facility Management. Als Gegenleistung erhält sie vom Land ein regelmäßiges Entgelt.

5. Inhabermodell

Das Inhabermodell[146] ist ebenfalls eine Kombination aus der Errichtung oder Sanierung eines schlüsselfertigen Gebäudes mit umfassenden Facility Management

[146] Vgl. *Alfen/Fischer* in: *Weber/Schäfer/Hausmann*, Praxishandbuch, S. 59; *BMVBS*, Rahmenbedingungen, S. 9 f., 15 f., 114 ff.

Leistungen während der Betriebsphase. Die Vertragslaufzeit bei diesem Modell liegt üblicherweise zwischen 15 und 20 Jahren. Es handelt sich dabei um das in der Praxis bislang häufigste Public Private Partnership Modell im Bereich des öffentlichen Hochbaus[147].

Der wesentliche Unterschied zu den übrigen Vertragsmodellen liegt darin, dass hier das Eigentum nicht zunächst beim Auftragnehmer liegt, sondern beim Auftraggeber. In der Regel errichtet der Auftragnehmer das Gebäude auf einem Grundstück des Auftraggebers, so dass das Eigentum an dem Gebäude als wesentlicher Bestandteil des Grundstücks auf den Auftraggeber kraft Gesetzes nach §§ 946, 93, 94 Absatz 1 Satz 1 BGB übergeht. Der Auftraggeber erwirbt also bereits mit der Errichtung zu Beginn der Vertragslaufzeit das zivilrechtliche Eigentum am Gebäude. Um dem Auftragnehmer dennoch ein umfassendes Nutzungs- und Besitzrecht zu gewähren, kann ihm der Auftraggeber ein Nießbrauchrecht einräumen.

Der Leistungsumfang des Auftragnehmers ist im Wesentlichen derselbe wie beim Erwerbermodell. Soweit die Bauleistungen kraft Gesetzes ins Eigentum des Auftraggebers übergehen, ist der Eigentumsübergang regelmäßig nicht Teil der Leistungspflicht des Auftragnehmers. Der Auftragnehmer erhält für seine Leistungen wiederum ein regelmäßiges Entgelt. Soweit dieses Entgelt den Erwerb der errichteten Gebäude betrifft, handelt es sich zivilrechtlich in der Regel um eine ratenweise gestaffelte Werklohnforderung.

Wie beim Erwerbermodell unterliegen die Bauleistungen des Auftragnehmers dem Werkvertragsrecht, während die Facility Management Leistungen – je nach Ausgestaltung – den werks- oder dienstvertraglichen Regelungen unterliegen. Der wesentliche Unterschied zu den übrigen Vertragsmodellen liegt darin, dass zwar in Bezug auf das Gebäude ein Eigentumsübergang stattfindet, dennoch kein Kaufvertragsrecht zur Anwendung kommt. Im Unterschied zum Erwerbermodell geht hier bereits mit dem Eigentumserwerb des Auftragnehmers zu Beginn der Vertragslaufzeit das Sach-, Preis- und Verwertungsrisiko des Gebäudes auf den öffentlichen Auftragnehmer über.

Übertragen auf den Beispielsfall bedeutet das:

Das Land schließt mit der GmbH einen umfangreichen Inhabermodellvertrag. Hiernach übernimmt die GmbH zunächst die Planung, Finanzierung und den Bau eines Schwimmbadgebäudes. Dieses errichtet sie auf einem Grundstück des Landes, so dass das Land mit der Errichtung das Eigentum an dem Gebäude erwirbt.

---

[147] Vgl. *Christen* in: *BMVBS*, PPP-Handbuch, S. 13; *Funken*, ÖPP Zwischenbilanz 2009, S. 14; *Hoppenberg, Dinkhoff, Schäller* in: *BMVBS*, PPP-Handbuch, S. 74 ff.; *Jacob/Berger*, Umsatzsteuerrefund, S. 1.

Anschließend übernimmt die GmbH das Facility Management für das Schwimmbad während der Restlaufzeit des Vertrages. Das Land zahlt der GmbH ein monatliches Entgelt.

6. Contractingmodell

Das Contractingmodell[148] ist eine Kombination von einerseits Bau oder Optimierung von Anlagen und andererseits umfassendem Facility Management in der anschließenden Betriebsphase[149]. Die Vertragslaufzeit ist bei diesem Modell im Vergleich zu den anderen Modellen relativ kurz und beträgt in der Regel 5 bis 15 Jahre.

Der wesentliche Unterschied zu den anderen Modellen liegt darin, dass es hier nicht um die Errichtung eines kompletten Gebäudes, sondern um technische Anlagen oder Anlagenteile geht. Entsprechend bezieht sich bei diesem Modell auch das Facility Management nicht auf ein Gebäude, sondern lediglich auf die errichtete oder optimierte Anlage.

Für die Vertragslaufzeit wird vereinbart, dass der öffentliche Auftraggeber die Anlage nicht selbst unmittelbar nutzen darf. Der Eigentumsübergang findet wie beim Inhabermodell regelmäßig kraft Gesetzes, durch die Verbindung der Anlagen mit dem Grundstück, statt. Die Eigentumsübertragung ist daher auch bei diesem Modell regelmäßig nicht Bestandteil der vertraglich vereinbarten Leistungspflicht des Auftragnehmers.

Der Auftragnehmer ist im Rahmen dieses Modells für die Planung, den Einbau oder die Optimierung, die Finanzierung und den Betrieb der entsprechenden Anlage verantwortlich. Als Gegenleistung erhält er ein regelmäßiges Entgelt vom öffentlichen Auftraggeber. Eine weitere Besonderheit dieses Vertragsmodells liegt darin, dass dem öffentlichen Auftraggeber grundsätzlich keine Mehrkosten im Vergleich zur Eigenrealisierung entstehen sollen. Das Entgelt soll sich daher grundsätzlich nicht nach den Investitionskosten des Auftragnehmers richten, sondern an den bisherigen bzw. bei Eigenrealiserung zu erwartenden Energiekosten des Auftraggebers orientieren. Der Auftragnehmer hat daher einen starken Anreiz, durch optimale Energiebewirtschaftung seinen Gewinn zu maximieren.

Wie beim Inhabermodell unterliegen die Planungs- und Bauleistungen grundsätzlich den werkvertragsrechtlichen Bestimmungen und die Facility Management Leistungen entweder dem Dienst- oder Werkvertragsrecht.

---

[148] Der Name bezieht sich auf die in der Gebäudewirtschaft gebräuchliche Bezeichnung des „Contracting". Darunter wird die Auslagerung technischer Ver- und Entsorgungsleistungen sowie des Betriebs von sonstigen technischen Anlagen verstanden. In der Regel geht es dabei um die Energie- und Wärmeversorgung, vgl. *BMVBS*, Rahmenbedingungen, S. 124.

[149] Vgl. *Alfen/Fischer* in: *Weber/Schäfer/Hausmann*, Praxishandbuch, S. 59; *BMVBS*, Rahmenbedingungen, S. 10 f., 16 f., 124 ff.

Die Risikoverteilung ähnelt ebenfalls derjenigen des Inhabermodells. Da auch hier das Eigentum an den Anlagen bereits zu Vertragsbeginn übergeht, trifft den öffentlichen Auftraggeber die Sachgefahr und das Verwertungsrisiko in Bezug auf die technischen Anlagen. Der private Auftragnehmer hingegen hat neben dem Risiko des reibungslosen Einbaus der Anlagen auch das Risiko der Erhaltung und der etwaig erforderlich werdenden Optimierung zu tragen.

Übertragen auf den Beispielsfall bedeutet das:

Das Land errichtet zwar selbst das Schwimmbadgebäude. Es schließt jedoch einen umfangreichen Vertrag mit der GmbH über die Energie- und Wärmeversorgung des Gebäudes innerhalb der nächsten 10 Jahre ab. In diesem Zusammenhang baut die GmbH die benötigten technischen Anlagen ein und übernimmt deren Betrieb für die vereinbarte Vertragslaufzeit. Sie ist für die Erhaltung und gegebenenfalls auch die Optimierung der Anlagen verantwortlich. Das Land zahlt der GmbH dafür ein monatliches Entgelt, das sich grundsätzlich an den Kosten orientiert, die ihr bei einer Eigenbeschaffung entstanden wären.

7. Konzessionsmodell

Das Konzessionsmodell[150] ist streng genommen kein eigenständiges Vertragsmodell, sondern eine Modellvariation; denn es kann grundsätzlich mit jedem der anderen Vertragsmodelle kombiniert werden. Ob und wann das Eigentum des zu errichtenden Gebäudes auf den öffentlichen Auftraggeber übergeht, richtet sich wie die Vertragsdauer nach dem Modell, mit dem das Konzessionsmodell kombiniert wird.

Das Konzessionsmodell zeichnet sich dadurch aus, dass der private Auftragnehmer vom öffentlichen Auftraggeber grundsätzlich als Entgelt keine Geldsumme erhält. Stattdessen räumt ihm der Auftraggeber das Recht ein, sich über die Erhebung von Nutzungsentgelten, die Dritte für die Benutzung der Gebäude oder Anlagen zahlen, zu refinanzieren. Weil nicht der Auftraggeber, sondern die Nutzer des Gebäudes das Modell finanzieren, wird dieser Mechanismus als „Drittnutzerfinanzierung" bezeichnet. Liegt der Schwerpunkt der Leistung des Auftragnehmers in der Erbringung von Facility Management Leistungen, des Betriebs und der Finanzierung, so spricht man von einer sogenannten „Dienstleistungskonzession"; besteht ein nicht nur unerheblicher Teil der Leistungen in der Erbringung von Bauleistungen, so handelt es sich um eine sogenannte „Baukonzession".

Die Risikoverteilung richtet sich wiederum nach dem Modell, mit dem das Konzessionsmodell kombiniert wird. Hinzu kommt die Besonderheit, dass der

[150] Vgl. *Alfen/Fischer* in: *Weber/Schäfer/Hausmann*, Praxishandbuch, S. 59; *BMVBS*, Rahmenbedingungen, S. 11, 17 f., 133 ff.

private Auftragnehmer, während der Vertragslaufzeit, das Risiko trägt, dass die Nutzungsentgelte auch in der erwarteten Höhe anfallen. Die Möglichkeit einer solchen Drittnutzerfinanzierung im Rahmen des Konzessionsmodells ist naturgemäß nur bei Gebäuden möglich, deren Benutzung überhaupt entgeltpflichtig ist.

Übertragen auf den Beispielsfall bedeutet das:

Bei einer Kombination mit dem Erwerbermodell schließt das Land Berlin mit der GmbH einen umfangreichen Konzessions-Erwerbermodell-Vertrag, auf dessen Grundlage die GmbH das Schwimmbad auf einem eigenen Grundstück plant, finanziert und errichtet und bis zum Ablauf der Vertragslaufzeit Facility Management für das Land betreibt.

Als Gegenleistung räumt das Land der GmbH das Recht ein, die Nutzungsentgelte der Schwimmbadbesucher, das heißt hauptsächlich die Eintrittspreise, zu vereinnahmen und zu behalten. Dabei trägt die GmbH das Risiko, dass diese Einnahmen ihre Ausgaben decken und für sie ein Gewinn übrig bleibt.

8. Gesellschaftsmodell

Auch bei dem Gesellschaftsmodell[151] handelt es sich wie beim Konzessionsmodell nicht um ein eigenständiges Modell, sondern um eine Gestaltungsvariante, die sich aus der Kombination mit einem der anderen Modelle ergibt.

Bei dieser Variante beteiligt sich der öffentliche Auftraggeber als Mitgesellschafter neben dem privaten Auftragnehmer in einer in der Regel neu gegründeten PPP-Projektgesellschaft. Die Gesellschaftsform orientiert sich vor allem an den für das Projekt günstigsten Entscheidungsrechten und Haftungsfragen. In der Regel kommt es zur Gründung einer Kapitalgesellschaft in Form einer AG oder GmbH.

Diese Gesellschaft schließt sodann mit dem öffentlichen Auftraggeber den PPP-Vertrag, nach dem jeweils beabsichtigten Vertragsmodell. Die Riskoverteilung und die Leistungspflichten der Vertragspartner sowie das jeweils anwendbare Vertragsrecht richten sich nach dem Modell, mit dem das Gesellschaftsmodell kombiniert wird. Es ist auch eine Kombination mit dem Konzessionsmodell möglich.

Aufgrund des hohen Institutionalisierungsgrades kommt es bei dieser Gestaltungsvariante zu einer besonders engen Zusammenarbeit zwischen dem öffentlichen Auftraggeber und dem privaten Auftragnehmer.

[151] Vgl. *Alfen/Fischer* in: *Weber/Schäfer/Hausmann*, Praxishandbuch, S. 59; *BMVBS*, Rahmenbedingungen, S. 11 f., 18 f., 138 ff.

Übertragen auf den Beispielsfall bedeutet das:

Bei einer Kombination mit dem Erwerbermodell gründet das Land zunächst mit der GmbH zusammen eine Projektgesellschaft, zum Beispiel die Schwimmbadprojekt AG.

Diese neue AG hätte zwei Gesellschafter, zum einen das Land und zum anderen die GmbH. Das Land würde dann mit der AG den PPP-Erwerbervertrag schließen. Nach diesem Vertrag müsste sodann die AG die Finanzierung, die Planung und den Bau des Schwimmbads auf einem eigenen Grundstück unternehmen, das Facility Management während der Vertragslaufzeit für das Land betreiben und das Grundstück am Ende der Vertragslaufzeit an das Land übereignen.

II. Öffentliche Abfall- und Abwasserentsorgung

Die öffentliche Abfall- und Abwasserentsorgung ist eine Pflichtaufgabe der Kommunen. In diesem Bereich erfolgt die Kooperation zwischen dem öffentlichen Aufgabenträger als Auftraggeber und der Privatwirtschaft als Auftragnehmer im Rahmen einer sogenannten funktionalen Privatisierung[152], bei der der Verwaltungsträger weiterhin für die Aufgabe zuständig ist, sich für die Erledigung jedoch des privaten Partners als Gehilfen bzw. Verwaltungshelfer bedient[153].

1. Beispielsfall

Das Land Berlin betreibt die Aufgabe der Abfallbeseitigung durch einen Eigenbetrieb. Es beabsichtigt, im Rahmen des rechtlich Zulässigen, die Aufgabe in Zusammenarbeit mit einem privaten Unternehmen, der Abfallbeseitigungs GmbH, durchzuführen.

2. Betriebsführungsmodell

In diesem Modell betreibt der private Auftragnehmer gegen Entgelt bestimmte Anlagen des öffentlichen Aufgabenträgers, in dessen Namen und auf dessen Risiko und erbringt im Außenverhältnis die Leistungen des Aufgabenträgers. Unmittelbare Rechtsbeziehungen zwischen dem Auftragnehmer und den Nutzern kommen nicht zustande[154].

Übertragen auf den Beispielsfall bedeutet das:

[152] Zum Begriff der funktionalen Privatisierung und anderen Privatisierungsformen siehe oben V. auf Seite 31.

[153] *Bauer*, DÖV 1998, S. 90.

[154] *Tettinger*, DÖV 1996, S. 765.

Das Land Berlin schließt mit der Abfallbeseitigungs GmbH einen umfangreichen Vertrag, in dem sich die GmbH verpflichtet, von nun an die Abfallbeseitigung zu übernehmen. Für diese Aufgabe stellt ihr das Land Berlin die Anlagen und Grundstücke zur Verfügung, die sie bislang mit ihrem Eigenbetrieb zur Erfüllung dieser Aufgabe nutzte. Das Land bleibt Träger der Aufgabe der Abfallbeseitigung; die GmbH erledigt diese Aufgabe lediglich entgeltlich für das Land.

3. Betreibermodell

In diesem Modell gehen die Aufgaben des privaten Vertragspartners über den Betrieb der Anlagen hinaus. Er bewirkt zunächst eigenverantwortlich die Leistungen, die für Planung, Bau und gegebenenfalls Sanierung bestehender Anlagen erforderlich sind. Insoweit ist der Auftragnehmer selbst in eigenem Namen Bauherr und trägt das entsprechende Risiko. Nach der Fertigstellung übernimmt der Private den Betrieb der Anlage. Hier erbringt er im Außenverhältnis ebenfalls die Leistungen des Aufgabenträgers. Rechtliche Grundlage ist ein Betreibervertrag in Verbindung mit diversen Nebenverträgen. Die Kompetenzen im Rahmen der Aufgabenerledigung sind weiter als beim Betriebsführungsmodell[155].

Übertragen auf den Beispielsfall bedeutet das:

Das Land schließt zunächst mit der GmbH einen umfangreichen Vertrag, der auch die Sanierung der bestehenden Entsorgungsanlagen beinhaltet. Die GmbH saniert daraufhin die bestehenden Anlagen auf eigenes Risiko. Im Anschluss übernimmt sie den Betrieb der Anlagen für das Land. Dieses bleibt Träger der Aufgabe und zahlt der GmbH ein entsprechendes Entgelt für ihre Leistungen.

4. Konzessionsmodell

Wie im Bereich des öffentlichen Hochbaus[156] ist auch im Bereich der Abfallbeseitigung das Konzessionsmodell kein eigenständiges Modell, sondern eine Variante der Gegenleistung, die der Aufgabenträger an den privaten Vertragspartner erbringt. Anstelle einer Geldzahlung wird diesem eine Konzession eingeräumt, die es ihm ermöglicht, sich direkt durch die Nutzungsentgelte zu refinanzieren.

Übertragen auf den Beispielsfall bedeutet das:

Bei einer Kombination mit einem Betriebsführungsmodell schließt das Land einen umfangreichen Vertrag mit der privaten Abfallbeseitigungs GmbH, in dem sich die GmbH verpflichtet, über die Vertragslaufzeit die Abfallbeseitigung für das

155 *Tettinger*, DÖV 1996, S. 765.
156 Hierzu siehe oben 7. auf Seite 42.

Land mit den Anlagen des Eigenbetriebs zu betreiben. Als Gegenleistung zahlt das Land der GmbH jedoch kein Entgelt. Stattdessen gewährt es der GmbH das Recht, selbst Abfallgebühren von den betroffenen Bürgern zu erheben.

5. Kooperationsmodell

Dieses Gestaltungsmodell ist ebenfalls nicht selbstständig, sondern eine Variante der anderen Modelle. Es ist mit dem Gesellschaftsmodell im Bereich des öffentlichen Hochbaus vergleichbar[157]. Die Zusammenarbeit zwischen dem öffentlichen Aufgabenträger und dem privaten Vertragspartner findet in diesem Fall über den vertraglichen Bereich hinaus auch auf einer gesellschaftlichen Ebene statt. Der Hoheitsträger und der Private gründen eine Gesellschaft, deren Anteile sie gemeinsam halten. Diese Gesellschaft wird sodann der Vertragspartner des Hoheitsträgers im Rahmen eines Betreiber-, Betriebsführungs- oder Betriebsüberlassungsmodells[158].

Übertragen auf den Beispielsfall bedeutet das:

Bei einer Kombination mit einem Betriebsführungsmodell würde das Land zunächst eine private Gesellschaft gründen, etwa die Entsorgungs GmbH. An dieser GmbH beteiligt es nun die Abfallbeseitigungs GmbH zu höchstens 49 Prozent. Mit dieser neu gegründeten GmbH schließt das Land einen umfangreichen Vertrag, in dem sich die neue Entsorgungs GmbH verpflichtet, die Abfallbeseitigung für die Stadt mit den Anlagen des Eigenbetriebs zu betreiben. Als Gegenleistung zahlt das Land der neu gegründeten GmbH ein entsprechendes Entgelt.

[157] Hierzu siehe oben 8. auf Seite 43.

[158] *Kaiser*, Umsatzsteuerliche Behandlung, S. 27 f.

§ 4 Stellungnahme und Arbeitsdefinition

Wie der Überblick über die gängigen PPP-Vertragsmodelle im Bereich des öffentlichen Hochbaus und der Abfallbeseitigung verdeutlicht, wird der Public Private Partnership Begriff selbst innerhalb eines bestimmten Bereiches für eine Vielzahl unterschiedlicher Gestaltungsformen verwendet. Darüber hinaus sind Public Private Partnership Projekte in ganz unterschiedlichen Bereichen denkbar, die sich stark voneinander unterscheiden wie beispielsweise der öffentliche Hochbau und die Kunstförderung.

Der vielfältige Gebrauch des Public Private Partnership Begriffs erschwert die Entwicklung einer trennscharfen allgemeinen Definition für alle Erscheinungsformen: Begriffsmerkmale, die für eine Konkretisierung des Public Private Partnership Begriffs in Frage kommen, erweisen sich als ungeeignet für eine allgemeine Begriffsdefinition, weil sie nicht in allen Bereichen, in denen Public Private Partnership Projekte vorkommen, brauchbar sind.

Die Definition von Public Private Partnership als eine Zusammenarbeit im weitesten Sinne zwischen dem privaten Sektor und der öffentlichen Hand, würde nahezu jede Interaktion des Staates mit der Privatwirtschaft zu Public Private Partnerships erklären. Eine derart weite Begriffsbestimmung ist daher nicht brauchbar; ihr kommt aufgrund ihrer Weite kein eigener Wert zu.

Eine negative Annäherung an den Public Private Partnership Begriff ist für eine klare Begriffsbestimmung grundsätzlich nicht geeignet, da die Aussage darüber, was etwas nicht ist, keinen Wert in Bezug darauf hat, was es ist; eine Definition sollte daher bejahend sein[159]. Darüber hinaus führt negative Abgrenzung von Public Private Partnership zu anderen Privatisierungsformen nicht zu einem Erkenntnisgewinn, weil die zugrundeliegende These, dass Public Private Partnership eine Form der Privatisierung ist, fraglich und angreifbar ist[160].

Trotz Schwierigkeit bei der Begriffsbestimmung ist ein klares Begriffsverständnis geboten; insbesondere, da die Anwendung der durch das ÖPP-Beschleu-

[159] *Schneider*, Logik, S. 53; a.A. *Weber-Grellet*, FS Beisse, S. 553, der unter bezug auf *Puppe*, Definitionen, S. 15 (19), darauf hinweist, dass die „moderne Definitionslehre“ neben der Form der Definition durch genus proximum und differentia specifica auch Formen der Definition anerkenne, in der gleichwertige Merkmale kumulativ verbunden oder auch gerade ausgeschlossen sein können.

[160] Hierzu siehe oben V. auf Seite 31 ff.

nigungsgesetz eingeführten Vorschriften des § 3 Absatz 1 Satz 3 GrStG und § 4 Nr. 9 GrEStG vom Vorliegen einer Öffentlich Privaten Partnerschaft abhängen. Indem der Gesetzgeber es unterließ, eine klare Legaldefinition einzuführen, verursachte er eine erhebliche rechtliche Unklarheit über den Anwendungsbereich der Vorschriften, was sich kontraproduktiv auf den Zweck, Public Private Partnership Projekte zu fördern, auswirkt.

Zwar mangelt es nicht an Merkmalen, die grundsätzlich geeignet sind, die Art der Zusammenarbeit näher zu bestimmen und damit eine zu große Ausuferung der Definition zu verhindern. Wiederholt zeigt sich hier jedoch das Grundproblem des Versuches einer Definition auf allgemeiner Ebene. Die Vielfalt der Erscheinungsformen, die als Public Private Partnerships in Frage kommen, ist so groß, dass sich die Begriffsmerkmale nicht ausreichend quantifizieren lassen. So könnte zum Beispiel die nötige Dauer der Zusammenarbeit nur dann nach bestimmten Phasen eines Projektes bestimmt werden, wenn sich alle Anwendungsfelder von Public Private Partnerships in eben diese Phasen einteilen ließen. Dies ist jedoch nicht der Fall. Je konkreter und damit praxistauglicher eine Definition gestaltet würde, desto mehr würde sich ihre Brauchbarkeit auf lediglich bestimmte Anwendungsfelder beschränken.

Ein Definitionsversuch hingegen, der sich ausschließlich auf ein bestimmtes Anwendungsfeld beschränkt, hat den Vorteil, dass hier anhand der typischen Verhältnisse dieses Anwendungsbereichs eine relativ trennscharfe Begriffsbestimmung möglich wäre. Sie kann jedoch nicht eine allgemeine Definition ersetzen, weil sie nicht der Aufgabe gerecht wird, das Phänomen Public Private Partnership insgesamt zu beschreiben.

Für dieses Dilemma ist eine einfache Lösung nicht erkennbar. Eine allgemeine Definition des Begriffs Public Private Partnership könnte jedenfalls diejenigen Merkmale enthalten, die grundsätzlich zur genaueren Bestimmung geeignet sind, selbst wenn es auf dieser allgemeinen Ebene noch nicht möglich ist, sie zu quantifizieren. Um die Praxistauglichkeit herzustellen, wäre es jedoch erforderlich, dass die allgemeine Definition von jeweils bereichsspezifischen Definitionen flankiert wird. Auf diese Weise könnten die auf allgemeiner Ebene noch unbestimmten Merkmale der allgemeinen Definition bereichsspezifisch so konkretisiert werden, dass im Einzelfall ohne große Unsicherheiten die Feststellung möglich wird, ob ein konkretes Projekt Public Private Partnership ist oder nicht. Ein positiver Effekt eines derartigen zweigleisigen Ansatzes liegt darin, dass die allgemeine Definition offen für zukünftige neue Anwendungsfelder bleiben würde[161].

[161] Vgl. *Wolff*, Verwaltungsrecht III, S. 613, der eine abschließende Umschreibung des Begriffs vor diesem Hintergrund ablehnt.

Als grundsätzlich geeignet zur Bestimmung der Art der Zusammenarbeit haben sich die Merkmale der Freiwilligkeit[162], der Gleichberechtigung[163], der gemeinsamen Zielverfolgung[164] sowie der angemessenen Risikoverteilung[165] erwiesen. Als Public Private Partnership im Allgemeinen soll daher im Rahmen dieser Arbeit verstanden werden:

> *eine gleichberechtigte und freiwillige Zusammenarbeit zwischen dem öffentlichen und dem privaten Sektor, die die vorhandenen Risiken angemessen verteilt und gemeinsame Ziele verfolgt, welche über das Interesse an einem reibungslosen Leistungsaustausch hinausgehen.*

Da diese Arbeit die umsatzsteuerliche Belastung öffentlicher Vertragspartner bei Public Private Partnerships untersucht, umsatzsteuerliche Probleme jedoch nur dann denkbar sind, wenn überhaupt steuerbare Umsätze im Sinne des § 1 Absatz 1 UStG in Frage kommen, sollen im Rahmen dieser Arbeit lediglich diejenigen Projekte betrachtet werden, bei denen zwischen dem öffentlichen und dem privaten Partner umsatzsteuerliche Leistungsbeziehungen bestehen. Damit sind eine Vielzahl unterschiedlicher Anwendungsfelder und Vertragsmodelle betroffen. Das Problem der umsatzsteuerlichen Belastung des öffentlichen Vertragspartners besteht potenziell bei jedem Public Private Partnership, bei dem der öffentliche Partner umsatzsteuerliche Leistungen vom privaten Partner erhält, die er alternativ auch selbst erbringen könnte. Umsatzsteuerliche Leistungen sind bei den meisten Public Private Partnership Projekten in vielen Bereichen denkbar. Nicht Gegenstand dieser Untersuchung sind indes Projekte, die auf einer Zusammenarbeit beruhen, die keine entgeltlichen Leistungen zwischen den Partnern beinhaltet, z.B. im Bereich der Grundlagenforschung, bei der die Zuwendungen der öffentlichen Hand an den privaten Partner kein Entgelt sind, sondern es sich um nicht umsatzsteuerbare echte Zuschüsse handelt[166].

---

[162] Hierzu siehe oben 4. auf Seite 24.
[163] Hierzu siehe oben 5. auf Seite 25.
[164] Hierzu siehe oben 6. auf Seite 27.
[165] Hierzu siehe oben 8. auf Seite 29.
[166] Zu Zuschüssen siehe auch unten III. auf Seite 179 ff.

§ 5 Zwischenfazit

Public Private Partnerships haben ihren Ursprung in den Vereinigten Staaten von Amerika, wo sie bereits seit den 40er Jahren des 20. Jahrhunderts gebildet wurden, um die wirtschaftliche Entwicklung der Gemeinden zu fördern.

In Deutschland sind Public Private Partnership Projekte insbesondere seit den 90er Jahren populär geworden. Es besteht sowohl auf europäischer als auch auf nationaler Ebene ein anhaltender starker politischer Wille, sie zu fördern. Ein Hauptziel liegt darin, Effizienzvorteile im Bereich der Verwaltung zu realisieren.

Public Private Partnership Projekte haben eine große wirtschaftliche Bedeutung. Ihre Förderung ist mit der Erschließung eines milliardenschweren Marktpotenzials verbunden.

Der Public Private Partnership Begriff ist nicht legaldefiniert, obwohl er seit dem ÖPP-Beschleunigungsgesetz Tatbestandsvoraussetzung zweier Rechtsnormen geworden ist. Seit langem ist in der Wissenschaft umstritten, wie Public Private Partnership zu definieren ist. Bislang hat sich noch kein Konsens für eine allgemeine Definition eingestellt.

Es existieren viele unterschiedliche Gestaltungsformen und Anwendungsbereiche, die in der Praxis als Public Private Partnership bezeichnet werden; immer neue Anwendungsbereiche werden diskutiert.

Eine allgemeine Begriffsbestimmung ist sinnvoll, genügt alleine jedoch nicht, um die erforderliche Rechtssicherheit zu schaffen. Sie muss durch ergänzende Begriffsbestimmungen für die einzelnen Anwendungsbereiche flankiert werden.

Im Rahmen dieser Arbeit wird unter Public Private Partnership im Allgemeinen eine gleichberechtigte und freiwillige Zusammenarbeit zwischen Öffentlichen und Privaten verstanden, die die vorhandenen Risiken angemessen verteilt und gemeinsame Ziele verfolgt, welche über das Interesse an einem reibungslosen Leistungsaustausch hinausgehen.

Zweiter Teil:

Umsatzsteuer und PPP

Die Bedeutung der Umsatzsteuer für Public Private Partnership Projekte lässt sich nur auf Grundlage des Umsatzsteuersystems und der speziellen umsatzsteuerlichen Regelungen in Bezug auf die Besteuerung der öffentlichen Hand nachvollziehen. Die nachfolgenden Abschnitte stellen deshalb das deutsche Umsatzsteuersystem (dazu § 6) und seine unionsrechtlichen Grundlagen (dazu § 7) dar, um darauf aufbauend ein Verständnis dafür zu entwickeln, welche Grundkonstellationen es bei Public Private Partnership Projekten aus umsatzsteuerlicher Sicht zu unterscheiden gilt (dazu § 8).

§ 6 Deutsches Umsatzsteuersystem

Im Folgenden sollen zunächst die historischen Wurzeln der deutschen Umsatzsteuer aufgezeigt werden (dazu I.). Im Anschluss folgen Ausführungen zum Gegenstand der Umsatzbesteuerung (dazu II.) und eine Erklärung der die Umsatzsteuer charakterisierenden Begriffe der Allphasensteuer (dazu III.), der indirekten Steuer (dazu IV.) und der Nettoumsatzsteuer mit Vorsteuerabzug (dazu VI.) in Abgrenzung zur Bruttoumsatzsteuer (dazu V.).

Um den Rahmen dieser Arbeit nicht zu sprengen, ist es zweckmäßig, lediglich einen groben Überblick zu geben und nur an den Stellen tiefer einzudringen, die für die Umsatzbesteuerung von Public Private Partnership Projekten besonders wichtig sind.

I. Historische Wurzeln der Umsatzsteuer

Es war ursprünglich ein militärisches Motiv, das der Geburt des deutschen Umsatzsteuergesetzes zugrunde lag. Um die Kosten des 1. Weltkrieges zu finanzieren[167], führte das Deutsche Kaiserreich im Jahr 1916 einen sogenannten Warenumsatzstempel im Rahmen des Reichsstempelgesetzes[168] ein. Damit kam es erstmalig zu einer Umsatzbesteuerung im gesamten Deutschen Kaiserreich. Besteuert

---

[167] *Klenk* in: *Sölch/Ringleb*, Umsatzsteuer, Vorb., Rz. 1.
[168] Gesetz vom 26.06.1916, RGBl. 1916, 639.

wurden „Anmeldungen der Gewerbetreibenden über bezahlte Warenlieferungen" zu einem Steuersatz von 1 vom Tausend[169].

Als Nachfolger dieses Warenumsatzstempels trat im Jahr 1918 das erste deutsche Umsatzsteuergesetz in Kraft[170]. Diesem Gesetz verdankt der Bundesfinanzhof gewissermaßen seine Existenz; denn es war vor allem das Bedürfnis nach einer reichseinheitlichen Rechtsprechung auf dem Gebiet der Umsatzsteuer, das den Anstoß zur Gründung des Reichsfinanzhofes gab[171], als dessen Nachfolger sich der Bundesfinanzhof versteht[172].

Seine heutige Gestalt erhielt das Umsatzsteuersystem mit der Verkündung eines neuen Gesetzes[173] mit dem Namen „Umsatzsteuergesetz (Mehrwertsteuer)", das zum 1. Januar 1968 in Kraft trat. Erst damit wurde das System einer sogenannten „Allphasennettoumsatzsteuer mit Vorsteuerabzug"[174] eingeführt. Auch der Gegenstand der Umsatzsteuer hat sich im Vergleich zum Stempelgesetz verändert.

II. Gegenstand der Umsatzsteuer

Bei vielen Steuerarten gibt der Name bereits einen Hinweis auf den Steuergegenstand. Eine Einkommensteuer besteuert das Einkommen, eine Umsatzsteuer besteuert Umsätze. Dies scheint trivial; der Umsatzsteuer nach dem deutschen Umsatzsteuergesetz unterliegen jedoch nicht alle Umsätze von jedermann:

Zunächst muss ein „steuerbarer" Umsatz vorliegen und sodann dieser Umsatz auch „umsatzsteuerpflichtig" sein. Letzteres ist immer der Fall, wenn für einen steuerbaren Umsatz keine Steuerbefreiung greift[175]. Die Steuerbarkeit eines Umsatzes bedeutet lediglich, dass er dem Grunde nach der Umsatzsteuer unterliegt, nicht jedoch, dass auch tatsächlich Umsatzsteuer geschuldet wird[176]. In der umsatzsteuerlichen Fachterminologie ist deshalb eine klare Unterscheidung zwischen der Steuerbarkeit und der Steuerpflicht eines Umsatzes erforderlich. Spiegelbildlich entsprechen der Steuerbarkeit und der Steuerpflicht die Formulierungen „nicht steuerbar" und „steuerfrei". Die Aussage, dass ein Umsatz steuerfrei ist, bedeutet daher immer automatisch, dass es sich um einen zwar steuerbaren, nicht aber steuerpflichtigen Umsatz handelt, weil etwa eine Steuerbefreiung greift. Im Falle eines nicht steuerbaren Umsatzes gelangt die Prüfung gar nicht bis zu der

[169] *Stadie* in: *Rau/Dürrwächter*, Umsatzsteuergesetz, Einf. Rz. 3.
[170] Gesetz vom 26.07.1918, RGBl. 1918, 779.
[171] *Stadie* in: *Rau/Dürrwächter*, Umsatzsteuergesetz, Einf. Rz. 7.1 m.w.N.
[172] *Klein*, 75 Jahre Reichsfinanzhof, S. XXI (XXII).
[173] BGBl. I 1967, 545.
[174] *Kling* in: *Kirchhoff/Lwowski/Stürner*, Insolvenzordnung, Anhang Insolvenzsteuerrecht, Rz. 385; *Sangmeister*, NZG 2005, S. 309 (310); *Schuck*, MittBayNot 1998, S. 412, 416.
[175] *Hoffrichter-Dahl*, Umsatzsteuer, S. 13, Rz. 39.
[176] *Stadie*, Umsatzsteuerrecht, S. 25, Rz. 1.64.

Frage nach Steuerbefreiungsvorschriften. Es ergibt sich daher stets eine zweistufige Prüfung der Umsatzsteuerbarkeit und der Umsatzsteuerpflicht.

1. Umsatzsteuerbarkeit

Welche und wessen Umsätze steuerbar sind, bestimmt das Umsatzsteuergesetz in seiner ersten Norm, dem § 1 UStG. Dieser unterwirft in seinem Regelfall des § 1 Absatz 1 Nr. 1 Satz 1 UStG Lieferungen und sonstige Leistungen der Umsatzsteuer, die ein Unternehmer im Inland gegen Entgelt im Rahmen seines Unternehmens ausführt. Der äußere Anknüpfungspunkt der Besteuerung ist damit der Umsatz eines Unternehmers[177]. Die übrigen beiden steuerbaren Umsätze – die Einfuhr von Gegenständen nach § 1 Absatz 1 Nr. 4 UStG und der innergemeinschaftliche Erwerb nach § 1 Absatz 1 Nr. 5 UStG – haben für Public Private Partnership Projekte nur eine geringe Bedeutung; denn Public Private Partnership Projekte beschränken sich in der Regel auf das Inlandsgebiet, so dass es nicht zum Erwerb von Gegenständen aus dem übrigen Gemeinschaftsgebiet oder Drittlandsgebiet kommt. Umsätze nach § 1 Absatz 1 Nr. 4 und Nr. 5 UStG sollen deshalb im Rahmen dieser Arbeit nicht näher behandelt werden.

Die Steuerbarkeit eines Umsatzes nach § 1 Absatz 1 Nr. 1 Satz 1 UStG lässt sich in sechs Tatbestandsmerkmale strukturieren: Es muss erstens entweder eine *Lieferung* oder eine *sonstige Leistung* vorliegen, zweitens muss ein *Unternehmer* tätig sein und drittens muss sich der Vorgang im *Inland* abspielen. Es muss viertens ein *Entgelt* vereinbart sein. Als fünfte Voraussetzung muss die Lieferung oder sonstige Leistung *im Rahmen eines Unternehmens* stattfinden, und schließlich muss sechstens die Lieferung oder sonstige Leistung auch tatsächlich *ausgeführt* werden[178].

Auf der Suche nach einer genaueren Bestimmung des Inhalts dieser Voraussetzungen hilft das Umsatzsteuergesetz selbst dem Rechtsanwender. Es konkretisiert die Voraussetzung der Lieferung oder sonstigen Leistung in § 3 UStG und die Voraussetzungen des Unternehmers und des Unternehmens in § 2 UStG. Des Weiteren definiert es den Begriff des Entgelts in § 10 Absatz 1 Satz 2 UStG und den des Inlandes in § 1 Absatz 2 Satz 1 UStG. Das für die Umsatzbesteuerung von Public Private Partnership Projekten wichtigste Merkmal ist das des Unternehmers. Eine vertiefte Betrachtung der übrigen Merkmale der Steuerbarkeit kann daher für die Zwecke dieser Arbeit dahinstehen.

Unternehmer ist nach § 2 Absatz 1 Satz 1 UStG, wer eine gewerbliche oder berufliche Tätigkeit selbstständig ausübt. Dabei soll eine Tätigkeit gewerblich oder beruflich sein, wenn sie nachhaltig ist und der Erzielung von Einnahmen dient, § 2 Absatz 1 Satz 3 UStG. Den Begriff des Unternehmens verwendet das Um-

[177] *Stadie* in: *Rau/Dürrwächter*, Umsatzsteuergesetz, Einf. Rz. 50.
[178] *Probst* in: *Hartmann*, Umsatzsteuergesetz, § 1 Abs. 1 Nr. 1, Rz. 29.

satzsteuergesetz als einen Sammelbegriff, der die gesamte gewerbliche und berufliche Tätigkeit des Unternehmers umfasst, § 2 Absatz 1 Satz 2 UStG. Für die Unternehmereigenschaft der öffentlichen Hand existieren Sonderregelungen, die an späterer Stelle noch einer vertieften Betrachtung bedürfen[179].

2. Steuerpflicht

Die zentrale Vorschrift für Steuerbefreiungen, die die Umsatzsteuerpflicht ausschließen, bildet § 4 UStG, der enumerativ viele verschiedene Arten von Umsätzen von der Umsatzsteuer befreit. Eine für Public Private Partnership Projekte im Zusammenhang mit Immobilien besonders bedeutsame Befreiungsvorschrift ist § 4 Nr. 12 lit. a UStG, wonach die Vermietung und Verpachtung von Grundstücken steuerbefreit ist.

§ 9 UStG räumt dem Unternehmer für bestimmte Umsätze, unter ihnen auch § 4 Nr. 12 lit. a UStG, die Möglichkeit ein, unter bestimmten Voraussetzungen auf die Steuerbefreiung zu verzichten und so die eigene Umsatzsteuerpflicht zu begründen[180].

III. Allphasensteuer

Der Ausdruck Allphasensteuer bezieht sich darauf, dass grundsätzlich bei jeder Phase einer Leistungskette ein Steuertatbestand verwirklicht wird[181]. Dies lässt sich anhand eines einfachen Beispiels verdeutlichen:

Ein Winzer stellt einen Wein her und veräußert ihn an einen Großhändler. Dieser füllt den Wein in Flaschen ab und veräußert ihn an einen Einzelhändler. Der Einzelhändler veräußert den Wein schließlich an seine Kunden, die ihn konsumieren.

Hier liegt in jedem Veräußerungsvorgang ein eigener steuerbarer Umsatz nach § 1 Nr. 1 Satz 1 UStG vor. Da grundsätzlich nach § 13a Absatz 1 Nr. 1 UStG der jeweilige Unternehmer und nicht der konsumierende Verbraucher die Umsatzsteuer schuldet, muss bei der beschriebenen Leistungskette drei mal Umsatzsteuer abgeführt werden, nämlich durch den Produzenten, den Großhändler und den Einzelhändler.

Die Allphasenbesteuerung ist keine Selbstverständlichkeit. Insbesondere in den Vereinigten Staaten von Amerika existiert mit der sogenannten „Retail Sales

---

[179] Siehe unten II. auf Seite 122 ff.

[180] Der Verzicht auf die Steuerbefreiung kann für den Unternehmer wirtschaftlich sinnvoll sein. Dies betrifft vor allem Fälle, in denen er erhebliche Vorsteuerbelastungen hat, die er ohne den Verzicht nicht abziehen dürfte. Vgl. zum Prinzip des Vorsteuerabzugs, unten VI. auf Seite 58 und zum Verzicht, um den Vorsteuerabzug zu ermöglichen, unten aa) auf Seite 114.

[181] *Zeuner* in: *Bunjes/Geist*, UStG, Einl., Rz. 18.

Tax“ ein Umsatzsteuersystem, das auf eine Besteuerung der Leistungen zwischen registrierten Unternehmern verzichtet und lediglich das letzte Leistungselement – die Leistung an den Verbraucher – der Umsatzbesteuerung unterwirft[182]. Die Abschaffung der Allphasenbesteuerung zu Gunsten eines Retail Sales Tax Systems wird für Deutschland und die Europäische Union von *Paul Kirchhof* befürwortet[183]. Vor allem in Bezug auf die praktische Durchführung und Überwachung der Umsatzbesteuerung ist eine Retail Sales Tax jedoch problematisch[184].

IV. Indirekte Steuer

Schuldner der Umsatzsteuer ist in der Regel der Unternehmer, der die Umsätze ausführt, § 13a Absatz 1 Nr. 1 UStG[185]. Es liegt nahe, dass der veräußernde Unternehmer die Umsatzsteuer, die er an die Finanzverwaltung abführen muss, bei der Berechnung des Kaufpreises berücksichtigt. Da die Umsatzsteuer für ihn ein zusätzlicher Aufwand für das Handelsgut ist, wird er sie dem Käufer in der Regel über den Kaufpreis weiter berechnen, also die Umsatzsteuerlast überwälzen. Der Käufer empfängt die Steuerlast im Rahmen der zivilvertraglichen Preisvereinbarung[186]. Für den Verkäufer stellt die Umsatzsteuer dann einen lediglich durchlaufenden Posten dar. Dies führt dazu, dass zwar der veräußernde Unternehmer die Umsatzsteuer an die Finanzverwaltung abführen muss; derjenige, der sie wirtschaftlich trägt, ist jedoch zunächst der Käufer, denn er muss den höheren Kaufpreis zahlen. Der Käufer zahlt die Umsatzsteuer indirekt über den Unternehmer. Wegen dieser Diskrepanz zwischen Steuerschuldner und wirtschaftlichem Träger der Umsatzsteuer gehört sie zu den sogenannten indirekten Steuern[187]. Die Überwälzung der Umsatzsteuerlast auf den Käufer entspricht der Absicht des Gesetzgebers des UStG 1918, dessen Ziel es war, im Ergebnis nicht den Unternehmer, sondern den Verbraucher zu belasten[188].

V. Bruttoumsatzsteuer

Vor der Einführung des Nettoumsatzsteuersystems war die Umsatzsteuer als Bruttoumsatzsteuer ausgestaltet. Das Nettoumsatzsteuersystem lässt sich am besten in Abgrenzung zum Bruttosystem verstehen.

[182] Vgl. hierzu: *Bird*, State VAT, S. 6 f.

[183] Vgl. *Kirchhof*, Umsatzsteuergesetzbuch; zur Anwendung des von Kirchhof vorgeschlagenen Konzepts auf die Umsatzbesteuerung der öffentlichen Hand vgl. unten IV. auf Seite 228.

[184] Vgl. *Bird*, State VAT, S. 6 f.

[185] Zu dieser Regel existieren Ausnahmen, auf deren Darstellung an dieser Stelle verzichtet wird, um den Rahmen dieser Arbeit nicht zu sprengen.

[186] *Kirchhof*, UR 2002, S. 541 (548).

[187] *Kirchhof*, DStR 2008, S. 1 (2 f.).

[188] Vgl. Begründung zum Entwurf des UStG 1918, RT-Drucks. 1914/18 Nr. 1461, 16.

Ein Bruttoumsatzsteuersystem führt zu Problemen, wenn die Lieferung eines Handelsguts nicht direkt vom Produzenten an den Konsumenten geleistet wird, sondern eine längere Leistungskette besteht: Die Besteuerung jedes Veräußerungsvorgangs hat den Effekt, dass die Summe der überwälzten Umsatzsteuer immer größer wird, je länger eine Leistungskette ist. Um dies darzustellen, sei das vorbenannte Beispiel weiterentwickelt:

Die Umsatzsteuer beträgt 19 Prozent. Der Winzer veräußert den Wein zu einem Preis von 100,00 Euro. Weil er hierauf 19,00 Euro Umsatzsteuer abführen muss, schlägt er diese dem Kaufpreis auf und bietet dem Großhändler den Wein zu 119,00 Euro an. In diesem Jahr gibt es zum Bedauern des Großhändlers ein Überangebot an Wein. Daher gelingt es ihm nur, den Wein zum Einkaufspreis weiterzuveräußern. Er verkauft ihn an den Einzelhändler zu 119,00 Euro und schlägt wiederum die 22,61 Euro Umsatzsteuer auf, die er abführen muss. Ohne einen Gewinn zu erzielen, verkauft er also den Wein für 141,61 Euro weiter. Der Einzelhändler verkauft den Wein wiederum ebenfalls lediglich zum Einkaufspreis an den Konsumenten und berechnet diesem folglich 141,61 Euro zuzüglich 19 Prozent Umsatzsteuer in Höhe von 26,91 Euro. Der Konsument zahlt also 168,52 Euro für den Wein.

Es lässt sich erkennen, dass es zu einer Steuerkumulation in der Umsatzkette[189] kommt. Selbst wenn durch die Zwischenhändler jeweils kein Gewinn erzielt wird, verteuert sich das Handelsgut durch die Umsatzsteuer immer weiter, je länger die Leistungskette wird. Die Ursache liegt darin, dass der Zwischenhändler jeweils einen zweifachen Preisaufschlag macht: Er schlägt die *von ihm* zu zahlende Umsatzsteuer und die *an ihn* überwälzte Umsatzsteuer auf. Da in diesem Fall die Bemessungsgrundlage auch die zuvor gezahlte Umsatzsteuer als Überwälzungsaufschlag umfasst, handelt es sich um eine sogenannte „Bruttoumsatzsteuer"[190].

VI. Nettoumsatzsteuer mit Vorsteuerabzug

Der Effekt der Steuerkumulation in der Umsatzkette führte bei der Umsatzsteuer des Umsatzsteuergesetzes 1918 dazu, dass diejenigen Unternehmer einen Wettbewerbsvorteil hatten, denen es gelang, am Ende einer möglichst kurzen Leistungskette zu stehen oder mehrere Produktionsstufen zusammenzufassen[191]. Anders ausgedrückt stieg die Steuerbelastung eines Handelsgutes proportional mit den „Händewechseln" die es auf seinem Weg von der Urproduktion bis zum Konsu-

[189] *Birkenfeld* in: *Hartmann*, Umsatzsteuergesetz, D 105, S. 1.
[190] *Stadie* in: *Rau/Dürrwächter*, Umsatzsteuergesetz, Einf. Rz. 3 ff.
[191] *Birkenfeld* in: *Hartmann*, Umsatzsteuergesetz, D 105, S. 1.

menten durchmachte[192]. Es kam jedoch nicht nur im Inland, sondern auch im Außenhandel zu Wettbewerbsverzerrungen, da zwar eine Steuerbefreiung der Ausfuhr in § 4 Nr. 3 UStG 1951 vorgesehen war, diese jedoch nicht die für jeden Produktions- und Verarbeitungsschritt vor der Ausfuhr aufgelaufene Umsatzbesteuerung[193] beseitigte.

Um diese – auch vom Bundesverfassungsgericht beanstandete[194] – Wettbewerbsverzerrung zu vermeiden, führte das Umsatzsteuergesetz 1967 ab dem 1. Januar 1968 nach europäischen Vorgaben[195] ein sogenanntes „Mehrwertsteuersystem" ein. Der entscheidende Unterschied zum alten System liegt in der Möglichkeit des sogenannten Vorsteuerabzugs, den heute § 15 Absatz 1 Nr. 1 UStG regelt. Der Vorsteuerabzug bildet seither einen der Grundpfeiler des Umsatzsteuersystems. Ein Verständnis des deutschen und europäischen Mehrwertsteuersystems setzt notwendigerweise auch das Verständnis des Vorsteuermechanismus voraus[196]. Er gestattet es dem Unternehmer, von seiner Umsatzsteuerschuld den Betrag der Umsatzsteuer abzuziehen, den der ihn beliefernde Unternehmer auf ihn überwälzt hat. Dies führt dazu, dass der Unternehmer nur soweit tatsächlich Umsatzsteuer zahlen muss, als dass er die Eingangsleistungen zu einem höheren Preis – zu einem Mehrwert – weiterveräußert. Der Gegenstand der Umsatzsteuer bleibt auf diesen Mehrwert beschränkt; daher auch der Begriff „Mehrwertsteuer".

Bei einer Übertragung auf den eingangs geschilderten Fall würde sich Folgendes ergeben:

Der Großhändler, der den Wein zu 100,00 Euro zuzüglich Umsatzsteuer in Höhe von 19,00 Euro vom Winzer erhält, kann die 19,00 Euro von der Umsatzsteuer abziehen, die er bei einer Weiterveräußerung bezahlen müsste. Veräußert er die Flasche zum Einkaufspreis weiter, so würde er daher 100,00 Euro zuzüglich 19,00 Euro Umsatzsteuer in Rechnung stellen. Er müsste zwar 19,00 Euro Umsatzsteuer an die Finanzverwaltung abführen, könnte hiervon jedoch 19,00 Euro Vorsteuer abziehen, so dass ihn im Ergebnis keine Zahlung belastet. Die Umsatzbesteuerung ist für ihn als Zwischenhändler in diesem Fall neutral; eine Steuerkumulation in der Umsatzkette wird vermieden.

Lediglich wenn der Zwischenhändler zu einem höheren Preis – einem Mehrwert – weiterveräußert, bleibt nach dem Abzug der Vorsteuer ein Umsatzsteuerrest, der sich auf diesen Mehrwert bezieht. Veräußert der Zwischenhändler also nicht zum Einkaufspreis, sondern zu 200,00 Euro zuzüglich 38,00 Euro Umsatz-

[192] *Pohmer/Pflugmann-Holstein*, UR 1993, S. 38.
[193] Vgl. *Klenk* in: *Sölch/Ringleb*, Umsatzsteuer, Vorb., Rz. 3.
[194] BVerfG, Urteil vom 20.12.1966 – 1 BvR 320/57 und 70/63, BVerfGE 21, 12.
[195] Erste Mehrwertsteuerrichtlinie vom 11.04.1967, RL 67/227/EWG.
[196] Vgl. *Widmann* in: *Nieskens*, Umsatzsteuer, S. 16.

steuer, so bleiben nach Abzug der 19,00 Euro Vorsteuer noch 19,00 Euro übrig, die er als Umsatzsteuer tatsächlich an die Finanzverwaltung abführen muss. Das entspricht genau den 19 Prozent auf den von ihm erzielten Mehrwert von 100,00 Euro.

Das Vorsteuersystem kann auch dazu führen, dass der Zwischenhändler, anstatt Umsatzsteuer zahlen zu müssen, Geld von der Finanzverwaltung erhält. Hierzu käme es etwa, wenn im Beispielsfall, der Zwischenhändler den Wein lediglich zum halben Einkaufspreis weiterveräußert. In diesem Fall hätte er gleichfalls die Möglichkeit, 19,00 Euro als Vorsteuer abzuziehen, weil ihm diese beim Einkauf in Rechnung gestellt wurde. Er selbst würde jedoch weiter veräußern zu 50,00 Euro zuzüglich 9,50 Euro Umsatzsteuer. Die Vorsteuer wäre in diesem Fall also höher als die Umsatzsteuer, so dass sich insgesamt eine Erstattung von 9,50 Euro ergibt. Diesen Betrag könnte der Zwischenhändler von der Finanzverwaltung beanspruchen.

Der Vorsteuerabzug bezieht sich jedoch nicht nur auf den Abzug im Zusammenhang mit dem Umlaufvermögen. Für Public Private Partnership Projekte sind insbesondere Gegenstände des Anlagevermögens relevant, wie zum Beispiel ein Gebäude, das im Rahmen eines Public Private Partnership Erwerbermodells im Bereich des öffentlichen Hochbaus errichtet und überlassen wird[197]. Auch auf Gegenstände des Anlagevermögens, die ein Unternehmer für sein Unternehmen benötigt, muss er beim Kauf zwar zunächst die überwälzte Umsatzsteuer als Kaufpreis an den Verkäufer entrichten, kann sie jedoch als Vorsteuer abziehen. Wenn der Winzer aus dem vorgenannten Beispiel eine Lagerhalle für den Wein zu einem Kaufpreis von 100.000 Euro zuzüglich 19.000 Euro Umsatzsteuer erwirbt, kann er die 19.000 Euro als Vorsteuern abziehen. In diesen Fällen ergibt sich häufig ein Vorsteuerüberhang, so dass der Unternehmer, anstatt Umsatzsteuer an die Finanzverwaltung abzuführen, eine Vorsteuererstattung erhält.

Es wird deutlich, dass das Nettoumsatzsteuersystem mit Vorsteuerabzug das Ziel verfolgt, den Unternehmer, soweit er Anschaffungen für sein Unternehmen tätigt, vollständig von der Umsatzsteuer zu entlasten. Die Umsatzsteuer führt daher im Ergebnis zu einer Belastung des Verbrauchers. Deswegen wird die Umsatzsteuer auch als Verbrauchsteuer bezeichnet[198].

---

[197] Zum Erwerbermodell im öffentlichen Hochbau siehe oben 2. auf Seite 36 ff.

[198] *Kirchhof*, DStR 2008, S. 1 (2 f.); *Kirchhof*, Umsatzsteuergesetzbuch, S. 19.

§ 7 Europäisches Umsatzsteuerrecht

Das Unionsrecht und das Steuerrecht der Mitgliedstaaten bilden zwei sich überschneidende Rechtskreise, die sich wechselseitig bedingen und ergänzen[199]. Das deutsche Umsatzsteuerrecht ist vom europäischen Unionsrecht[200] besonders stark geprägt. In keinem anderen Steuergesetz wird der Zusammenhang zwischen nationalem und Unionsrecht so deutlich wie beim Umsatzsteuergesetz[201]. Das nationale Umsatzsteuerrecht kann nicht ohne Beachtung der unionsrechtlichen Vorgaben – namentlich insbesondere die Vorgaben der Unionsrichtlinien zum gemeinsamen Mehrwertsteuersystem und die dazu ergangenen Entscheidungen des Europäischen Gerichtshofes – ausgelegt werden[202]; europäisches Recht hat deshalb einen direkten Einfluss auf die Umsatzbesteuerung eines Public Private Partnership Projektes in Deutschland.

Die nachfolgenden Ausführungen sind dem Ziel verpflichtet, die historischen Wurzeln des europäischen Umsatzsteuerrechts aufzuzeigen (dazu 1.) und das Verhältnis zwischen europäischem und nationalem Recht darzustellen (dazu 2.).

I. Historische Wurzeln

Die Verbindung zwischen europäischem Unionsrecht und dem Umsatzsteuerrecht der Mitgliedstaaten reicht bis zur Gründung der Europäischen Wirtschaftsgemeinschaft zurück. Bereits dort sahen die Römischen Verträge zur Gründung der Europäischen Wirtschaftsgemeinschaft vom 25. März 1957 in ihrem Artikel 99[203] vor, dass zu prüfen sei, inwieweit die Umsatzsteuergesetze der Mitgliedstaaten im Interesse des gemeinsamen Binnenmarktes harmonisiert werden können. Daraus ergeben sich weitreichende Kompetenzen zur Rechtsharmonisierung.

---

[199] *Kirchhof*, UR 2002, S. 541 (546).

[200] Die tradierte Unterscheidung zwischen Gemeinschaftsrecht und Unionsrecht (vgl. hierzu: *Pechstein/Koenig*, Europäische Union, S. 5 ff.) ist überholt seit Inkrafttreten des Vertrags von Lissabon zur Änderung des Vertrags über die Europäische Union und des Vertrags zur Gründung der Europäischen Gemeinschaft, unterzeichnet in Lissabon am 13.12.2007, Abl. 2007/C 306/01. Nachfolgend wird daher einheitlich der Begriff Unionsrecht verwendet.

[201] *Kirchhof*, DStR 2008, S. 3.

[202] *Lange*, UR 2000, S. 1 (2).

[203] BGBl. II 57, 766 nunmehr: Artikel 113 AEUV.

Diese Harmonisierung begann sodann im Jahr 1967 mit der ersten Mehrwertsteuerrichtlinie[204] (1. MwSt-RL[205]). Sie verschrieb sich ausdrücklich dem Ziel, im Interesse des gemeinsamen Marktes wettbewerbsverzerrende Faktoren auszuschalten, und verpflichtete die Mitgliedstaaten zur Einführung einer Allphasen-Netto-Umsatzsteuer mit Vorsteuerabzug[206]. Entsprechend bestimmte sie für das einzuführende Besteuerungsprinzip, dass alle Produktions- und Vertriebsstufen besteuert werden sollen, Artikel 2 Absatz 1 1. MwSt-RL, jedoch der Mehrwertsteuerbetrag abgezogen wird, der die „verschiedenen Kostenelemente unmittelbar belastet hat", Artikel 2 Absatz 2 1. MwSt-RL.

Es folgten bislang 12 weitere Mehrwertsteuerrichtlinien, unter denen die sechste Mehrwertsteuerrichtlinie (6. MwSt-RL)[207] eine besonders wesentliche Veränderung brachte; denn während insbesondere die erste und zweite Mehrwertsteuerrichtlinie das einzuführende Umsatzsteuersystem nur in groben Zügen vorschrieben, gab die sechste Mehrwertsteuerrichtlinie detaillierte Vorgaben zu allen Bereichen der Umsatzsteuer[208]. Mit ihr war ein qualitativer Sprung verbunden, dem erstmalig die Begründung eines gemeineuropäischen Umsatzsteuersystems zugeschrieben wurde[209]. Wesentliche Intention dieser Richtlinie war es, die Wettbewerbsneutralität der Umsatzsteuer zu sichern, um einheitliche Wettbewerbsbedingungen im Binnenmarkt zu schaffen[210]. Diese sechste Richtlinie und die übrigen sogenannten „Nebenrichtlinien" fasste die Mehrwertsteuersystem-Richtlinie[211] ohne wesentliche inhaltliche Veränderungen in einem einheitlichen Regelungswerk zusammen. Der Umfang der Mehrwertsteuersystem-Richtlinie verdeutlicht, dass die unionsrechtliche Richtliniengebung eine so hohe Detaildichte umfasst, dass ohne Bedenken von einem „europäischen Umsatzsteuerrecht" gesprochen werden kann[212].

---

[204] Erste Richtlinie 67/227/EWG des Rates zur Harmonisierung der Rechtsvorschriften der Mitgliedstaaten über die Umsatzsteuer vom 11.04.1967, Abl. 1967 Nr. L 71, S. 1301.

[205] Die Verwendung des im Unionsrecht üblichen Begriffs der Mehrwertsteuer anstelle der Umsatzsteuer dient im Hinblick auf die Richtlinien auch der Vermeidung von Verwechslungen mit den Umsatzsteuerrichtlinien der deutschen Finanzverwaltung. In Bezug auf die unionsrechtlichen Richtlinien soll daher nachfolgend von Mehrwertsteuer gesprochen werden.

[206] Siehe zur Allphasensteuer oben Seite III. auf 56, und zur Netto-Umsatzsteuer mit Vorsteuerabzug oben Seite VI. auf 58.

[207] Sechste Richtlinie 77/388/EWG des Rates zur Harmonisierung der Rechtsvorschriften der Mitgliedstaaten über die Umsatzsteuer vom 17.05.1977, Abl. 1977 Nr. L 145, S. 1.

[208] *Kirchhof*, DStR 2008, S. 3.

[209] *Schenke*, Rechtsfindung, S. 443 m.w.N.

[210] *Kraeusel*, FS Korn, S. 458.

[211] Richtlinie 2006/112/EG des Rates vom 28.11.2006 über das gemeinsame Mehrwertsteuersystem, Abl. 2006 Nr. L 347, S. 1.

[212] So auch: *Hüttemann*, FR 2009, S. 301 (309); *Schenke*, Rechtsfindung, S. 429 m.w.N., der der 6. MwSt-RL aufgrund ihrer ungewöhnlichen Detaildichte den Charakter eines „europäischen Mehrwertsteuergesetzes" attestiert.

II. Nationales und Unionsrecht

Europäisches Unionsrecht zerfällt in primäres und sekundäres Unionsrecht. Zum primären Unionsrecht gehören die Gründungsverträge, das heißt insbesondere der EG-Vertrag in der Gestalt, die er durch die Einheitliche Europäische Akte und den Unionsvertrag von Maastricht sowie zuletzt den am 1. Dezember 2009 in Kraft getretenen Vertrag von Lissabon[213] erhalten hat[214]. Das sekundäre Unionsrecht beinhaltet die Rechtsnormen, die die Organe der Europäischen Union erlassen. Hierunter fallen insbesondere die in Artikel 288 AEUV[215] normierten Rechtsetzungsakte der Verordnungen, Entscheidungen und Richtlinien[216]. Auch die MwStSystRL ist damit als Richtlinie ein Teil des sekundären Unionsrechts.

Bei der stark durch EU-Richtlinien geprägten Umsatzsteuer spielt die Beziehung zwischen nationalem Recht und europäischem Unionsrecht eine besonders große Rolle[217]. Dies betrifft insbesondere Fälle, in denen nationale Vorschriften des Umsatzsteuergesetzes mit Vorschriften der Mehrwertsteuerrichtlinien kollidieren.

Das Verhältnis von europäischem Unionsrecht und nationalem Recht entspricht nach der sogenannten „Unabhängigkeitsthese" dem Verhältnis zweier voneinander geschiedener Rechtsordnungen mit jeweils eigenem Geltungsgrund; die Rechtsetzungsakte der Union entspringen jedoch einer „supranationalen" öffentlichen Gewalt[218]. Das Unionsrecht, sowohl primäres als auch sekundäres, genießt grundsätzlich einen Vorrang vor dem nationalen Recht[219]. Prüfungsmaßstab für europäisches Sekundärrecht ist deshalb allein europäisches Primärrecht[220].

Der Anwendungsvorrang von unionsrechtlichen Normen vor nationalem Recht hat zur Konsequenz, dass sich Unionsbürger, Unionsunternehmen und auch die öffentliche Hand eines Mitgliedstaates[221] vor Behörden und Gerichten auf kolli-

---

[213] Vertrag von Lissabon zur Änderung des Vertrags über die Europäische Union und des Vertrags zur Gründung der Europäischen Gemeinschaft, unterzeichnet in Lissabon am 13.12.2007, Abl. 2007/C 306/01.

[214] Innerhalb des Primärrechts lassen sich wiederum Ansätze einer Stufenordnung erkennen, vgl. hierzu: *Heintzen*, EuR 1994, S. 35 ff.

[215] Konsolidierte Fassung des Vertrags über die Arbeitsweise der Europäischen Union vom 09.05.2008, EU Amtsblatt C 115/47. Artikel 288 AEUV entspricht Ex-Artikel 249 EGV.

[216] Vgl. *Schenke*, Rechtsfindung, S. 432.

[217] *Sölch/Ringleb*, Umsatzsteuer, Vorb. Rz. 12; *Meilicke*, BB 1992, S. 969 (971).

[218] *Stettner* in: *Dauses*, EU-Wirtschaftsrecht, A. IV, Rz. 41.

[219] In Bezug auf Richtlinien: EuGH, Urteil vom 15.07.1964 – C 6/64, Slg. 1964, 1253 „Costa/ENEL"; BVerfG, Beschluss vom 22.10.1986 – 2 BvR 197/83 BVerfGE 73, 339 (375) „Solange II"; BVerfG, Beschluss vom 08.04.1987 – 2 BvR 687/85, BVerfGE 75, 223 (233 ff.) „Kloppenburg Beschluss"; BVerfG, Beschluss vom 29.05.1974 – BvL 52/71 37, 271 (367) „Solange I".

[220] *Heintzen*, BB 2001, S. 825 (826 f.).

[221] *Sterzinger*, UR 2009, S. 37 (42).

dierendes vorrangiges Unionsrecht berufen können. Dies gilt für die Rechtsnormen der Gründungsverträge, aber auch für Verordnungen und unter bestimmten Voraussetzungen[222] auch für Richtlinien und staatengerichtete Entscheidungen[223]. Der Europäische Gerichtshof geht insoweit von einer Prüfungs- und Nichtanwendungskompetenz jedes nationalen Richters gegenüber unionsrechtswidrigem nationalem Recht aus[224].

Im Gegensatz zu Verordnungen, die nach Artikel 288 Absatz 2 AEUV allgemeine Geltung entfalten und für jeden Mitgliedstaat unmittelbar verbindlich sind, sind Richtlinien gemäß Artikel 288 Absatz 3 AEUV nur für die Mitgliedstaaten, an die sie gerichtet sind und nur hinsichtlich des genannten Zieles verbindlich. In welcher Form und mit welchen Mitteln der Mitgliedstaat die Zielvorgabe in sein nationales Recht im Rahmen der sogenannten „Transformation" umsetzt, liegt daher im Ermessen des Mitgliedstaates[225].

Wenn sich eine nationale Rechtsnorm und die Vorgaben einer europäischen Richtlinie widersprechen, so kann dem Erfordernis der Gewährleistung des Anwendungsvorrangs europäischen Richtlinienrechts entweder durch eine Berücksichtigung des Richtlinieninhalts bei der Auslegung der nationalrechtlichen Norm (dazu 2.) oder durch eine unmittelbare Anwendung der Richtlinie (dazu 1.) entsprochen werden. Entspricht nationales Recht nicht den Vorgaben einer Richtlinie, so stellt sich daher die Frage, wie unmittelbare Anwendung und richtlinienkonforme Auslegung voneinander abzugrenzen sind (dazu 3.). Für die umsatzsteuerliche Behandlung der öffentlichen Hand stellt sich die Frage, welche Möglichkeiten sich einem privaten Wirtschaftsteilnehmer – zum Beispiel einem privaten Konkurrenten, der den Zuschlag als privater Partner eines Public Private Partnership nicht erhalten hat – bieten, gegen eine unionsrechtswidrige Nichtbesteuerung der öffentlichen Hand vorzugehen (dazu 4.).

1. Unmittelbare Anwendbarkeit einer Richtlinie

Die unmittelbare Anwendbarkeit einer Richtlinie kommt in Frage, wenn ein Mitgliedstaat seiner Verpflichtung zur Umsetzung der Richtlinienziele nicht fristgerecht oder nur unzulänglich nachkommt und die Richtlinie im konkreten Fall geeignet ist, nach Rechtsnatur, Systematik und Wortlaut eine unmittelbare Wirkung und Rechtsbeziehungen zwischen dem Mitgliedstaat und Dritten zu begründen[226]. Dies ist nach der Rechtsprechung des Europäischen Gerichtshofes der Fall, wenn

[222] Dazu siehe unten Seite 1. auf 64.

[223] *Stettner* in: *Dauses*, EU-Wirtschaftsrecht, A. IV Rz. 14.

[224] Vgl. EuGH, Urteil vom 09.03.1978 – C 106/77, Slg. 1978, 629 „Simmenthal II".

[225] *Schenke*, Rechtsfindung, S. 466.

[226] EuGH, Urteil vom 04.12.1974 – C 41/74, Slg. 1974, 1337 „van Duyn"; *Stettner* in: *Dauses*, EU-Wirtschaftsrecht, A. IV Rz. 18 m.w.N.

die Richtlinie inhaltlich unbedingt und hinreichend genau ist[227]. Selbst wenn die Richtlinie an sich ordnungsgemäß umgesetzt wurde, hält der Europäische Gerichtshof die Wirkung der Richtlinie nicht für erschöpft und gewährt dem Einzelnen das Recht, sich auf eine unmittelbare Anwendbarkeit der Richtlinie zu berufen, wenn der Mitgliedstaat das Umsetzungsgesetz nicht so anwendet, dass das mit der Richtlinie verfolgte Ziel erreicht wird[228]. Der Europäische Gerichtshof begründete die Notwendigkeit der unmittelbaren Anwendbarkeit zunächst vor allem mit dem erwähnten Schutz des „effet utile“[229] und später mit dem sogenannten „estoppel“ Prinzip aus dem englischen Rechtskreis[230], wonach das Versäumnis eines Mitgliedstaates, eine Richtlinie umzusetzen, welche Rechte des Bürgers begründet, sich nicht zu Lasten des Bürgers auswirken darf[231].

Der Bundesfinanzhof weigerte sich zunächst, die Möglichkeit einer unmittelbaren Anwendbarkeit der sechsten Mehrwertsteuerrichtlinie anzuerkennen, da es seiner Ansicht nach die Kompetenz der Europäischen Union überstiegen hätte, Richtlinien zu erlassen, die die gleiche unmittelbare Bindungswirkung wie Verordnungen entfalten[232]. Diese Widerstandshaltung fand jedoch ihr Ende durch die Rechtsprechung des Bundesverfassungsgerichts, mit der dieses Gericht entschied, dass sich sowohl die Auffassung des Europäischen Gerichtshofes zur unmittelbaren Anwendbarkeit von Richtlinienbestimmungen, als auch seine rechtsfortbildende Methodik im Rahmen des Artikels 24 Absatz 1 GG bewegen. Richtlinien, die die Voraussetzungen der Direktwirkung erfüllen, komme daher ein Anwendungsvorrang vor kollidierendem nationalem Recht zu[233].

Die Konsequenz der unmittelbaren Anwendbarkeit einer Richtlinie besteht darin, dass sich der Einzelne gegenüber dem Mitgliedstaat auf die unmittelbare Anwendung der Richtlinie berufen kann. Das bedeutet, dass er die Beachtung vorrangigen Richtlinienrechts sowohl von nationalen Gerichten als auch von den Verwaltungsbehörden der Mitgliedstaaten verlangen kann[234].

Aus dem „estoppel“ Prinzip als tragendem Grund für die unmittelbare Anwendbarkeit ergibt sich, dass die unmittelbare Richtlinienwirkung grundsätzlich nur *zu Gunsten* des Bürgers gegenüber dem Staat möglich ist. Der Staat kann sich dagegen grundsätzlich nicht *zu Lasten* des Bürgers auf eine noch nicht oder

[227] Vgl. EuGH, Urteil vom 26.02.1986 – C 152/84, Slg. 1986, 723 „Marschall“ Rz. 46.

[228] EuGH, Urteil vom 11.07.2002 – C 62/00, UR 2002, 436 „Marks & Spencer“ Rz. 27.

[229] Vgl. EuGH Urteil vom 04.12.1974 – C 41/74, Slg. 1974, 1337 „van Duyn“ Rz. 12.

[230] Vgl. zur Herkunft des Prinzips: *Schenke*, Rechtsfindung, S. 468, der auf die Ähnlichkeit zum deutschen Grundsatz des „venire contra factum proprium“ hinweist.

[231] Vgl. EuGH, Urteil vom 05.04.1979 – C 148/78, Slg. 1979, 1629 „Ratti“ Rz. 22.

[232] BFH, Beschluss vom 16.07.1981 – V B 51/80, BStBl. II 1981, 692; BFH, Urteil vom 25.04.1985 – V R 123/84, BFHE 143, 383.

[233] BVerfG, Beschluss vom 08.04.1987 – 2 BvR 687/85, BVerfGE 75, 223.

[234] EuGH, Urteil vom 22.06.1989 – C 103/88, Slg. 1989, 1839 „Fratelli Costanzo“.

nicht ordnungsgemäß umgesetzte Richtlinie berufen[235]. Der Steuerpflichtige kann außerdem frei entscheiden, ob er sich auf die unmittelbare Anwendbarkeit einer Richtlinienbestimmung beruft oder nicht, so dass sich für ihn faktisch ein Wahlrecht ergeben kann[236]. Dies führt in bestimmten Fällen zu einer sogenannten „Rosinentheorie“[237], die es dem Steuerpflichtigen erlaubt, sich nur in den für ihn günstigen, nicht jedoch in für ihn nachteiligen Fällen auf vorrangiges Unionsrecht zu berufen. In diesem Zusammenhang hat der Bundesfinanzhof entschieden, dass sich ein Steuerpflichtiger, um in den Genuss eines Vorsteuerabzugs zu gelangen, auch dann auf Grundlage der MwStSystRL auf die Steuerbarkeit berufen kann, wenn gleichzeitig nach der MwStSystRL auch eine Steuerbefreiung möglich wäre[238]. Die fehlerhafte Umsetzung europäischen Richtlinienrechts kann für den Steuerpflichtigen daher erfreuliche Konsequenzen haben. Ihm eröffnen sich zusätzliche Gestaltungsmöglichkeiten, indem er sich dort, wo es für ihn günstig ist, unmittelbar auf die Richtliniennorm beruft, und dort, wo eine Berufung auf die Richtlinie nachteilig ist, nationales Recht in Anspruch nimmt[239].

2. Richtlinienkonforme Auslegung

Neben der Möglichkeit einer unmittelbaren Anwendbarkeit einer Richtlinie im Ausnahmefall liegt eine weitere Möglichkeit zur Sicherstellung des Anwendungsvorrangs des europäischen Rechts gegenüber dem nationalen Recht darin, nationale Vorschriften richtlinienkonform auszulegen. Das prozessuale Instrument zur Sicherung einer im Unionsgebiet einheitlichen Auslegung europäischen Rechts bildet das Vorabentscheidungsverfahren. Es hat die Aufgabe, sicherzustellen, dass die integrierende Kraft des Unionsrechts nicht durch eine unterschiedliche Ausle-

[235] Vgl. EuGH, Urteil vom 08.10.1987 – C 80/86, Slg. 1987, 3969 „Kolpinghuis Nijmegen“ Rz. 9 f.; Probleme ergeben sich in Dreiecksfällen mit Behördenbeteiligung, in denen der Vorteil des einen Bürgers gleichzeitig ein Nachteil eines anderen ist, wie sie beispielsweise im Vergaberecht vorkommen können, wenn etwa die unmittelbare Anwendung zu einer abweichenden Vergabeentscheidung führt, so dass einem nach nationalem Recht abweichenden Beihilfeberechtigten eine Belastung entsteht, (vgl. auch *Herrmann*, EuZW 2006, S. 69). Eine unmittelbare Anwendbarkeit zu Lasten eines Bürgers kommt im Rahmen der MwStSystRL jedoch nicht in Frage, dies auch nicht unter dem Gesichtspunkt des Steuerrechts als Lastenausgleich, weil es an einem unmittelbar korrespondierenden Vorteil fehlt (*Schenke*, Rechtsfindung, S. 470).

[236] *Schmitz/Erdbrügger*, EU-UStB 2008, S. 91 (96).

[237] *Götz*, NJW 1992, S. 1894 (1855).

[238] BFH, Urteil vom 09.08.2007 – V R 27/04, UR 2007, 811.

[239] Vgl. zur unmittelbaren Anwendbarkeit der MwStSystRL im Zusammenhang mit umsatzsteuerlichen Gestaltungsmöglichkeiten: *Tehler*, UVR 2009, S. 378.

gung und Anwendung des europäischen Rechts in den einzelnen Mitgliedstaaten gefährdet wird[240].

a) Allgemeines

Nach der Rechtsprechung des Europäischen Gerichtshofes sind alle Träger öffentlicher Gewalt in den Mitgliedstaaten dazu verpflichtet, die zur Erreichung des Richtlinienzieles erforderlichen Maßnahmen zu treffen[241]. Dies beinhaltet auch die objektive[242] Verpflichtung, die Vorschriften eines nationalen Gesetzes im Lichte des Wortlauts und des Zweckes der unionsrechtlichen Richtlinie auszulegen[243]. Die Pflicht zur unionsrechtskonformen Auslegung betrifft als richtlinienkonforme Auslegung vor allem nationale Rechtsvorschriften, die in Umsetzung einer Richtlinie ergangen sind. Nach Auffassung des Europäischen Gerichtshofes ist die Pflicht zur richtlinienkonformen Auslegung jedoch nicht nur auf solche Umsetzungsrechtsnormen beschränkt. Vielmehr ist das gesamte nationale Recht gegebenenfalls richtlinienkonform auszulegen[244].

Umstritten ist, welche Rolle die Methodenlehre bei der Sicherung des Anwendungsvorrangs durch richtlinienkonforme Auslegung spielt. In diesem Punkt tritt ein Teil der Literatur für einen generellen Vorrang der richtlinienkonformen Auslegung vor den übrigen klassischen Auslegungsmethoden ein[245], während andere für eine Berücksichtigung unionsrechtlicher Vorgaben im Rahmen des tradierten Auslegungskanons votieren[246]. Die Rolle der unionsrechtskonformen Auslegung

[240] Vgl. *Schön*, Gemeinschaftskonforme Auslegung, S. 168, der darauf hinweist, dass eine dezentrale Interpretation des harmonisierten Steuerrechts in den Mitgliedstaaten nach kurzer Zeit zu inhaltlich unterschiedlichen Ergebnissen führen würde, so dass die starken Rechtstraditionen der Mitgliedstaaten den europäischen Einfluss beschränken würden.

[241] EuGH, Urteil vom 10.04.1984 – C 14/83, Slg. 1984, 1891 „von Colson und Kamann"; *Heintzen*, EuR 1994, S. 35.

[242] Im Gegensatz hierzu steht die Herleitung des Gebots richtlinienkonformer Auslegung aus dem Umsetzungswillen des nationalen Gesetzgebers als Geltungsgrund. Diese sogenannte „subjektive Theorie" wird jedoch überwiegend nicht mehr als entscheidende Legitimation, sondern lediglich als Hilfsbegründung verwendet, vgl. *Schön*, Auslegung, S. 36 ff. m.w.N.

[243] Die Literatur differenziert teilweise terminologisch zwischen der richtlinienkonformen Auslegung und der unionsrechtskonformen Auslegung, die als Oberbegriff für eine Auslegung nach dem Sinn, Zweck und Ziel des gesamten Rechts der europäischen Union stehen soll. Sie soll in primärrechtskonforme und sekundärrechtskonforme Auslegung zerfallen, wobei zur letzteren Variante neben der rahmenbeschlusskonformen auch die richtlinienkonforme Auslegung zählen soll, vgl. *Ehricke*, RabelsZ 1995, S. 598 (603); anders hingegen: *Pawlowski*, Methodenlehre, Rz. 363, der beide Begriffe synonym verwendet.

[244] EuGH, Urteil vom 05.10.2004 – C 397/01 bis C 403/01, Slg. 2004, 8878 „Pfeiffer".

[245] Vgl. *Spetzler*, RIW 1991, S. 579.

[246] Vgl. *Di Fabio*, NJW 1990, S. 947 (953); *Jarass*, DVBl. 1995, S. 954 (957 f.); kritisch: *Schenke*, Rechtsfindung, S. 10, der darauf hinweist, dass dieser Ansatz auf einen Gleichklang von verfassungskonformer und unionsrechtskonformer Auslegung hinausläuft, der wegen der Unterschiedlichkeit von unionsrechtlichen und nationalen Normen zweifelhaft ist.

im Vergleich zu den tradierten Auslegungsmethoden wird wiederum unterschiedlich als umfassender[247], lediglich relativer[248] Anwendungsvorrang oder als nachrangige Auslegungsmethode interpretiert, deren Wirkungsspielraum erst nach Anwendung der tradierten Auslegungsmethoden eröffnet wird[249].

b) Vorabentscheidungsverfahren

Das Instrument, das die einheitliche Auslegung des Unionsrechts in den Mitgliedstaaten in Zweifelsfällen sicherstellen soll, ist das Vorabentscheidungsverfahren nach Artikel 267 Absatz 1 lit. b AEUV[250], wonach der Europäische Gerichtshof über die Gültigkeit und Auslegung von Handlungen der Organe der Union entscheidet. Damit ist das gesamte sekundäre Unionsrecht einschließlich der Richtlinien umfasst[251].

Ein nationales Gericht *kann* dem Europäischen Gerichtshof eine Frage über die Auslegung einer EU-Richtlinie stellen, wenn sie nach Ansicht des Gerichts entscheidungserheblich ist, Artikel 267 Absatz 2 AEUV. In obergerichtlichen Verfahren, deren Urteile nicht angefochten werden können, *muss* das nationale Gericht sogar vorlegen, Artikel 267 Absatz 3 AEUV. Zwar ist der Europäische Gerichtshof für die Frage, wie nationales Recht auszulegen ist, nicht zuständig[252], dies schlägt sich jedoch weniger inhaltlich als in der Formulierung der Vorlagefrage nieder[253]. Ein vorlegendes Gericht würde also nicht danach fragen, ob eine nationale Norm unionsrechtskonform so auszulegen ist, dass sie den zugrunde liegenden Sachverhalt erfasst. Stattdessen würde es fragen, ob das einschlägige europäische Recht so auszulegen ist, dass es den zugrunde liegenden Fall erfasst. Der Europäische Gerichtshof weist jedoch Anträge, die nach einer Auslegung nationaler Normen fragen, nicht direkt ab, sondern legt diese so aus, dass sie die Auslegung europäischen Rechts betreffen[254].

---

[247] In diesem Sinne wohl: *Schön*, Auslegung, S. 43 f.

[248] *Dänzer-Vanotti*, RIW 1991, S. 754 f.

[249] *Jarass*, EuR 1991, S. 211 ff., 216.

[250] Artikel 267 AEUV entspricht Ex-Artikel 234 EGV.

[251] *Kischel* in: *Hailbronner/Wilms*, Recht der EU, Art. 234 EGV, Rz. 9.

[252] Das Vorabentscheidungsverfahren sieht eine Arbeitsteilung vor, wonach der EuGH für die Gültigkeit und Auslegung des europäischen Rechts zuständig ist, während den nationalen Gerichten die Würdigung und Subsumtion des Sachverhalts obliegt. Hier sieht *Schön* die Gefahr eines permanenten Justizkonflikts (Vgl. *Schön*, Gemeinschaftskonforme Auslegung, S. 170), weil diese verfahrensrechtlich angelegte gedankliche Trennung im Konflikt steht mit der auslegenden Subsumtion des Tatsachenmaterials unter einen gesetzlichen Tatbestand als „Hin- und Herwandern des Blickes zwischen Obersatz und Lebenssachverhalt“ im Sinne eines hermeneutischen Zirkels nach *Engisch* (Vgl. *Engisch*, Gesetzesanwendung, S. 15).

[253] *Kischel* in: *Hailbronner/Wilms*, Recht der EU, Art. 234 EGV 2, Rz. 12.

[254] Vgl. EuGH, Urteil vom 15.07.2010 – C 368/09, DStR 2010, 1475 „Pannon Gép“ Rz. 28 f.

c) Auslegung gegen den Wortlaut

Eine noch nicht abschließend geklärte Frage ist, ob die Pflicht zur richtlinienkonformen Auslegung durch den Wortlaut einer nationalen Rechtsnorm begrenzt ist oder unter Umständen sogar eine Auslegung gegen den Wortlaut möglich ist, um der Richtlinie Geltung zu verschaffen. Der XI. Zivilsenat des Bundesgerichtshofs vertrat insoweit zunächst die Auffassung, dass bei einem klaren, einer Richtlinie widersprechenden Gesetzeswortlaut kein Raum für eine richtlinienkonforme Auslegung bleibe[255]. Das Gericht beschränkte damit die Auslegung von richtlinienumsetzendem Recht auf die sogenannte „Gesetzesauslegung im engeren Sinne", deren Grenze – im Gegensatz zur „Rechtsfortbildung" – der Wortlaut einer Rechtsnorm bildet[256]. Der Bundesgerichtshof sah sich damit in Übereinstimmung mit dem Europäischen Gerichtshof, der die Grenze der gebotenen richtlinienkonformen Auslegung in einer Auslegung „contra legem" sieht[257]. Dies sah der VIII. Zivilsenat im Anschluss an ein Vorabentscheidungsverfahren des Europäischen Gerichtshofs jedoch anders und entschied, dass der Wortlaut einer nationalen Norm keine zwingende Grenze der richtlinienkonformen Auslegung bilde[258]. Die Kernargumentation des Gerichts liegt darin, dass andere Mitgliedstaaten die Unterscheidung zwischen „Auslegung im engen Sinne" und „Rechtsfortbildung", wie sie in der deutschen Rechtsdogmatik üblich ist, nicht kennen. Das vom Europäischen Gerichtshof betonte Verbot einer Auslegung „contra legem" sei daher nicht auf die Wortlautgrenze bezogen, sondern funktionell zu verstehen. Da das Gebot der Unionstreue des Artikels 4 Absatz 3 EUV[259] – der sogenannte „effet utile" – es den Mitgliedstaaten verbiete, bei der Umsetzung von Unionsrecht restriktivere Auslegungsmethoden anzuwenden als beim nationalen Recht[260], sei auch im Rahmen der richtlinienkonformen Auslegung eine Rechtsfortbildung im Rahmen einer teleologischen Reduktion möglich[261].

d) Stellungnahme

Die Auffassung des VIII. Zivilsenats verdient Zustimmung, soweit sie die Notwendigkeit betont, die unionsrechtskonforme Auslegung nicht restriktiver zu handhaben als die rein nationale Auslegung, welche den Wortlaut einer Norm nicht

255 BGH, Urteil vom 14.10.2003 – XI ZR 134/02, NJW 2004, 154 (155).

256 *Larenz*, Methodenlehre, S. 343.

257 EuGH, Urteil vom 04.07.2006 – C 212/04, NJW 2006, 2465 „Konstantinos Adeneler/ELOG" Rz. 110; EuGH, Urteil vom 16.06.2005 – C 105/03, NJW 2005, 2839 „Maria Pupino" Rz. 47.

258 BGH, Urteil vom 26.11.2008 – VII ZR 200/05, NJW 2009, 427; EuGH, Urteil vom 17.04.2008 – C 404/06, NJW 2008, 1433 „Quelle AG"; *Pfeiffer*, NJW 2009, S. 412 (412).

259 Konsolidierte Fassung des Vertrags über die Europäische Union vom 09.05.2008, EU Amtsblatt C 115/13, ehemals Art. 10 EGV.

260 So auch: *Pfeiffer*, NJW 2009, S. 412 (413).

261 Kritisch zur Verwendung des Topos des „effet utile" wegen dessen hoher Abstraktionsebene: *Dänzer-Vanotti*, RIW 1992, S. 733 (735 f.); *Schenke*, Rechtsfindung, S. 444.

immer als zwingende Grenze behandelt[262]. Die Argumentation ist jedoch auch angreifbar, da sie ihrerseits auf einer Auslegung beruht: Der VIII. Senat hat ausgelegt, was der Europäische Gerichtshof mit einer „Auslegung contra legem" meint. Wenn hierunter nicht die sogenannte „Rechtsfortbildung" fällt, so müssten neben der teleologischen Reduktion auch eine Analogie und die teleologische Erweiterung möglich sein[263]. Der Europäische Gerichtshof betont jedoch explizit, dass die richtlinienkonforme Auslegung durch die allgemeinen Rechtsgrundsätze, insbesondere Rechtssicherheit und Rückwirkungsverbot, begrenzt wird. Überdies erwähnt der Europäische Gerichtshof in Bezug auf das Verbot einer Auslegung contra legem explizit eine Auslegung im Wege der Analogie[264]. Vor diesem Hintergrund kann die Frage nach dem methodischen Umfang der richtlinienkonformen Auslegung noch nicht als endgültig geklärt angesehen werden.

3. Verhältnis zwischen richtlinienkonformer Auslegung und unmittelbarer Anwendbarkeit

Fraglich ist das Verhältnis zwischen der richtlinienkonformen Auslegung und der unmittelbaren Anwendbarkeit einer Richtlinie. Dies betrifft unmittelbar solche Fälle, in denen beide gleichzeitig in Frage kommen. In diesem Zusammenhang ist vor allem fraglich, ob ein Rangverhältnis besteht.

Zu dieser Frage vertritt der Europäische Gerichtshof die Auffassung, dass eine richtlinienkonforme Auslegung erforderlich sei, soweit kein unmittelbar anwendbares Unionsrecht vorliege[265]. Mit anderen Worten sei zunächst zu prüfen, ob die Voraussetzungen für eine unmittelbare Anwendung vorliegen und, wenn dies nicht der Fall ist, eine richtlinienkonforme Auslegung zu versuchen. Die Gegenansicht formuliert ein Primat der richtlinienkonformen Auslegung: Es solle zunächst der Versuch unternommen werden, durch eine richtlinienkonforme Auslegung des nationalen Rechts ein unionsrechtskonformes Ergebnis zu erlangen; nur wenn diese Möglichkeit nicht besteht, komme eine unmittelbare Anwendung in Betracht[266]. Letzterer Ansicht scheint auch der Bundesfinanzhof zu folgen. Dieser ist im Bereich der Besteuerung der öffentlichen Hand dazu übergegangen, die ihm vorgelegten Sachverhalte zunächst anhand der MwStSystRL zu überprüfen und das Ergebnis mit der Rechtslage nach nationalem Umsatzsteuerrecht zu vergleichen. Soweit aus Sicht des Gerichts eine richtlinienkonforme Auslegung mög-

---

[262] Vgl. zur verfassungskonformen Auslegung exemplarisch: BVerfG, Urteil vom 14.02.1973 – 1 BvR 112/65, NJW 1973, 1221.

[263] So auch: *Pfeiffer*, NJW 2009, S. 412 (413).

[264] EuGH, Urteil vom 04.07.2006 – C 212/04, NJW 2006, 2465 „Konstantinos Adeneler/ELOG" Rz. 110.

[265] *Birkenfeld*, UR 1993, S. 271 (273).

[266] *Kraeusel*, UR 2010, S. 480 (481); *Kraeusel*, FS Korn, S. 459; *Sölch/Ringleb*, Umsatzsteuer, § 4 Rz. 13 und 20; *Thieme*, BB 2009, S. 1900 (1900).

lich ist, stützt er sich darauf, andernfalls zieht er auf Antrag des Steuerpflichtigen eine unmittelbare Anwendung der Richtlinie in Betracht, soweit die Voraussetzungen der unmittelbaren Anwendbarkeit im Einzelfall vorliegen[267].

Die Frage, ob eine richtlinienkonforme Auslegung betrieben wird oder es zu einer unmittelbaren Anwendbarkeit vorrangigen Unionsrechts kommt, ist nicht nur akademischer Natur, sondern hat für den Steuerpflichtigen auch eine praktische Relevanz. Nur für den Fall einer unmittelbaren Anwendung, muss sich der Steuerpflichtige nämlich auf die unmittelbare Anwendbarkeit berufen, so dass es ihm grundsätzlich möglich ist, das für ihn günstigere Recht in Anspruch zu nehmen[268]. Die richtlinienkonforme Auslegung nationalen Rechts ist hingegen der Opportunität des Steuerpflichtigen entzogen und kann daher auch zu Ergebnissen führen, die für den Steuerpflichtigen nachteilig sind. Vor diesem Hintergrund erscheint es sinnvoll, sich der Auffassung anzuschließen, dass die richtlinienkonforme Auslegung Vorrang vor einer unmittelbaren Anwendbarkeit einer Richtlinienbestimmung hat; denn die Möglichkeit des Steuerpflichtigen, sich aufgrund eines Fehlers des nationalen Gesetzgebers, europäisches Recht ordentlich umzusetzen, auf die jeweils günstigere Regelung zu berufen, führt zu einem unfairen Vorteil gegenüber anderen Steuerpflichtigen, für deren Tätigkeitsbereich keine Diskrepanz zwischen dem einschlägigen nationalen und Unionsrecht besteht. Der Vorrang der richtlinienkonformen Auslegung ist daher geboten, um unfaire Steuervorteile für bestimmte Steuerpflichtige zu vermeiden.

4. Konkurrentenklage

Wird ein Konkurrent nicht besteuert, obwohl dies unionsrechtlich geboten ist, so stellt sich die Frage, wie der Benachteiligte dagegen vorgehen kann. Für die umsatzsteuerliche Behandlung aus Sicht des öffentlichen Partners von Public Private Partnership Projekten ist insbesondere der Fall interessant, in dem die öffentliche Hand unionsrechtswidrig nicht besteuert wird. Der Europäische Gerichtshof und der Bundesfinanzhof bejahen insoweit die Möglichkeit einer sogenannten „Konkurrentenklage“[269]. Danach kann der Steuerpflichtige im Wege der Konkurrentenklage die Besteuerung der öffentlichen Hand erzwingen, wenn diese unionsrechtswidrig unterbleibt, zum Beispiel, wenn zwar kein Betrieb gewerblicher Art im Sinne des § 2 Absatz 3 UStG vorliegt, die Nichtbesteuerung der öffentlichen Hand jedoch trotzdem zu „größeren Wettbewerbsverzerrungen“ im Sinne des Artikels 13 Absatz 1 Satz 2 MwStSystRL führen würde[270].

---

[267] Vgl. *Schmitz/Erdbrügger*, EU-UStB 2008, S. 91 (96).

[268] Vgl. hierzu oben Seite 1. auf 66.

[269] EuGH, Urteil vom 08.06.2006 – C 430/04, DStR 2006, 1082 „Feuerbestattungsverein Halle“; nachfolgend BFH, Urteil vom 05.10.2006 – VII R 24/03, DStR 2006, 2310; *Küffner*, DStR 2006, S. 1120.

[270] Vgl. zum Merkmal der Wettbewerbsverzerrung, unten 3. auf Seite 102.

Um an die für die Klageerhebung erforderlichen Informationen zu gelangen, hat der Steuerpflichtige unbeschadet des Steuergeheimnisses zunächst einen Auskunftsanspruch gegen die Finanzverwaltung[271]. Voraussetzung ist, dass er substantiiert darlegen und glaubhaft machen kann, dass er durch eine unzutreffende Besteuerung eines Konkurrenten Nachteile erleidet und ein subjektives öffentliches Recht auf steuerlichen Drittschutz gegen die Steuerbehörde mit Aussicht auf Erfolg geltend machen kann[272]. Der Grundsatz der steuerlichen Neutralität, der den Regelungen des europäischen Umsatzsteuerrechts zur Umsatzsteuerpflicht der öffentlichen Hand zugrunde liegt[273], gewährt ein solches subjektives öffentliches Recht auf steuerlichen Drittschutz.

Daraus ergibt sich, dass ein Konkurrent grundsätzlich die Möglichkeit hat, die Besteuerung des öffentlichen Partners eines Public Private Partnerships gerichtlich zu erzwingen, wenn zu Unrecht eine Nichtbesteuerung erfolgt.

[271] Vgl. BFH, Urteil vom 05.10.2006 – VII R 24/03, DStR 2006, 2310; *Kohlhepp*, DStR 2011, S. 145 (146 f.); *Siniwe/Frase*, BB 2011, S. 1567 (1568); *Sterzinger*, UR 2009, S. 37 (43) m.w.N.

[272] Die Voraussetzungen für die Auskunftserteilung hat das BMF in Anschluss an die Rechtsprechung geregelt in: BMF, Schreiben vom 17.07.2008 – IV A 3 – S0062/08/10006, BStBl. I 2008, 694.

[273] Vgl. *Dziadkowski*, BB 2000, S. 392.

§ 8 Umsatzsteuerliche Grundkonstellationen

I. Allgemeines

Die Beschäftigung mit dem Inhalt des Public Private Partnership Begriffes im ersten Teil dieser Arbeit hat gezeigt, dass eine nahezu unüberschaubare Anzahl verschiedener Kooperationsformen zwischen öffentlichen und privaten Partnern denkbar ist, die sich unter den Begriff Public Private Partnership fassen lassen. Die Vielgestaltigkeit der möglichen Kooperationsformen führt dazu, dass auch ihre umsatzsteuerliche Behandlung stark unterschiedlich ausfallen kann. Im Rahmen dieser Arbeit soll nicht der Versuch unternommen werden, sämtliche denkbaren Gestaltungen aufzuzeigen und umsatzsteuerlich im Detail zu untersuchen[274]. Nachfolgend soll vielmehr untersucht werden, an welchen Stellen eines Public Private Partnerships eine Umsatzsteuerbelastung des öffentlichen Vertragspartners regelmäßig entstehen kann und welche Effekte sich aus der Umsatzsteuer für Public Private Partnership Projekte ergeben können. Aufbauend auf dieser Erkenntnis wird es dann möglich sein, eine Aussage darüber zu treffen, ob das Umsatzsteuersystem Public Private Partnership Projekte benachteiligt, und Möglichkeiten zu diskutieren, wie eine solche Benachteiligung beseitigt oder gemildert werden könnte.

II. Grundkonstellationen

Nach der dieser Arbeit zugrunde liegenden allgemeinen Definition ist ein Public Private Partnership eine freiwillige Zusammenarbeit zwischen Öffentlichen und Privaten, die die vorhandenen Risiken angemessen verteilt und gemeinsame Ziele verfolgt, welche über das Interesse an einem reibungslosen Leistungsaustausch hinausgehen[275].

---

[274] Vgl. hierzu *Kaiser*, Umsatzsteuerliche Behandlung, S. 61 ff., der sich mit der umsatzsteuerlichen Behandlung ausgewählter PPP-Modelle beschäftigt; *von Wallis*, UStB 2006, S. 200 ff. und 229 ff., der sich mit der umsatzsteuerlichen Behandlung von Public Private Partnership Projekten im Bereich des Bundesfernstraßenbaus im Rahmen des sogenannten „A-Modells" und „F-Modells" beschäftigt; hierzu auch: BMF, Schreiben vom 03.02.2005 – IV A 5 - S 7100 - 15/05, BStBl. I 2005, 414.

[275] Vgl. hierzu oben § 4 auf Seite 47.

Die Zusammenarbeit innerhalb eines Public Private Partnership Projektes muss jedoch nicht zwingend die Erbringung entgeltlicher Leistungen beinhalten. Für Projekte, bei denen keine entgeltlichen Leistungen vorkommen, spielt die Umsatzsteuer mangels steuerbarer Sachverhalte keine direkte Rolle[276]. Eine solche Konstellation kommt beispielsweise bei Public Private Partnership Projekten im Zusammenhang mit Grundlagenforschung in Betracht, wenn Zuwendungen der öffentlichen Hand als nicht umsatzsteuerbare Zuschüsse gewährt werden[277]. Diese Art von Public Private Partnership Projekten kann für die Zwecke dieser Arbeit daher ausgeklammert werden.

Beinhaltet ein Public Private Partnership hingegen auch die Erbringung von entgeltlichen Leistungen zwischen den Partnern, so lassen sich aus umsatzsteuerlicher Sicht drei Grundkonstellationen unterscheiden: Entweder leistet nur der private Partner, es leistet nur der öffentliche Partner, oder beide Partner erbringen gegenseitig entgeltliche Leistungen. Je nach einschlägiger Grundkonstellation spielt die Umsatzsteuer eine unterschiedliche Rolle. Da sich der dritte Fall der gegenseitigen Erbringung entgeltlicher Leistungen als eine Kombination der ersten beiden Grundkonstellationen darstellt, ist es ausreichend, nachfolgend die ersten zwei Grundkonstellationen darzustellen.

1. Entgeltliche Leistungen des öffentlichen Partners

Erbringt nur die öffentliche Hand entgeltliche Leistungen, so muss zwischen einem öffentlichen Partner, der umsatzsteuerbare und umsatzsteuerpflichtige Leistungen erbringt und einem solchen, der nichtsteuerbare oder steuerfreie Leistungen erbringt, unterschieden werden. Im ersteren Fall ist die Umsatzsteuerpflicht des öffentlichen Partners[278] für das Projekt gleichgültig; denn wenn der öffentliche Partner umsatzsteuerpflichtige Leistungen erbringt, so wird er seine Umsatzsteuerlast auf den privaten Partner überwälzen[279]. Ist der private Partner – dem Regelfall entsprechend – selbst als umsatzsteuerpflichtiger Unternehmer zum vollen Vorsteuerabzug berechtigt, so ergibt sich aus der Umsatzsteuer für ihn keine

[276] Zur Möglichkeit einer indirekten Umsatzsteuerbelastung eines Public Private Partnership Projektes im Zusammenhang mit dem Vorsteuerabzug des privaten Partners siehe unten 2. auf Seite 154.

[277] Vgl. zu Zuschüssen unten III. auf Seite 179 ff.

[278] Das deutsche Umsatzsteuerrecht kennt eine Reihe von Ausnahmen, in denen nicht der Leistende, sondern der Leistungsempfänger die Umsatzsteuer schuldet; diese betreffen insbesondere Bauleistungen an Bauunternehmen im Sinne des § 13b UStG sowie Leistungen mit Auslandsbezug in Form von Ausfuhrlieferungen nach § 6 UStG und innergemeinschaftlichen Lieferungen nach § 6 a Absatz 1 UStG. Nachfolgend soll jedoch vom Regelfall ausgegangen werden, bei dem nach § 13a Absatz 1 Nr. 1 UStG der leistende Unternehmer auch Schuldner der Umsatzsteuer ist.

[279] Zur Umsatzsteuer als indirekte Steuer und der Möglichkeit der Überwälzung siehe oben IV. auf Seite 57.

effektive Zusatzbelastung. Er kann die Steuer im Rahmen seiner eigenen Umsatzsteuervoranmeldung und -jahreserklärung als Vorsteuer abziehen und bei einem Vorsteuerüberhang vom Finanzamt eine Erstattung verlangen. Zwar kann der private Partner keinen Vorsteuerabzug geltend machen, wenn er selbst die Leistungen für eigene Umsätze verwendet, die den Vorsteuerabzug nach § 15 Absatz 2 UStG ausschließen[280], so dass sich in diesen Fällen die von einem öffentlichen Partner überwälzte Umsatzsteuer als eine definitive Belastung für das Projekt auswirkt. Dieser Effekt ist jedoch unabhängig davon, ob eine Zusammenarbeit zwischen einem öffentlichen und einem privaten Partner stattfindet. Vielmehr wäre auch, wenn ein privater Unternehmer die Leistung erbringen würde, ein Vorsteuerabzug nicht möglich. Es ist daher praktisch ausgeschlossen, dass sich die Umsatzbesteuerung auf Public Private Partnership Projekte in einer für die Zusammenarbeit zwischen Öffentlichen und Privaten eigentümlichen Weise auswirkt, wenn allein der öffentliche Partner umsatzsteuerpflichtige entgeltliche Leistungen für den privaten Partner erbringt.

Beispiel:
Im Rahmen eines Public Private Partnership Projektes veräußert das Land Berlin unter anderem Schuleinrichtungsgegenstände an einen privaten Partner, für den Betrieb einer Privatschule. Das Land Berlin schuldet für diese Leistung Umsatzsteuer[281]. Der Preis der Einrichtungsgegenstände beträgt 100.000 Euro.

Das Land Berlin stellt in diesem Fall dem privaten Partner 100.000 Euro zuzüglich 19.000 Euro Umsatzsteuer in Rechnung und neutralisiert damit wirtschaftlich seine Verbindlichkeit aus dem Steuerschuldverhältnis mit der Finanzverwaltung. Der private Partner kann die 19.000 Euro im Rahmen seiner Umsatzsteuervoranmeldung als Vorsteuer abziehen, so dass auch ihn die Umsatzsteuer wirtschaftlich nicht belastet. Im Ergebnis wirkt sich die Umsatzsteuerpflicht für das Projekt wirtschaftlich nicht aus.

Die Umsatzbesteuerung des öffentlichen Partners kann sich jedoch dann auf ein Projekt, bei dem der öffentliche Partner Leistungen an den privaten Partner erbringt, auswirken, wenn die Tätigkeit des öffentlichen Partners nicht umsatzsteuerbar oder umsatzsteuerfrei ist und er deswegen nicht die Möglichkeit hat, ihm überwälzte Vorsteuer auf Eingangsleistungen abzuziehen, die er für die Leistung an den privaten Partner bezieht[282]. In diesem Fall bildet die nichtabziehbare

[280] Vgl. hierzu unten 2. auf Seite 119 und 2. auf Seite 153.

[281] Zu den Voraussetzungen der Umsatzsteuerpflicht der öffentlichen Hand nach europäischem und nationalem Recht siehe unten § II. auf Seite 91 ff. und § II. auf Seite 122 ff.

[282] Ausführlich zu den Voraussetzungen des Vorsteuerabzugs der öffentlichen Hand vgl. unten Dritter Teil auf Seite 81 ff.

Vorsteuer des öffentlichen Partners einen Kostenbestandteil der Leistung an den privaten Partner. In der Regel wird dieser Kostenbestandteil vom öffentlichen Partner bei der Kalkulation des Entgelts für die Leistung berücksichtigt werden. Da jedoch die Leistung nicht umsatzsteuerpflichtig ist, kommt es nicht zu einem Ausweis von Umsatzsteuer in der Rechnung, obwohl der Rechnungsbetrag umsatzsteuerbedingte Kostenbestandteile enthält. Da diese Umsatzsteuerbelastung für den Leistungsempfänger nicht direkt ersichtlich ist, spricht man auch von „versteckter Umsatzsteuer"[283]. Mangels ausgewiesener Umsatzsteuer kann der private Partner – auch wenn er grundsätzlich zum Vorsteuerabzug berechtigt ist – keine Vorsteuern abziehen. Die Umsatzbesteuerung des öffentlichen Partners hat in diesem Fall folglich den Effekt einer zusätzlichen Belastung des Projektes. Darüber hinaus kann es zu einer Steuerkaskade kommen, wenn der private Partner die Leistungen des öffentlichen Partners selbst unternehmerisch erwirbt und für Leistungen an Dritte bezieht[284].

2. Entgeltliche Leistungen des privaten Partners

Wenn nicht der öffentliche, sondern der private Partner entgeltliche umsatzsteuerpflichtige Leistungen erbringt und die Umsatzsteuer der öffentlichen Hand überwälzt, kommt es maßgeblich darauf an, ob der öffentliche Partner die Möglichkeit hat, die überwälzte Umsatzsteuerbelastung durch einen eigenen Vorsteuerabzug zu neutralisieren. Im Gegensatz zum privaten Partner, der in der Regel zum vollen Vorsteuerabzug berechtigt ist, gestaltet sich der Vorsteuerabzug der öffentlichen Hand jedoch häufig als problematisch. Zwar gelten in Bezug auf Umsatzsteuerbefreiungen in der Regel die gleichen Voraussetzungen für die öffentliche Hand und private Unternehmer, im Gegensatz zu privaten Unternehmern werden Leistungen der öffentlichen Hand in vielen Bereich jedoch als nicht umsatzsteuerbar betrachtet, so dass sie keine Vorsteuern abziehen darf. Scheitert der Vorsteuerabzug des öffentlichen Partners, belastet die Umsatzsteuer als Konsequenz in Form zusätzlicher Kosten das Projekt, was dazu führen könnte, dass es für die öffentliche Hand günstiger ist, das Projekt vollständig selbst durchzuführen, obwohl – ohne Berücksichtigung der Umsatzsteuerbelastung – die Zusammenarbeit mit dem Privaten kosteneffizienter wäre.

Beispiel:

Im Rahmen eines Public Private Partnership Projektes des öffentlichen Hochbaus erbringt der private Partner eines Erwerbermodells[285] *für das Land Berlin Facility Management Leistungen bei einem Schulgebäude. Das monatliche Ent-*

[283] Vgl. *de la Feria*, Intertax 2009, 148 (160).
[284] Zum Kaskadeneffekt siehe unten I. auf Seite 169.
[285] Vgl. hierzu oben 2. auf Seite 36.

gelt für diese Leistungen soll 10.000 Euro betragen.

Der private Partner stellt monatlich 10.000 Euro zuzüglich 1.900 Euro Umsatzsteuer in Rechnung. Diese überwälzte Umsatzsteuer kann das Land Berlin nicht als Vorsteuer abziehen, weil es die Voraussetzungen des Vorsteuerabzugs nicht erfüllt[286]*. Selbst wenn, die Kosten für eine Eigenleistung des Facility Managements der öffentlichen Hand bei 11.000 Euro liegen, würde sich wegen der Umsatzsteuerbelastung dieser Weg aus Sicht der öffentlichen Hand als günstiger erweisen.*

Die umsatzsteuerliche Behandlung des öffentlichen Partners kann sich auch mittelbar auf den Vorsteuerabzug des Privaten auswirken. Hiervon betroffen sind Fälle, in denen der private Partner für das Projekt Leistungen bei Dritten in Anspruch nimmt und dabei Umsatzsteuer überwälzt bekommt. Hier kann die umsatzsteuerliche Behandlung des öffentlichen Partners dazu führen, dass der private Partner nicht auf eine Umsatzsteuerbefreiung seiner Leistungen an den öffentlichen Partner verzichten darf und als Konsequenz seinerseits das Recht auf den Abzug seiner Vorsteuern aus den Eingangsleistungen verliert[287]. Zwar entsteht in diesem Fall aufgrund der Steuerbefreiung keine Belastung durch eine Überwälzung von Umsatzsteuer, die der öffentliche Partner nicht abziehen darf; da der private Partner jedoch die ihm für seine Eingangsleistungen überwälzte Umsatzsteuer ebenfalls nicht abziehen kann, entstehen ihm zusätzliche Kosten, die sich wiederum auf den Preis seiner Leistung an die öffentliche Hand auswirken, so dass auch hier die umsatzsteuerliche Behandlung des öffentlichen Partners zu einer zusätzlichen Belastung des Projektes führt.

Beispiel:

Das Land Berlin möchte eine Polizeischule errichten und benötigt für den Betrieb ein geeignetes Gebäude. Es wägt ab, ob es im Rahmen eines Public Private Partnership Projektes ein Gebäude für einen Zeitraum von 30 Jahren vom privaten Partner mietet. Die private PPP-GmbH möchte dem Land ein Angebot machen. Für die Errichtung des Gebäudes entstünden der GmbH Kosten in Höhe von 10 Millionen Euro zuzüglich 1,9 Millionen Euro überwälzter Umsatzsteuer. Da die Vermietung des Gebäudes nach § 4 Nr. 12 lit. a UStG von der Umsatzsteuer befreit ist und damit den Vorsteuerabzug ausschließt, muss die PPP-GmbH, diese zusätzlichen Kosten bei der Kalkulation des Mietzinses berücksichtigen. Würde sie an einen umsatzsteuerlichen Unternehmer vermieten, so könnte die GmbH hingegen nach § 9 UStG auf die Steuerbefreiung verzichten und erhielte die Möglichkeit des

[286] Zu den Voraussetzungen des Vorsteuerabzugs der öffentlichen Hand nach europäischem und nationalem Recht siehe unten § 11 auf Seite 89 ff. und § 12 auf Seite 121 ff.

[287] Siehe hierzu unten 2. auf Seite 154.

Vorsteuerabzugs. Im Ergebnis trägt der öffentliche Partner daher die Kosten der nicht abziehbaren Vorsteuer des privaten Partners.

3. Maßgeblichkeit des Vorsteuerabzugs der öffentlichen Hand

Im Ergebnis bleibt festzustellen, dass die Auswirkungen der Umsatzbesteuerung auf ein Public Private Partnership Projekt in erster Linie davon abhängen, ob die öffentliche Hand zum Vorsteuerabzug berechtigt ist. Sowohl in Bezug auf entgeltliche Leistungen des öffentlichen Partners an den privaten Partner als auch im umgekehrten Fall entsteht eine umsatzsteuerliche Belastung, wenn der öffentliche Partner keine Vorsteuern abziehen darf. Um die betroffenen Projekte genauer zu identifizieren, ist es notwendig, die Voraussetzungen zu betrachten, an die der Vorsteuerabzug der öffentlichen Hand geknüpft ist. Diesem Unterfangen ist der nachfolgende Teil dieser Arbeit gewidmet.

§ 9 Zwischenfazit

Das deutsche Umsatzsteuersystem besteuert alle Phasen der unternehmerischen Leistungskette und ist darauf ausgerichtet, dass die Umsatzsteuer bei Leistungen zwischen Unternehmern neutral ist. Dies wird durch den Vorsteuerabzug erreicht. Derjenige, der die Umsatzsteuer wirtschaftlich trägt, ist nicht der Unternehmer, der in der Regel Schuldner der Umsatzsteuer ist, sondern der nichtunternehmerische Leistungsempfänger. Das deutsche und europäische Umsatzsteuersystem kann als Allphasennettoumsatzsteuer mit Vorsteuerabzug beschrieben werden. Durch den Vorsteuerabzug kann für den Unternehmer auch eine Situation entstehen, in der er mehr abziehbare Vorsteuern hat als er Umsatzsteuer schuldet, so dass er von der Finanzverwaltung Geld erhält, anstatt Umsatzsteuer zu zahlen.

Die Einführung des Umsatzsteuersystems in Deutschland basierte auf europäischem Recht in Gestalt der ersten Mehrwertsteuersystemrichtlinie von 1967. Die Harmonisierung der Umsatzsteuersysteme in den Mitgliedstaaten war bereits in den Gründungsverträgen der Europäischen Wirtschaftsgemeinschaft angelegt und wurde durch eine umfangreiche Richtliniengebung in der Europäischen Union weitergeführt. Die unionsrechtlichen Vorgaben in den Richtlinien sind dabei so detailliert gefasst, dass von einem europäischen Umsatzsteuerrecht gesprochen werden kann.

Europäisches Recht genießt einen Vorrang gegenüber kollidierendem nationalem Recht. Dies kann für den Fall von europäischen Richtlinien durch eine unmittelbare Anwendung der kollidierenden Regelungen einer Unionsrichtlinie oder durch eine richtlinienkonforme Auslegung nationalen Rechts erreicht werden. Die einheitliche Auslegung europäischen Rechts in den Mitgliedstaaten der Union wird durch die Möglichkeit der nationalen Gerichte, den Europäischen Gerichtshof im Vorabentscheidungsverfahren anzurufen, gestützt. Im Wege der Konkurrentenklage kann ein privater Konkurrent die Besteuerung der öffentlichen Hand herbeiführen, wenn sie die Finanzverwaltung im Widerspruch zu den Vorgaben des europäischen Umsatzsteuerrechts nicht besteuert.

Für die vorliegende Arbeit sind solche Public Private Partnership Projekte interessant, bei denen entgeltliche Leistungen zwischen dem öffentlichen und dem privaten Partner ausgetauscht werden. Für Projekte, bei denen lediglich der öffentliche Partner, nicht jedoch der private Partner entgeltliche Leistungen erbringt, ist die Umsatzsteuer grundsätzlich neutral, weil der private Partner, die ihm überwälzte Umsatzsteuer als Vorsteuer wieder abziehen kann. Erbringt hingegen der private Partner umsatzsteuerpflichtige Leistungen an den öffentlichen Partner und überwälzt diesem die Umsatzsteuer, so kommt es darauf an, ob die öffentliche Hand ein Recht auf Vorsteuerabzug hat. Die Voraussetzungen des Vorsteuerabzugs der öffentlichen Hand sind daher besonders bedeutsam für Public Private Partnership Projekte und werden nachfolgend vertieft untersucht.

Dritter Teil:

Der Vorsteuerabzug der öffentlichen Hand

Die Systematik des Vorsteuerabzugs des Umsatzsteuergesetzes weicht teilweise von derjenigen des unionsrechtlichen Vorsteuerabzugs ab[288]. Da das nationale Recht stets vorrangig auf seine Vereinbarkeit mit der MwStSystRL zu prüfen ist[289] und es deshalb gegebenenfalls einer richtlinienkonformen Auslegung[290] der Vorschriften des UStG zum Vorsteuerabzug bedarf, sollen zunächst das europäische Recht und im Anschluss das nationale Recht betrachtet werden. Das nationale und das europäische Umsatzsteuerrecht haben gemeinsam, dass beide den Vorsteuerabzug grundsätzlich an die Umsatzsteuerpflicht knüpfen: Will der öffentliche Partner eines Public Private Partnership Projektes Vorsteuern abziehen, so muss er grundsätzlich selbst umsatzsteuerbare und umsatzsteuerpflichtige Leistungen erbringen.

Als Ausgangspunkt ist es daher sinnvoll, einen Blick auf den Sinn und Zweck der Umsatzbesteuerung der öffentlichen Hand zu werfen (dazu § 10), denn ihm sollten die Regelungen zur Umsatzbesteuerung der öffentlichen Hand nach nationalem und europäischem Recht stets verpflichtet bleiben. Im Anschluss folgt eine Betrachtung der unionsrechtlichen Vorgaben für den Vorsteuerabzug (dazu § 11), gefolgt von einer Darstellung der nationalen Voraussetzungen des Vorsteuerabzugs (dazu § 12) und der Unterschiede zwischen den unionsrechtlichen und nationalrechtlichen Regelungen (dazu § 13).

---

[288] *Birkenfeld* in: *Birkenfeld*, Umsatzsteuerhandbuch, § 170, Rz. 22.
[289] Vgl. oben II. auf Seite 63; *Hüttemann*, FR 2009, S. 308 (312).
[290] Zur richtlinienkonformen Auslegung siehe oben 2. auf Seite 66.

§ 10 Sinn der Besteuerung der öffentlichen Hand

I. Erforderlichkeit eines besonderen Grundes

Es liegt nahe, den Sinn einer Besteuerung der öffentlichen Hand insgesamt in Frage zu stellen, weil die öffentliche Hand selbst Gläubigerin der Steuerschuldverhältnisse ist. Dem Mittelzufluss der öffentlichen Hand als steuerlicher Gläubigerin scheint daher in gleicher Höhe ein Mittelabfluss der öffentlichen Hand als Steuerträgerin gegenüberzustehen. Die öffentliche Hand würde sich mit anderen Worten „in die eigene Tasche" zahlen. Gesamtwirtschaftlich betrachtet wirkt sich eine Besteuerung der öffentlichen Hand sogar negativ aus; denn sie führt nicht zu zusätzlichen Einnahmen, verursacht jedoch Ausgaben in Form von Steuerverwaltungskosten[291]. Die Selbstbesteuerung der öffentlichen Hand widerspricht daher zunächst dem Ziel der Einnahmeerzielung, welches jeder Steuererhebung mindestens als Nebenzweck zugrunde liegen soll. Dies regelt im deutschen nationalen Recht § 3 Absatz 1 AO, der Steuern als Geldleistungen definiert, die nicht eine Gegenleistung für eine besondere Leistung darstellen und von einem öffentlich-rechtlichen Gemeinwesen zur Erzielung von Einnahmen allen auferlegt werden, bei denen der Tatbestand zutrifft; die Erzielung von Einnahmen kann Nebenzweck sein.

Vor diesem Hintergrund erscheint es angebracht, die öffentliche Hand vollständig und ohne Ausnahme von der Umsatzbesteuerung auszunehmen. Jedenfalls bedarf die Besteuerung der öffentlichen Hand – im Gegensatz zur Besteuerung der Privaten, deren Zweck die Einnahmeerzielung ist – einer besonderen Begründung[292]. Es erhebt sich damit die Frage, worin die Begründung für die Umsatzbesteuerung der öffentlichen Hand liegt. In diesem Zusammenhang werden in der Fachliteratur insbesondere das Gebot der Wettbewerbsneutralität der Besteuerung und der Schutz des Finanzausgleichs angeführt:

[291] *Hüttemann*, FR 2009, S. 308 (309).

[292] So auch: *Hüttemann*, Besteuerung, S. 61.

II. Wettbewerbsneutralität und Schutz des Finanzausgleichs

Bei genauerer Betrachtung zeigt sich, dass die Vorstellung des „Sich-in-die-eigene-Tasche-Zahlens“ nicht ganz treffend ist, denn sie berücksichtigt nicht die föderale Struktur der Bundesrepublik. Darüber hinaus beschränkt sich die Besteuerung nicht auf die Gebietskörperschaften, sondern erfasst auch andere juristische Personen des öffentlichen Rechts, wie zum Beispiel öffentlich-rechtliche Universitäten und Rundfunkanstalten, die keine Steuergläubiger sein können. Nur soweit das Umsatzsteuergesetz Tätigkeiten der Länder, Gemeinden und des Bundes selbst erfasst, stellt sich das Problem einer Selbstbesteuerung[293]. Auch für diesen Teil der Umsatzbesteuerung stimmt jedoch das Bild des „Sich-in-die-eigene-Tasche-Zahlens“ nicht ganz. Das Umsatzsteueraufkommen steht nach Artikel 106 Absatz 3 Satz 1 GG als sogenannte „Gemeinschaftssteuer“ Bund und Ländern gemeinsam zu; die Gemeinden erhalten nach Artikel 106 Absatz 5 a Satz 1 GG ebenfalls einen Anteil. Die Verteilung des Umsatzsteueraufkommens ist daher Gegenstand des Finanzausgleichs zwischen Bund, Ländern und Gemeinden[294]. Der Finanzausgleich berücksichtigt nicht, wie viel des Umsatzsteuereinkommens auf Tätigkeiten der öffentlichen Hand entfällt. Wenn eine Gemeinde eine hohe Umsatzsteuerbelastung hat, so bedeutet dies nicht, dass sie den abgeführten Betrag auch im Rahmen des Finanzausgleiches wieder zurück erhält. Die Umsatzbesteuerung der öffentlichen Hand in Verbindung mit den Mechanismen des Finanzausgleichs führt daher zu einer finanziellen Umverteilung, die entfallen würde, wenn auf die Besteuerung der öffentlichen Hand verzichtet würde. Mit anderen Worten führt die Besteuerung öffentlicher Unternehmen zu fiskalischen Effekten, so dass sie als ein Instrument des Finanzausgleiches bezeichnet werden kann[295]. Ein genereller Verzicht auf die Umsatzbesteuerung der Tätigkeiten der öffentlichen Hand sähe sich zudem insbesondere zwei potenziellen Problemen ausgesetzt:

Das erste Problem ergibt sich daraus, dass die öffentliche Hand sich selbst in unterschiedlichen Organisationsformen auf vielfältige Art und Weise wirtschaftlich betätigen[296] und so möglicherweise zu privaten Unternehmern in Konkurrenz treten kann. Hieraus könnte sich eine erhebliche Wettbewerbsverzerrung im Angebot gegenüber Endverbrauchern zu Lasten der privaten Anbieter der gleichen

[293] Zur Vereinbarkeit der Selbstbesteuerung mit der Garantie der Staatlichkeit der Länder, der Selbstverwaltungsgarantie der Gemeinden nach Art. 28 Abs. 2 GG sowie dem zivilrechtlichen Verbot des „In-Sich-Geschäfts“ und der Konfusion: vgl. *Landwehr*, Betriebe gewerblicher Art, S. 89 ff.

[294] Ausführlich zum bundesstaatlichen Finanzausgleich vgl. *Maciejewski*, Rechtsbegriffe im Finanzausgleich.

[295] *Hüttemann*, Besteuerung, S. 13.

[296] *Lange*, UR 2000, S. 1 (3); *Seer*, DStR 1992, S. 1751 (1751).

Leistung ergeben, wenn die öffentliche Hand keine Umsatzsteuer schuldet und ihre Waren billiger anbieten könnte. Dieses Problem besteht unabhängig von der föderalen Struktur eines Landes und ist damit in gleicher Weise für das europäische und das nationale Umsatzsteuerrecht relevant.

Das zweite Problem besteht nur auf nationaler Ebene und wurzelt in der föderalen Struktur der Bundesrepublik Deutschland, die sich auch in der Finanzverfassung niederschlägt. Durch eine Umschichtung privatrechtlich organisierter Wirtschaftstätigkeit zu Gunsten von öffentlich-rechtlichen Betrieben könnten Bund und Länder die Summe, die sie in den Finanzausgleich einbringen, manipulieren. Es entstünde ein Anreiz, auf diese Weise möglichst wenig eigenes Umsatzsteueraufkommen zu generieren und dennoch über den Finanzausgleich am Umsatzsteueraufkommen der anderen Gebietskörperschaften teilzuhaben[297].

Zur Erläuterung der beiden Probleme, die eine Nichtbesteuerung der öffentlichen Hand mit sich bringt, seien folgende vereinfachte Beispiele gebildet:

Beispiel 1:
Ein privater Unternehmer betreibt ein Hallenschwimmbad. Unter Kalkulation seiner gemeinen Kosten und einer bestimmten Gewinnmarge berechnet er ein Eintrittsgeld von regulären 10 Euro pro erwachsener Person. Auf diesen Preis berechnet er zusätzlich 19 Prozent Umsatzsteuer, so dass sich ein Gesamteintrittspreis von 11,90 Euro ergibt. Würde die öffentliche Hand in einer nahe gelegenen Nachbargemeinde ein Schwimmbad mit den identischen Bedingungen betreiben und die gleichen Kosten[298] *und Gewinnmargen einkalkulieren, so könnte dieses Konkurrenzschwimmbad den Eintrittspreis auf insgesamt 10 Euro festlegen. Als Konsequenz droht dem privaten Unternehmer eine Abwanderung seiner Badegäste in das Schwimmbad der öffentlichen Hand. Langfristig könnte er daher aus wirtschaftlichen Gründen gezwungen sein, den Schwimmbadbetrieb einzustellen.*

Beispiel 2:
In einem Bundesland werden viele private Schwimmbäder betrieben, aus deren Jahresgesamtumsatz sich eine Umsatzsteuer von 75 Mio. Euro und abziehbare Vorsteuer von 25 Mio. Euro ergeben. Hieraus ergeben sich Umsatzsteuereinnah-

---

297 *Heger*, FR 2009, S. 301, die darauf hinweist, dass der Schutz des Finanzausgleichs bislang jedoch in der Rechtsprechung und Gesetzesauslegung keine Rolle spielt; *Hüttemann*, Besteuerung, S. 13 ff.

298 An dieser Stelle wird, um das Beispiel einfach zu halten, nicht berücksichtigt, dass die öffentliche Hand im Gegensatz zum privaten Konkurrenten bei steuerfreien Ausgangsumsätzen auch keine Möglichkeit des Vorsteuerabzugs für ihre Eingangsleistungen hätte, so dass tatsächlich die wettbewerbsverzerrende Auswirkung auch maßgeblich davon abhängig ist, in welchem Ausmaß im Einzelfall potenzielle Vorsteuerabzüge bestehen. Zum Vorsteuerabzug nach europäischem und nationalem Recht im Einzelnen siehe unten § 11 auf Seite 89 ff. und § 12 auf Seite 121 ff.

men von insgesamt 50 Mio. Euro, die als Gemeinschaftssteuer in den Finanzausgleich einfließen. Hiervon stehen zunächst 25 Mio. Euro dem Bund und die gleiche Summe den Ländern zu[299]. *Wenn die Hälfte des Gesamtumsatzes anstelle von privaten Bädern auf Bäder der öffentlichen Hand entfiele, die nicht der Umsatzbesteuerung unterlägen, so würden lediglich 25 Mio. Euro statt 50 Mio. Euro als Gemeinschaftssteuern in den Finanzausgleich einfließen, obwohl der Umfang der Schwimmbadumsätze sich nicht verändert hat.*

Die Vermeidung dieser beiden mit der Steuerfreiheit der öffentlichen Hand einhergehenden Probleme bildet den erforderlichen Grund für eine partielle Umsatzbesteuerung der öffentlichen Hand. Es geht mit anderen Worten darum, die Wettbewerbsneutralität der Besteuerung zu gewährleisten und den Finanzausgleich zu schützen.

Die Bestrebung, Wettbewerbsverzerrungen, die sich aus der Steuerfreiheit der öffentlichen Hand ergeben, zu vermeiden, gilt über die Umsatzbesteuerung hinaus auch für das Ertragsteuerrecht. Bereits die Begründung des Gesetzgebers zum Körperschaftsteuergesetz 1925 enthielt die Feststellung, dass die Nichtbesteuerung der wirtschaftlichen Tätigkeit der öffentlichen Hand ihr einen nicht zu rechtfertigenden Vorsprung vor den privatwirtschaftlichen Betrieben gewähren würde[300]. Ebenso messen die Rechtsprechung des Bundesfinanzhofes[301] und das steuerrechtliche Schrifttum[302] dem Wettbewerbsgedanken eine zentrale Bedeutung für die Rechtfertigung der Steuerpflicht der öffentlichen Hand bei.

Zum Schutz eines funktionierenden Finanzausgleichs ist es geboten, dass die einzelnen Bundesländer und Kommunen nicht die Möglichkeit haben, selbst zu bestimmen, in welchem Umfang sie zum Finanzausgleich beitragen. Oftmals liegt, wie im vorgenannten Beispiel, gleichzeitig eine Wettbewerbsverzerrung vor. Es ist nicht verwunderlich, dass es auch vertreten wird, dass die Wettbewerbsneutralität der Besteuerung der ausschließliche Grund für die Besteuerung der öffentlichen Hand ist und dem Schutz des Finanzausgleichs keine eigene Bedeutung zukommt[303]. Hiergegen wird angeführt, dass die öffentliche Hand selbst in der Lage sei, durch gesetzgeberische Maßnahmen einen konkreten oder auch nur po-

[299] Um das Beispiel einfach zu halten, wird an dieser Stelle auf eine genaue Berechnung der Verteilung nach den Vorschriften des FAG verzichtet.

[300] Vgl. Begründung zum Entwurf eines Körperschaftsteuergesetzes vom 23.04.1925, Verhandlungen des Reichstags, III. Wahlperiode 1924, Anlagen zu den stenographischen Berichten Nr. 796, S. 8.

[301] Vgl. BFH, Urteil vom 04.12.1991 – I R 74/89, BStBl. II 1992, 432.

[302] *Seer/Klemke*, BB 2010, S. 2015 (2015); *Hüttemann*, Besteuerung, S. 8 m.w.N., der auch auf die verfassungsrechtliche Problematik einer Schonung der öffentlichen Hand gegenüber privatwirtschaftlichen Unternehmen vor dem Hintergrund des allgemeinen Gleichheitssatzes hinweist.

[303] Vgl. *Seer*, DStR 1992, S. 1751 (1752), der die Wettbewerbsneutralität als ausschließlichen Grund für die Steuerpflicht öffentlicher Betriebe ansieht.

tenziellen Wettbewerb auszuschalten, bevor sie tätig wird[304]. Das Erfordernis, die Wettbewerbsneutralität der Besteuerung zu gewährleisten, greife in diesen Fällen nicht. Wenn beispielsweise durch staatliche Monopolisierung bestimmter Bereiche gar keine rechtliche Möglichkeit für Private besteht, in den Markt einzutreten, bedürfe es eines weiteren Grundes für die Besteuerung der Tätigkeit der öffentlichen Hand, neben der Bewahrung der Wettbewerbsneutralität.

[304] Vgl. *Hüttemann*, Besteuerung, S. 13 ff.

§ 11 Unionsrechtlicher Vorsteuerabzug der öffentlichen Hand

Der unionsrechtliche Vorsteuerabzug wurde erstmalig geregelt in Artikel 11 der zweiten Mehrwertsteuerrichtlinie[305], die für Zweifelsfragen immer noch bedeutsam sein kann[306].

Die MwStSystRL behandelt den Vorsteuerabzug in ihrem Titel X in den Artikeln 167 bis 192. Den Umfang des Vorsteuerabzugs regelt als zentrale Norm vor allem Artikel 168 lit. a MwStSystRL[307]. Dieser berechtigt den Steuerpflichtigen[308] zum Abzug der Mehrwertsteuer für Gegenstände und Dienstleistungen, die ihm ein anderer Steuerpflichtiger geliefert hat. Dabei ist er nur soweit zum Vorsteuerabzug berechtigt, wie er die Gegenstände und Dienstleistungen für die Zwecke seiner besteuerten Umsätze verwendet. Der Vorsteuerabzug nach Artikel 168 lit. a MwStSystRL setzt nach Artikel 178 lit. a MwStSystRL außerdem das Vorliegen einer ordentlichen Rechnung voraus.

Um in den Genuss des Vorsteuerabzugs nach Artikel 168 MwStSystRL zu kommen, muss der öffentliche Partner eines Public Private Partnership Projektes folglich vor allem zwei Voraussetzungen erfüllen, die im Anschluss an eine terminologische Klärung (dazu I.) die Struktur der nachfolgenden Ausführungen vorgeben: Er muss erstens Steuerpflichtiger im Sinne der MwStSystRL sein (dazu II.) und zweitens die bezogenen Gegenstände oder Dienstleistungen für seine eigenen steuerpflichtigen Umsätze verwenden (dazu III.). Auf die detaillierten

[305] Zweite Richtlinie 67/228/EWG des Rates vom 11.04.1967 zur Harmonisierung der Rechtsvorschriften der Mitgliedstaaten über die Umsatzsteuern – Struktur und Anwendungsmodalitäten des gemeinsamen Mehrwertsteuersystems, Abl. EG 1967, 1303.

[306] Vgl. z.B. EuGH, Urteil vom 14.07.2005 – C 434/03, Slg. 2005, 7037 „Charles-Tijmens“ Rz. 32 ff., in dem der EuGH aus Artikel 11 Absatz 4 der 2. MwSt-RL herleitet, dass auch im Rahmen des Artikels 17 Absatz 6 der 6. MwSt-RL kein allgemeiner Ausschluss des Vorsteuerabzugs für alle Gegenstände des Steuerpflichtigen möglich ist, die für dessen privaten Bedarf verwendet werden.

[307] Dies betrifft den Regelfall des Vorsteuerabzugs für Gegenstände und Dienstleistungen. Weitere Fälle betreffen den Vorsteuerabzug für Umsätze, die Lieferungen und Dienstleistungen gleichgestellt sind (Artikel 168 lit. b MwStSystRL), den innergemeinschaftlichen Erwerb von Gegenständen (Artikel 168 lit. c MwStSystRL) und gleichgestellten Umsätzen (Artikel 168 lit. d MwStSystRL) sowie die Einfuhr von Gegenständen (Artikel 168 lit. e MwStSystRL).

[308] Zur Terminologie siehe unten I. auf Seite 90.

unionsrechtlichen Vorgaben an eine ordnungsgemäße Rechnung wird nicht eingegangen, sondern unterstellt, dass bei den zu betrachtenden Public Private Partnership Projekten jeweils ordnungsgemäße Rechnungen vorliegen[309]. Denn für Public Private Partnership Projekte gelten die allgemeinen Regelungen zu ordnungsgemäßen Rechnungen; es gibt keine besonderen Rechnungsanforderungen spezifisch für Public Private Partnership Projekte.

I. Terminologie

Da die Mehrwertsteuersystemrichtlinie den Begriff der Steuerpflicht anders gebraucht als es im deutschen Umsatzsteuerrecht üblich ist, bedarf es einer terminologischen Klärung, um Missverständnisse zu vermeiden:

Im europäischen Umsatzsteuerrecht existiert nicht die gleiche Unterscheidung zwischen Steuerbarkeit und Steuerpflicht, wie sie die deutsche Fachterminologie pflegt[310]. Die MwStSystRL kennt den Begriff „steuerbar" nicht, sondern spricht in Artikel 2 MwStSystRL von Umsätzen, die „der Mehrwertsteuer unterliegen"[311]. Denjenigen, der solche Umsätze ausführt, bezeichnet Artikel 9 MwStSystRL als „Steuerpflichtigen", unabhängig davon, ob für die Tätigkeit eine Steuerbefreiung eingreift. Der Steuerpflichtige im Sinne von Artikel 9 MwStSystRL ist daher das unionsrechtliche Äquivalent des umsatzsteuerlichen Unternehmers im Sinne von § 2 UStG; es handelt sich damit – nach nationaler Terminologie – um eine Voraussetzung der Steuerbarkeit, nicht der Steuerpflicht.

Ein weiterer Unterschied liegt darin, dass die Steuerpflicht im Sinne des Artikels 9 MwStSystRL an denjenigen, der Umsätze ausführt, anknüpft und folglich ein Steuersubjekt konstituiert. Im Gegensatz hierzu regelt das Umsatzsteuergesetz den Begriff des Steuersubjekts nicht ausdrücklich, so dass dort streng genommen nicht von steuerbaren und steuerpflichtigen Personen, sondern lediglich von steuerbaren und steuerpflichtigen Umsätzen gesprochen werden kann. Dieser Unterschied zur Mehrwertsteuersystemrichtlinie ist jedoch nicht Ausdruck eines systemischen Unterschieds, da auch das nationale Recht nur Umsätze eines „Unternehmers" besteuert und diesen damit implizit zum Steuersubjekt erhebt. Dies wird auch daran deutlich, dass vor der Einführung des Unternehmerbegriffes im Jahre 1934[312] auch das deutsche Umsatzsteuerrecht den Begriff des Steuerpflich-

[309] Die Art. 217 bis 240 MwStSystRL enthalten detaillierte Vorgaben für Rechnungen. In der Praxis besonders bedeutsam sind die in den Art. 226 bis 231 MwStSystRL enthaltenen Regelungen zu den erforderlichen Angaben in einer Rechnung, da nach Art. 178 lit. a MwStSystRL das Recht auf Vorsteuerabzug nur dann ausgeübt werden darf, wenn eine ordnungsgemäße Rechnung vorliegt.

[310] Vgl. dazu oben II. auf Seite 54.

[311] Vgl. auch *Stadie*, Umsatzsteuerrecht, S. 25, Rz. 1.64.

[312] Vgl. Umsatzsteuergesetz vom 16.10.1934, RGBl. 1934 I, 942.

tigen enthielt[313]. Der nationale Begriff des „Unternehmers" und der Begriff des „Steuerpflichtigen" im Sinne der MwStSystRL entsprechen sich insoweit gegenseitig, da sie beide das Steuersubjekt bezeichnen[314].

Um nachfolgend Missverständnissen vorzubeugen, soll auch in Bezug auf die Mehrwertsteuersystemrichtlinie zwischen steuerbaren Umsätzen – das heißt Umsätzen, die grundsätzlich der Umsatzbesteuerung unterliegen – und steuerpflichtigen Umsätzen – das heißt Umsätze, für die keine Umsatzsteuerbefreiung eingreift – unterschieden werden.

II. Besteuerung der öffentlichen Hand nach der MwStSystRL

Dem Begriff des Steuerpflichtigen[315] ist Titel III der MwStSystRL gewidmet, der die Artikel 9 bis 13 umfasst.

Artikel 9 Absatz 1 MwStSystRL stellt den Grundsatz auf, dass derjenige als steuerbar gilt, der eine wirtschaftliche Tätigkeit selbstständig ausübt. Für Einrichtungen des öffentlichen Rechts existiert eine Sonderregelung:

Nach Artikel 13 Absatz 1 Unterabsatz 1 MwStSystRL gelten Staaten, Länder, Gemeinden und sonstige Einrichtungen des öffentlichen Rechts nicht als steuerbar, soweit sie Tätigkeiten ausüben oder Umsätze bewirken, die ihnen im Rahmen der öffentlichen Gewalt obliegen. Der Europäische Gerichtshof sieht darin eine Ausnahme vom Grundsatz der Steuerbarkeit nach Artikel 9 Absatz 1 MwSt-SystRL, die wegen ihres Ausnahmecharakters eng ausgelegt werden müsse[316].

Für diese ausnahmsweise Nichtsteuerbarkeit machen Artikel 13 Absatz 1 Unterabsatz 2 und Unterabsatz 3 MwStSystRL jedoch wichtige Einschränkungen, die auch als „Rückausnahmen" bezeichnet werden können: Nach Artikel 13 Absatz 1 Unterabsatz 2 MwStSystRL gelten Einrichtungen der öffentlichen Hand als steuerbar, sofern eine Behandlung als nichtsteuerbar zu größeren Wettbewerbsverzerrungen führen würde. Artikel 13 Absatz 1 Unterabsatz 3 MwStSystRL in Verbindung mit dem Anhang I zur Richtlinie sieht bestimmte Tätigkeiten vor, für die die öffentliche Hand stets als steuerbar gilt, wenn sie sie nicht nur in unbedeutendem Umfang ausübt. Diese Rückausnahmen stellen den Zustand der Regelbesteuerung nach Artikel 9 Absatz 1 MwStSystRL wieder her. Der Europäische

[313]Vgl. *Dziadkowski*, IStR 2009, S. 835.

[314]So auch *Lohse* in: *Rau/Dürrwächter*, Umsatzsteuergesetz, Vorb. zu Artikel 4 6. MwSt-RL.

[315]Da es sich bei dem Begriff des Steuerpflichtigen im Sinne von Artikel 9 Absatz 1 MwStSystRL um ein Merkmal der Steuerbarkeit handelt, wird nachfolgend der Ausdruck steuerbar verwendet, soweit es um die Eigenschaft als Steuerpflichtiger im Sinne von Artikel 9 Absatz 1 MwSt-SystRL geht.

[316]Vgl. EuGH, Urteil vom 04.06.2009 – C 102/08, UR 2009, 484 „Salix" Rz. 54.

Gerichtshof hält es daher für geboten, die Rückausnahmen nicht eng, sondern weit auszulegen[317].

Aus diesen Vorgaben lässt sich für die Umsatzsteuerbarkeit der öffentlichen Hand nach der MwStSystRL eine bestimmte Prüfungsreihenfolge entwickeln, die in maximal vier Schritte zerfällt und an der sich die nachfolgenden Ausführungen orientieren:

Zunächst muss die öffentliche Hand selbstständig wirtschaftlich tätig werden im Sinne des Artikels 9 MwStSystRL (dazu 1.). Liegt eine selbstständige wirtschaftliche Tätigkeit vor, so ist in einem zweiten Schritt zu prüfen, ob diese Tätigkeit von der Regel des Artikels 13 Absatz 1 Unterabsatz 1 MwStSystRL erfasst ist, die zur Nichtsteuerbarkeit führt (dazu 2.). Greift die Befreiung, ist sodann in einem dritten Schritt danach zu fragen, ob die Tätigkeit zu einer größeren Wettbewerbsverzerrung führen würde, so dass die öffentliche Hand ohne Weiteres dennoch als steuerbar gilt (dazu 3.). Steht eine Wettbewerbsverzerrung nicht im Raum, so stellt sich in einem vierten Schritt[318] die Frage, ob es sich um eine der in Anhang I zur MwStSystRL aufgeführten Tätigkeiten handelt, die in nicht nur unbedeutendem Umfang ausgeübt wird (dazu 4.).

1. Wirtschaftliche Tätigkeit

a) Allgemeines

Das Begriffspaar der wirtschaftlichen Tätigkeit ist in der MwStSystRL nicht genau definiert. Es besteht keine Beschränkung dahingehend, dass nur private Rechtssubjekte eine wirtschaftliche Tätigkeit ausüben können. Des Weiteren hält es der Europäische Gerichtshof aufgrund des objektiven Charakters des Begriffes für unerheblich, ob die Tätigkeit in der Wahrnehmung von Aufgaben besteht, die aus Gründen des Gemeinwohls und unabhängig von jedem unternehmerischen oder

[317] EuGH, Urteil vom 04.06.2009 – C 102/08, UR 2009, 484 „Salix" Rz. 54; EuGH, Urteil vom 16.09.2008 – C 288/07, UR 2008, 816 „Isle of Wight" Rz. 60.

[318] A.A.: *Lohse* in: *Rau/Dürrwächter*, Umsatzsteuergesetz, Vorb. zu Artikel 4 6. MwSt-RL, der die Auffassung vertritt, dass der Wettbewerbsvorbehalt den Schluss der Prüfung markieren sollte. Diese Prüfungsreihenfolge hat aus praktischer Sicht den Vorteil, dass sie die in der Regel schwierige Prüfung der Wettbewerbsverzerrung vermeidet, wenn sich die Steuerbarkeit ohnehin aus Artikel 13 Absatz 1 Unterabsatz 3 MwStSystRL in Verbindung mit dem Anhang I zur MwStSystRL ergibt. Für die Zwecke dieser Arbeit ist dennoch die vorgeschlagene Prüfungsreihenfolge vorzugswürdig, da sie zu einem genaueren Ergebnis führt. Denn nur durch die vorgeschlagene Prüfungsreihenfolge wird deutlich, woraus sich die Besteuerung genau ergibt, während bei einer Prüfung des Artikels 13 Absatz 1 Unterabsatz 3 MwStSystRL vor Artikel 13 Absatz 1 Unterabsatz 2 MwStSystRL unklar bleibt, ob neben der Ausübung einer Tätigkeit des Anhangs I in unbedeutendem Umfang auch tatsächlich die Gefahr einer Wettbewerbsverzerrung besteht. Darüber hinaus wird die vorgeschlagene Prüfungsreihenfolge auch dem systematischen Aufbau des Artikels 13 MwStSystRL besser gerecht, der sich in der Reihenfolge der Unterabsätze manifestiert.

geschäftlichen Ziel durch Gesetz zugewiesen und geregelt werden[319]. Folglich kommt grundsätzlich auch die öffentliche Hand als Partner eines Public Private Partnerships für eine wirtschaftliche Tätigkeit in Frage[320].

Artikel 9 Absatz 1 Unterabsatz 2 MwStSystRL zählt bestimmte Tätigkeiten auf, die als wirtschaftliche Tätigkeiten gelten. Dabei handelt es sich nach Artikel 9 Absatz 1 Unterabsatz 2 Satz 1 MwStSystRL um die Tätigkeiten eines Erzeugers, Händlers oder Dienstleistenden einschließlich der Tätigkeiten der Urproduzenten, der Landwirte sowie der freien Berufe und der ihnen gleichgestellten Berufe. Nach Artikel 9 Absatz 1 Unterabsatz 2 Satz 2 MwStSystRL soll außerdem insbesondere jede Nutzung von Gegenständen zur nachhaltigen Erzielung von Einnahmen als wirtschaftliche Tätigkeit gelten.

b) Änderung durch die MwStSystRL

Bei genauer Betrachtung, fällt auf, dass Artikel 9 MwStSystRL von der Vorgängernorm des Artikels 4 der 6. MwSt-RL leicht abweicht; denn Artikel 4 Absatz 1 der 6. MwSt-RL stellte im Gegensatz zu Artikel 9 Absatz 1 MwStSystRL nicht allgemein auf *eine* wirtschaftliche Tätigkeit, sondern auf *eine der in Absatz 2 genannten* wirtschaftlichen Tätigkeiten ab. Zwar zählt Artikel 4 Absatz 2 Satz 1 der 6. MwSt-RL die gleichen Tätigkeiten auf wie Artikel 9 Absatz 1 Unterabsatz 2 Satz 1 MwStSystRL. Im Unterschied zur MwStSystRL bestimmt die 6. MwSt-RL jedoch, dass die aufgezählten Tätigkeiten wirtschaftliche Tätigkeiten *sind*, während die MwStSystRL die Tätigkeiten als wirtschaftliche Tätigkeiten *gelten* lässt. In Bezug auf die Nutzung von Gegenständen zur nachhaltigen Erzielung von Einnahmen sprach jedoch bereits die 6. MwSt-RL davon, dass diese als wirtschaftliche Tätigkeiten *gelten.*

Aus dem unterschiedlichen Wortlaut ergibt sich eine abweichende Regelungssystematik beider Vorschriften: Während die 6. MwSt-RL eine kasuistische Regelungstechnik verwendete, die die relevanten wirtschaftlichen Tätigkeiten in Artikel 4 Absatz 2 der 6. MwSt-RL abschließend aufzählte[321], stellt Artikel 9 Absatz 1 MwStSystRL nunmehr den allgemeinen Begriff einer wirtschaftlichen Tätigkeit vorweg und nennt anschließend Tätigkeiten, die als wirtschaftliche Tätigkeit gelten sollen. Die inhaltlich identisch aufgezählten Tätigkeiten in Artikel 9 Absatz 1 Unterabsatz 2 Satz 1 MwStSystRL und Artikel 4 Absatz 2 Satz 1 der 6. MwSt-RL werden damit in der MwStSystRL zu Fiktionen. Als Konsequenz wird

---

[319] EuGH, Urteil vom 29.10.2009 – C-246/08, UR 2010, 221 „Kommission gegen Finnland" Rz. 40.

[320] Vgl. *Seer/Wendt*, DStR 2001, S. 825 (830).

[321] A.A. *Fischer*, DStZ 2000, S. 885 (889), der dies als eine nicht abschließende Aufzählung von „Urtypen" unternehmerischer Tätigkeit verstand und daraus schlussfolgerte, dass der Richtliniengeber hier ein typologisches Begriffsverständnis zugrunde legen wollte. Die Änderung des Wortlautes steht dieser Ansicht nunmehr entgegen und lässt vermuten, dass der Richtliniengeber kein typologisches Begriffsverständnis festschreiben wollte.

die Reichweite des Begriffs der wirtschaftlichen Tätigkeit durch die MwStSystRL ausgedehnt, da sich der Begriff der wirtschaftlichen Tätigkeit nun nicht mehr nur auf Tätigkeiten beschränkt, die die Norm selbst abschließend nennt.

c) Literatur

Aus der Nennung einer Nutzung von Gegenständen zur nachhaltigen Erzielung von Einnahmen wird innerhalb des Schrifttums teilweise für den Inhalt des Begriffs der wirtschaftlichen Tätigkeit auf die allgemeine Notwendigkeit einer nachhaltigen Tätigkeit geschlossen[322]. Problematisch an dieser Herleitung ist, dass sie auf der Annahme basiert, bei den aufgezählten Fällen handele es sich jeweils um bestimmte Arten des übergeordneten Gattungsbegriffs[323] der wirtschaftlichen Tätigkeit; diese Annahme widerspricht jedoch dem Wortlaut des Artikels 13 Absatz 1 MwStSystRL[324]. Die Verwendung der Formulierung „Als 'wirtschaftliche Tätigkeiten' gelten" legt eine gesetzliche Fiktion nahe[325]. Die aufgezählten Objekte dieser Fiktion werden zu wirtschaftlichen Tätigkeiten fingiert. Für diese Fiktion bestünde jedoch gerade kein Bedarf, wenn der Gegenstand der Fiktion ohnehin der fingierten Gattung unterfallen würde. Ein Rückschluss aus den in Artikel 9 Absatz 1 Unterabsatz 2 MwStSystRL aufgezählten Tätigkeiten auf den allgemeinen Begriffsinhalt der wirtschaftlichen Tätigkeit wäre nur dann möglich, wenn es sich nicht um eine Fiktion, sondern um eine lediglich deklaratorische Aufzählung von Regelbeispielen handeln würde. Diese Sichtweise lässt sich jedoch nicht am Gesetz fest machen. Hätte der Richtliniengeber eine deklaratorische Aufzählung von Regelbeispielen gewollt, so hätte er dies durch eine andere Formulierung, beispielsweise „wirtschaftliche Tätigkeiten sind insbesondere", klarstellen können. Es kann daher festgestellt werden, dass eine Konkretisierung des Begriffs der wirtschaftlichen Tätigkeit sich nicht aus der Vorschrift des Artikels 9 Absatz 1 MwStSystRL selbst ergibt. Es bleibt als Konsequenz daher festzuhalten, dass das Merkmal der Nachhaltigkeit keine Voraussetzung für die Annahme einer wirtschaftlichen Tätigkeit bildet.

---

[322] Vgl. *Hüllmann*, UStB 2009, S. 46 (47 f.), der die Aufzählung in Artikel 9 Absatz 1 Unterabsatz 2 MwStSystRL als „Vorgaben" für das Vorliegen einer wirtschaftlichen Tätigkeit versteht und daraus ableitet, dass allgemein eine gewisse Nachhaltigkeit und der Erhalt einer Gegenleistung erforderlich seien, und *Kraeusel*, FS Korn, S. 473, der die Formulierung des Artikels 4 Absatz 2 Satz 2 der 6. MwSt-RL „gilt auch" schlichtweg übergeht und ohne Begründung als „zählt auch" versteht.

[323] Vgl. zu Art- und Gattungsbegriffen *Schneider*, Logik, S. 36 f.

[324] Dies gilt für die 6. MwSt-RL jedenfalls auch in Bezug auf eine Leistung, die die Nutzung von körperlichen oder nicht körperlichen Gegenständen zur nachhaltigen Erzielung von Einnahmen betrifft, da hier bereits die 6. MwSt-RL lediglich von „gilt auch" sprach.

[325] Entsprechend die englischsprachige Fassung mit „shall be regarded as" und die französische Fassung mit „est considéré comme", beide abrufbar unter: http://eur-lex.europa.eu.

d) Rechtsprechung

Der Europäische Gerichtshof legt seiner Rechtsprechung ein weites Verständnis einer „wirtschaftlichen Tätigkeit“ zugrunde[326]. Dabei ist er der Ansicht, dass es sich um einen objektiv festgelegten Begriff handele, da die Tätigkeit an sich, unabhängig von ihrem Zweck und ihrem Ergebnis, betrachtet werde[327]. Eine Tätigkeit sei im Allgemeinen als wirtschaftlich anzusehen, wenn sie nachhaltig sei und gegen ein Entgelt ausgeübt werde[328]. Ein Unternehmen, das regelmäßig ausschließlich unentgeltliche Dienstleistungen erbringt, sei daher grundsätzlich nicht wirtschaftlich tätig[329]; es sei jedoch andererseits nicht immer schon automatisch deswegen von einer wirtschaftlichen Tätigkeit auszugehen, weil eine Tätigkeit entgeltlich erfolge[330]. Die Entgeltlichkeit ist folglich aus Sicht des Europäischen Gerichtshofs eine notwendige, jedoch nicht allein hinreichende Voraussetzung einer wirtschaftlichen Tätigkeit. Die Entgeltlichkeit erfordert, dass zwischen der erbrachten Dienstleistung und dem empfangenen Gegenwert ein unmittelbarer Zusammenhang besteht[331]. Abgelehnt hat der Europäische Gerichtshof das Vorliegen eines unmittelbaren Zusammenhangs in diesem Sinne für Rechtsberatungsleistungen öffentlicher Einrichtungen, deren Entgelt nur zu einem geringen Teil den tatsächlichen Wert der Leistung abbildet und sich überwiegend an den Vermögensverhältnissen des Leistungsempfängers orientiert[332].

---

[326] Vgl. *Siegel*, Betrieb gewerblicher Art, S. 277, der dies daraus herleitet, dass der EuGH die Regelbefreiung des Artikels 13 Absatz 1 Unterabsatz 1 MwStSystRL für Tätigkeiten öffentlicher Einrichtungen, die ihnen im Rahmen ihrer öffentlichen Gewalt obliegen, als Ausnahmevorschrift zu Artikel 9 Absatz 1 MwStSystRL versteht (EuGH, Urteil vom 17.10.1989 – C 231/87, Slg. 1989, 3233 „Comune di Carpaneto Piacentino“ Rz. 11 Satz 2); vgl. auch EuGH, Urteil vom 12.09.2000 – C 359/97, Slg. 2000, 6355 „Kommission gegen Großbritannien“ Rz. 41, in dem der EuGH explizit davon spricht, dass sich „der Begriff der wirtschaftlichen Tätigkeit auf einen weiten Bereich erstreckt“.

[327] EuGH, Urteil vom 21.02.2006 – C 223/03, Slg. 2006, 1751 „University of Huddersfield“ Rz. 47; EuGH, Urteil vom 12.09.2000 – C 260/98, Slg. 2000, 6537 „Kommission gegen Griechenland“ Rz. 26.

[328] EuGH, Urteil vom 29.10.2009 – C-246/08, UR 2010, 221 „Kommission gegen Finnland“ Rz. 37.

[329] EuGH, Urteil vom 01.04.1982 – C 89/81, Slg. 1981, 1277 „Hong-Kong-Trade“. Der EuGH wich damit von den Schlussanträgen des Generalanwalts *van Themaat* vom 02.03.1982 ab. Dieser vertrat die Auffassung, dass zwischen der sachlichen und der persönlichen Steuerbarkeit unterschieden werden müsse. Entgeltlichkeit sei nur für die sachliche Steuerbarkeit maßgeblich, während die persönliche Steuerbarkeit in einem weiten Sinne zu verstehen sei, so dass auch steuerbar sein könne, wer keine entgeltlichen Leistungen erbringt. So auch *Blankenheim*, Steuerpflichtiger, S. 74 ff.

[330] EuGH, Urteil vom 17.10.1989 – C 23/87, C 129/88, UR 2007, 607 „T-Mobile Austria“.

[331] Vgl. EuGH, Urteil vom 08.03.1988 – C 102/86, Slg. 1988, 1443 „Apple and Pear Development Council“ Rz. 11 f.

[332] EuGH, Urteil vom 29.10.2009 – C-246/08, UR 2010, 221 „Kommission gegen Finnland“ Rz. 47 bis 49.

Für eine wirtschaftliche Tätigkeit muss es sich – neben dem Vorliegen der Entgeltlichkeit – stets um eine Tätigkeit mit „wirtschaftlichem Charakter" handeln[333]; nur wenn die öffentliche Hand als Wirtschaftsteilnehmer tätig wird, kann sie daher eine wirtschaftliche Tätigkeit im Sinne von Artikel 9 MwStSystRL ausführen. Den wirtschaftlichen Charakter in diesem Sinne verneint der Europäische Gerichtshof, wenn die öffentliche Hand lediglich eine Kontroll- und Regelungstätigkeit ausübt, selbst wenn dies entgeltlich geschieht. Mit diesem Argument verneinte das Gericht eine wirtschaftliche Tätigkeit im Zusammenhang mit der Vergabe von Mobilfunklizenzen[334]. Im Gegensatz hierzu bejahte es jedoch eine wirtschaftliche Tätigkeit sogenannter Milchquoten-Verkaufsstellen[335], deren Aufgabe sich im Wesentlichen darin erschöpft, durch den An- und Verkauf von Milchquoten den Markt zu regulieren[336]. Der augenfälligste Unterschied zwischen der Lizenzvergabe und dem Milchquotenhandel besteht darin, dass erstere Tätigkeit nur einmalig geschieht[337], während der An- und Verkauf von Milchquoten auf Wiederholung angelegt ist. Es kann daher festgestellt werden, dass der Europäische Gerichtshof für die wirtschaftliche Tätigkeit eine gewisse Nachhaltigkeit voraussetzt, die nicht vorliegt, wenn eine Tätigkeit nicht auf Wiederholung angelegt ist[338]. Diese Nachhaltigkeit ist – nach Auffassung des Gerichts – auch dann nicht gegeben, wenn sich eine politische Partei zur Durchführung von Außenwerbung aus öffentlichen Zuschüssen und Mitgliedsbeiträgen finanziert[339]. Des Weiteren liege in Beiträgen zur politischen Willensbildung, um politische Macht zu erringen, keine Teilnahme an einem Markt vor, so dass es auch am wirtschaftlichen Charakter einer solchen Tätigkeit fehle[340].

2. Nichtsteuerbarkeit der öffentlichen Hand

Soweit die öffentliche Hand im Sinne des Artikels 9 Absatz 1 Unterabsatz 2 MwStSystRL selbstständig wirtschaftlich tätig wird, kann Artikel 13 Absatz 1

[333] EuGH, Urteil vom 26.06.2007 – C 284/04, UR 2007, 607 „T-Mobile Austria" Rz. 34; EuGH, Urteil vom 26.06.2007 – C 369/04, Slg. 2007, 5247 „Hutchison 3G" Rz. 28.

[334] EuGH, Urteil vom 26.06.2007 – C 284/04, UR 2007, 607 „T-Mobile Austria" Rz. 44 ff.

[335] EuGH, Urteil vom 13.12.2007 – C 408/06, EU-UStB 2008, 7 „Götz".

[336] Vgl. *Hüllmann*, UStB 2009, S. 46, (47 f.), der hervorhebt, dass sich der EuGH bei seiner Verneinung einer wirtschaftlichen Tätigkeit bezüglich der Mobilfunklizenzvergabe nicht konsequent an die durch die MwStSystRL vorgegebene Prüfungsreihenfolge gehalten habe, indem er bereits hier auf das Ziel der Tätigkeit abstellt, das erst im Rahmen des Artikels 13 Absatz 1 Unterabsatz 2 MwStSystRL relevant wird.

[337] Der EuGH wies in seinem Urteil darauf hin, dass der anschließende Handel mit den Lizenzen nicht mit der Ausgabe selbiger vergleichbar sei, EuGH Urteil vom 26.06.2007 – C 284/04, UR 2007, 607 „T-Mobile Austria" Rz. 43.

[338] Im Ergebnis ebenso, mit abweichender Begründung *Hüllmann*, UStB 2009, S. 46 (47).

[339] EuGH, Urteil vom 06.09.2009 – C 267/08, Slg. 2009, 9781 „SPÖ" Rz. 23.

[340] EuGH, Urteil vom 06.09.2009 – C 267/08, Slg. 2009, 9781 „SPÖ" Rz. 24.

Unterabsatz 1 MwStSystRL dennoch zur Nichtsteuerbarkeit der Umsätze der öffentlichen Hand führen.

Artikel 13 Absatz 1 Unterabsatz 1 MwStSystRL hat im Wesentlichen zwei Voraussetzungen: Erstens muss eine Einrichtung des öffentlichen Rechts handeln; zweitens muss sie eine Tätigkeit entfalten, die ihr im Rahmen der öffentlichen Gewalt obliegt[341]. Fehlt eine dieser Voraussetzungen, so bleibt es bei dem Grundsatz des Artikels 9 Absatz 1 MwStSystRL, wonach selbstständig ausgeübte wirtschaftliche Tätigkeiten[342] die Steuerbarkeit begründen. Greifen keine Befreiungsvorschriften für die ausgeübten Umsätze, so bewirkt die öffentliche Hand steuerpflichtige Umsätze.

a) Einrichtung öffentlichen Rechts

Den Begriff der „Einrichtung des öffentlichen Rechts" umschreibt das Unionsrecht nicht näher. Es existiert zur Vorgängernorm, dem Artikel 4 Absatz 5 der 6. EG-RL, jedoch eine Protokollerklärung von Rat und Kommission. Danach sollen dort, wo der Begriff „Einrichtung des öffentlichen Rechts" unbekannt ist, diejenigen Einrichtungen betroffen sein, die von diesem Ausdruck in den anderen Mitgliedstaaten erfassten Einrichtungen entsprechen[343]. Diese Vorgehensweise basiert jedoch auf der fragwürdigen Annahme, dass alle Mitgliedstaaten, denen der Begriff „Einrichtungen des öffentlichen Rechts" bekannt ist, ein einheitliches Verständnis pflegen.

Der Europäische Gerichtshof nimmt eine Tätigkeit einer Einrichtung des öffentlichen Rechts dann an, wenn die Tätigkeit in die öffentliche Verwaltung eingegliedert ist[344]. Er geht dabei davon aus, dass eine natürliche Person oder Personenvereinigung des Privatrechts keine Einrichtung des öffentlichen Rechts sein kann, selbst dann nicht, wenn sie als „beliehener Unternehmer" im hoheitlichen Bereich tätig wird[345]. Das Merkmal der Einrichtung des öffentlichen Rechts erfüllt daher in erster Linie die Funktion, Unternehmen in privatrechtlicher Form vom Anwendungsbereich der Regelbefreiung auszuschließen[346]. Die Leistung einer natürlichen Person, einer privatrechtlichen Gesellschaft oder Vereinigung ist

---

[341] EuGH, Urteil vom 12.09.2000 – C 408/97, UR 2000, 527 „Kommission gegen die Niederlande" Rz. 34.

[342] Hierzu siehe oben 1. auf Seite 92.

[343] Protokollerklärung in der Ratstagung am 17.05.1977 zur 6. EG-RL, abgedruckt bei *Lohse* in: *Rau/Dürrwächter*, Umsatzsteuergesetz, Art. 4 6. USt-RL.

[344] Vgl. EuGH, Urteil vom 12.09.2000 – C 260/98, UR 2000, 518 „Kommission gegen Griechenland" Rz. 40.

[345] EuGH, Urteil vom 26.03.1987 – C 235/85, UR 1988, 164 „Kommission gegen die Niederlande" Rz. 22.

[346] *Häck*, Öffentliche Hand, S. 239.

deshalb auch dann nicht von der Regelbefreiung umfasst, wenn sie Aufgaben ausführt, die an sich der öffentlichen Hand vorbehalten sind[347].

b) Im Rahmen öffentlicher Gewalt obliegende Tätigkeit

Auch bezüglich der Formulierung der „Tätigkeiten", die „im Rahmen der öffentlichen Gewalt obliegen", fehlt eine unionsrechtliche Konkretisierung[348].

aa) Stand der Rechtsprechung und Literatur

Der Europäische Gerichtshof versteht unter „im Rahmen öffentlicher Gewalt obliegender Tätigkeiten" solche Tätigkeiten, die die Einrichtungen des öffentlichen Rechts im Rahmen der eigens für sie geltenden rechtlichen Regelungen ausüben, nicht jedoch solche Tätigkeiten, die sie unter den gleichen rechtlichen Bedingungen ausüben wie private Wirtschaftsteilnehmer[349]. In der Qualifikation der nach nationalem Recht anwendbaren Regelung sieht der Europäische Gerichtshof das einzige Kriterium, das eine sichere Unterscheidung ermöglicht[350]. Er stellt damit weder auf den Gegenstand noch auf die Zielsetzung der Tätigkeit ab, sondern betreibt eine rein formalistische Betrachtung. Indiz für eine Tätigkeit im Rahmen des eigens für die öffentliche Hand geltenden Rechts ist – nach Auffassung des Europäischen Gerichtshofes – die Einordnung bestimmter kommunaler Tätigkeiten als „Verwaltungsaufgaben" durch den nationalen Gesetzgeber[351].

Maßgeblich ist daher, ob sich die Einrichtung des öffentlichen Rechts zur Ausgestaltung des Leistungsverhältnisses öffentlich-rechtlicher oder privatrechtlicher Handlungsformen bedient[352]. In der Entscheidung über die Handlungsform ist die öffentliche Hand in Deutschland jedoch in vielen Fällen frei, wenn sie als

[347] Vgl. *Forster*, UR 1996, S. 76.

[348] *Stadie* in: *Rau/Dürrwächter*, Umsatzsteuergesetz, § 2 Rz. 801 f. begründet dies mit dem Kompromisscharakter der Norm, die dem Umstand geschuldet sei, dass es nicht gelang, die historisch gewachsenen Unterschiede in den Mitgliedstaaten in gemeinsame Bestimmungskriterien zu fassen.

[349] EuGH, Urteil vom 17.10.1989 – C 231/87 und 129/88, UR 1991, 77 „Comune di Carpaneto Piacentino" Rz. 16.

[350] Vgl. EuGH, Urteil vom 17.10.1989 – C 231/87 und 129/88, UR 1991, 77 „Comune di Carpaneto Piacentino" Rz. 15.

[351] Vgl. EuGH, Urteil vom 15.05.1990, C 4/89, UR 1991, 77 „Comune di Carpaneto Piacentino".

[352] Zu den verschiedenen Abgrenzungstheorien bezüglich der Qualifikation von Normen als öffentlich-rechtlich oder privatrechtlich und zur praktischen Relevanz dieser Theorien im Einzelnen vgl. *Maurer*, Verwaltungsrecht, § 3 Rz. 12 ff; *Kraeusel*, UR 2010, S. 480 (484); *Lange*, UR 2000, S. 1 (11).

Rechtssubjekt des öffentlichen Rechts tätig wird[353]. Sie kann häufig wählen, ob sie unmittelbare Verwaltungsaufgaben in öffentlich-rechtlicher oder privatrechtlicher Form ausführen will[354]. Dies zeigt sich auch an der sogenannten Zweistufentheorie zur Feststellung der Rechtsnatur des Verwaltungshandelns, welche davon ausgeht, dass zwar die Entscheidung über das „ob“ des Handelns stets dem öffentlichen Recht zuzuordnen ist, die Entscheidung über das „wie“ jedoch sowohl öffentlich-rechtlich als auch privatrechtlich sein kann; für die umsatzsteuerliche Beurteilung ist in diesen Fällen die zweite Stufe maßgeblich, so dass auch dann, wenn öffentlich-rechtliche Vorschriften eine bestimmte Tätigkeit gebieten, sie dennoch nicht „im Rahmen öffentlicher Gewalt obliegt“ im Sinne von Artikel 13 Absatz 1 Unterabsatz 1 MwStSystRL, soweit das Handeln auf privatrechtlicher Grundlage erfolgt[355].

In vielen Fällen kann die öffentliche Hand folglich selbst gestalten, ob Tätigkeiten ihr „im Rahmen ihrer öffentlichen Gewalt obliegen“ oder nicht. Dies hat einen Teil der Literatur veranlasst, die Auslegung des Europäischen Gerichtshofes abzulehnen, weil sie der öffentlichen Hand die Möglichkeit eröffne, durch geschickte Wahl der Handlungsform ihre Steuerlast und das Recht zum Vorsteuerabzug selbst zu bestimmen[356]. Diese Auffassung wird jedoch vom überwiegenden Teil der Literatur nicht geteilt, da der Schutz vor Wettbewerbsverzerrungen explizit durch den Wettbewerbsvorbehalt des Artikels 13 Absatz 1 Unterabsatz 2 MwStSystRL gewahrt wird, so dass die öffentliche Hand durch die Wahl ihrer Handlungsform gerade nicht ohne Weiteres ihre Steuerbarkeit oder Nichtsteuerbarkeit herbeiführen kann[357].

---

[353] *Küffner*, Umsatzsteuerliche Behandlung, S. 146 weist darauf hin, dass diese Wahlmöglichkeit nicht bestehe, wenn die öffentliche Hand als Rechtssubjekt, etwa einer Eigengesellschaft, des Privatrechts tätig werde. In diesem Fall würde die Nichtsteuerbarkeit der öffentlichen Hand nach Artikel 13 Absatz 1 Unterabsatz 1 MwStSystRL jedoch bereits an dem Erfordernis einer Einrichtung öffentlichen Rechts scheitern, da dies Eigengesellschaften wegen ihrer privatrechtlichen Rechtsform ausschließt, vgl. oben a) auf Seite 97.

[354] Zu dieser sogenannten Wahlfreiheit vgl. *Maurer*, Verwaltungsrecht, § 3 Rz. 9.

[355] *Lange*, UR 2000, S. 1 (10 f.), der darauf hinweist, dass vor diesem Hintergrund entgegen der Ansicht des Bundesverfassungsgerichts in BVerfG, Urteil vom 27.07.1971 – 2 BvF 1/68, 2 BvR 702/68, BStBl. II 1971, 567 für die öffentlichen Rundfunkanstalten eine „Tätigkeit gewerblicher Art“ nicht ohne Weiteres mit dem Argument abgelehnt werden kann, dass die Rundfunkanstalten auf Basis der Grundsätze und Grundzüge der Organisation des Rundfunkwesens in Wirklichkeit öffentlich-rechtliche Aufgaben erfüllen.

[356] Vgl. *Siegel*, Betrieb gewerblicher Art, S. 281; *Stadie* in: *Rau/Dürrwächter*, Umsatzsteuergesetz, § 2 Rz. 802.

[357] *Häck*, Öffentliche Hand, S. 243; *Hüttemann*, Besteuerung, S. 173; *Küffner*, Umsatzsteuerliche Behandlung, S. 148.

bb) Stellungnahme

Es stellt sich die Frage, ob das Erfordernis einer im Rahmen der öffentlichen Gewalt vorbehaltenen Tätigkeit neben dem Merkmal einer öffentlichen Einrichtung und dem Wettbewerbsvorbehalt des Artikels 13 Absatz 1 Unterabsatz 2 MwStSystRL vor dem Hintergrund der formalen Auslegung durch den Europäischen Gerichtshof noch erforderlich ist. Als Alternative käme *de lege ferenda* eine generelle Befreiung aller Tätigkeit öffentlicher Einrichtungen unter Beibehaltung des Wettbewerbsvorbehaltes des Artikels 13 Absatz 1 Unterabsatz 2 MwStSystRL in Betracht. Die Auswirkungen einer solchen Änderung werden durch einen Blick auf die Fälle deutlich, in denen dem Merkmal der Tätigkeit im Rahmen der öffentlichen Gewalt *de lege lata* eine eigenständige Bedeutung zukommt:

Eine eigenständige Bedeutung kommt nur dann in Frage, wenn nicht bereits das Merkmal der öffentlichen Einrichtung zu verneinen ist und gleichzeitig nicht der Anwendungsbereich des Wettbewerbsvorbehalts eröffnet ist. Daraus ergibt sich eine eigenständige Bedeutung für Fälle, in denen sich die öffentliche Hand einer privatrechtlichen Handlungsform bedient, eine größere Wettbewerbsverzerrung jedoch ausgeschlossen ist. Denkbar wäre dies etwa für fiskalische Hilfsgeschäfte – beispielsweise den Verkauf alter Behördenmöbel – in so geringem Umfang, dass ein größerer Wettbewerb ausgeschlossen ist. Hier führt das Erfordernis einer Tätigkeit im Rahmen der öffentlichen Gewalt zu einer Besteuerung ohne Rücksicht auf die Wettbewerbsrelevanz. Denn der Anwendungsbereich des Artikels 13 Absatz 1 Unterabsatz 1 MwStSystRL ist schon nicht eröffnet, so dass es zu einer Prüfung des Artikels 13 Absatz 1 Unterabsatz 2 MwStSystRL nicht mehr kommt. Dies erscheint vor allem vor dem Hintergrund, dass die Besteuerung der öffentlichen Hand stets eine besondere Begründung erfordert[358], fraglich. Die Umsatzbesteuerung einer Tätigkeit der öffentlichen Hand, bei der eine Wettbewerbsverzerrung ausgeschlossen ist, mit der rein formalen Anknüpfung an die rechtliche Handlungsform zu begründen, ist deshalb ein Widerspruch zum Sinn der Besteuerung der öffentlichen Hand. Die Beseitigung des Merkmals der Tätigkeit im Rahmen der öffentlichen Gewalt aus Artikel 13 Absatz 1 Unterabsatz 1 MwStSystRL würde die Vorschrift vereinfachen und gleichzeitig dem Ziel besser gerecht werden, die Besteuerung der öffentlichen Hand an die Wettbewerbsrelevanz ihrer Tätigkeiten zu knüpfen.

Es sind jedoch offenbar Gründe der Praktikabilität der Rechtsanwendung, die den Richtliniengeber und den Europäischen Gerichtshof leiten: Die formale Abgrenzung zwischen öffentlich-rechtlichen und zivilrechtlichen Handlungsformen auf Grundlage des jeweiligen nationalen Rechts ist für den Rechtsanwender erheblich einfacher zu beantworten als die Frage nach der Wettbewerbsrelevanz ei-

[358] Zur Erforderlichkeit einer besonderen Begründung siehe oben I. auf Seite 83.

ner Tätigkeit[359]. Mit den privatrechtlichen Handlungsformen lässt sich auf diese Weise ein erheblicher Teil der Tätigkeit der öffentlichen Hand leicht qualifizieren, wodurch die Anwendung der Vorschrift des Artikels 13 Absatz 1 MwStSystRL vereinfacht wird.

c) Behandlung steuerbefreiter Tätigkeiten als „im Rahmen öffentlicher Gewalt obliegend“

Eng verbunden mit dem Merkmal einer „im Rahmen der öffentlichen Gewalt obliegenden Tätigkeit“ ist Artikel 13 Absatz 2 MwStSystRL, der den Mitgliedstaaten die Möglichkeit einräumt, den Anwendungsbereich des Artikels 13 Absatz 1 Unterabsatz 1 MwStSystRL zu erweitern. Danach können die Mitgliedstaaten bestimmte Tätigkeiten, die nach der MwStSystRL von der Umsatzsteuer befreit sind[360], als Tätigkeiten behandeln, die ihnen im Rahmen der öffentlichen Gewalt obliegen.

Die Erweiterung des Anwendungsbereichs durch die Wahrnehmung dieses Wahlrechts stellt sich folgendermaßen dar: Wie dargestellt, fällt eine auf privatrechtlicher Grundlage ausgeübte Tätigkeit der öffentlichen Hand nach der Rechtsprechung des Europäischen Gerichtshofes bereits zwingend aus dem Anwendungsbereich des Artikels 13 MwStSystRL, weil sie nicht „im Rahmen der öffentlichen Gewalt obliegt“. Durch Artikel 13 Absatz 2 MwStSystRL haben die Mitgliedstaaten nun die Möglichkeit, den Anwendungsbereich von Artikel 13 MwStSystRL für privatrechtliche Tätigkeiten offenzuhalten, wenn diese unter eine der aufgezählten Befreiungen fallen. In Sachen „Salix“ hat der EuGH jedoch in Bezug auf eine Grundstücksvermietung durch eine juristische Person des öffentlichen Rechts klargestellt, dass die Wahrnehmung dieses Wahlrechts aufgrund einer ausdrücklichen Regelung mit der erforderlichen Verbindlichkeit, Konkretheit, Bestimmtheit und Klarheit erfolgen müsse und eine bloße Verwaltungspraxis daher nicht ausreichend ist[361].

Es ist hervorzuheben, dass durch eine Wahrnehmung des Wahlrechts in Artikel 13 Absatz 2 MwStSystRL nicht die Anwendung von Artikel 13 Absatz 1 Unterabsätze 2 und 3 MwStSystRL ausgehebelt werden kann; denn es werden lediglich Tätigkeiten als „im Rahmen der öffentlichen Gewalt obliegend“ ange-

[359] Vgl. hierzu unten 3. auf Seite 102 ff.; es ist einschränkend anzumerken, dass insbesondere für Länder, die ein Common-Law-Rechtssystem haben, wie zum Beispiel Irland und das Vereinigte Königreich, Schwierigkeiten mit der Abgrenzung des EuGH haben, da sie die Unterscheidung zwischen öffentlichem Recht und Zivilrecht nicht in gleicher Weise kennen, wie die Mitgliedstaaten, deren Rechtssystem auf römischem Recht basiert, vgl. auch *de la Feria*, Intertax 2009, S. 148 (149).

[360] Die Norm bezieht sich auf die Befreiungen der Artikel 132, 135, 136, 371, 374 bis 377, den Artikel 378 Absatz 2, den Artikel 379 Absatz 2 und die Artikel 380 bis 390 MwStSystRL.

[361] EuGH, Urteil vom 04.06.2009 – C 102/08, UR 2009, 484 „Salix“ Rz. 57, zur Salix Entscheidung siehe unten aa) auf Seite 114 ff.

sehen, so dass die Nichtsteuerbarkeit nicht bereits an der Hürde des Artikels 13 Absatz 1 Unterabsatz 1 MwStSystRL scheitert. Dennoch führt eine Tätigkeit, die zu größeren Wettbewerbsverzerrungen im Sinne von Artikel 13 Absatz 1 Unterabsatz 2 MwStSystRL führen würde, oder eine Tätigkeit im Sinne von Anhang I in mehr als unerheblichem Umfang nach Artikel 13 Absatz 1 Unterabsatz 2 MwStSystRL weiterhin zur Steuerbarkeit. Für privatrechtliche Tätigkeiten, die von einer der aufgelisteten Befreiungen erfasst sind und weder unter Artikel 13 Absatz 1 Unterabsatz 2 noch Unterabsatz 3 MwStSystRL fallen, ermöglicht Artikel 13 Absatz 2 MwStSystRL jedoch einen Wechsel von einer steuerbaren, aber nicht steuerpflichtigen Tätigkeit zu einer nichtsteuerbaren Tätigkeit[362].

Der Sinn der durch Artikel 13 Absatz 2 MwStSystRL eingeräumten Wahlmöglichkeit ist vor allem in einer Verwaltungsvereinfachung zu erkennen. Diese ergibt sich daraus, dass die öffentliche Hand nichtsteuerbare Umsätze im Gegensatz zu steuerfreien Umsätzen nicht erklären muss. Aus Sicht der öffentlichen Hand kann mit dieser Verwaltungsvereinfachung jedoch auch eine Einschränkung von Gestaltungsmöglichkeiten verbunden sein. Dies betrifft insbesondere Fälle, in denen die Tätigkeit der öffentlichen Hand zwar steuerfrei wäre, jedoch die Möglichkeit besteht, auf diese Steuerfreiheit zu verzichten, um beispielsweise den Vorsteuerabzug für mit der Tätigkeit verbundene Eingangsumsätze zu ermöglichen[363].

3. Rückausnahme

Nach Artikel 13 Absatz 1 Unterabsatz 2 MwStSystRL gilt die öffentliche Hand für Umsätze als steuerbar, wenn ihre Behandlung als nichtsteuerbar zu größeren Wettbewerbsverzerrungen führen würde. Damit hat die EU-Kommission den Grundsatz wettbewerbsneutraler Besteuerung ausdrücklich als Maßstab für die Besteuerung der öffentlichen Hand festgeschrieben[364]. Neben diesem allgemeinen Wettbewerbsvorbehalt sieht Artikel 13 Absatz 1 Unterabsatz 3 MwStSystRL in Verbindung mit dem Anhang I zur Richtlinie eine speziellere Rückausnahme vor[365]: Danach gelten bestimmte Aktivitäten von Einrichtungen des öffentlichen Rechts in jedem Fall als steuerbar, sofern der Umfang der Tätigkeiten nicht un-

[362] Zur Abgrenzung von Steuerbarkeit und Steuerpflicht vgl. oben II. auf Seite 54.

[363] Dies ist zum Beispiel bei der Grundstücksvermietung durch die öffentliche Hand denkbar, vgl. hierzu unten aa) auf Seite 114.

[364] Vgl. *Forster*, UR 1996, S. 78; zum Grundsatz wettbewerbsneutraler Besteuerung als Grund für eine Besteuerung der öffentlichen Hand siehe oben § 10 auf Seite 83.

[365] Vgl. hierzu unten 3. auf Seite 102.

bedeutend ist[366]. Der Europäische Gerichtshof versteht dies so, dass für die im Anhang I aufgeführten Tätigkeiten eine Vermutung dahingehend besteht, dass die Behandlung von Einrichtungen des öffentlichen Rechts als für diese Tätigkeiten nicht steuerbar zu Wettbewerbsverzerrungen führt, sofern der Umfang der Tätigkeiten nicht unbedeutend ist[367].

Besonders die Handhabung der allgemeinen Rückausnahme zur Befreiung nach Artikel 13 Absatz 1 Unterabsatz 1 MwStSystRL gestaltet sich regelmäßig als schwierig, da die Formulierungen „größere Wettbewerbsverzerrungen" und „führen würde" unterschiedliche Auslegungen zulassen und das Unionsrecht die Begriffe nicht konkretisiert, so dass es dem Rechtsanwender obliegt, diese unbestimmten Rechtsbegriffe zu konkretisieren[368].

Über die Frage, wie genau diese notwendige Konkretisierung geschehen soll, lässt sich streiten. Es erheben sich zunächst die Fragen, was eine „Wettbewerbsverzerrung" ist (dazu a.) und wann sie „größer" im Sinne von Artikel 13 Absatz 1 Unterabsatz 1 MwStSystRL ist (dazu b.). Des Weiteren erfordert die Formulierung „führen würde" eine Prognose, lässt jedoch offen, nach welchem Maßstab diese erfolgen soll (dazu c.). Schließlich stellt sich die Frage, ob eine Wettbewerbsverzerrung nur zu Lasten eines privaten Konkurrenten vorliegen kann oder auch die Nichtbesteuerung der öffentlichen Hand eine Wettbewerbsverzerrung zu Lasten der öffentlichen Hand bewirken kann, weil ihr zum Beispiel die Möglichkeit des Vorsteuerabzugs verloren geht (dazu d.). Zu diesen Fragen äußerte sich der Europäische Gerichtshof in zwei grundlegenden Urteilen[369], auf deren Auswirkungen nachfolgend jeweils gesondert einzugehen sein wird.

a) Wettbewerbsverzerrung

Bevor die Frage beantwortet werden kann, wann eine Wettbewerbsverzerrung vorliegt, muss zunächst Klarheit darüber bestehen, was unter dem Gegenstand der

[366]Die 13 im Anhang I aufgezählten Tätigkeiten betreffen: Telekommunikationswesen; Lieferung von Wasser, Gas, Elektrizität und thermischer Energie; Güterbeförderung; Hafen- und Flughafendienstleistungen; Personenbeförderung; Lieferung von neuen Gegenständen zum Zwecke ihres Verkaufs; Umsätze der landwirtschaftlichen Interventionsstellen aus landwirtschaftlichen Erzeugnissen, die in Anwendung der Verordnungen über eine gemeinsame Marktsituation für diese Erzeugnisse bewirkt werden; Veranstaltung von Messen und Ausstellungen mit gewerblichem Charakter; Lagerhaltung; Tätigkeiten gewerblicher Werbebüros; Tätigkeiten der Reisebüros; Umsätze von betriebseigenen Kantinen, Verkaufsstellen und Genossenschaften und ähnlichen Einrichtungen; Tätigkeiten der Rundfunk- und Fernsehanstalten, sofern sie nicht nach Artikel 132 Absatz 1 lit. q MwStSystRL steuerbefreit sind.

[367]Vgl. EuGH, Urteil vom 16.09.2008 – C 288/07, EU-UStB 2008, 68 „Isle of Wight" Rz. 35 zur inhaltsgleichen Vorgängervorschrift des Artikels 4 Absatz 5 Unterabsatz 3 der 6. Mehrwertsteuerrichtlinie 77/388/EWG des Rates vom 17.05.1977, Abl. L 145, S. 1.

[368]Vgl. *Forster*, UR 1996, S. 73 (78).

[369]EuGH, Urteil vom 16.09.2008 – C 288/07, EU-UStB 2008, 68 „Isle of Wight"; EuGH, Urteil vom 04.06.2009 – C 102/08, UR 2009, 484 „Salix".

Verzerrung – dem „Wettbewerb" im Sinne des Artikels 13 Absatz 1 Unterabsatz 2 MwStSystRL – zu verstehen ist; denn eine Wettbewerbsverzerrung kann sich nur dann verwirklichen, wenn eine Wettbewerbslage besteht[370]. Damit verbunden ist die Notwendigkeit, eine Vorstellung von den Verhältnissen auf dem maßgeblichen Markt ohne die fragliche Verzerrung zu haben[371]. Erst anschließend kann es darum gehen, wann dieser Wettbewerb verzerrt ist.

aa) Wettbewerb

Weder im primären noch im sekundären Unionsrecht findet sich eine Definition des Wettbewerbsbegriffes. Auch außerhalb des geschriebenen Rechts existiert keine allgemein anerkannte Definition[372]. Der Verzicht auf die Aufnahme einer Legaldefinition für Wettbewerb im Rahmen des Artikels 13 MwStSystRL ermöglicht es, die Vorschrift angesichts der Wandelbarkeit des Wirtschaftsgeschehens für die Zukunft flexibel zu halten[373].

Für die Konkretisierung des Wettbewerbsbegriffs im Rahmen des Artikels 13 Absatz 1 Unterabsatz 2 MwStSystRL wäre es denkbar, sich an nationales Wettbewerbsrecht anzulehnen[374] und das ungeschriebene wettbewerbsrechtliche Tatbestandsmerkmal eines „Wettbewerbsverhältnisses" anzuwenden. Danach müssen sich mindestens zwei Wettbewerber auf einem gemeinsamen Markt um Geschäftsabschlüsse bemühen, indem sie gleichartige Waren innerhalb derselben Verbraucherkreise abzusetzen suchen und sie sich deshalb in ihrem Verhalten einseitig oder gegenseitig beeinflussen[375]. Ein Verständnis, das sich nach dem jeweiligen nationalen Recht richtet, verstößt jedoch gegen den Grundsatz einer unionsrechtlich autonomen Auslegung[376]. Danach muss die Auslegung von Unionsrecht unabhängig vom Verständnis rechtlicher Begriffe und Institute in den einzelnen Mitgliedstaaten erfolgen[377]. Eine Ausnahme kommt grundsätzlich nur in Betracht, wenn eine unionsrechtliche Norm explizit auf nationales Recht verweist[378]. Der

370 *Damas*, UR 2005, S. 303 (304).
371 Vgl. *Forster*, UR 1996, S. 73 (78).
372 Vgl. *Forster*, UR 1996, S. 73 (79), der dies mit der Vielschichtigkeit des Begriffes begründet.
373 Vgl. *Forster*, UR 1996, S. 73 (79).
374 Vgl. zur Auswirkung des nationalen wettbewerbsrechtlichen Begriffsverständnisses im Rahmen der Definition des Betriebs gewerblicher Art: *Seer/Wendt*, DStR 2001, S. 828.
375 BGH, Urteil vom 16.03.1989 – I ZR 56-87, GRUR 1989, 673.
376 *Forster*, UR 1996, S. 73 (78).
377 EuGH, Urteil vom 19.03.1964 – C 75/63, Slg. 1964, 379 „M. K. H. Unger"; EuGH, Urteil vom 13.12.1979 – C 44/79, Slg. 1979, 3727 „Liselotte Hauer"; EuGH, Urteil vom 15.06.1989 – C 348/87, Slg. 1989 I, 1737 „Stichting Uitvoering Financiële Acties".
378 Vgl. *Küffner*, Umsatzsteuerliche Behandlung, S. 140; *Schön*, Auslegung, S. 49, der darauf hinweist, dass eine nationale Regelung im Zweifel selbst dann nicht für die Auslegung europäischen Rechts herangezogen werden dürfe, wenn sie als historisches Vorbild der Unionsnorm nachgewiesen werden könne.

Grund für dieses Auslegungsprinzip wird am Beispiel des Wettbewerbsbegriffes anschaulich: Ein unterschiedliches Verständnis des Wettbewerbsbegriffs in den verschiedenen Mitgliedstaaten würde nämlich das Ziel der Vereinheitlichung der Umsatzbesteuerung der öffentlichen Hand im gesamten Unionsgebiet konterkarieren. Eine Tätigkeit, die in einem Mitgliedstaat bereits wettbewerbsrelevant ist, könnte dies in einem anderen Mitgliedstaat nicht sein.

Vor diesem Hintergrund kann nur ein einheitliches, autonom unionsrechtliches Wettbewerbsverständnis in Frage kommen. Da die nationale und europäische Umsatzbesteuerung an die Erbringung einer Leistung anknüpfen[379], kann sich Artikel 13 Absatz 1 Unterabsatz 2 MwStSystRL nur auf einen „Leistungswettbewerb" beziehen, das heißt einen Wettstreit verschiedener Anbieter um Geschäftsabschlüsse mit Dritten auf der Grundlage eines im Hinblick auf Qualität und Preis möglichst attraktiven Leistungsangebots[380]. Ein Wettbewerb zwischen der öffentlichen Hand und Privaten ist dann anzunehmen, wenn beide auf derselben Marktseite stehen und die angebotenen Leistungen in der Vorstellung der Abnehmer gleichartig und damit austauschbar sind[381].

bb) Verzerrung

Auch für die Bestimmung, wann eine Verzerrung des Wettbewerbs im Sinne von Artikel 1 Absatz 1 Unterabsatz 1 MwStSystRL vorliegt, fehlen unionsrechtliche Legaldefinitionen. Der Wortlaut des Artikels 13 Absatz 1 Unterabsatz 2 MwStSystRL lässt vor allem unklar, auf welchen Markt für die Bestimmung der Verzerrung abzustellen ist.

Denkbar wäre wiederum eine Anlehnung an das nationale Wettbewerbs- und Kartellrecht, so dass ein konkreter sachlich und räumlich relevanter Markt ermittelt werden muss[382]. Die Heranziehung nationalrechtlicher Begriffsbestimmungen begegnet vor dem Hintergrund des Gebots einer unionsrechtlich autonomen Auslegung jedoch den gleichen Bedenken wie schon die Konkretisierung des Wettbewerbsbegriffs auf Basis nationalen Wettbewerbsrechts. Das Ziel muss daher auch an dieser Stelle ein autonom unionsrechtliches Begriffsverständnis sein.

[379] Steuerbare Umsätze nach dem europäischen Umsatzsteuerrecht sind nach Artikel 14 bis Artikel 30 MwStSystRL Dienstleistung und Lieferung, der innergemeinschaftliche Erwerb oder die Einfuhr von Gegenständen; dem entspricht weitgehend die Anknüpfung des deutschen Umsatzsteuergesetzes an Lieferungen, sonstige Leistungen, die Einfuhr von Gegenständen und den innergemeinschaftlichen Erwerb nach § 1 Absatz 1 Nr. 1, 4 und 5 UStG. In beiden Fällen lässt sich „Leistung" als Oberbegriff für alle steuerbaren Umsätze verwenden.

[380] *Häck*, Öffentliche Hand, S. 244 m.w.N.

[381] Vgl. *Siegel*, Betrieb gewerblicher Art, S. 246 m.w.N.

[382] Vgl. *Schmitz/Erdbrügger*, EU-UStB 2008, S. 91 (92).

cc) Auswirkungen der „Isle of Wight“ Entscheidung

Der Frage, auf welchen relevanten Markt abzustellen ist, widmete sich der Europäische Gerichtshof auf Vorlage des High Court of Justice (England & Wales – Chancery Division) in der Rechtssache Isle of Wight[383]. Das Gericht entschied, dass der Begriff der Wettbewerbsverzerrung unabhängig von den Verhältnissen auf dem lokalen Markt tätigkeitsbezogen zu verstehen sei. Dem Urteil lag ein Sachverhalt zugrunde, in dem öffentliche Behörden Stellplätze in Parkeinrichtungen zur Anmietung anboten. Sein Ergebnis stützte der Europäische Gerichtshof auf zwei althergebrachte unionsrechtliche Grundsätze: das Gebot der Neutralität der Umsatzbesteuerung und das Gebot der Rechtssicherheit.

Der Gerichtshof argumentierte, dass die spezielle Rückausnahme nach Artikel 13 Absatz 1 Unterabsatz 3 MwStSystRL in Verbindung mit Anhang I zur MwStSystRL bezüglich bestimmter Tätigkeiten mit dem allgemeinen Wettbewerbsvorbehalt des Artikels 13 Absatz 1 Unterabsatz 2 MwStSystRL in einem engen Zusammenhang stehe, weil beide das gleiche Ziel verfolgen und der gleichen Logik folgen würden. Daher seien beide Unterabsätze in einer „Gesamtschau“ auszulegen[384]. Da Artikel 13 Absatz 1 Unterabsatz 3 MwStSystRL an die ausgeübten Tätigkeiten anknüpft, müsse sich auch für Artikel 13 Absatz 1 Unterabsatz 2 MwStSystRL die Steuerbarkeit aus einer tätigkeitsbezogenen Betrachtung ergeben. Es sei nicht möglich – abhängig davon, ob auf dem lokalen Markt jeweils ein Wettbewerb besteht oder nicht – dieselbe Tätigkeit einmal als wettbewerbsverzerrend und einmal als nicht wettbewerbsverzerrend anzusehen, weil dies im Ergebnis zu einer umsatzsteuerlichen Ungleichbehandlung der Einrichtungen des öffentlichen Rechts untereinander führen würde, die gegen den Grundsatz der Neutralität der Umsatzbesteuerung verstoßen würde.

Einen Konflikt mit dem Grundsatz der Rechtssicherheit sieht der Europäische Gerichtshof, wenn das Vorliegen einer Wettbewerbsverzerrung anhand eines konkreten Wettbewerbs auf dem jeweils relevanten lokalen Markt bestimmt werden müsste; denn hierfür sei eine Bewertung auf der Grundlage oft komplexer wirtschaftlicher Analysen der Wettbewerbsbedingungen auf einer Vielzahl von lokalen Märkten erforderlich. Dieses Unterfangen sei noch zusätzlich dadurch erschwert, dass die Zuständigkeit der örtlichen Behörden nicht unbedingt mit den jeweils relevanten lokalen Märkten zusammenfallen müsse[385]. Als Konsequenz wäre es für die Wirtschaftsteilnehmer nicht klar vorhersehbar, ob die Tätigkeit der öffentlichen Hand von der Umsatzsteuer befreit sei oder nicht. In dieser Unsicher-

[383]EuGH, Urteil vom 16.09.2008 – C 288/07, EU-UStB 2008, 68 „Isle of Wight“.
[384]EuGH, Urteil vom 16.09.2008 – C 288/07, EU-UStB 2008, 68 „Isle of Wight“ Rz. 38 f.
[385]EuGH, Urteil vom 16.09.2008 – C 288/07, EU-UStB 2008, 68 „Isle of Wight“ Rz. 48 f.

heit, die mit dem Erfordernis eines konkreten Wettbewerbs einhergehen würde, erkennt der Gerichtshof eine Gefahr für das Gebot der Rechtssicherheit[386].

dd) Stellungnahme

Das Urteil des Europäischen Gerichtshofs in Sachen „Isle of Wight" hat einen Beitrag zur Konkretisierung des Merkmals einer Wettbewerbsverzerrung bei Artikel 13 Absatz 1 Unterabsatz 2 MwStSystRL geleistet, der die Rechtsklarheit verbessert. Dies erreicht das Gericht durch eine Auslegung, die zwar praktikabel, jedoch sowohl im Hinblick auf eine wortlautgetreue Auslegung als auch im Hinblick auf den Sinn und Zweck der Besteuerung der öffentlichen Hand unvorteilhaft ist. Der Europäische Gerichtshof gibt Praktikabilität den Vorzug vor Genauigkeit.

Sein tätigkeitsbezogenes Verständnis leitet der Gerichtshof aus der engen Beziehung zwischen Artikel 13 Absatz 1 Unterabsatz 2 und Unterabsatz 3 MwStSystRL ab. Die Prämissen, dass beide Unterabsätze denselben Zweck verfolgen und derselben Logik folgen, sind zutreffend, sie rechtfertigen jedoch nicht den Schluss, dass Artikel 13 Absatz 1 Unterabsatz 2 MwStSystRL deshalb in einer „Gesamtschau" mit Artikel 13 Absatz 1 Unterabsatz 3 MwStSystRL tätigkeitsbezogen ausgelegt werden muss. Zutreffend führt der Europäische Gerichtshof aus, dass es Sinn und Zweck beider Absätze sei, Wettbewerbsverzerrungen zu vermeiden, die aus der Steuerbefreiung für die öffentliche Hand resultieren. Dieser gemeinsame Zweck schließt jedoch nicht aus, dass ihm durch Artikel 13 Absatz 1 Unterabsatz 2 MwStSystRL und Artikel 13 Unterabsatz 3 MwStSystRL auf unterschiedliche Weise gedient werden kann. Es ist nicht ersichtlich, warum nicht Artikel 13 Absatz 1 Unterabsatz 3 MwStSystRL einen tätigkeitsbezogenen Ansatz verfolgen kann, während Artikel 13 Absatz 1 Unterabsatz 2 MwStSystRL auf die Konsequenz der Tätigkeit in Form einer „Wettbewerbsverzerrung" abstellt.

In seinem Urteil gibt der Europäische Gerichtshof im Rahmen der von ihm für erforderlich gehaltenen „Gesamtschau" beider Unterabsätze dem Ansatz des Artikels 13 Absatz 1 Unterabsatz 3 MwStSystRL, also einer abstrakten Wettbewerbsrelevanz bestimmter Tätigkeiten, den Vorzug. Für diejenigen Tätigkeiten, die im Anhang I nicht erfasst, aber dennoch wirtschaftlicher Art sind und auch von Privaten ausgeübt werden können, soll nach Ansicht des Europäischen Gerichtshofes Artikel 13 Absatz 1 Unterabsatz 2 MwStSystRL einschlägig sein. Der Gerichtshof betrachtet damit offenbar Artikel 13 Absatz 1 Unterabsatz 2 MwStSystRL als eine Art Auffangklausel zur Absicherung des Artikels 13 Absatz 1 Unterabsatz 3 MwStSystRL[387].

---

[386] EuGH, Urteil vom 16.09.2008 – C 288/07, EU-UStB 2008, 68 „Isle of Wight" Rz. 51 f.

[387] Besonders deutlich wird dies in EuGH, Urteil vom 16.09.2008 – C 288/07, EU-UStB 2008, 68 „Isle of Wight" Rz. 35 f.

Einleuchtender ist hingegen ein umgekehrtes Rangverhältnis. Soweit es möglich und praktikabel ist, muss Artikel 13 Absatz 1 Unterabsatz 2 MwStSystRL in einer ergebnisbezogenen Handhabung dominieren, weil er den effizienteren Schutz bietet. Eine tätigkeitsbezogene Betrachtung, wie sie in Artikel 13 Absatz 1 Unterabsatz 3 MwStSystRL angestellt wird, sollte nur in begrenztem Umfang erfolgen, weil sie ungenauer ist.

Eine ergebnisbezogene Betrachtung wird außerdem dem Ziel des Wettbewerbsschutzes besser gerecht. Dies wird bei einem Vergleich beider Ansätze deutlich, wenn man gedanklich zunächst die praktischen Schwierigkeiten ausblendet, die im tatsächlichen Bereich bei der Feststellung des für die Wettbewerbsverzerrung relevanten Marktes bestehen. Die tätigkeitsbezogene Auslegung stellt abstrakt darauf ab, ob die Tätigkeit grundsätzlich wettbewerbsrelevant ist. Der Europäische Gerichtshof spricht hier von einer „Vermutung" dafür, dass die Steuerfreiheit der öffentlichen Hand bei diesen Tätigkeiten zu einer Wettbewerbsverzerrung führt, sofern der Umfang der Tätigkeiten nicht unbedeutend ist[388]. Die Formulierung „Vermutung" erweist sich als nicht ganz treffend, da es der öffentlichen Hand praktisch unmöglich sein dürfte, diese „Vermutung" zu widerlegen. Denn um darzulegen, dass sich die Steuerfreiheit der Tätigkeit im konkreten Fall nicht wettbewerbsverzerrend auswirkt, müsste gerade eine Betrachtung des lokalen relevanten Marktes angestrengt werden, die nach Auffassung des Europäischen Gerichtshofes mit dem Grundsatz der Rechtssicherheit kollidiert. Die „Vermutung" entpuppt sich daher tatsächlich als eine nicht widerlegbare Fiktion. Es bleibt für die öffentliche Hand folglich keine Möglichkeit, im konkreten Fall die Besteuerung zu vermeiden, selbst wenn keine konkrete Wettbewerbsverzerrung in Frage kommt. Die Konsequenz ist, dass die öffentliche Hand teilweise besteuert wird, ohne dass eine tatsächliche Verzerrung des Wettbewerbs zu befürchten ist. Dies erfüllt nicht den Sinn und Zweck des Artikels 13 MwStSystRL, Wettbewerbsverzerrungen zu vermeiden, die aus der Nichtbesteuerung der öffentlichen Hand resultieren würden. Darüber hinaus widerspricht es auch dem Gebot, die öffentliche Hand nur dann zu besteuern, wenn hierfür auch ein besonderer Grund besteht[389]; denn ohne eine tatsächlich drohende Wettbewerbsverzerrung fehlt es an einer Rechtfertigung für die Besteuerung der Umsätze der öffentlichen Hand.

Dem Europäischen Gerichtshof ist jedoch zuzugeben, dass die Ermittlung des jeweils relevanten Marktes zur Bestimmung des Merkmals der Wettbewerbsverzerrung in der Praxis schwierig wäre und deshalb zu einer gewissen Rechtsunsicherheit führen würde. Die entscheidende Frage ist, wie eine Abwägung zwischen dem „Mehr an Effizienz", das eine erfolgsbezogene Auslegung mit jeweili-

---

[388] EuGH, Urteil vom 16.09.2008 – C 288/07, EU-UStB 2008, 68 „Isle of Wight" Rz. 35.

[389] Zum Erfordernis einer besonderen Begründung für die Besteuerung der öffentlichen Hand siehe oben I. auf Seite 83.

ger Ermittlung der Wettbewerbsverzerrung auf dem lokalen Markt bietet, und dem „Mehr an Rechtssicherheit“, das eine tätigkeitsbezogene Auslegung bietet, ausfällt. Der Europäische Gerichtshof hätte abwägen müssen zwischen dem Grundsatz der Rechtssicherheit und dem Grundsatz, dass die öffentliche Hand nur bei wettbewerbsverzerrenden Sachverhalten besteuert werden sollte. Gedanken zu einer solchen Abwägung enthält das Urteil in Sachen „Isle of Wight“ jedoch nicht. Stattdessen erweckt der Europäische Gerichtshof den Eindruck, einen „Königsweg“ gefunden zu haben, der sich bei genauerer Betrachtung nicht bestätigen lässt.

b) „Größere“

Für die Frage, wann eine Wettbewerbsverzerrung „größer“ ist, kommt es wegen des normativen Charakters des Begriffes maßgeblich auf eine Wertung des Rechtsanwenders an. Dies wird zum Beispiel daran deutlich, dass der in Sachen „Isle of Wight“ vorlegende High Court of Justice in seiner dritten Vorlagefrage auf nicht weniger als drei verschiedene Auslegungsmöglichkeiten Bezug nahm. Er fragte danach, ob „größere“ im Sinne von „erheblich“, „außergewöhnlich“ oder lediglich „mehr als geringfügig“ auszulegen sei[390].

aa) Auswirkungen der „Isle of Wight“ Entscheidung

Der Europäische Gerichtshof übernahm keine der vorgeschlagenen Auslegungsvarianten wörtlich, sondern entschied, dass der Begriff „größere“ dahin zu verstehen sei, dass die Wettbewerbsverzerrung „mehr als unbedeutend“ sein müsse[391]. In der Begründung des Urteils führt er aus, dass das europäische Umsatzsteuerrecht als allgemeine Regel die Besteuerung jeder Tätigkeit wirtschaftlicher Art vorsehe. Da die Steuerbefreiung für Einrichtungen öffentlichen Rechts nach Art 13 Absatz 1 Unterabsatz 1 MwStSystRL eine Ausnahme zu dieser Regel sei, müsse sie grundsätzlich eng ausgelegt werden. Der Wettbewerbsvorbehalt des Artikels 13 Absatz 1 Unterabsatz 2 MwStSystRL stelle hingegen die allgemeine Regelbesteuerung wieder her und dürfe daher gerade nicht eng ausgelegt werden. Ein Verständnis von „größere“ im Sinne von „erheblich“ oder „außergewöhnlich“ sei nicht angebracht, denn es würde den Anwendungsbereich der Rückausnahme einschränken und wäre daher im Ergebnis eine restriktive Auslegung des weit auszulegenden Wettbewerbsvorbehaltes.

Die Formulierung „mehr als unbedeutend“ entnimmt der Europäische Gerichtshof dem Artikel 13 Absatz 1 Unterabsatz 3 MwStSystRL und begründet die Maßgeblichkeit seiner Auslegung mit dem Erfordernis einer „Gesamtschau“

[390] EuGH, Urteil vom 16.09.2008 – C 288/07, EU-UStB 2008, 68 „Isle of Wight“ Rz. 66.
[391] EuGH, Urteil vom 16.09.2008 – C 288/07, EU-UStB 2008, 68, „Isle of Wight“ Rz. 79.

beider Unterabsätze, die er bereits für die Auslegung des Begriffs der Wettbewerbsverzerrung bemühte.

bb) Stellungnahme

Die Argumentation des Europäischen Gerichtshofes, dass aufgrund der erforderlichen „Gesamtschau“ von Artikel 13 Absatz 1 Unterabsatz 2 und Unterabsatz 3 MwStSystRL das Merkmal „mehr als unbedeutend“ auch für Artikel 13 Absatz 1 Unterabsatz 2 MwStSystRL maßgeblich sein soll, steht auf schwachen Füßen. Zunächst begegnet die vom Europäischen Gerichtshof für erforderlich gehaltene Auslegung im Rahmen einer „Gesamtschau“ den gleichen teleologischen Bedenken wie bereits im Rahmen des Merkmals der Wettbewerbsverzerrung[392]. Darüber hinaus erweckt der Gerichtshof den Eindruck, sich unter dem Deckmantel der Gesamtschau-Auslegung über den Wortlaut der Vorschrift hinwegzusetzen:

Wenn der Europäische Gerichtshof das Wort „größere“ schlicht durch „mehr als unbedeutend“ ersetzt, stellt sich die Frage, warum der Richtliniengeber im Rahmen des Artikels 13 Absatz 1 Unterabsatz 2 MwStSystRL nicht ausdrücklich von „mehr als unbedeutenden Wettbewerbsverzerrungen“ spricht. Stattdessen entschied sich der Richtliniengeber für unterschiedliche Formulierungen in Artikel 13 Absatz 1 Unterabsatz 2 und Unterabsatz 3 MwStSystRL. Diesen offenbar vom Richtliniengeber intendierten Unterschied ignoriert der Europäische Gerichtshof gänzlich und unterstellt dem Richtliniengeber damit implizit, unsauber gearbeitet zu haben. Die Auffassung des Europäischen Gerichtshofes widerspricht damit auch einer historischen Auslegung. Des Weiteren ist es aus systematischer Sicht zweifelhaft, warum die Behandlung der Tätigkeiten nach dem Anhang I in einem separaten Absatz geregelt ist, wenn der einzige Unterschied zur Beurteilung übriger Tätigkeiten darin besteht, dass die Feststellung einer potenziellen Wettbewerbsverzerrung entfällt. In diesem Fall hätte es sich systematisch angeboten, eine einheitliche Regelung zu schaffen und beispielsweise zu formulieren: „Falls Einrichtungen öffentlichen Rechts in mehr als unbedeutendem Umfang Tätigkeiten ausüben oder Umsätze bewirken, gelten sie für diese Tätigkeiten oder Umsätze als steuerbar, sofern es sich um eine der in Anhang I genannten Tätigkeiten handelt oder die Behandlung als nichtsteuerbar zu mehr als unbedeutenden Wettbewerbsverzerrungen führen würde.“ Die Tatsache, dass eine solche einheitliche Regelungssystematik nicht existiert, spricht gegen die Auslegung des Europäischen Gerichtshofes.

Des Weiteren trifft der Europäische Gerichtshof keine Aussage darüber, was er konkret unter dem entliehenen Merkmal „mehr als unbedeutend“ verstanden wissen will. Er ersetzt damit ein unbestimmtes normatives Merkmal durch ein

[392] Siehe hierzu oben dd) auf Seite 107.

weiteres unbestimmtes und vom Europäischen Gerichtshof selbst noch nicht konkretisiertes[393] Merkmal und hinterlässt als Konsequenz eine erhebliche Rechtsunsicherheit; denn es bleibt vor allem der jeweiligen nationalen Rechtsprechung überlassen, darüber zu befinden, wann die Grenze des „Mehr-als-Unbedeutenden" überschritten sein soll. Vor dem Hintergrund der vom Europäischen Gerichtshof für erforderlich gehaltenen weiten Auslegung des Wettbewerbsvorbehalts ist nunmehr bei praktisch jeder wettbewerbsrelevanten Tätigkeit der öffentlichen Hand – unabhängig vom Ausmaß – ein Eingreifen des Wettbewerbsvorbehaltes zu befürchten.

c) „Führen würde"

Ein weiterer zentraler Streitpunkt, mit dem sich der Europäische Gerichtshof ebenfalls in seiner Entscheidung in Sachen „Isle of Wight" beschäftigte, betrifft die Auslegung des Merkmals „führen würde" in Artikel 13 Absatz 1 Unterabsatz 2 MwStSystRL. Der Wortlaut diktiert in jedem Fall eine hypothetische Betrachtung, in der die Situation der steuerbefreiten öffentlichen Hand mit der Situation der besteuerten öffentlichen Hand verglichen wird. Zeigt sich bei dem Vergleich, dass sich die Steuerfreiheit wettbewerbsverzerrend auswirkt, so ist das Merkmal erfüllt.

Die Erforderlichkeit dieser hypothetischen Prüfung ist unbestritten. Das Merkmal lässt sich jedoch unterschiedlich dahingehend auslegen, ob bei dem hypothetischen Vergleich nur ein bereits real bestehender Wettbewerb oder auch ein nur potenzieller Wettbewerb zu berücksichtigen ist. Mit potenziellem Wettbewerb in diesem Sinne ist insbesondere eine Situation gemeint, in der die öffentliche Hand zwar momentan noch keine Konkurrenten aus der Privatwirtschaft hat, dies aber in Zukunft möglich wäre[394].

aa) Auswirkungen der „Isle of Wight" Entscheidung

Der Europäische Gerichtshof stellte in Sachen „Isle of Wight" klar, dass der Begriff „führen würde" grundsätzlich auch potenziellen Wettbewerb erfasse, sofern die Möglichkeit für einen privaten Wirtschaftsteilnehmer, in den relevanten Markt einzutreten, real und nicht nur rein hypothetisch ist[395].

Der Gerichtshof begründete dies, wie beim Merkmal „größere", damit, dass der Wettbewerbsvorbehalt nach Artikel 13 Absatz 1 Unterabsatz 2 MwStSystRL

[393] Vgl. *de la Feria*, Intertax 2009, S. 153; siehe auch unten 4. auf Seite 117.

[394] Diese Frage wurde in der Literatur unterschiedlich beantwortet. Für das Erfordernis einer konkreten Wettbewerbsverzerrung: *Forster*, Harmonisierung, S. 139 unter Verweis auf den Richtlinienwortlaut. Für das Ausreichen einer bloß potenziellen Wettbewerbsverzerrung u.a.: *Seer/Wendt*, DStR 2001, S. 833; *Siegel*, Betrieb gewerblicher Art, S. 288 ff.

[395] EuGH, Urteil vom 16.09.2008 – C 288/07, EU-UStB 2008, 68 „Isle of Wight" Rz. 65.

nicht eng ausgelegt werden dürfe, weil er die allgemeine Regel der Besteuerung wirtschaftlicher Tätigkeiten wiederherstelle. Eng auszulegen sei hingegen die ausnahmsweise Nichtsteuerbarkeit nach Artikel 13 Absatz 1 Unterabsatz 1 MwStSystRL. Diese würde nach Ansicht des Gerichts jedoch unzulässig ausgedehnt werden, wenn der Wettbewerbsvorbehalt des Artikels 13 Absatz 1 Unterabsatz 2 MwStSystRL nicht auch potenziellen Wettbewerb erfassen würde. Ein weiteres Argument sieht das Gericht darin, dass die Nichtsteuerbarkeit der öffentlichen Hand grundsätzlich geeignet sei, private potenzielle Konkurrenten vom Markteintritt abzuhalten[396]. Für das Vorliegen eines potenziellen Wettbewerbs will der Europäische Gerichtshof jedoch nicht die rein theoretische Möglichkeit eines privaten Wirtschaftsteilnehmers, in den relevanten Markt einzutreten, ausreichen lassen. Er fordert daher eine durch Tatsachen oder objektive Indizien untermauerte reale und nicht rein hypothetische Markteintrittsmöglichkeit.

bb) Stellungnahme

Der Europäische Gerichtshof vertritt in seinem Urteil die Auffassung, die ein Teil der deutschen nationalen Steuerliteratur und Rechtsprechung bereits favorisierte[397]. Vor dem Hintergrund des Wortlautes der Richtlinie ist es fraglich, ob eine derartige Auslegung noch im Bereich des Möglichen liegt[398].

Aufschlussreich ist insbesondere der Umstand, dass er für das Erfordernis einer „mehr als nur rein theoretischen" Markteintrittsmöglichkeit selbst von der Möglichkeit spricht, „in den relevanten Markt" einzutreten[399]. Der Europäische Gerichtshof setzt damit an dieser Stelle voraus, dass die öffentliche Einrichtung, die Rechtsklarheit bezüglich ihrer Besteuerung haben möchte, sich damit beschäftigen muss, in welchem Umfang private Wirtschaftsteilnehmer eine reale Eintrittsmöglichkeit auf dem relevanten Markt haben. Dies wiederum setzt eine Bestimmung des relevanten Marktes voraus, die der Europäische Gerichtshof selbst jedoch in der gleichen Entscheidung für die Auslegung des Begriffs der „Wettbewerbsverzerrung" ablehnte, weil sie wegen ihrer Komplexität die Rechtssicherheit gefährden würde. Es ist allerdings nicht ersichtlich, warum die Bestimmung des relevanten Marktes im Rahmen des Merkmals „führen würde" in geringerem Umfang zur Rechtsunsicherheit beitragen sollte. Im Ergebnis bleibt daher festzustellen, dass sich der Europäische Gerichtshof widerspricht, indem er die Betrachtung

---

[396] EuGH, Urteil vom 16.09.2008 – C 288/07, EU-UStB 2008, 68 „Isle of Wight" Rz. 63.

[397] Vgl. BFH, Urteil vom 27.02.2003 – V R 78/01, BStBl. II 2004, 431; *Strahl*, FS Korn, S. 504.

[398] Kritisch hierzu: *Thieme*, BB 2009, Seite 1900 (1903), der darauf hinweist, dass „größere" als Komparativ von „groß" nach allgemeinem Sprachgebrauch ein „mehr" ist als lediglich „mehr als unbedeutend", was sich auch in der englischen Sprachfassung, die den Terminus „significant" verwendet, niederschlägt.

[399] EuGH, Urteil vom 16.09.2008 – C 288/07, EU-UStB 2008, 68 „Isle of Wight" Rz. 64.

eines relevanten Marktes an einer Stelle ablehnt, sie an einer anderen Stelle jedoch gerade implizit voraussetzt.

Offen lässt der Europäische Gerichtshof des Weiteren, welche Anforderungen er an die real vorhandene Eintrittsmöglichkeit konkret stellt. Wenn er hier von Tatsachen oder objektiven Indizien spricht, ohne dies – etwa durch ein Beispiel – näher zu konkretisieren, so überlässt er die Beurteilung einer real vorhandenen Eintrittsmöglichkeit den nationalen Gerichten, was wiederum – bis zur Herausbildung einer gefestigten Rechtsprechung – einen Zustand der Rechtsunsicherheit nach sich zieht. Fraglich ist insbesondere, welche Auswirkungen öffentlich-rechtliche Vorschriften haben, die Privaten ein Leistungsangebot verbieten. Würde lediglich danach gefragt, ob die Tätigkeit theoretisch auch von einem Privaten erbracht werden könnte, so hätte der Wettbewerbsvorbehalt keinen eigenen Anwendungsbereich mehr, da auf einer theoretischen Ebene sämtliche öffentlichen Tätigkeiten auch von privater Seite erbracht werden könnten. In den Reaktionen der Literatur auf die Entscheidung wird daher aus dem Erfordernis einer „mehr als nur rein theoretischen" Eintrittsmöglichkeit geschlossen, dass nur ein Wettbewerb geschützt ist, der nicht nur tatsächlich, sondern auch auf Grundlage der bestehenden öffentlich-rechtlichen Regelungen möglich ist[400]. Problematisch hieran ist jedoch, dass die öffentliche Hand als Gesetzgeber selbst – im Rahmen des verfassungs- und unionsrechtlich Zulässigen – die Möglichkeit hat, bestimmte Tätigkeiten öffentlichen Einrichtungen vorzubehalten, und somit gestalten kann, ob eine „mehr als nur rein theoretische" Markteintrittsmöglichkeit überhaupt in Frage kommt.

d) Verzerrung des Wettbewerbs zu Lasten der öffentlichen Hand

Die Rückausnahmen der Artikel 13 Absatz 1 Unterabsatz 2 und Unterabsatz 3 MwStSystRL verfolgen das Ziel, den Grundsatz der Neutralität der Umsatzbesteuerung zu gewährleisten[401]. Teile der deutschen Rechtsprechung und Literatur haben die Zielrichtung jedoch so verstanden, dass es vor allem darum gehe, im Falle von Wettbewerbsverzerrungen, die privaten Wirtschaftsteilnehmer vor der öffentlichen Hand zu schützen[402]. Ein Schutz der öffentlichen Hand sei indessen nicht Ziel der Vorschrift, weil diese sich – anders als ein privater Wirtschaftsteilnehmer – aus öffentlichen Abgaben finanzieren könne[403]. Diese Interpretation des Sinns und Zwecks der Vorschrift impliziert, dass die öffentliche Hand nicht die Möglichkeit haben solle, sich auf ihre Steuerbarkeit zu berufen, wenn die Voraussetzungen des Artikels 13 Absatz 1 Unterabsatz 2 oder Unterabsatz 3 MwStSystRL vorliegen. Dogmatisch würde sich dies in der Auslegung des Begriffes

[400] Vgl. *Thieme*, BB 2009, S. 1900 (1902 f).
[401] Vgl. *Küffner*, Umsatzsteuerliche Behandlung, S. 139 f..
[402] Vgl. *Widmann*, UR 1992, S. 9 (11).
[403] *Sterzinger*, UR 2009, S. 37 (42); FG München, Urteil vom 25.01.2006 – 3 K 1335/02, EFG 2006, 1542; FG München, Urteil vom 20.03.2003 – 14 K 4111/00, EFG 2003, 1054.

der Wettbewerbsverzerrung derart niederschlagen, dass sie nicht zu Lasten der öffentlichen Hand, sondern nur zu Lasten eines Privaten vorliegen könne.

Der Bundesfinanzhof vertrat eine andere Auffassung und legte dem Europäischen Gerichtshof die Frage vor, ob „größere Wettbewerbsverzerrungen" im Sinne von Artikel 13 Absatz 1 Unterabsatz 2 MwStSystRL nur dann vorliegen können, wenn die Behandlung einer Einrichtung des öffentlichen Rechts als nichtsteuerbar zu größeren Wettbewerbsverzerrungen zu Lasten privater Konkurrenten führen würde, oder auch dann wenn sich eine Wettbewerbsverzerrung zu Lasten der öffentlichen Einrichtung ergeben würde[404].

aa) Auswirkungen der „Salix" Entscheidung

Auf die Vorlage des Bundesfinanzhofes antworte der Europäische Gerichtshof in seiner Entscheidung in Sachen „Salix" vom 4. Juni 2009[405]. Er befand, dass Einrichtungen des öffentlichen Rechts, soweit sie Tätigkeiten ausüben oder Leistungen erbringen, die ihnen im Rahmen der öffentlichen Gewalt obliegen, nicht nur dann als steuerbar gelten, wenn ihre Behandlung als nichtsteuerbar zu größeren Wettbewerbsverzerrungen zu Lasten ihrer privaten Wettbewerber führen würde, sondern auch dann, wenn sie derartige Verzerrungen zu ihren eigenen Lasten zur Folge hätte.

Interessanterweise liegt der Entscheidung ein Sachverhalt zugrunde, in dem nicht die öffentliche Hand, sondern ein privater Unternehmer geklagt hatte: Die private Salix Grundstücksvermietungsgesellschaft mbH & Co. Objekt Offenbach KG hatte einen „Immobilien-Leasingvertrag" über ein Grundstück mit noch zu errichtenden Gebäuden und einer Tiefgarage mit der IHK Offenbach, einer Einrichtung öffentlichen Rechts, geschlossen. Das für die Salix zuständige Finanzamt verweigerte ihr den Vorsteuerabzug im Zusammenhang mit der Errichtung des Gebäudes, weil sie das Grundstück an die Industrie- und Handelskammer vermiete und diese als juristische Person des öffentlichen Rechts kein Unternehmer sei[406]. Um dies zu verstehen, ist an dieser Stelle ein kurzer Exkurs in das deutsche nationale Umsatzsteuerrecht erforderlich:

---

404 Vgl. BFH, Beschluss vom 20.12.2007 – V R 70/05, BStBl. II 2008, 454.

405 EuGH, Urteil vom 04.06.2009 – C 102/08, UR 2009, 484 „Salix".

406 Paradoxerweise beurteilte das für die IHK zuständige Finanzamt hingegen die IHK als umsatzsteuerliche Unternehmerin und gewährte der IHK, die ihrerseits die Tiefgaragen zum Teil an Dritte weitervermieten wollte, die Möglichkeit, nach § 9 UStG auf die Umsatzsteuerfreiheit nach § 4 Nr. 12 lit. a UStG zu verzichten. Diese Diskrepanz der Beurteilung des Unternehmerstatus derselben juristischen Person öffentlichen Rechts durch zwei verschiedene Finanzämter veranschaulicht beispielhaft die aus der komplexen Rechtslage resultierende Rechtsunsicherheit im Hinblick auf die Umsatzbesteuerung der öffentlichen Hand.

Im deutschen Umsatzsteuerrecht ist die Vermietung von Grundstücken von der Umsatzsteuer nach § 4 Nr. 12 lit. a UStG befreit. Der Vorsteuerabzug ist nach § 15 Absatz 2 Nr. 1 UStG ausgeschlossen, für Leistungen, die für eigene steuerfreie Umsätze verwendet werden. Hieraus ergibt sich, dass beispielsweise die Umsatzsteuer, die einem Grundstückseigentümer für die Errichtung von Gebäuden auf seinem Grundstück überwälzt wird, grundsätzlich nicht als Vorsteuer abgezogen werden darf, wenn das Grundstück umsatzsteuerfrei vermietet wird. Um dieses für den Grundstückseigentümer ungünstige Ergebnis zu vermeiden und den Vorsteuerabzug „zu retten", bietet das Umsatzsteuergesetz in § 9 UStG die Möglichkeit, auf die Steuerbefreiung für Grundstücksvermietung nach § 4 Nr. 12 lit. a UStG zu verzichten. Durch diesen Verzicht wird die Vermietung umsatzsteuerpflichtig und der Grundstückseigentümer kann die Vorsteuern, die er für die Bauleistungen gezahlt hat, abziehen. Voraussetzung des Verzichts ist jedoch nach § 9 Absatz 1 UStG, dass die Vermietungsumsätze an einen anderen Unternehmer für dessen Unternehmen ausgeführt werden. Indem das für die Salix zuständige Finanzamt die Unternehmereigenschaft der Industrie- und Handelskammer verneinte, zerstörte es folglich die Optionsmöglichkeit zur Steuerpflicht nach § 9 Absatz 1 UStG und damit auch die Möglichkeit des Vorsteuerabzugs wegen der Einschränkung des § 15 Absatz 2 Nr. 1 UStG.

Der Europäische Gerichtshof argumentierte in seiner Entscheidung damit, dass sich dem Wortlaut des Artikels 13 Absatz 1 Unterabsatz 2 MwStSystRL keine Beschränkung des Merkmals der Wettbewerbsverzerrung entnehmen lasse[407]. Er bestätigte außerdem seine, in der Entscheidung in Sachen „Isle of Wight" betonte Auffassung, dass Artikel 13 Absatz 1 Unterabsatz 2 MwStSystRL nicht eng ausgelegt werden dürfe, weil es sich um eine Ausnahme zum Besteuerungsgrundsatz des Artikels 9 Absatz 1 MwStSystRL handele[408]. Schließlich führte der Europäische Gerichtshof aus, dass nichts darauf hindeute, dass das System des Artikels 13 MwStSystRL bezwecke, die Folgen etwaig vorhandener umsatzsteuerlich induzierter Wettbewerbsverzerrungen den Einrichtungen des öffentlichen Rechts aufzubürden[409], zumal – bedingt durch das System des Vorsteuerabzugs[410] – nicht ausgeschlossen werden könne, dass sich aus der Nichtbesteuerung öffentlicher Einrichtungen Rückwirkungen zum Nachteil von Steuerpflichtigen des privaten Sektors ergeben[411].

[407] EuGH, Urteil vom 04.06.2009 – C 102/08, UR 2009, 484 „Salix" Rz. 66.
[408] EuGH, Urteil vom 04.06.2009 – C 102/08, UR 2009, 484 „Salix" Rz. 68 f.
[409] EuGH, Urteil vom 04.06.2009 – C 102/08, UR 2009, 484 „Salix" Rz. 69.
[410] Vgl. hierzu oben VI. auf Seite 58.
[411] EuGH, Urteil vom 04.06.2009 – C 102/08, UR 2009, 484 „Salix" Rz. 73.

bb) Stellungnahme

Die Entscheidung des Europäischen Gerichtshofes in Sachen „Salix“ ist konsequent und hat gemeinsam mit der Entscheidung in Sachen „Isle of Wight“ die Rechtsklarheit für die Auslegung des Wettbewerbsvorbehaltes des Artikels 13 Absatz 1 Unterabsatz 2 MwStSystRL wesentlich verbessert. Sie steht auch im Einklang mit dem Grundsatz der Neutralität der Umsatzbesteuerung[412]. Ein Verständnis des Neutralitätsgrundsatzes dahin, dass er nicht gelten soll, wenn er sich zu Gunsten der öffentlichen Hand auswirkt, wäre inkonsequent gewesen.

Eine wesentliche Auswirkung der Entscheidung dürfte darin liegen, dass sie eine Ausweitung derjenigen Fälle zur Folge hat, in denen die Besteuerung der öffentlichen Hand vom Eingreifen des Wettbewerbsvorbehaltes abhängt und damit die Zahl der potenziellen Streitfälle größer werden dürfte. Zwar hat der Europäische Gerichtshof mit seiner Entscheidung in Sachen „Isle of Wight“ einen Beitrag geleistet, den Wettbewerbsvorbehalt des Artikels 13 Absatz 1 Unterabsatz 2 MwStSystRL konturenschärfer zu machen und somit den nationalen Gerichten die gegebenenfalls erforderliche richtlinienkonforme Auslegung nationaler Vorschriften erleichtert. Wie sich gezeigt hat, bleibt die Rechtsanwendung des Wettbewerbsvorbehalts jedoch auch nach der Entscheidung in Sachen „Isle of Wight“ in gewissen Punkten unklar und daher streitanfällig[413].

e) Zusammenfassung

Die zentrale Frage im Bereich der Rückausnahme des Artikels 13 Absatz 1 Unterabsatz 2 MwStSystRL ist, ob eine größere Wettbewerbsverzerrung durch die Nichtsteuerbarkeit der öffentlichen Hand droht. Durch seine Urteile in Sachen „Isle of Wight“ und „Salix“ hat der Europäische Gerichtshof seine Rechtsprechung zu den Voraussetzungen dieser Rückausnahme konkretisiert und damit die Handhabung der Vorschrift für den Rechtsanwender vereinfacht.

Die Argumentation des Europäischen Gerichtshofes ist angreifbar, soweit sie auf dem Verständnis beruht, dass in jedem Fall eine weite Auslegung der Rückausnahme geboten sei und Artikel 13 Absatz 1 Unterabsatz 2 und Unterabsatz 3 MwStSystRL in einer Gesamtschau zu betrachten seien[414]. Zudem ließ der Europäische Gerichtshof weitere Fragen unbeantwortet, die für eine rechtssichere Anwendung der Rückausnahme wichtig sind. Die wesentlichen Aussagen des Europäischen Gerichtshofes zur Auslegung der Rückausnahme sind:

Für die Bestimmung der Wettbewerbsverzerrung ist nicht auf die Verhältnisse eines konkreten lokalen Marktes abzustellen, sondern eine tätigkeitsbezogene

[412] So auch *Widmann*, UR 2009, S. 493, der es so ausdrückt, dass unter diesem Gesichtspunkt die Entscheidung gar nicht anders hätte ausfallen können.

[413] So zum Beispiel die Frage nach den konkreten Anforderungen an die real vorhandene Markteintrittsmöglichkeit eines potenziellen Konkurrenten, vgl. hierzu oben bb) auf Seite 112.

[414] Siehe oben dd) auf Seite 107.

Betrachtung vorzunehmen[415].

Eine „größere" Wettbewerbsverzerrung liegt bereits vor, wenn sie mehr als unbedeutend ist[416]. Wann dies konkret der Fall ist, lässt der Europäische Gerichtshof jedoch unbeantwortet[417]. Zudem steht die Auslegung des Gerichts weder im Einklang mit dem Wortlaut noch mit einer historischen, systematischen und teleologischen Auslegung[418].

Ein potenzieller Wettbewerb genügt für die Annahme einer Wettbewerbsverzerrung, wenn die Möglichkeit zum Markteintritt eines privaten Konkurrenten real und durch Tatsachen oder objektive Indizien untermauert ist[419]. Welche Anforderungen an diese Untermauerung konkret zu stellen sind, ließ der Gerichtshof jedoch unbeantwortet[420]. Außerdem erfordert die Beurteilung der Markteintrittsmöglichkeit die Bestimmung eines relevanten Marktes, die der Europäische Gerichtshof an anderer Stelle ablehnt[421].

4. Tätigkeit nach Anhang I zur MwStSystRL

Damit nach Artikel 13 Absatz 1 Unterabsatz 3 MwStSystRL eine Einrichtung des öffentlichen Rechts als steuerbar gelten soll, müssen zwei kumulative Voraussetzungen erfüllt sein: Es muss sich um eine der im Anhang I aufgelisteten Tätigkeiten handeln, und diese Tätigkeit muss in einem „mehr als unbedeutenden" Umfang ausgeübt werden. Der Europäische Gerichtshof hat zu dieser Regelung festgestellt, dass die Mitgliedstaaten zwar zur Umsetzung verpflichtet sind, soweit die aufgelisteten Tätigkeiten in mehr als unbedeutendem Umfang ausgeübt werden. Jedoch sei es den Mitgliedstaaten freigestellt, auf die Umsetzung der Beschränkung auf ein mehr als unbedeutendes Ausmaß zu verzichten[422]. Mit anderen Worten dürfen Mitgliedstaaten im Hinblick auf die im Anhang I aufgeführten Tätigkeiten die öffentliche Hand auch dann als Steuerpflichtige behandeln, wenn die Tätigkeit nur in unbedeutendem Ausmaß durchgeführt wird. Die Tatsache, dass die Aufnahme dieses Merkmales den Mitgliedstaaten freigestellt wird, ist vermutlich mitursächlich dafür, dass der Europäische Gerichtshof bislang nicht konkretisiert hat, wann genau das Ausmaß mehr als unbedeutend ist[423]. Die Recht-

[415] Siehe oben cc) auf Seite 106.
[416] Siehe oben aa) auf Seite 109.
[417] Siehe oben bb) auf Seite 110.
[418] Siehe oben bb) auf Seite 110.
[419] Siehe oben aa) auf Seite 111.
[420] Siehe oben bb) auf Seite 113.
[421] Siehe oben bb) auf Seite 113.
[422] EuGH, Urteil vom 17.10.1989 – C 231/87 und 129/88, UR 1991, 77 „Comune di Carpaneto Piacentino" Rz. 27.
[423] Vgl. *de la Feria*, Intertax 2009, S. 153.

sprechung beschränkt sich vielmehr bisher auf Streitfragen in Bezug auf die inhaltliche Abgrenzung einzelner aufgelisteter Tätigkeiten[424]. Die daraus folgende Rechtsunsicherheit bezüglich der Anwendung des Merkmals hat der Europäische Gerichtshof, wie dargestellt, durch seine Entscheidung in Sachen „Isle of Wight" auf die Anwendung des Artikels 13 Absatz 1 Unterabsatz 2 MwStSystRL übertragen[425].

III. Verwendung der Eingangsleistungen für besteuerte Umsätze

1. Allgemeines

Die Steuerbarkeit einer öffentlichen Einrichtung im Sinne der Artikel 9 und 13 MwStSystRL ist, wie aus den vorstehenden Ausführungen deutlich wird, komplex und wird in vielen Fällen den Schwerpunkt der Prüfung einer Vorsteuerabzugsberechtigung des öffentlichen Partners bei einem Public Private Partnership Projekt bilden. Mit der Steuerbarkeit der öffentlichen Hand ist die Prüfung der Vorsteuerabzugsberechtigung eines öffentlichen Partners im Rahmen eines Public Private Partnerships jedoch noch nicht beendet. Artikel 168 MwStSystRL setzt des Weiteren grundsätzlich voraus, dass die öffentliche Einrichtung die bezogenen Dienstleistungen oder Gegenstände (Eingangsleistungen) für ihre eigenen besteuerten Umsätze (Ausgangsumsätze) verwendet.

Aus der Formulierung „für [...] verwendet werden" leitet der Europäische Gerichtshof ab, dass ein direkter und unmittelbarer Zusammenhang zwischen einem bestimmten Eingangsumsatz und einem oder mehreren Ausgangsumsätzen, für die die Eingangsumsätze verwendet werden, bestehen muss[426]. Die Aufwendungen für die Eingangsumsätze sollen daher zu den Kostenelementen der Ausgangsumsätze gehören und müssen deshalb in der Regel entstanden sein, bevor die Ausgangsumsätze getätigt werden[427].

---

424 Vgl. EuGH, Urteil vom 13.12.2007 – C 408/06, EU-UStB 2008, 7 „Götz" Rz. 33, zu „Verkaufsstellen" im Sinne von Nr. 12 Anhang I; EuGH, Urteil vom 3.4.2008 – C 442/05, Slg. 2008, 1817 „Zweckverband" Rz. 44, zur „Lieferung von Wasser" im Sinne von Anhang III. Das Urteil bezieht sich zwar auf die Anwendung eines ermäßigten Steuersatzes, für den die in Anhang III aufgeführten Tätigkeiten relevant sind. Die „Lieferung von Wasser" ist jedoch ebenfalls in Nr. 2 Anhang I aufgeführt, so dass dem Urteil auch für die Anwendung von Artikel 13 Absatz 1 Unterabsatz 3 MwStSystRL Bedeutung zukommen dürfte.

425 Vgl. oben bb) auf Seite 110.

426 EuGH, Urteil vom 06.04.1995 – C 4/94, Slg. 1995, 983 „BLP Group" Rz. 19; EuGH, Urteil vom 08.06.2000 – C 98/98, Slg. 2000, 4177 „Midland Bank" Rz. 20; EuGH, Urteil vom 03.03.2005 – C 32/03, UR 2005, 433 „Fini" Rz. 26.

427 EuGH, Urteil vom 08.06.2000 – C 98/98, Slg. 2000, 4177 „Midland Bank" Rz. 30.

2. Ausschlussumsätze

Das Erfordernis der Verwendung der Eingangsleistungen für eigene besteuerte Umsätze führt dazu, dass der Vorsteuerabzug ausgeschlossen ist, wenn die Eingangsleistungen mit nicht besteuerten Ausgangsumsätzen zusammenhängen. Dies betrifft nicht steuerbare und steuerfreie Ausgangsumsätze gleichermaßen[428]. Weil diese Ausgangsumsätze den Vorsteuerabzug für die mit ihnen zusammenhängenden Eingangsleistungen ausschließen, werden sie auch als „Ausschlussumsätze" bezeichnet[429]. Im Rahmen eines Public Private Partnership Projektes können sowohl Ausschlussumsätze in Form von nichtsteuerbaren als auch steuerfreien Umsätzen des öffentlichen Partners vorkommen, wie die nachfolgenden Beispiele verdeutlichen:

Beispiel 1:
Artikel 132 Absatz 1 lit. b MwStSystRL befreit Krankenhausbehandlungen und ärztliche Heilbehandlungen sowie damit eng verbundene Umsätze, die von Einrichtungen des öffentlichen Recht bewirkt werden, von der Steuer. Bei einem Public Private Partnership Projekt, das den Bau und Betrieb eines Krankenhauses in öffentlich-rechtlicher Trägerschaft zum Gegenstand hat, kann der öffentliche Partner die Vorsteuer auf diejenigen Eingangsleistungen nicht abziehen, die unmittelbar mit diesen steuerfreien Krankenhausbehandlungen und ärztlichen Heilbehandlungen zusammenhängen.

Beispiel 2:
Die Ausgabe von Personalausweisen und Reisepässen gegen eine Verwaltungsgebühr kann nur die öffentliche Hand bewirken[430]*. Es besteht daher keine Gefahr einer Wettbewerbsverzerrung, so dass die öffentliche Hand insoweit nicht steuerbare Leistungen erbringt. In einem Public Private Partnership Projekt, das auf die Verbesserung der Sicherheit und der Ausgabeorganisation von Personalausweisen und Reisepässen gerichtet ist, darf die öffentliche Hand deshalb keine Vorsteuer auf ihre Eingangsleistungen vom privaten Partner abziehen, weil die Leistungen mit den nichtsteuerbaren Ausgangsleistungen unmittelbar zusammenhängen.*

[428] Zu den Begriffen der Steuerbarkeit, Steuerpflicht und Steuerfreiheit vgl. oben II. auf Seite 54.
[429] *Robisch*, UR 2001, S. 100 (100).
[430] Vgl. für Personalausweise die Landespersonalausweisgesetze. Sachlich zuständig sind danach in der Regel die Gemeinden als Personalausweisbehörden, vgl. § 3 Abs. 1 des Personalausweisgesetzes für das Land Brandenburg vom 07.04.1994 und § 3 des Personalausweisgesetzes für das Land Nordrhein-Westfalen vom 19.05.1987.

§ 12 Vorsteuerabzug der öffentlichen Hand nach dem UStG

Nachdem die unionsrechtlichen Vorgaben für den Vorsteuerabzug der öffentlichen Hand verdeutlicht wurden, stellen sich nun die Fragen, wie diese Vorgaben im nationalen Recht umgesetzt sind und ob die Umsetzung den unionsrechtlichen Vorgaben gerecht wird.

Auch im deutschen Umsatzsteuerrecht unterliegt der Vorsteuerabzug der öffentlichen Hand besonderen Regelungen. Wie sich zeigen wird, stimmen die unionsrechtlichen und die nationalen Regelungen jedoch nicht immer überein. Dies liegt unter anderem daran, dass die Systematik des Vorsteuerabzugs des Umsatzsteuergesetzes teilweise von derjenigen des unionsrechtlichen Vorsteuerabzugs abweicht[431].

I. Systematik des Vorsteuerabzugs nach § 15 UStG

Das deutsche Umsatzsteuergesetz regelt den Vorsteuerabzug in § 15 UStG. Nach § 15 Absatz 1 Satz 1 UStG ist eine allgemeine Voraussetzung für den Abzug von Vorsteuern, dass der Leistungsempfänger ein Unternehmer ist. Darüber hinaus bestimmt § 15 Absatz 1 Nr. 1 Satz 1 UStG, dass der Unternehmer die gesetzlich geschuldete Steuer für Lieferungen und sonstige Leistungen abziehen darf, die ein anderer Unternehmer für sein Unternehmen ausführt. Zu diesem Zweck muss nach § 15 Absatz 1 Nr. 1 Satz 2 UStG stets eine ordnungsgemäße Rechnung vorliegen[432].

§ 15 Absatz 2 Satz 1 Nr. 1 UStG schließt den Abzug von Vorsteuern aus, wenn der Unternehmer die Eingangsumsätze für die Ausführung steuerfreier Leistungen verwendet. Hiervon macht wiederum § 15 Absatz 3 Nr. 1 UStG Ausnahmen für bestimmte steuerfreie Umsätze, so dass in diesen Fällen ein Vorsteuerabzug trotz steuerfreier Ausgangsumsätze möglich ist. § 15 Absatz 4 UStG regelt den Fall, dass der Unternehmer Gegenstände erwirbt, die nur zum Teil für Umsätze

---

[431] *Birkenfeld* in: *Birkenfeld*, Umsatzsteuerhandbuch, § 170 , Rz. 22.

[432] Einzelheiten zu den formalen und inhaltlichen Anforderungen an eine zum Vorsteuerabzug berechtigende Rechnung regeln die §§ 14, 14a UStG, auf die § 15 Absatz 1 Satz 2 UStG verweist.

verwendet werden, welche den Vorsteuerabzug ausschließen, und sieht insoweit einen teilweisen Vorsteuerabzug vor.

Für den Regelfall des Vorsteuerabzugs nach § 15 Absatz 1 Nr. 1 UStG lässt sich aus diesen Vorgaben – das Vorliegen einer ordnungsgemäßen Rechnung vorausgesetzt – die Prüfung des Vorsteuerabzugs in fünf Schritte aufgliedern: Zunächst ist zu prüfen, ob die öffentliche Hand ein umsatzsteuerlicher Unternehmer ist. Kann dies bejaht werden, so stellt sich zweitens die Frage, ob derjenige, von dem die Leistungen bezogen werden, ein Unternehmer ist[433] und ob drittens die in der Rechnung ausgewiesene Umsatzsteuer auch tatsächlich gesetzlich geschuldet wird. Schließlich muss viertens geprüft werden, ob die Leistungen für das Unternehmen der öffentlichen Hand tatsächlich ausgeführt wurden und ob sie fünftens der Ausführung von Umsätzen dienen, die den Vorsteuerabzug nicht ausschließen. Von diesen Prüfungsabschnitten ist für die öffentliche Hand insbesondere die Prüfung ihrer Unternehmereigenschaft bedeutsam (dazu II.), da insoweit Sondervorschriften bestehen. Die übrigen Prüfungsschritte (dazu III.) sind in gleicher Weise zu prüfen wie bei Privaten und sollen im Rahmen dieser Arbeit nicht vertieft dargestellt werden.

II. Unternehmereigenschaft

Der Begriff des umsatzsteuerlichen Unternehmers nimmt eine zentrale Stellung im nationalen Umsatzsteuerrecht ein[434]. Nur Umsätze eines Unternehmers unterliegen nach § 1 Absatz 1 Nr. 1 UStG der Umsatzsteuer. Der Unternehmerbegriff ist damit im Wesentlichen das nationalrechtliche Äquivalent zum Begriff des Steuerpflichtigen im Sinne der MwStSystRL[435].

Als Voraussetzung für den Vorsteuerabzug kommt der Unternehmereigenschaft auch eine entscheidende Bedeutung für die umsatzsteuerliche Belastung von Public Private Partnership Projekten zu, bei denen der private Partner entgeltliche, umsatzsteuerpflichtige Leistungen an den öffentlichen Partner erbringt[436]. Nur wenn der öffentliche Partner Unternehmer ist, kann er die Umsatzsteuer, die ihm der private Partner in Rechnung stellt, im Wege des Vorsteuerabzugs wiedererlangen[437].

1. Allgemeines

Nach der Legaldefinition des § 2 Absatz 1 Satz 1 UStG ist Unternehmer, wer eine gewerbliche oder berufliche Tätigkeit selbstständig ausübt. Gewerblich oder

[433] Der private Partner eines PPP-Projekts ist in der Regel umsatzsteuerlicher Unternehmer.

[434] *Klenk* in: *Sölch/Ringleb*, Umsatzsteuer, § 2, Rz. 1.

[435] Hierzu siehe oben II. auf Seite 91 ff.; ausführlich zum Vergleich des umsatzsteuerlichen Unternehmerbegriffs und dem Begriff des Steuerpflichtigen: *Blankenheim*, Steuerpflichtiger, passim.

[436] Zu den umsatzsteuerlichen Grundkonstellationen siehe oben II. auf Seite 73.

[437] Zum Mechanismus des Vorsteuerabzugs siehe oben VI. auf Seite 58.

beruflich in diesem Sinne ist eine Tätigkeit, wenn sie nachhaltig ist und der Erzielung von Einnahmen dient, auch wenn die Absicht, Gewinn zu erzielen, fehlt oder eine Personenvereinigung nur gegenüber ihren Mitgliedern tätig wird, § 2 Absatz 1 Satz 3 UStG. Die gewerbliche oder berufliche Tätigkeit bildet damit das nationalrechtliche Äquivalent zur wirtschaftlichen Tätigkeit im Sinne der MwStSystRL[438].

Wie die wirtschaftliche Tätigkeit im Sinne von Artikel 9 MwStSystRL ist auch die gewerbliche oder berufliche Tätigkeit so gestaltet, dass sie grundsätzlich nicht nur von Privaten, sondern auch von der öffentlichen Hand ausgeführt werden kann; denn auch die öffentliche Hand kann eine gewerbliche Tätigkeit ausüben und in diesem Rahmen Lieferungen oder sonstige Leistungen gegen Entgelt erbringen.

An dieser Stelle rückt der Anwendungsbereich der Sondervorschrift des § 2 Absatz 3 UStG ins Blickfeld, deren Zweck darin liegt, die unternehmerische Tätigkeit von der nichtunternehmerischen Tätigkeit der öffentlichen Hand abzugrenzen[439]. Danach sind juristische Personen des öffentlichen Rechts nur im Rahmen ihrer Betriebe gewerblicher Art und ihrer land- oder forstwirtschaftlichen Betriebe gewerblich oder beruflich tätig, § 2 Absatz 3 Satz 1 UStG. Darüber hinaus zählt § 2 Absatz 3 Satz 2 UStG in den Nummern 2 bis 5 bestimmte Tätigkeiten auf, die unabhängig von den Voraussetzungen des Satzes 1 als berufliche Tätigkeiten gelten[440]. Da ohne gewerbliche oder berufliche Tätigkeit kein umsatzsteuerrechtlicher Unternehmerstatus vorliegt, bedeutet dies, dass die öffentliche Hand – soweit sie keinen land- und forstwirtschaftlichen Betrieb unterhält und keine der aufgelisteten Tätigkeiten ausführt – nur mit ihren Betrieben gewerblicher Art als Unternehmer im umsatzsteuerrechtlichen Sinne zum Vorsteuerabzug berechtigt sein kann. § 2 Absatz 3 UStG schränkt damit den Anwendungsbereich des § 2 Absatz

[438]Hierzu siehe oben 1. auf Seite 92 ff.

[439]Vgl. *Lange*, UR 2000, S. 1 (4), der vor diesem Hintergrund einen Überblick über die Entwicklung der nationalen Regelungen zur Umsatzbesteuerung der öffentlichen Hand vom Gesetz über einen Warenumsatzstempel vom 26.06.1916 bis zur im Wesentlichen noch heute geltenden Fassung des § 2 Absatz 3 UStG bietet.

[440]Dabei handelt es sich im Einzelnen um: die Tätigkeit der Notare im Landesdienst und der Ratschreiber im Land Baden-Württemberg, soweit Leistungen ausgeführt werden, für die nach der Bundesnotarordnung die Notare zuständig sind; die Abgabe von Brillen und Brillenteilen einschließlich der Reparaturarbeiten durch Selbstabgabestellen der gesetzlichen Träger der Sozialversicherung; die Leistungen der Vermessungs- und Katasterbehörden bei der Wahrnehmung ihrer Aufgaben der Landesvermessung und des Liegenschaftskatasters mit Ausnahme der Amtshilfe und die Tätigkeit der Bundesanstalt für Landwirtschaft und Ernährung, soweit Aufgaben der Marktordnung, der Vorratshaltung und der Nahrungsmittelhilfe wahrgenommen werden.

1 UStG für Tätigkeiten von juristischen Personen des öffentlichen Rechts ein[441]. Die öffentliche Hand muss folglich unternehmerisch im Sinne des § 2 Absatz 1 UStG tätig werden und dabei zusätzlich die Voraussetzungen des § 2 Absatz 3 UStG erfüllen, um den Unternehmerstatus zu erlangen[442].

Die Regelungssystematik im deutschen Umsatzsteuerrecht unterscheidet sich in diesem Punkt von der Regelungssystematik der Artikel 9 und 13 MwStSystRL. Artikel 13 MwStSystRL stellt Voraussetzungen dafür auf, wann die öffentliche Hand nicht als Steuerpflichtige im Sinne von Artikel 9 MwStSystRL gilt[443]. Artikel 13 MwStSystRL ist damit als eine Art Ausnahme zum allgemeinen Grundsatz der Besteuerung konzipiert[444]. Mit anderen Worten gebietet die MwStSystRL grundsätzlich, dass auch Umsätze der öffentlichen Hand steuerbar sind; nur wenn ausnahmsweise bestimmte Voraussetzungen vorliegen, wird von dieser Regel abgewichen[445]. Das nationale Recht hingegen formuliert in § 2 Absatz 3 UStG, dass „nur" unter bestimmten Voraussetzungen die öffentliche Hand unternehmerisch tätig wird. Hieraus lässt sich erkennen, dass die Regelungssystematik im Vergleich zur MwStSystRL einen umgekehrten Weg geht. Das Umsatzsteuergesetz geht davon aus, dass grundsätzlich die öffentliche Hand nicht unternehmerisch tätig ist. Nur unter bestimmten Voraussetzungen, die in § 2 Absatz 3 UStG festgeschrieben sind, ist sie ausnahmsweise doch Unternehmer im Sinne des Umsatzsteuergesetzes. Die Verschiedenheit der Regelungsansätze im nationalen und im Unionsrecht hat Einfluss auf die Auslegung der Vorschriften. Eine systematische Auslegung des nationalen deutschen Umsatzsteuerrechts favorisiert eine Betrachtung der Tätigkeiten der öffentlichen Hand als nichtsteuerbar; im Bereich der MwStSystRL würde eine systematische Auslegung hingegen im Zweifel für die Steuerbarkeit sprechen.

---

[441] So auch: *Blankenheim*, Steuerpflichtiger, S. 323 ff.; *Lange*, UR 2000, S. 1 (3 f.); *Rüth*, Umsetzung, S. 197; *Siegel*, Betrieb gewerblicher Art, S. 40; vgl. auch BFH, Urteil vom 10.11.1977 - V R 115/74, BStBl. II 1978, 80, der in § 2 Absatz 3 UStG eine „Beschränkung des als Unternehmer in Betracht kommenden Personenkreises" sieht; a. A. wohl *Forster*, UR 1996, S. 73 (76), der § 2 Absatz 3 UStG im Gegensatz zu Art. 13 MwStSystRL als lex specialis zur allgemeinen Regelung der Steuerbarkeit versteht.

[442] Vgl. *Hüttemann*, Besteuerung, S. 163.

[443] Hierzu vgl. oben II. auf Seite 91.

[444] So auch das Verständnis des EuGH, vgl. EuGH, Urteil vom 16.09.2008 – C 288/07, EU-UStB 2008, 68, „Isle of Wight" Rz. 72 ff.

[445] Zu den Voraussetzungen des Artikels 13 MwStSystRL ausführlich oben 2. auf Seite 96 ff.

2. Allgemeine Voraussetzungen des § 2 Absatz 1 UStG

Nach § 2 Absatz 1 Satz 1 UStG muss die Tätigkeit[446] selbstständig ausgeübt werden. Darüber hinaus ergibt sich aus § 2 Absatz 1 Satz 3 UStG, dass eine gewerbliche oder berufliche Tätigkeit nachhaltig sein und der Erzielung von Einnahmen dienen muss, ohne dass eine Gewinnerzielung beabsichtigt sein muss. § 2 Absatz 1 Satz 3 UStG ist als eine Definition für „gewerblich oder beruflich" im Sinne von § 2 Absatz 1 Satz 1 UStG zu verstehen, so dass das Tatbestandsmerkmal „gewerblich oder beruflich" keine eigenständige Bedeutung entfaltet[447].

Die Fachliteratur ist sich uneins darüber, ob der Unternehmerbegriff ein Typusbegriff[448] ist und auch die Tatbestandsmerkmale des § 2 Absatz 1 UStG keine normativen abstrakten Rechtsbegriffe, sondern Merkmale sind, die den Unternehmertypus erläutern und umschreiben[449].

a) Selbstständigkeit

Das Umsatzsteuergesetz definiert nicht, wann eine Tätigkeit selbstständig im Sinne von § 2 Absatz 1 Satz 1 UStG ausgeübt wird; es trifft jedoch in § 2 Absatz 2 UStG eine Aussage über Fälle, bei denen die Selbstständigkeit fehlt. § 2 Absatz 2 UStG unterscheidet dabei zwischen natürlichen und juristischen Personen.

Für natürliche Personen ist die Selbstständigkeit nach § 2 Absatz 2 Nr. 1 UStG zu verneinen, soweit sie – einzeln oder zusammengeschlossen – einem Unternehmen so eingegliedert sind, dass sie verpflichtet sind, den Weisungen des Unternehmers zu folgen. Der Bundesfinanzhof entscheidet dies nach dem Gesamtbild der Verhältnisse, wobei er die für und gegen eine Selbstständigkeit sprechenden Merkmale nach den Umständen des Einzelfalles unterschiedlich gewichtet und gegeneinander abwägt[450]. Ohne dies explizit auszudrücken, legt er damit scheinbar ein typologisches Begriffsverständnis zugrunde[451]. Da an Public Private Part-

---

[446] Tätigkeit in diesem Sinne ist nicht nur ein „aktives" Handeln, sondern darüber hinaus jedes Verhalten, das Anderen einen verbrauchbaren wirtschaftlichen Vorteil verschafft, vgl. *Blankenheim*, Steuerpflichtiger, S. 162.

[447] Vgl. BFH, Urteil vom 13.04.1961 - V 94/59, StRK UStG: 1/1 R 186; BFH, Urteil vom 30.10.1962 - V 90/60, StRK UStG: 2/1 R 141; *Goertzen*, DStR 1996, S. 164 (165); a.A. *Blankenheim*, Steuerpflichtiger, S. 159 ff., der die Auffassung vertritt, dass § 2 Absatz 1 Satz 3 UStG die „gewerbliche oder berufliche Tätigkeit" im Sinne von § 2 Absatz 1 Satz 1 UStG nicht definiert, sondern auch nicht berufliche Tätigkeiten den beruflichen gleichstellt, wenn sie nachhaltig zur Einnahmeerzielung ausgeübt werden.

[448] Zu Typusbegriffen siehe oben I. auf Seite 15.

[449] So *Giesberts*, UR 1993, S. 279; *Offerhaus*, UR 1991, S. 279 (279); a.A. etwa *Klenk* in: *Sölch/Ringleb*, Umsatzsteuer, § 2 Rn. 8, der im Unternehmerbegriff einen juristischen Kunstbegriff sieht, der wenig mit einem aus der Lebenserfahrung gewonnenen, in der Realität gefundenen Typusbegriff gemein hat.

[450] Vgl. BFH, Urteil vom 18.07.1991 - V R 86/87, BStBl. II 1991, 776; BFH, Urteil vom 25.06.2009 - V R 37/08, BStBl. II 2009, 873.

[451] *Offerhaus*, UR 1991, S. 279 (279).

nership Projekten in der Regel keine natürlichen, sondern juristische Personen beteiligt sind, kommt den Abgrenzungskriterien zur Selbstständigkeit natürlicher Personen für die Zwecke dieser Arbeit keine große Bedeutung zu.

Für eine juristische Person ist nach § 2 Absatz 2 Nr. 2 UStG die Selbstständigkeit im Falle einer umsatzsteuerlichen Organschaft zu verneinen. Hierzu konkretisiert § 2 Absatz 2 Nr. 2 Satz 1 UStG, dass es in diesem Zusammenhang dann an der Selbstständigkeit fehlt, wenn die juristische Person finanziell, wirtschaftlich und organisatorisch in das Unternehmen eines Organträgers eingegliedert ist. Wie bei dem Merkmal der Selbstständigkeit unternimmt der Bundesfinanzhof auch in diesem Fall eine Betrachtung des Gesamtbilds der tatsächlichen Verhältnisse[452]. Das Institut der umsatzsteuerlichen Organschaft beruht auf Artikel 11 MwStSystRL, der den Mitgliedstaaten diesbezüglich ein Wahlrecht einräumt, von dem Deutschland Gebrauch gemacht hat[453]. Die Voraussetzungen einer umsatzsteuerlichen Organschaft sind komplex und bilden einen anhaltenden Gegenstand höchstrichterlicher Auseinandersetzungen; um den Rahmen dieser Untersuchung nicht zu sprengen, sollen sie jedoch im Weiteren nicht vertieft behandelt werden[454].

Der Unternehmer ist im Falle einer Organschaft nur der Organträger, dem die Umsätze der Organgesellschaft zugerechnet werden; er erklärt neben seinen eigenen auch die Umsätze der Organgesellschaft im Rahmen der Umsatzsteuervoranmeldungen und Jahressteuererklärungen nach § 18 UStG. Leistungen zwischen der Organgesellschaft und dem Organträger sind grundsätzlich nicht umsatzsteuerbare Innenumsätze im sogenannten Organkreis[455]. Auch die öffentliche Hand kann Organträger sein, wenn und soweit sie unternehmerisch tätig ist[456]. Sie kommt daher in der Regel nicht als Organträger in Betracht, wenn es nicht um die Ausübung wirtschaftlicher Tätigkeiten, sondern hoheitlicher Pflichtaufgaben geht, für die sich die öffentliche Hand – zum Beispiel im Rahmen eines Public Private Partnership Projektes – einer privatrechtlichen Gesellschaft bedient; denn die öffentliche Hand operiert in diesen Fällen zumeist mangels einer wirtschaftlichen Tätigkeit[457] nicht mit einem Betrieb gewerblicher Art[458] und daher nicht als umsatzsteuerlicher Unternehmer[459].

---

452 Vgl. BFH, Urteil vom 18.06.2009 - V R 4/08, UR 2009, 793.

453 Vgl. zur Vereinbarkeit der deutschen Umsetzung mit den unionsrechtlichen Vorgaben: *Blankenheim*, Steuerpflichtiger, S. 246 - 275.

454 Vgl. hierzu im Zusammenhang mit aktuellen Entwicklungen in der Rechtsprechung des BFH: *Boor*, UR 2010, S. 757 ff.; *Forster*, UStB 2010, S. 16 ff.; *Küffner*, StC 2010, S. 23 ff.; *Leonard*, DStR 2010, S. 721 ff.; *Nieskoven*, GStB 2009, S. 355 ff.; *Thietz-Bartram*, DB 2009, S. 1784 ff.

455 *Lippross*, Basiskommentar, zu § 2 UStG, Rz. 40.

456 BFH, Urteil vom 09.10.2002 - V R 64/99, BStBl. II 2003, 375.

457 Vgl. unten (3) auf Seite 141.

458 Zum Betrieb gewerblicher Art im Einzelnen siehe unten c) auf Seite 131 ff.

459 Vgl. *Forchhammer*, UR 1991, S.157 (158).

Vor diesem Hintergrund ist eine umsatzsteuerliche Organschaft als Gestaltungsmöglichkeit[460] für Public Private Partnership Projekte denkbar, wenn steuerbare Leistungen des privaten Partners an den öffentlichen Partner unerwünscht sind[461]. Diese Gestaltung bietet sich jedoch nur für einen begrenzten Bereich an. Da die Organschaft nach § 2 Absatz 3 Satz 1 UStG die Eingliederung in das *Unternehmen* des Organträgers erfordert, kann nur Organträger sein, wer umsatzsteuerlicher Unternehmer ist[462].

b) Nachhaltige Erzielung von Einnahmen

Dem Merkmal der Nachhaltigkeit kommt für die Bestimmung der Unternehmereigenschaft nach § 2 Absatz 1 UStG eine herausragende Bedeutung zu[463]. Seit seiner Entscheidung vom 18. Juli 1991[464] zieht der Bundesfinanzhof das Merkmal der Nachhaltigkeit als zentrales Abgrenzungskriterium zwischen unternehmerischer und nichtunternehmerischer Tätigkeit heran[465]. Auch bezüglich dieses Merkmals geht er implizit von einem typologischen Begriffsverständnis aus[466], da er im Einzelfall aufgrund des Gesamtbildes der Verhältnisse beurteilt, ob die Voraussetzungen einer nachhaltigen Tätigkeit erfüllt sind, wobei eine Reihe von Kriterien zu würdigen sind, die je nach Einzelfall in unterschiedlicher Gewichtung für oder gegen die Nachhaltigkeit der Einnahmeerzielung sprechen können[467].

Wie § 2 Absatz 1 Satz 3 UStG ausdrücklich hervorhebt, ist neben der Absicht, Einnahmen zu erzielen, nicht erforderlich, dass auch eine Gewinnerzielungsabsicht vorliegt. Das Ergebnis der wirtschaftlichen Tätigkeit ist deshalb grundsätz-

[460] Hierzu siehe oben IV. auf Seite 184.

[461] Zum umsatzsteuerlichen Gestaltungspotenzial einer Organschaft im Rahmen von Organisationsprivatisierungen: *Heintzen*, DStR 1999, S. 1799 ff.

[462] Vgl. Abschn. 2.8. Absatz 2 Satz 2 UStAE (entspricht ex-Abschn. 21 Absatz 2 Satz 2 UStR 2008).

[463] *Goertzen*, DStR 1996, S. 164 (165); kritisch zur Anknüpfung an das Merkmal der Nachhaltigkeit: *Stadie*, UR 1990, S. 347.

[464] BFH, Urteil vom 18.07.1991 - V R 86/87, BStBl. II 1991, 776.

[465] BFH, Urteil vom 18.07.1991 - V R 86/87, BStBl. II 1991, 776 zieht als Kriterien für eine Nachhaltigkeit insbesondere in Betracht: eine mehrjährige Tätigkeit, planmäßiges Handeln, auf Wiederholung angelegte Tätigkeiten, die Ausführung mehr als nur eines Umsatzes, die Vornahme mehrerer gleichartiger Handlungen unter Ausnutzung derselben Gelegenheit oder desselben dauernden Verhältnisses, die langfristige Duldung eines Eingriffes in den eigenen Rechtskreis, die Intensität des Tätigwerdens, die Beteiligung am Markt, ein Auftreten wie ein Händler, das Unterhalten eines Geschäftslokals und das Auftreten gegenüber Behörden. Weitere Kriterien m.w.N. finden sich u.a. bei: *Blankenheim*, Steuerpflichtiger, S. 165.

[466] So auch: *Blankenheim*, Steuerpflichtiger, S. 172 f.; *Offerhaus*, UR 1991, S. 279 (279) zu Fußnote 4; *Schenke*, Rechtsfindung, S. 165; a.A. *Mösslang*, UR 1994, S. 10 (14), der in dem Vorgehen des Bundesfinanzhofs nicht ein typologisches Begriffsverständnis, sondern die Methode der vergleichenden Fallwertung erkennt.

[467] Vgl. BFH, Urteil vom 18.12.2008 - V R 80/07, DStR 2009, 745; eine Übersicht der in Betracht kommenden Kriterien findet sich u.a. bei *Blankenheim*, Steuerpflichtiger, S. 165.

lich irrelevant, so dass auch verlustbringende Tätigkeiten unternehmerisch sein können[468]. Der Bundesfinanzhof geht nach den Vorgaben des Europäischen Gerichtshofes[469] jedoch davon aus, dass auch die Höhe der Einnahmen ein Gesichtspunkt ist, der bei der Abwägung der Gegebenheiten des Einzelfalls – im Rahmen der typologischen Betrachtung – berücksichtigt werden könne[470]. Ein hoher Gewinn kann daher für eine unternehmerische Tätigkeit sprechen[471].

3. Einschränkungen durch § 2 Absatz 3 UStG

Ergibt sich eine unternehmerische Tätigkeit des öffentlichen Partners eines Public Private Partnerships nach den allgemeinen Voraussetzungen des § 2 Absatz 1 UStG, ist des Weiteren zu prüfen, ob sich ein abweichendes Ergebnis aus § 2 Absatz 3 UStG ergibt, wonach juristische Personen des öffentlichen Rechts nur im Rahmen ihrer Betriebe gewerblicher Art und ihrer land- und forstwirtschaftlichen Betriebe gewerblich oder beruflich tätig sind.

§ 2 Absatz 3 UStG ist zweckmäßigerweise in drei Prüfungsschritte zu gliedern: Zunächst ist zu fragen, ob eine juristische Person des öffentlichen Rechts im Sinne des § 2 Absatz 3 UStG tätig wird, so dass der Anwendungsbereich der Norm eröffnet ist. In einem zweiten Schritt ist zu prüfen, ob ein land- oder forstwirtschaftlicher Betrieb besteht oder eine der Tätigkeiten vorliegt, die in § 2 Absatz 3 Satz 2 Nummern 2 bis 5 UStG aufgelistet sind. Ist dies der Fall, so erübrigt sich die Prüfung der Voraussetzungen eines Betriebs gewerblicher Art. Liegt indes weder ein land- und forstwirtschaftlicher Betrieb noch eine der aufgelisteten Tätigkeiten vor, so ist in einem dritten Schritt zu prüfen, ob die Voraussetzungen eines Betriebs gewerblicher Art vorliegen. Soweit Merkmale des Betriebs gewerblicher Art jedoch identisch mit Merkmalen des bereits geprüften § 2 Absatz 1 UStG sind, wäre eine erneute Prüfung redundant und ist daher nicht angezeigt[472].

a) Juristische Person des öffentlichen Rechts

Nur wenn eine juristische Person des öffentlichen Rechts tätig wird, ist der Anwendungsbereich des § 2 Absatz 3 UStG eröffnet. Was unter juristischen Personen des öffentlichen Rechts zu verstehen ist, richtet sich nach allgemeinem Staats- und Verwaltungsrecht[473]. Damit fallen insbesondere die Gebietskörper-

[468] Vgl. BFH, Beschluss vom 01.03.1990 – V B 141/89, BFH/NV 1990, 465; a.A. *Rüth*, Umsetzung, S. 176 f. m.w.N., der eine objektive Eignung der Tätigkeit, auf Dauer Überschüsse zu erzielen, für erforderlich hält.

[469] EuGH, Urteil vom 26.09.1996 - C 230/94, Slg. 1996, 4517, „Enkler".

[470] Vgl. BFH, Urteil vom 12.12.1996 – V R 23/93, BStBl. II 1997, 368.

[471] So auch *Blankenheim*, Steuerpflichtiger, S. 86; a.A. *Giesberts*, UR 1993, S. 279 (283), der das Gewinnstreben als für den umsatzsteuerlichen Typusbegriff des Unternehmers irrelevant betrachtet.

[472] So auch: *Stadie*, Umsatzsteuergesetz, § 2 Rz. 259; siehe auch unten (1) auf Seite 140.

[473] Vgl. *Lange*, UR 2000, S. 1 (3).

schaften, öffentlich-rechtliche Religionsgemeinschaften, die Innungen, Industrie- und Handelskammern, Handwerkskammern, Anstalten und Stiftungen des öffentlichen Rechts und sonstige Gebilde, die aufgrund des öffentlichen Rechts eine eigene Rechtspersönlichkeit besitzen, in den Anwendungsbereich der Norm[474].

§ 2 Absatz 3 UStG setzt ein Tätigwerden unmittelbar durch die juristische Person des öffentlichen Rechts voraus, so dass ein Handeln durch beliehene private Rechtssubjekte nicht in den Anwendungsbereich der Norm fällt[475]. Ein unmittelbares Tätigwerden in diesem Sinne setzt außerdem voraus, dass die öffentliche Hand selbst – beispielsweise im Rahmen eines Eigen- oder Regiebetriebs[476] – tätig wird. Bedient sie sich hingegen einer privatrechtlichen Gesellschaftsform mit eigener Rechtspersönlichkeit, so ist der Anwendungsbereich des § 2 Absatz 3 UStG nicht eröffnet. Die Unternehmereigenschaft der handelnden Gesellschaft ergibt sich in diesem Fall allein aus § 2 Absatz 1 UStG[477]. Handelt eine Stadt daher zum Beispiel durch eine GmbH, deren Anteile sie zu 100 Prozent hält, so wird diese GmbH umsatzsteuerlich nicht anders behandelt als eine GmbH mit privaten Gesellschaftern. Derartige Eigengesellschaften der öffentlichen Hand sind grundsätzlich selbstständige Unternehmer im Sinne des Umsatzsteuergesetzes, soweit sie nicht Organgesellschaft einer juristischen Person des öffentlichen Rechts im Rahmen einer umsatzsteuerlichen Organschaft sind[478].

In der Tatsache, dass private Rechtssubjekte unabhängig von ihren Beteiligungsverhältnissen aus dem Anwendungsbereich der Sondervorschriften zur Umsatzbesteuerung der öffentlichen Hand fallen, liegt eine Parallele zur Regelung des Artikels 13 Absatz 1 Unterabsatz 1 MwStSystRL, bei dem das Erfordernis einer „Einrichtung des öffentlichen Rechts" private Rechtssubjekte vom Anwendungsbereich ausschließt[479].

Es ergibt sich, dass der Anwendungsbereich des § 2 Absatz 3 UStG nicht für alle denkbaren Public Private Partnership Projekte eröffnet ist, da für ein Public

---

474 Vgl. *Kraeusel*, FS Korn, S. 460; Abschn. 2.11. Absatz 1 Satz 1 UStAE (entspricht ex-Abschn. 23 Absatz 1 Satz 1 UStR 2008).

475 Vgl. BFH, Urteil vom 10.11.1977 – V R 115/74, BStBl. II 1978, 80; BFH, Urteil vom 25.03.1993 – V R 84/89, BFH/NV 1994, 59; *Blankenheim*, Steuerpflichtiger, S. 325.

476 Der Eigenbetrieb als klassische öffentlich-rechtliche Organisationsform eines kommunalen Unternehmens verfügt über keine eigene Rechtspersönlichkeit, ist jedoch finanzwirtschaftlich und organisatorisch verselbstständigt. Regiebetriebe hingegen sind bloße Abteilungen der Kommunalverwaltung und weder rechtlich noch personell, leitungs- oder haushaltsmäßig verselbstständigt. Vgl. zu diesen beiden Organisationsformen im Einzelnen *Cronauge/Westermann*, Kommunale Unternehmen, S. 36 ff. und 99 ff.

477 Vgl. *Siegel*, Betrieb gewerblicher Art, S. 23; Abschn. 2.11. Absatz 20 Satz 1 und 2 UStAE (entspricht ex-Abschn. 23 Absatz 19 Satz 1 und 2 UStR 2008).

478 Vgl. hierzu oben a) auf Seite 126; *Kraeusel*, FS Korn, S. 459 (470 ff.); Abschn. 2.11. Absatz 20 Satz 3 UStAE (entspricht ex-Abschn. 23 Absatz 19 Satz 3 UStR 2008).

479 Vgl. hierzu oben a) auf Seite 97 ff.

Private Partnership Projekt auf öffentlicher Seite auch ein öffentliches Unternehmen in privatrechtlicher Rechtsform die Rolle des öffentlichen Partners wahrnehmen kann[480]. Da in diesen Fällen der Anwendungsbereich des § 2 Absatz 3 UStG nicht greift, beschränkt sich die Prüfung der Unternehmereigenschaft als Voraussetzung für den Vorsteuerabzug auf die Vorschrift des § 2 Absatz 1 UStG[481].

b) Land- oder forstwirtschaftliche Betriebe und Tätigkeiten nach § 2 Absatz 3 Satz 2 UStG

In § 24 Absatz 2 UStG definiert das Umsatzsteuergesetz selbst, was als land- und forstwirtschaftlicher Betrieb gilt[482]. Im Gegensatz zum Betrieb gewerblicher Art verweist § 2 Absatz 3 Satz 1 UStG für die land- und forstwirtschaftlichen Betriebe nicht auf das Körperschaftsteuergesetz. Auch wenn es sich um eine rein hoheitliche Tätigkeit oder einen Hoheitsbetrieb im Sinne von § 4 Absatz 5 KStG handelt[483], kann daher nicht entgegen dem eindeutigen Wortlaut des § 2 Absatz 3 Satz 1 UStG aus dem der Norm zugrunde liegenden Rechtsgedanken die Steuerbarkeit verneint werden[484].

Da die Tätigkeiten eines land- oder forstwirtschaftlichen Betriebs einer juristischen Person des öffentlichen Rechts ungeachtet ihres Ausmaßes und unabhängig von potenziellen Wettbewerbsverzerrungen als gewerblich oder beruflich gelten, weicht § 2 Absatz 3 Satz 1 UStG von den Vorgaben des Artikels 13 MwStSystRL ab; denn die Leistungen der öffentlichen Hand sind nach § 2 Absatz 3 Satz 1 UStG selbst dann umsatzsteuerbar, wenn sie von einer Einrichtung des öffentlichen Rechts im Rahmen ihrer öffentlichen Gewalt im Sinne von Artikel 13 Absatz 1 Unterabsatz 1 MwStSystRL ausgeübt werden und keine größeren Wettbewerbsverzerrungen im Sinne von Artikel 13 Absatz 1 Unterabsatz 2 MwStSystRL zu befürchten sind. Diese Inkongruenz wird jedoch in der Praxis regelmäßig nicht relevant, da die land- oder forstwirtschaftlichen Produkte meist auf zivilrechtlicher Grundlage veräußert werden[485], so dass Artikel 13 Absatz 1 MwStSystRL mangels Ausübung einer „im Rahmen der öffentlichen Gewalt obliegenden" Tätigkeit

---

[480] Zu den möglichen Beteiligten siehe oben 1. auf Seite 19.

[481] Siehe oben 2. auf Seite 125 ff.

[482] Im Einzelnen: Die Landwirtschaft, die Forstwirtschaft, der Wein-, Garten-, Obst- und Gemüsebau, die Baumschulen, alle Betriebe, die Pflanzen und Pflanzenteile mit Hilfe der Naturkräfte gewinnen, die Binnenfischerei, die Teichwirtschaft, die Fischzucht für die Binnenfischerei und Teichwirtschaft, die Imkerei, die Wanderschäferei, die Saatzucht und Tierzucht- und Tierhaltungsbetriebe, soweit ihre Tierbestände nach den §§ 51 und 51 a des Bewertungsgesetzes zur landwirtschaftlichen Nutzung gehören.

[483] Siehe zur wirtschaftlichen Tätigkeit unten (3) auf Seite 141.

[484] So jedoch, ohne nähere Begründung: *Blankenheim*, Steuerpflichtiger, S. 353.

[485] Vgl. *Blankenheim*, Steuerpflichtiger, S. 253.

nicht zur Anwendung kommt[486] und sich im Ergebnis auch nach der MwStSystRL eine Umsatzsteuerbarkeit ergibt.

Die in § 2 Absatz 3 Satz 2 Nr. 2 bis 5 UStG aufgezählten Tätigkeiten gelten unabhängig vom Vorliegen der Voraussetzungen eines Betriebs gewerblicher Art oder eines land- oder forstwirtschaftlichen Betriebs als gewerblich oder beruflich. Es handelt sich dabei um eine Fiktion, durch die der Gesetzgeber Wettbewerbsverzerrungen zu Lasten von in ähnlicher Weise privatrechtlich tätigen Unternehmen ausschalten will[487]. Dieser mit der Aufzählung einzelner Tätigkeiten verbundene kasuistische Regelungsansatz ähnelt der Systematik des Artikels 13 Absatz 1 Unterabsatz 3 MwStSystRL in Verbindung mit dem Anhang I zur MwStSystRL. Im Gegensatz zu Artikel 13 Absatz 1 Unterabsatz 3 MwStSystRL, wonach die jeweilige Tätigkeit in einem Umfang ausgeübt werden muss, der nicht unbedeutend ist, verzichtet § 2 Absatz 3 Satz 2 UStG vollständig auf eine Einschränkung im Hinblick auf den Umfang der aufgeführten Tätigkeiten. Diese Abweichung von den Vorgaben des Artikels 13 Absatz 1 Unterabsatz 3 MwStSystRL führt dennoch nicht zu einem Konflikt zwischen nationalem und europäischem Recht, da es nach Auffassung des Europäischen Gerichtshofs den Mitgliedstaaten freisteht, auf die Umsetzung der Beschränkung auf ein „mehr als unbedeutendes“ Ausmaß zu verzichten[488]. Mit Ausnahme von der in § 2 Absatz 3 Satz 2 Nr. 5 UStG aufgeführten Tätigkeit, die sich auf Nr. 7 des Anhangs I zur MwStSystRL zurückführen lässt, entsprechen die Tätigkeiten nicht denjenigen des Anhangs I. Nach Artikel 13 Absatz 1 Unterabsatz 1 und 2 MwStSystRL wäre daher nur dann eine Steuerbarkeit möglich, wenn eine größere Wettbewerbsverzerrung zu befürchten ist. Diese Einschränkung enthält § 2 Absatz 3 Satz 2 UStG nicht, worin eine erhebliche Abweichung zu den Vorgaben der MwStSystRL liegt.

c) Betrieb gewerblicher Art

Der Begriff des Betriebs gewerblicher Art geht zurück auf eine Entscheidung des Reichsfinanzhofes[489] aus dem Jahre 1929, in der es um den Begriff des „Betriebs“ im Sinne von § 2 Absatz 1 Nr. 3 KStG 1925[490] ging; er wurde vom Gesetzgeber erstmals durch § 1 Absatz 1 Nr. 6 KStG 1934[491] eingeführt. Auch in seiner aktuellen Fassung verwendet das KStG den Begriff des Betriebs gewerblicher Art in § 1 Absatz 1 Nr. 6 KStG als Fall der unbeschränkten Steuerpflicht für juristische

[486] Vgl. hierzu oben b) auf Seite 98.
[487] Vgl. *Blankenheim*, Steuerpflichtiger, S. 354.
[488] EuGH, Urteil vom 17.10.1989 – C 231/87 und 129/88, UR 1991, 77, „Comune di Carpaneto Piacentino“ Rz. 27; siehe hierzu auch oben 4. auf Seite 117.
[489] RFH, Urteil vom 22.10.1929 – I Aa 644/29, RStBl. 1929, 666 (667).
[490] KStG v. 10.08.1925 RGBl. I 1925, S. 208.
[491] KStG v. 16.10.1934 RGBl. I 1934, S. 1031.

Personen des öffentlichen Rechts. § 4 KStG widmet sich der Konkretisierung des Begriffsinhalts.

aa) Regelungssystematik

Das Umsatzsteuergesetz selbst bestimmt nicht, was unter einem Betrieb gewerblicher Art zu verstehen ist; stattdessen verweist es in § 2 Absatz 3 Satz 1 UStG auf § 1 Absatz 1 Nr. 6 und § 4 KStG.

Der Verweis des Umsatzsteuergesetzes auf das Körperschaftsteuergesetz wirft die Frage auf, ob der Begriff des Betriebs gewerblicher Art im Umsatzsteuerrecht mit demjenigen des Körperschaftsteuerrechts identisch ist, so dass auch für das Umsatzsteuerrecht das körperschaftsteuerliche Begriffsverständnis maßgeblich ist. Die Verweistechnik an sich impliziert zunächst eine solche Identität[492]. Potenzielle Probleme ergeben sich allerdings daraus, dass durch die detaillierte umsatzsteuerliche Richtliniengebung der Europäischen Union die Umsatzsteuer in einem wesentlich stärkeren Maße vom Unionsrecht geprägt wird als die Körperschaftsteuer[493]. Wenn das europäische Recht für das Umsatzsteuerrecht ein vom Körperschaftsteuerrecht abweichendes Begriffsverständnis[494] des Betriebs gewerblicher Art gebietet, so drängt sich die Frage auf, ob die These von der Identität beider Begriffe noch aufrecht erhalten werden kann und die Verweisung auf das Körperschaftsteuerrecht sinnvoll ist[495]. Der Bundesfinanzhof hat sich in seiner Rechtsprechung zu diesem dogmatischen Problem geäußert und vertritt die Auffassung, dass der Gesetzgeber sich der Verweistechnik auf das Körperschaftsteuerrecht nur bedient hat, um eine Wiederholung zu vermeiden, und dass der Betrieb gewerblicher Art im Sinne des Umsatzsteuerrechts aufgrund der notwendigen unionsrechtskonformen Auslegung eine andere Gestalt haben kann, als der Betrieb gewerblicher Art im Sinne des Körperschaftsteuerrechts[496].

§ 4 Absatz 1 Satz 1 KStG definiert den Betrieb gewerblicher Art als eine Einrichtung, die einer nachhaltigen wirtschaftlichen Tätigkeit zur Erzielung von Einnahmen außerhalb der Land- und Forstwirtschaft dient und sich innerhalb der Gesamtbetätigung der juristischen Person wirtschaftlich heraushebt. Die Absicht,

---

[492] Vgl. *Kraeusel*, FS Korn, S. 461.

[493] Siehe hierzu oben § 7 auf Seite 61.

[494] Dies ist z.B. im Bereich der Vermögensverwaltung der Fall, vgl. etwa: *Hüttemann*, FR 2009, 308 (309).

[495] Vgl. *Hüttemann*, Besteuerung, S. 178, der eine Entkoppelung zwar nicht für zwingend notwendig hält, sie jedoch aus Klarstellungsgründen befürwortet; siehe auch *Bundesrechnungshof*, Umsatzsteuerliche Behandlung, S. 39 bis 41 und *Bundesrechnungshof*, Umsatzsteuerreformvorhaben, 12 ff., der neben einer Entkoppelung auch die Anpassung der körperschaftsteuerlichen Normen an die unionsrechtlichen Vorgaben oder die Ergänzung von § 2 Absatz 3 Satz 2 UStG um die Tätigkeiten, die abweichend vom KStG zu beurteilen sind, in Erwägung zieht.

[496] BFH, Urteil vom 15.04.2010 – V R 10/09, BFH/NV 2010, 1574.

Gewinn zu erzielen, ist hingegen nach § 4 Absatz 1 Satz 2 KStG nicht erforderlich. § 4 Absatz 2 KStG stellt klar, dass es außerdem nicht zwingend erforderlich ist, dass eine juristische Person des öffentlichen Rechts einen Betrieb gewerblicher Art unterhält; vielmehr ist es auch möglich, dass die juristische Person des öffentlichen Rechts selbst ein Betrieb gewerblicher Art ist. Bestimmte Versorgungsbetriebe, namentlich Wasser, Gas, Elektrizität oder Wärme sowie der öffentliche Verkehr und Hafenbetriebe gelten nach § 4 Absatz 3 KStG als Betriebe gewerblicher Art. Auch die Verpachtung eines Betriebs gewerblicher Art ist nach § 4 Absatz 4 KStG ein eigener Betrieb gewerblicher Art. Wenn ein Betrieb indes überwiegend der Ausübung öffentlicher Gewalt dient, soll es sich nicht um einen Betrieb gewerblicher Art handeln; das Gesetz bezeichnet solche Betriebe als Hoheitsbetriebe, § 4 Absatz 5 Satz 1 KStG.

Bei der Prüfung, ob eine Tätigkeit der öffentlichen Hand zum Vorliegen eines Betriebs gewerblicher Art führt, ist folglich zunächst zu fragen, ob die Voraussetzungen der allgemeinen Definition des § 4 Absatz 1 KStG erfüllt sind. In einem zweiten Schritt ist sodann zu prüfen, ob sich aus den Absätzen 2 bis 5 eine Abweichung ergibt.

bb) Allgemeine Definition nach § 4 Absatz 1 KStG

Die Definition des Betriebs gewerblicher Art nach § 4 Absatz 1 KStG lässt sich in zwei Elemente aufteilen. Es muss erstens eine *Einrichtung* von juristischen Personen des öffentlichen Rechts[497] vorliegen, die sich wirtschaftlich heraushebt. Zweitens muss diese Einrichtung einem bestimmten *Zweck* dienen, nämlich einer nachhaltigen wirtschaftlichen Tätigkeit zur Erzielung von Einnahmen. Während das erste Merkmal sich auf das Steuersubjekt bezieht, nimmt das zweite Merkmal die verfolgte Tätigkeit in den Blick.

Das erste Merkmal zerfällt in zwei Teile, namentlich die Qualifikation als „Einrichtung einer juristischen Person des öffentlichen Rechts" und deren „wirtschaftliche Herausgehobenheit". Das zweite zweck- und tätigkeitsbezogene Element zerfällt in drei Teile: „Wirtschaftlichkeit", „Selbstständigkeit" und „Absicht nachhaltiger Einnahmeerzielung außerhalb der Land- und Forstwirtschaft". Die Eigenschaft „wirtschaftlich" wird daher an zwei Stellen relevant, nämlich in Bezug auf die Herausgehobenheit der Einrichtung und in Bezug auf die bezweckte Tätigkeit.

[497] Insbesondere Gebietskörperschaften, öffentlich-rechtliche Religionsgemeinschaften, Innungen, Handwerkskammern, Industrie- und Handelskammern und Anstalten öffentlichen Rechts. Die Finanzverwaltung wendet § 2 Absatz 3 UStG auf ausländische juristische Personen des öffentlichen Rechts nach Abschn. 2.11. Absatz 1 Satz 4 UStAE (entspricht ex-Abschn. 23 Absatz 1 Satz 4 UStR 2008) analog an.

Trotz aller Systematisierungsbemühungen wird es deutlich, dass die Definition des Betriebs gewerblicher Art mit einer Vielzahl unbestimmter Rechtsbegriffe verbunden ist. Der Rechtsanwendung muss daher stets eine Auslegung dieser Begriffe vorangehen, was naturgemäß zu einer gewissen Rechtsunsicherheit führt[498]. Mit dem Ziel, diesen Zustand zu verbessern, hat die Finanzverwaltung versucht, für den Bereich der Körperschaftsteuer die Merkmale des Betriebs gewerblicher Art in den Körperschaftsteuerrichtlinien in Anlehnung an die Rechtsprechung des Bundesfinanzhofes zu konkretisieren[499]. Diese Grundsätze wendet sie auch für die Umsatzsteuer an[500]. Darüber hinaus entstehen kontinuierlich neue Verwaltungsanweisungen, die zumeist auf aktuellen Rechtsprechungsentwicklungen beruhen[501].

aaa) Subjektsbezogene Merkmale

Jeder Betrieb gewerblicher Art muss eine Einrichtung sein, und zwar eine solche, die sich wirtschaftlich besonders innerhalb der Gesamtbetätigung der juristischen Person heraushebt.

(1) Einrichtung

Der Begriff der Einrichtung geht nicht auf die Entscheidung des Reichsfinanzhofes von 1929 zurück. Er wurde erst durch § 1 Absatz 1 KStDV 1935 durch den Gesetzgeber eingeführt, der ihn als Oberbegriff für „Betriebe und Verwaltungen des öffentlichen Rechts" im Sinne von § 2 Absatz 1 Nr. 3 KStG 1925 verstanden wissen wollte[502]. Aus diesem Verständnis heraus erklärt sich, dass der Bundesfinanzhof sich im Zusammenhang mit dem Einrichtungsbegriff auf die Rechtsprechung des Reichsfinanzhofes[503] zu Betrieben öffentlichen Rechts bezieht[504].

Nach seinem Wortlaut impliziert der Begriff der Einrichtung eine organisatorische Verselbstständigung von sachlichen und personellen Mitteln zu einem

[498] *Kraeusel*, FS Korn, S. 462.

[499] Abschn. 6 KStRL 2004.

[500] Abschn. 2.11. Absatz 4 Satz 2 UStAE (entspricht ex-Abschn. 23 Absatz 4 Satz 2 UStR 2008).

[501] Vgl. zuletzt: BMF, Schreiben vom 11.12.2009 – IV C 7 – S 2706/07/10006 zur Abgrenzung hoheitlicher von wirtschaftlichen Tätigkeiten; OFD Hannover, Verfügung vom 15.10.2009, S 7106 - 264 - StO 171 zur umsatzsteuerlichen Behandlung der Tätigkeiten der Vermessungs- und Katasterverwaltung; OFD Frankfurt am Main, Verfügung vom 18.03.2008, S 7106 A - 117 - St 11 zur Umsatzbesteuerung der von der öffentlichen Hand betriebenen Krematorien.

[502] Vgl. *Hüttemann*, Besteuerung, S. 43; *Siegel*, Betrieb gewerblicher Art, S. 67.

[503] Vor allem: RFH, Urteil vom 22.10.1929 – I A a 644/29, RStBl. 1929, 666.

[504] Vgl. BFH, Urteil vom 04.09.1956 – I 56/56; BFH, Urteil vom 13.03.1974 – I R 7/71, BStBl. II 1974, 391; BFH, Urteil vom 02.07.1986 – I R 38/80, BFH/NV 1987, 810; BFH, Urteil vom 27.06.1990 – I R 166/85, BFH/NV 1991, 628.

bestimmten Zweck[505]. Von einer Einrichtung könnte in diesem wortlautgetreuen Sinne gesprochen werden, wenn die öffentliche Hand für eine bestimmte Aufgabe oder ein Aufgabenbündel ein bestimmtes Personal mit den notwendigen Sachmitteln versieht und beispielsweise in einem Gebäudekomplex einsetzt. Nach diesem Begriffsverständnis wäre etwa ein Rathaus eine Einrichtung, nicht ohne Weiteres hingegen die Teilabteilung des Rathauses, deren Aufgabe die Verwaltung der Gemeindesteuern ist. Anders verhielte es sich, wenn diese Abteilung ausgegliedert und in einem eigenen Gebäude mit eigenem Personal untergebracht würde. In diesem Fall würde dieses „Steueramt" zu einer eigenen „Einrichtung", ohne dass sich an der Tätigkeit inhaltlich oder dem Umfang nach etwas geändert hätte.

An dieser Stelle wird ein Problem des Einrichtungsbegriffs deutlich: Bestimmt man den Begriff anhand personeller und organisatorischer Merkmale, so kann die öffentliche Hand selbst gestalten, ob eine Einrichtung vorliegt oder nicht. Sie könnte damit zu einem erheblichen Teil bestimmen, ob sie umsatzsteuerbar tätig wird. Dies widerspricht jedoch dem Zweck der Besteuerung der öffentlichen Hand, Wettbewerbsverzerrungen zu vermeiden[506]. Ein anderes Begriffsverständnis – gänzlich unabhängig von organisatorischen und personellen Aspekten – ist hingegen schwer mit dem Wortlaut vereinbar. Es ist daher nicht verwunderlich, dass im Schrifttum zur Lösung dieses Dilemmas die Forderung erhoben wird, den Einrichtungsbegriff gänzlich zu Gunsten einer tätigkeitsbezogenen Auslegung aufzugeben – in dem Sinne, dass jede nachhaltige Tätigkeit einer juristischen Person öffentlichen Rechts eine „Einrichtung" begründet[507] – oder dem Einrichtungsmerkmal eine eigenständige Bedeutung abzuerkennen und es nur im Zusammenhang mit dem Merkmal der wirtschaftlich herausgehobenen Stellung zu gebrauchen[508].

Dieses Dilemma des Einrichtungsbegriffs schlägt sich auch in der Rechtsprechung nieder: Der Reichsfinanzhof definierte in seiner Entscheidung aus dem Jahre 1929[509] den Begriff des Betriebs im Sinne des § 2 Absatz 1 Nr. 3 KStG 1925 als „Inbegriff fortdauernder wirtschaftlicher Verrichtungen, die unter einem einheitlichen Willen auf ein bestimmtes sachliches Ziel gerichtet sind, dadurch in sich wirtschaftlich zusammenhängen und eine funktionelle Einheit bilden, innerhalb der Gesamtbetätigung aber sich als etwas Besonderes herausheben müssen".

---

505 Vgl. *Hüttemann*, Besteuerung, S. 49; *Landwehr*, Betriebe gewerblicher Art, S. 139 f., der das Erfordernis eines „gewissen Maßes an Selbstständigkeit" aus dem Begriffsverständnis innerhalb des öffentlichen Sachen- und Anstaltsrechts und der gemeindlichen Verwaltungstätigkeit herleitet; *Siegel*, Betrieb gewerblicher Art, S 64.

506 Vgl. *Hüttemann*, Besteuerung, S. 45; zum Sinn der Besteuerung der öffentlichen Hand siehe auch oben § 10 auf Seite 83.

507 *Hüttemann*, Besteuerung, S. 49 f.; *Klenk* in: *Sölch/Ringleb*, Umsatzsteuer, § 2, Rz. 245.

508 Vgl. *Seer*, DStR 1992, S. 1751 (1753 ff.).

509 RFH, Urteil vom 22.10.1929 – I A a 644/29, RStBl. 1929, 666.

Hierauf aufbauend stellte der Bundesfinanzhof bezüglich des Einrichtungsbegriffes darauf ab, ob eine „funktionelle Einheit" vorliegt[510]. Er ließ dabei jedoch unklar, was er unter einer solchen „funktionellen Einheit" genau verstanden wissen wollte. Offenbar kommt es vor allem darauf an, ob die Tätigkeit sich von der übrigen Tätigkeit der juristischen Person des öffentlichen Rechts abgrenzen lässt, weil sie eine andere Funktion im Sinne eines anderen Zwecks erfüllt[511]. Maßgeblich soll nach Ansicht des Bundesfinanzhofes in diesem Zusammenhang insbesondere sein, ob die fragliche Tätigkeit sich von den Pflichtaufgaben der betreffenden juristischen Person des öffentlichen Rechts abgrenzen lässt[512]. Diese funktionelle Abgrenzung führt allerdings zu einer Vermischung der Merkmale des Betriebs gewerblicher Art, da es insoweit bereits für den Einrichtungsbegriff darauf ankommt, ob eine Tätigkeit hoheitlich oder wirtschaftlich ist.

Die Begründung einer derartigen funktionellen Abgrenzbarkeit mit organisatorischen Vorkehrungen wäre zwar praktikabel, würde jedoch die erwähnten unerwünschten Gestaltungsmöglichkeiten eröffnen. Der Bundesfinanzhof betonte daher, dass das Vorliegen eines Betriebs gewerblicher Art grundsätzlich von organisatorischen Gestaltungen unabhängig sei[513]. Jedenfalls dürfe die Steuerpflicht nicht allein vom Umfang der organisatorischen Vorkehrungen der öffentlichen Hand abhängen[514]. Es sei allerdings eine „gewisse Selbstständigkeit" erforderlich, die auch anhand der Planung und Organisation einer Tätigkeit hervortreten könne[515]. Nicht erforderlich ist nach Auffassung des Bundesfinanzhofes, dass die Tätigkeit durch eine verselbstständigte organisatorische Einheit ausgeführt wird, vielmehr könne auch dann ein Betrieb gewerblicher Art vorliegen, wenn eine Auf-

[510] Vgl. BFH, Urteil vom 04.09.1956 – I 56/56; BFH, Urteil vom 13.03.1974 – I R 7/71, BStBl. II 1974, 391; BFH, Urteil vom 02.07.1986 – I R 38/80, BFH/NV 1987, 810; BFH, Urteil vom 27.06.1990 – I R 166/85, BFH/NV 1991, 628; BFH, Beschluss vom 03.02.2010 – I R 8/09, DStR 2010, 645.

[511] Vgl. BFH, Urteil vom 14.04.1983 – V R 3/97, UR 1983, 145; *Prugger*, UR 1983, S. 145 (149); *Siegel*, Betrieb gewerblicher Art, S. 60.

[512] BFH, Beschluss vom 03.02.2010 – I R 8/09, DStR 2010, 645 Rz. 12.

[513] BFH, Urteil vom 04.09.1956 – I 56/56.

[514] BFH, Urteil vom 26.02.1957 – I 327/56 BStBl. 1957 III 146, (147).

[515] Gegenstand der Entscheidung war die Überlassung von Standplätzen an die Beschicker von Wochen- und Krammärkten durch eine Gemeinde. Das Gericht stützte die Bejahung der erforderlichen gewissen Selbstständigkeit auf die Einrichtung des Amtes eines Marktmeisters, der für die Erledigung der im Außendienst auftretenden Aufgaben eingesetzt wurde und der unter anderem auch die Standgelder einzog, und auf die Zusammenfassung der Einnahmen und Ausgaben im Haushaltsplan der Gemeinde unter einem gesonderten Abschnitt „Märkte".

gabe innerhalb der für andere Aufgaben der Körperschaft öffentlichen Rechts eingerichteten Organisation miterledigt werde[516].

Die Finanzverwaltung beschränkte sich überwiegend auf eine Rezeption der Rechtsprechung[517]. Darüber hinaus hält sie im Hinblick auf die, für die Begründung der funktionellen Einheit erforderliche, Abgrenzbarkeit auch zeitliche Kriterien für relevant. Demnach könne eine Einrichtung auch dann angenommen werden, wenn Betriebsmittel in einer zeitlich abgrenzbaren Weise für unterschiedliche Zwecke verwendet werden[518]. Schließlich unternimmt die Finanzverwaltung den Versuch einer Vereinfachung, indem sie das Überschreiten eines Jahresumsatzes im Sinne von § 1 Absatz 1 Nr. 1 UStG in Höhe von 130.000 Euro als wichtiges Merkmal für das Vorliegen einer Einrichtung ansieht[519]. Wie *Siegel* jedoch zutreffend ausführte[520], ist die Verwendung einer Umsatzgrenze im Hinblick auf die Frage, ob eine Einrichtung vorliegt, gänzlich ungeeignet; denn um den maßgeblichen Umsatz zu ermitteln, muss bereits Klarheit darüber bestehen, welche Tätigkeiten in welchem Umfang der Einrichtung zuzurechnen sind. Mit anderen Worten müsste bereits feststehen, was die Einrichtung sein soll, bevor der Einrichtungsstatus nachträglich anhand des Jahresumsatzes untermauert werden könnte.

Bei einem Vergleich des Einrichtungsbegriffs im Sinne von § 4 Absatz 1 Satz 1 KStG mit dem Begriff der Einrichtung öffentlichen Rechts im Sinne von Artikel 13 Absatz 1 Unterabsatz 1 MwStSystRL fällt auf, dass es sich um zwei verschiedene Einrichtungsbegriffe handelt. Der unionsrechtliche Begriff der öffentlichen Einrichtung erfüllt in erster Linie die Funktion, den Anwendungsbereich von Artikel 13 MwStSystRL privaten Rechtssubjekten zu verschließen[521]. Eine inhaltliche Betrachtung im Sinne einer funktionellen Abgrenzbarkeit der ausgeübten Tätigkeiten erfolgt im Unionsrecht nicht, so dass sich das Merkmal der öffentlichen Einrichtung im Sinne von Artikel 13 Absatz 1 Unterabsatz 1 MwStSystRL im Vergleich zum nationalen Recht wesentlich einfacher gestaltet. Im Rahmen des § 4 Absatz 1 Satz 1 KStG wird die Funktion der Abgrenzung öffentlich-rechtlicher von privatrechtlichen Rechtssubjekten hingegen bereits durch das Erfordernis einer juristischen Person öffentlichen Rechts in § 2 Absatz 3 Satz 1 UStG erfüllt[522].

In der Praxis ist die genaue Abgrenzung der Einrichtungen im Sinne von § 4 Absatz 1 Satz 1 KStG der öffentlichen Hand insbesondere relevant, weil die Ein-

516 Vgl. bezüglich der Nutzung eines Fernsehturms durch eine öffentliche Rundfunkanstalt nicht nur zur Ausstrahlung von Sendungen, sondern auch als Aussichtsturm: BFH, Urteil vom 13.03.1974 – I R 7/71, BStBl. II 1974, 391; BFH, Urteil vom 27.06.1990 – I R 166/85, BFH/NV 1991, 628.

517 Vgl. Abschn. 6 Absatz 2 Satz 1 KStR 2004.

518 Abschn. 6 Absatz 4 Satz 1 KStR 2004.

519 Abschn. 6 Absatz 4 Satz 2 KStR 2004.

520 *Siegel*, Betrieb gewerblicher Art, S. 74.

521 Vgl. hierzu oben a) auf Seite 97.

522 Siehe hierzu oben a) auf Seite 128.

richtung als eine Zuordnungseinheit für die von der Finanzverwaltung angewendeten Umsatzgrenzen dient[523]. Um zu beurteilen, ob eine Umsatzgrenze überschritten wird, muss jedoch feststehen, welcher Teil der Umsätze der juristischen Person des öffentlichen Rechts der zu betrachtenden Einrichtung zuzuordnen sind. Hieraus ergeben sich im Rahmen eines Public Private Partnership Projektes gegebenenfalls Argumentationsspielräume gegenüber der Finanzverwaltung. Will der öffentliche Partner eine eigene Umsatzsteuerbarkeit vermeiden, so wird er versuchen seine Umsätze einer Vielzahl von Einrichtungen zuzuordnen, um durch diese Atomisierung des Gesamtumsatzes eine mehrfache Inanspruchnahme der Umsatzgrenzen der Finanzverwaltung zu ermöglichen; begehrt der öffentliche Partner hingegen die eigene Umsatzsteuerbarkeit, um zum Beispiel das Recht zum Vorsteuerabzug zu erhalten, so wird er versuchen, möglichst viele Umsätze einer einzigen Einrichtung zuzuordnen, um die Umsatzgrenzen der Finanzverwaltung zu überschreiten[524].

(2) Wirtschaftliche Herausgehobenheit

Das Merkmal der wirtschaftlichen Herausgehobenheit innerhalb der Gesamtbetätigung der juristischen Person des öffentlichen Rechts ist eng mit dem Einrichtungsbegriff verbunden und wird häufig auch mit ihm vermengt[525]. Besonders deutlich wird die Vermischung der Merkmale in den Hinweisen der Finanzverwaltung zu Abschnitt 6 KStR 2004. Hier stellt die Finanzverwaltung fest, dass sich eine Einrichtung aus einer besonderen Leitung, einem geschlossenen Geschäftskreis, der Buchführung oder aus einem ähnlichen, auf eine Einheit hindeutenden Merkmal ergeben könne. Die Ausführungen nehmen jedoch Bezug auf ein Urteil des Bundesfinanzhofes, in dem er diese Kriterien zur Feststellung der wirtschaftlichen Herausgehobenheit und nicht bezüglich des Einrichtungsbegriffs verwendete[526]. Des Weiteren finden sich in der Literatur Beiträge, die das Merkmal der wirtschaftlichen Herausgehobenheit missverständlich auf die Tätigkeit der juristischen Person des öffentlichen Rechts und nicht auf die Einrichtung beziehen[527].

Die Finanzverwaltung behilft sich auch für das Erfordernis der wirtschaftlichen Herausgehobenheit mit einer Umsatzgrenze: Sie sieht grundsätzlich – in Anlehnung an das Urteil des Reichsfinanzhofes von 1929[528] – die Tätigkeit als wirt-

[523] Siehe zur Umsatzgrenze, die die Finanzverwaltung zur Beurteilung des Merkmals der wirtschaftlichen Herausgehobenheit anwendet, unten (2) auf Seite 138.

[524] Vgl. hierzu *Bundesrechnungshof*, Umsatzsteuerliche Behandlung, S. 36.

[525] *Siegel*, Betrieb gewerblicher Art, S. 72 m.w.N.

[526] BFH, Urteil vom 26.05.1977 – V R 15/74, BStBl. II 1977, 813.

[527] Vgl. *Sterzinger*, UR 2009, S. 37 (38), der ausführt, dass ein Betrieb gewerblicher Art nur vorliege, wenn *die wirtschaftliche Tätigkeit* sich innerhalb der Gesamtbetätigung der juristischen Person des öffentlichen Rechts wirtschaftlich heraushebt.

[528] RFH, Urteil vom 22.10.1929 – I A a 644/29, RStBl. 1929, 666.

schaftlich herausgehoben an, wenn sie „von einigem wirtschaftlichen Gewicht" ist; dafür sieht die Finanzverwaltung einen wichtigen Anhaltspunkt darin, dass ein Jahresumsatz von 30.678 Euro[529] nachhaltig überschritten wird[530]. In diesem Zusammenhang hält sie, im offenen Widerspruch zur Rechtsprechung[531], weder das Verhältnis der Einnahmen zur Gesamtbetätigung der juristischen Person des öffentlichen Rechts noch das Verhältnis zu einem bestimmten Teil des Gesamthaushalts für beachtlich. Der Bundesfinanzhof hat bereits im Jahr 1989 klargestellt, dass Gewinn- oder Umsatzgrenzen keine geeigneten, allein maßgeblichen Kriterien zur Bestimmung der Steuerpflicht einer Körperschaft des öffentlichen Rechts nach § 2 Abs. 3 UStG sind; auch wenn die Grenze des nachhaltigen Jahresumsatzes nicht erreicht ist, könne ein Betrieb gewerblicher Art jedenfalls dann vorliegen, wenn die Körperschaft mit der (wirtschaftlich sich heraushebenden) Verpachtungstätigkeit zu anderen Verpachtungsunternehmern unmittelbar in Wettbewerb tritt[532]. Dies scheint der Ansicht der Finanzverwaltung jedoch nicht zwingend zu widersprechen, da diese bei Überschreiten der Umsatzgrenze nicht automatisch eine wirtschaftliche Herausgehobenheit annimmt, sondern hierfür lediglich einen „wichtigen Anhaltspunkt" erkennt. Darüber hinaus soll auch bei Unterschreiten dieses Umsatzes nach Auffassung der Finanzverwaltung ausnahmsweise die Herausgehobenheit zu bejahen sein, wenn hierfür besondere Gründe von der juristischen Person des öffentlichen Rechts vorgetragen werden[533]. Als solchen bezeichnet sie in Anlehnung an die Rechtsprechung des Bundesfinanzhofes insbesondere eine Situation, in der die öffentliche Hand mit anderen Unternehmen unmittelbar im Wettbewerb steht[534]. Auf den ersten Blick kommt die Finanzverwaltung damit dem Gebot nach, nicht allein auf Umsatzkriterien abzustellen und eine wettbewerbsneutrale Besteuerung der öffentlichen Hand sicherzustellen. Bei genauerer Betrachtung stellt sich jedoch heraus, dass sich allein aus einem Unterschreiten der Umsatzgrenze für die öffentliche Hand die Möglichkeit ergibt, die Steuerbarkeit ihrer Tätigkeit zu vermeiden; denn die Finanzverwaltung nimmt ausdrücklich nur wegen besonderer Gründe eine wirtschaftliche Herausgehobenheit an, wenn diese Gründe von der juristischen Person des öffentlichen Rechts selbst vorgetragen werden[535]. Der Finanzverwaltung selbst ist es daher nicht möglich, besondere

[529] Früher 60.000 DM.

[530] Abschn. 6 Absatz 5 Satz 1 und Satz 2 KStR 2004.

[531] BFH, Urteil vom 11.01.1979 – V R 26/74, BStBl. II 1979, 746; BFH, Urteil vom 14.04.1983 – V R 3/79, BStBl. II 1983, 491.

[532] BFH, Urteil vom 25.10.1989 – V R 111/85, BStBl. II 1990, 868.

[533] Abschn. 6 Absatz 5 Satz 4 KStR 2004.

[534] Abschn. 6 Absatz 5 Satz 5 KStR 2004.

[535] Abschn. 6 Absatz 5 Satz 4 KStR 2004 bestimmt im Wortlaut: „Wird ein nachhaltiger Jahresumsatz von über 30.678 Euro im Einzelfall nicht erreicht, ist ein Betrieb gewerblicher Art nur anzunehmen, wenn hierfür besondere Gründe *von der Körperschaft vorgetragen* werden" (Hervorhebung durch den Verfasser).

Gründe – insbesondere eine mögliche Wettbewerbsverzerrung – vorzubringen[536]. Damit gewährt die Finanzverwaltung der öffentlichen Hand faktisch eine Freigrenze[537].

In der steuerrechtlichen Literatur ist umstritten, ob das Merkmal des Heraushebens im Sinne einer sachlichen Selbstständigkeit zu verstehen ist, um von Hilfstätigkeiten der hoheitlichen Tätigkeit abzugrenzen[538], oder ob es sich um eine Gewichtigkeitsgrenze handelt, die den gleichen Zweck wie ein Freibetrag erfüllt[539]. Vor dem Hintergrund der neueren Rechtsprechung des Bundesfinanzhofes hat dieser Streit jedoch an Bedeutung verloren, da es nach Auffassung des Gerichts wegen der gebotenen unionsrechtskonformen Auslegung des nationalen Umsatzsteuerrechts nicht darauf ankommt, ob sich ihre wirtschaftliche Tätigkeit innerhalb ihrer Gesamtbetätigung wirtschaftlich heraushebt und bestimmte Umsatzgrenzen überschreitet[540]. Diese Auffassung beruht darauf, dass es in den unionsrechtlichen Vorgaben kein allgemeines Erfordernis eines wirtschaftlichen Heraushebens gibt[541]. Unionsrechtlich wird lediglich im Falle von Katalogtätigkeiten des Artikels 13 Absatz 1 Unterabsatz 3 MwStSystRL auf den Umfang der Tätigkeit abgestellt, da diese nur dann als steuerbar gelten, wenn sie in einem mehr als unbedeutenden Umfang ausgeübt werden[542].

bbb) Tätigkeitsbezogene Merkmale

Die weiteren Merkmale des Betriebs gewerblicher Art lassen sich der Tätigkeit zuordnen. Sie muss selbstständig ausgeübt werden und der Einnahmeerzielung außerhalb der Land- und Forstwirtschaft dienen. Das praktisch bedeutsamste Merkmal liegt in dem Erfordernis einer wirtschaftlichen Tätigkeit.

(1) Selbstständige Tätigkeit

Da bereits § 2 Absatz 1 UStG eine selbstständige Tätigkeit erfordert und die Voraussetzungen des § 2 Absatz 1 UStG auch im Rahmen von § 2 Absatz 3 UStG

---

[536] *Strahl*, FS Korn, S. 495.

[537] Vgl. *Bundesrechnungshof*, Umsatzsteuerliche Behandlung, S. 36 f., der außerdem darauf hinweist, dass in der Praxis diese faktische Freigrenze durch geschickte Gestaltung seitens der öffentlichen Hand mehrfach in Anspruch genommen werden kann, indem eine „Splittung“ (sic!) in eine Mehrzahl von Einzeltätigkeiten mit einem Umsatzvolumen von jeweils unter 30.678 Euro erfolgt.

[538] So *Hüttemann*, Besteuerung, S. 55 ff.

[539] Vgl. *Siegel*, Betrieb gewerblicher Art, S. 228 ff., der insoweit die gesetzlichen Freigrenzen bei der KSt und USt in das Merkmal hineinlesen will.

[540] Vgl. BFH, Urteil vom 17.03.2010 – XI R 17/08, DStR 2010, 2234, Rz. 33.

[541] Vgl. hierzu oben § 11 auf Seite 89 ff.

[542] Vgl. hierzu oben 4. auf Seite 117.

vorliegen müssen[543], ist das Merkmal im Rahmen der Umsatzbesteuerung tautologisch; ihm kommt keine eigenständige Bedeutung zu.

(2) Nachhaltige Tätigkeit zur Erzielung von Einnahmen

Nach § 4 Absatz 1 Satz 1 KStG muss die Tätigkeit des Betriebs gewerblicher Art der Einnahmeerzielung außerhalb der Land- und Forstwirtschaft dienen. Eine Gewinnerzielungsabsicht ist nach § 4 Absatz 1 Satz 2 KStG nicht erforderlich.

Auch diese Merkmale sind im Rahmen der umsatzsteuerlichen Verweisung des § 2 Absatz 3 UStG bedeutungslos; denn § 2 Absatz 1 UStG, dessen Voraussetzungen zunächst vorliegen müssen, bevor § 2 Absatz 3 UStG geprüft werden kann, erfordert bereits eine Tätigkeit mit der Absicht, Einnahmen zu erzielen[544]. Die Beschränkung auf Tätigkeiten außerhalb der Land- und Forstwirtschaft hat keine eigenständige Bedeutung, weil § 2 Absatz 3 UStG für land- oder forstwirtschaftliche Betriebe keine Verweisung in das Körperschaftsteuerrecht vorsieht, so dass es in diesem Fall gar nicht zu einer Prüfung der Voraussetzungen des § 4 Absatz 1 KStG kommen kann.

(3) Wirtschaftliche Tätigkeit

Ein besonders bedeutsames Merkmal des Betriebs gewerblicher Art ist das Erfordernis einer wirtschaftlichen Tätigkeit[545]. Rechtsprechung, Verwaltung und Literatur nehmen im Rahmen dieses Merkmals insbesondere eine Abgrenzung zur sogenannten hoheitlichen Tätigkeit vor[546]. Da in diesem Bereich häufig die Begriffe der „hoheitlichen Tätigkeit“ und des „Hoheitsbetriebs“ verwendet werden, ist zunächst eine terminologische Klärung sinnvoll.

(a) Hoheitliche Tätigkeit und Hoheitsbetrieb

§ 4 Absatz 5 KStG liefert eine Legaldefinition des Hoheitsbetriebs[547]. Es handelt sich demnach um einen Betrieb, der „überwiegend der Ausübung öffentlicher

[543] Siehe oben 1. auf Seite 123.

[544] So auch: *Stadie*, Umsatzsteuergesetz, §2 Rz. 259.

[545] Vgl. *Landwehr*, Betriebe gewerblicher Art, S. 165, der dieses Merkmal als „Dreh- und Angelpunkt“ des Betriebs gewerblicher Art bezeichnet; *Siegel*, Betrieb gewerblicher Art, S. 121, der die Frage nach der Abgrenzung der wirtschaftlichen Tätigkeit von der Ausübung öffentlicher Gewalt als „das Kernproblem“ der Besteuerung der Betriebe gewerblicher Art bezeichnet.

[546] Vgl. exemplarisch: BFH, Urteil vom 29.10.2008 – I R 51/07, BStBl. II 2009, 1022; BFH, Beschluss vom 03.02.2010 – I R 8/09, DStR 2010, 645; BMF, Schreiben vom 11.12.2009 - IV C 7 - S 2706/07/10006, BStBl. I 2009, 1597.

[547] Zur unglücklichen Wahl des Begriffs „Hoheitsbetrieb“: *Siegel*, Betrieb gewerblicher Art, S. 95, der darauf hinweist, dass sich die hier zusammengeführten Begriffe „Betrieb“ und „hoheitlich“ widersprechen.

Gewalt" dient. Diese Begriffsbestimmung setzt genau besehen stets eine Mischtätigkeit voraus[548]. Es muss sich mit anderen Worten um eine Tätigkeit handeln, die nicht ausschließlich der Ausübung öffentlicher Gewalt dient, sondern daneben immer auch einen Tätigkeitsanteil außerhalb des hoheitlichen Bereichs hat[549].

Dieses Verständnis wird gestützt von der Gesetzesbegründung zum Körperschaftssteuergesetz 1977. Der Gesetzgeber ging davon aus, dass sich der „Betrieb gewerblicher Art" und eine hoheitliche Tätigkeit wesensgemäß gegenseitig ausschließen. Für regelungsbedürftig hielt der Gesetzgeber damals diejenigen Fälle von Einrichtungen der juristischen Personen des öffentlichen Rechts, die nur teilweise der Ausübung öffentlicher Gewalt und im übrigen der Ausübung wirtschaftlicher Tätigkeit dienen[550]. Diese Begriffsbestimmung des Gesetzgebers ist jedoch unglücklich gewählt, weil sie Missverständnisse provoziert.

Es liegt nahe, bei der Abgrenzung zwischen wirtschaftlicher und hoheitlicher Tätigkeit die Begriffe des Betriebs gewerblicher Art und des Hoheitsbetriebs entsprechend zuzuordnen, so dass sich ein Betrieb gewerblicher Art durch die Ausübung wirtschaftlicher Tätigkeiten bestimmt, ein Hoheitsbetrieb hingegen durch die Ausübung hoheitlicher Tätigkeiten. In diesem Sinne wird der Begriff des Hoheitsbetriebs teilweise in Literatur, Rechtsprechung und Finanzverwaltung missverständlich gebraucht[551]. Bei diesem ungenauen Gebrauch geht jedoch das dem Hoheitsbetrieb im Sinne des § 4 Absatz 5 KStG eigentümliche Merkmal einer Mischtätigkeit verloren. Zur Vermeidung von Missverständnissen ist es deshalb vorzugswürdig, den Begriff des Hoheitsbetriebs ausschließlich im strengen Sinne der Legaldefinition, also nur dann zu bemühen, wenn es tatsächlich um eine überwiegend hoheitliche Mischtätigkeit geht. Öffentliche Einrichtungen, die ausschließlich der Ausübung hoheitlicher Gewalt dienen, sind hingegen keine Hoheitsbetriebe im Sinne von § 4 Absatz 5 KStG; sie können zweckmäßig als „rein hoheitliche Einrichtungen" bezeichnet werden.

---

548 So auch *Kraeusel*, FS Korn, S. 463, der für ausschließlich hoheitliche Tätigkeiten die Anwendbarkeit von § 4 Absatz 5 KStG verneint und auf § 4 Absatz 1 KStG abstellt. Kraeusel spricht in diesem Zusammenhang von „reinen Hoheitsbetrieben" in Abgrenzung zu den Hoheitsbetrieben im Sinne von § 4 Absatz 5 KStG.

549 So auch *Landwehr*, Betriebe gewerblicher Art, S. 172.

550 Begründung zum KStG 1977, BT-Drucks. 7/1470, S. 336.

551 Vgl. *Widmann* in: *Plückebaum/ Malitzky*, Umsatzsteuergesetz, § 2 Abs. 3 Rz. 86, der einen Hoheitsbetrieb dadurch gekennzeichnet sieht, dass eine Einrichtung unmittelbar der Durchführung hoheitlicher Aufgaben dient; vgl. auch: BFH, Urteil vom 29.10.2008 – I R 51/07, BStBl. II 2009, 1022, der den Begriff des Hoheitsbetriebs in Abgrenzung zum Betrieb gewerblicher Art verwendet; auch das Bundesfinanzministerium verwendet in Abschn. 9 Absatz 1 Satz 2 KStR 2004 den Begriff des Hoheitsbetriebs im Zusammenhang mit Betrieben, die nach Ansicht des Bundesministeriums offenbar in der Regel ausschließlich und nicht nur überwiegend hoheitlich tätig werden.

(b) Inhalt der wirtschaftlichen Tätigkeit

Bei der Frage nach dem Inhalt des Merkmals der wirtschaftlichen Tätigkeit sind insbesondere zwei Ansätze zu unterscheiden: Bei dem ersten Ansatz wird das Merkmal der wirtschaftlichen Tätigkeit positiv definiert, indem im Wesentlichen nach einer mindestens potenziellen Wettbewerbsrelevanz der Tätigkeit gefragt wird. Übt die öffentliche Hand eine Tätigkeit aus, die sich von der Tätigkeit privater Dritter nicht wesentlich unterscheidet, ist diese Tätigkeit potenziell wettbewerbsrelevant, so dass eine wirtschaftliche Tätigkeit der öffentlichen Hand vorliegt[552]. Der zweite Ansatz beruht auf einer negativen Abgrenzung zur sogenannten hoheitlichen Tätigkeit. Eine wirtschaftliche Tätigkeit könne danach nur dann vorliegen, wenn die Tätigkeit nicht hoheitlich ist. Diesem Ansatz einer negativen Abgrenzung folgen der Bundesfinanzhof[553] und die Finanzverwaltung[554]. Für die Frage, wann eine Tätigkeit hoheitlich ist, stellt der Bundesfinanzhof eine Prüfung an, die sich in zwei Schritte untergliedern lässt:

Zunächst prüft er das Merkmal der Ausübung öffentlicher Gewalt, welches er § 4 Absatz 5 KStG entnimmt. Unter Ausübung öffentlicher Gewalt in diesem Sinne versteht der Bundesfinanzhof dabei eine Tätigkeit, die der juristischen Person des öffentlichen Rechts „eigentümlich und vorbehalten" ist[555]. Kennzeichnend dafür sei die Erfüllung spezifisch öffentlich-rechtlicher Aufgaben, die aus der Staatsgewalt abgeleitet sind, staatlichen Zwecken dienen und zu deren Annahme der Leistungsempfänger aufgrund gesetzlicher oder behördlicher Anordnung verpflichtet ist[556]. Dieser Prüfungsschritt zwingt den Rechtsanwender auf das Feld der sogenannten Staatsaufgabenlehre[557]. Im Wesentlichen geht es dabei um die Suche nach einer öffentlich-rechtlichen Norm, die die Tätigkeit der öffentlichen Hand als die Erfüllung einer öffentlich-rechtlichen Aufgabe erscheinen lässt, die staatlichen Zwecken dient[558]. Fehlt es für die fragliche Tätigkeit an einer derartigen Zuweisung, so ist Hoheitlichkeit zu verneinen. Wenn jedoch eine hoheitliche Zuweisung vorliegt, so kann es sich dennoch um eine Tätigkeit handeln,

[552] *Hüttemann*, Besteuerung, S. 87 ff., der diesen Ansatz befürwortet.

[553] Vgl. BFH, Urteil vom 21.11.1967 – I 274/64, BStBl. II 1968, 218; BFH vom 30.06.1988 – V R 79/84, BStBl. II 1988, 910; BFH, Urteil vom 29.10.2008 – I R 51/07, BStBl. II 2009, 1022; BFH, Beschluss vom 03.02.2010 – I R 8/09, DStR 2010, 645.

[554] BMF, Schreiben vom 11.12.2009 – IV C 7 - S 2706/07/10006, BStBl. I 2009, 1597.

[555] Ausführlich zum Streitstand in Rechtsprechung und Literatur bezüglich des Merkmals „Ausübung öffentlicher Gewalt": *Siegel*, Betrieb gewerblicher Art, S. 121 ff.

[556] BFH, Urteil vom 07.11.2007 – I R 52/06, DStRE 2008, 486; BFH, Urteil vom 25.01.2005 – I R 63/03, BStBl. II 2005, 501.

[557] Vgl. *Seer*, DStR 1992, S. 1751 (1755).

[558] Vgl. *Seer*, DStR 1992, 1751 (1755).

die im Hinblick auf eine Konkurrenz zu privaten Unternehmern zu einer Wettbewerbsverzerrung führen könnte[559].

Um dem Erfordernis gerecht zu werden, dass die Besteuerung der öffentlichen Hand nicht zu Wettbewerbsverzerrungen im Verhältnis zur Privatwirtschaft führen soll[560], prüft das Gericht in einem zweiten Schritt, ob die öffentliche Einrichtung in einen tatsächlichen oder potenziellen Wettbewerb zu privatwirtschaftlichen Unternehmen eintritt. In diesem Fall sei eine Ausübung öffentlicher Gewalt zu verneinen[561]. Der Bundesfinanzhof verwendet an dieser Stelle in ständiger Rechtsprechung das Wettbewerbskriterium, obwohl sich dieses nicht aus dem Wortlaut des § 2 Abatz 3 Umsatzsteuergesetz in Verbindung mit § 4 Absatz 5 KStG ergibt. Aus diesem Grund vertrat das Finanzgericht Münster die Auffassung, dass eine Prüfung eines Wettbewerbs auf Grundlage der nationalen Gesetzeslage keine Rechtfertigung findet, und sah auch keine Möglichkeit, eine potenzielle Wettbewerbsverzerrung im Hinblick auf Artikel 13 Absatz 1 Unterabsatz 2 MwStSystRL durch eine unionsrechtskonforme Auslegung zu berücksichtigen[562]. Der Bundesfinanzhof hielt hingegen an seiner Rechtsauffassung fest und verwies die Sache insoweit zur tatsächlichen Prüfung einer möglichen Wettbewerbsverzerrung an das Finanzgericht zurück[563]. Einen Wettbewerb in diesem Sinne nimmt der Bundesfinanzhof an, wenn die öffentliche Hand sich in den allgemeinen wirtschaftlichen Verkehr einschaltet und eine Tätigkeit ausübt, die sich *ihrem Inhalt nach* von der Tätigkeit eines privaten gewerblichen Unternehmens nicht wesentlich unterscheidet[564]. Anders als der Europäische Gerichtshof bei dem Merkmal einer „im Rahmen öffentlicher Gewalt obliegenden Tätigkeit“ im Sinne von Artikel 13 Absatz 1 Unterabsatz 1 MwStSystRL[565] stellt der Bundesfinanzhof damit nicht formal auf die Handlungsform im Sinne einer Unterscheidung zwischen öffentlichem Recht und Privatrecht ab, sondern unternimmt eine inhaltliche Beurteilung. Maßgeblich für die Beurteilung, ob sich die Tätigkeit von derjenigen privater gewerblicher Unternehmen wesentlich unterscheidet, sind nach Auffassung des Bundesfinanzhofes die Verhältnisse auf dem jeweiligen räumlich relevanten Markt, welcher je nach Art der angebotenen Leistung auch über die Grenzen eines Bundeslandes

[559] Vgl. *Seer*, DStR 1992, 1751 (1755).

[560] Zur Vermeidung derartiger Wettbewerbsverzerrungen als Grund für die Besteuerung der öffentlichen Hand siehe oben II. auf Seite 84.

[561] BFH, Urteil vom 25.01.2005 – I R 63/03, BStBl. II 2005, 501; BFH, Urteil vom 08.01.1998 – V R 32/97, BStBl. II 1998, 410.

[562] Vgl. FG Münster, 11.12.2008 - 5 K 6658/03 U.

[563] Vgl. BFH, Urteil vom 15.04.2010 – V R 10/09, BFH/NV 2010, 1574.

[564] Vgl. BFH, Urteil vom 29.10.2008 – I R 51/07, BStBl. II 2009, 1022.

[565] Hierzu siehe oben b) auf Seite 98.

oder Deutschlands hinausreichen könne[566]. Selbst wenn bestimmte Leistungen in einem Bundesland ausschließlich der öffentlichen Hand vorbehalten sind, so dass ein Wettbewerb mit privaten Unternehmern mit Sitz in diesem Bundesland rechtlich unzulässig ist, kann sich folglich trotzdem ein Wettbewerb ergeben, wenn private Unternehmer nach dem Recht anderer Bundesländer oder anderer Mitgliedstaaten der Europäischen Union die gleiche Leistung anbieten dürfen und auf dem räumlich relevanten Markt mit der öffentlichen Hand konkurrieren[567]. An dieser Stelle fällt eine Diskrepanz zwischen der Rechtsprechung des Bundesfinanzhofes und des Europäischen Gerichtshofes auf; denn Letzterer lehnt es bei der Auslegung des Merkmals einer „größeren Wettbewerbsverzerrung" im Sinne von Artikel 13 Absatz 1 Unterabsatz 2 MwStSystRL ab, auf einen konkreten relevanten lokalen Markt abzustellen, weil aufgrund der notwendigen komplexen wirtschaftlichen Analyse der Wettbewerbsbedingungen das Ergebnis häufig nicht vorhersehbar sei und daher gegen den Grundsatz der Rechtssicherheit verstoßen würde[568].

Im Bereich der Leistungsverwaltung wird in der Tatsache, dass der Leistungsempfänger einem Annahmezwang unterliegt, ein Indiz für die Annahme einer hoheitlichen Tätigkeit gesehen[569]. Des Weiteren ist ein Annahmezwang nach Ansicht des Bundesfinanzhofes bedeutsam im Hinblick auf die Bestimmung des heranzuziehenden räumlich relevanten Marktes[570]. Der Annahmezwang alleine genügt indessen nicht, um ein hoheitliches Handeln zu begründen. Dies wird aus § 4 Absatz 5 Satz 2 KStG gefolgert, wonach für die Annahme eines Hoheitsbetriebs Zwangs- oder Monopolrechte nicht ausreichen[571]. Auch wenn ein öffentlich-rechtliches Zwangs- oder Monopolrecht besteht, kann es der öffentli-

[566] BFH, Urteil vom 29.10.2008 – I R 51/07, BStBl. II 2009, 1022, in dem der Bundesfinanzhof für die Tätigkeit von Einäscherungen den örtlich relevanten Markt über die Grenzen Deutschlands hinaus sah und in diesem Zusammenhang unter anderem auf Werbeanzeigen im Internet für günstige Kremierungen in den Niederlanden abstellte.

[567] In BFH, Urteil vom 29.10.2008 – I R 51/07, BStBl. II 2009, 1022, stellte das Gericht insoweit fest, dass die Einäscherung in den streitrelevanten Zeiträumen in Bayern und Sachsen-Anhalt auch von privaten Unternehmen angeboten werden durfte, während in Nordrhein-Westfalen die Tätigkeit der öffentlichen Hand vorbehalten war.

[568] EuGH, Urteil vom 16.09.2008 – C 288/07, EU-UStB 2008, 68 „Isle of Wight" Rz. 48 f.; siehe auch oben cc) auf Seite 106.

[569] *Lange*, UR 2000, S. 1 (12); Abschn. 9 Absatz 1 Satz 1 KStR 2004.

[570] BFH, Urteil vom 29.10.2008 – I R 51/07, BStBl. II 2009, 1022 argumentierte damit, dass sich für die Leichenverbrennung der räumlich relevante Markt weiter erstrecke als bei der Hausmüllentsorgung, da Letztere einem Annahmezwang nach § 13 Absatz 1 KrW-/AbfG unterliegen würde.

[571] Vgl. *Seer*, DStR 1992, S. 1751 (1755), der betont, dass sich auch bei einem öffentlich-rechtlichen Benutzungszwang die öffentliche Hand in einem zumindest potenziellen Wettbewerb zu privaten Unternehmen befinden kann, wie dies etwa im Bereich der Müllabfuhr der Fall sei.

chen Hand vorrangig darum gehen, Einnahmen zu erzielen. Nach Auffassung des Bundesfinanzhofes muss daher auch, wenn ein öffentlich-rechtlicher Anschluss- und Benutzungszwang besteht, danach gefragt werden, ob die Tätigkeit der öffentlichen Hand vorrangig der Erfüllung von öffentlichen Aufgaben oder der Erzielung von Einnahmen dient[572]. Im letzteren Falle sei von einer wirtschaftlichen Tätigkeit auszugehen; nur wenn die Tätigkeit vorrangig öffentlichen Aufgaben diene, handele es sich um eine hoheitliche Tätigkeit. Wenn hingegen kein öffentlich-rechtlicher Benutzungszwang besteht, so dass die Leistung auch bei einem Dritten nachgefragt werden kann, der keine in- oder ausländische juristische Person des öffentlichen Rechts ist, so geht die Finanzverwaltung grundsätzlich davon aus, dass eine wirtschaftliche und keine hoheitliche Tätigkeit vorliegt, es sei denn, dass wegen eines örtlich stark eingeschränkten relevanten Marktes eine Wettbewerbsbeeinträchtigung ausgeschlossen werden kann[573]. Es darf daher festgestellt werden, dass aus Sicht der Finanzverwaltung im Rahmen der Leistungsverwaltung ein öffentlich-rechtlicher Anschluss- und Benutzungszwang ein notwendiges, nicht jedoch hinreichendes Merkmal für die Annahme einer hoheitlichen Tätigkeit ist.

(c) Stellungnahme

Es ist unverständlich, warum der Bundesfinanzhof noch an der zweistufigen Prüfung festhält, obwohl er stets die Notwendigkeit einer unionsrechtskonformen Auslegung betont[574]. Der Inhalt der ersten Stufe bezieht sich ausschließlich auf einen Bereich, der unionsrechtlich nicht beachtlich ist. Das Unionsrecht fragt nicht danach, ob eine Tätigkeit der öffentlichen Hand eigentümlich und vorbehalten ist, sondern stellt vor allem auf die formale Ausübungsmodalität der Tätigkeit und auf eine mögliche Wettbewerbsverzerrung ab[575]. Diesem Umstand trägt der Bundesfinanzhof zwar teilweise im Rahmen der zweiten Prüfungsstufe Rechnung, indem er hier auf Wettbewerbskriterien abstellt. Wenn eine Tätigkeit jedoch nach unionsrechtlichen Vorgaben der öffentlichen Hand nicht im Rahmen ihrer hoheitlichen Gewalt obliegt, weil sie auf zivilrechtlicher Grundlage tätig wird, oder wenn es zu einer möglichen größeren Wettbewerbsverzerrung im Sinne von Artikel 13 Absatz 1 Unterabsatz 2 MwStSystRL kommen würde, so ist es unerheblich, ob die

[572] Vgl. für den Bereich der Hausmüllentsorgung: BFH, Urteil vom 23.10.1996 – I R 1–2/94, BStBl. II 1997, 139.

[573] Vgl. BMF, Schreiben vom 11.12.2009 bezüglich Kriterien zur Abgrenzung hoheitlicher von wirtschaftlichen Tätigkeiten einer juristischen Person des öffentlichen Rechts – IV C 7 S 2706/07/10006 2009/0833347.

[574] Vgl. insbesondere BFH, Urteil vom 15.04.2010 – V R 10/09, BFH/NV 2010, 1574 im Hinblick auf die Beurteilung der Steuerbarkeit der Vermögensverwaltung; siehe hierzu auch unten aaa) auf Seite 147.

[575] Hierzu vgl. oben b) auf Seite 98 und 3. auf Seite 102.

Tätigkeit ihrem Inhalt nach der öffentlichen Hand „eigentümlich und vorbehalten ist". Es wäre daher zweckmäßig, auf eine Prüfung des ersten Schrittes gänzlich zu verzichten und im Rahmen einer unionsrechtskonformen Auslegung des Merkmals der wirtschaftlichen Tätigkeit unmittelbar nach der Handlungsmodalität und einer möglichen größeren Wettbewerbsverzerrung zu fragen. Dabei sollte die Prüfung einer möglichen Wettbewerbsverzerrung auch den vom Europäischen Gerichtshof vorgegebenen Kriterien angepasst werden. Hiernach verbietet sich insbesondere die vom Bundesfinanzhof betriebene Betrachtung eines konkret relevanten Marktes. Vielmehr ist nach dem Europäischen Gerichtshof der Begriff der Wettbewerbsverzerrung tätigkeitsbezogen und unabhängig von den Verhältnissen auf dem lokalen Markt zu verstehen[576].

cc) Sonderfälle

Aus dem Unterschied zwischen nationalem Umsatzsteuerrecht und den unionsrechtlichen Vorgaben resultieren in bestimmten Fällen abweichende Ergebnisse. Exemplarisch werden hierzu die Behandlung der Vermögensverwaltung der öffentlichen Hand und von fiskalischen Hilfsgeschäften beschrieben. Es ist erkennbar, dass der Bundesfinanzhof immer stärker dazu übergeht, im Rahmen einer unionsrechtskonformen Auslegung ein Ergebnis zu erzielen, das den Vorgaben der MwStSystRL entspricht.

aaa) Vermögensverwaltung

In der Literatur und Rechtsprechung wurde die Auffassung vertreten, dass die Vermögensverwaltung der öffentlichen Hand kein Betrieb gewerblicher Art sein könne. Begründet wurde dies einerseits mit der Anlehnung des Begriffs des Betriebs gewerblicher Art an den wirtschaftlichen Geschäftsbetrieb[577], denn für diesen bestimmt die Definition des § 14 Satz 1 AO, dass ein wirtschaftlicher Geschäftsbetrieb nur dann vorliegt, wenn der Rahmen einer Vermögensverwaltung überschritten wird. Da der wirtschaftliche Geschäftsbetrieb für gemeinnützige Körperschaften die Stellung einnehme, die Betrieben gewerblicher Art für Körperschaften des öffentlichen Rechts zukomme, müsse die Ausklammerung der Vermögensverwaltung auch für den Betrieb gewerblicher Art gelten[578]. Des Weiteren wurde die Ausklammerung der Vermögensverwaltung aus dem Betrieb gewerblicher Art auf die Vorschrift des § 4 Absatz 4 KStG gestützt, der bestimmt, dass die Verpachtung als Betrieb gewerblicher Art gilt. Der Leitgedanke dieser Argumentation lag

[576] EuGH, Urteil vom 16.09.2008 – C 288/07, EU-UStB 2008, 68 „Isle of Wight"; siehe hierzu auch oben cc) auf Seite 106.

[577] Vgl. *Seer*, DStR 1992, S. 1751 (1753); *Strahl*, FS Korn, S. 493.

[578] Vgl. *Strahl*, FS Korn, S. 493 f. m.w.N.

darin, dass hier für die Verpachtung, die eine Art der Vermögensverwaltung ist, die Tätigkeit als eine solche im Rahmen eines Betriebs gewerblicher Art fingiert wird. Die Notwendigkeit dieser Fiktion für einen bestimmten Ausnahmefall lasse einen Rückschluss darauf zu, dass die Vermögensverwaltung an sich nicht zum Betrieb gewerblicher Art gehört[579].

Die Auffassung, dass eine vermögensverwaltende Tätigkeit der öffentlichen Hand nach nationalem Umsatzsteuerrecht grundsätzlich nicht steuerbar ist, entspricht jedoch nicht den unionsrechtlichen Vorgaben, da sich aus diesen keine spezielle Behandlung für vermögensverwaltende Tätigkeiten im Allgemeinen erkennen lässt. Vielmehr bestimmt Artikel 9 Absatz 1 Unterabsatz 2 Satz 2 MwSt-SystRL ausdrücklich, dass auch die Nutzung von körperlichen oder nichtkörperlichen Gegenständen zur Erzielung von Einnahmen als eine wirtschaftliche Tätigkeit[580] gilt. Seit dem Urteil des Europäischen Gerichtshofs in Sachen „Salix“[581] ist diese Ansicht nunmehr auch überholt und wird im neueren Schrifttum nicht mehr vertreten. Der Bundesfinanzhof hat in diesem Zusammenhang mit einem weiteren Urteil vom 15. April 2010[582] ausdrücklich klargestellt, dass die Vermögensverwaltung nicht mehr kategorisch außerhalb des Bereichs eines Betriebs gewerblicher Art liegt. Vielmehr kann eine Umsatzbesteuerung auch bei der Vermögensverwaltung erforderlich sein, wenn es sich um eine wirtschaftliche Tätigkeit im Sinne von Artikel 9 der MwStSystRL handelt[583] und sich keine Nichtsteuerbarkeit aus Artikel 13 MwStSystRL[584] ergibt. Das Gericht vertritt in seiner Entscheidung die Auffassung, dass durch den Verweis des § 2 Absatz 3 UStG auf den körperschaftsteuerlichen Begriff des Betriebs gewerblicher Art dieser richtlinienkonform auszulegen sei. Die Verweisung auf § 4 KStG diene lediglich dem Zweck, eine Wiederholung des Wortlautes im Umsatzsteuergesetz zu vermeiden; als Konsequenz könne der Betrieb gewerblicher Art im Sinne des Umsatzsteuergesetzes aufgrund der richtlinienkonformen Auslegung vom körperschaftsteuerlichen Begriff abweichen[585].

Interessant ist, dass der Bundesfinanzhof die Möglichkeit einer richtlinienkonformen Auslegung bejaht und sich damit gegen eine unmittelbare Anwendbarkeit der Richtlinienbestimmung entscheidet[586]. Damit hat der Steuerpflichtige – anders als bei einer unmittelbaren Geltung der Richtlinienbestimmung, die eine Berufung

[579] Vgl. hierzu *Siegel*, Betrieb gewerblicher Art, S. 238 ff.
[580] Zur wirtschaftlichen Tätigkeit im Sinne von Artikel 9 MwStSystRL siehe oben 1. auf Seite 92.
[581] EuGH, Urteil vom 04.06.2009 – C 102/08, UR 2009, 484 „Salix“; zum Sachverhalt, der dem Urteil zugrunde lag, siehe oben aa) auf Seite 114.
[582] BFH, Urteil vom 15.04.2010 – V R 10/09, BFH/NV 2010, 1574.
[583] Hierzu siehe oben 1. auf Seite 92.
[584] Hierzu vgl. oben 2. auf Seite 96.
[585] BFH, Urteil vom 15.04.2010 – V R 10/09, BFH/NV 2010, 1574, Rz. 17.
[586] Zur unmittelbaren Geltung und richtlinienkonformen Auslegung siehe oben 1. auf Seite 64 und 2. auf Seite 66.

auf das Unionsrecht erfordert – nicht die Möglichkeit, sich auf die für ihn gegebenenfalls günstigere nationale Rechtslage zu berufen[587].

Die Konsequenz, die sich aus dieser geänderten unionsrechtskonformen Rechtsprechung ergibt, liegt darin, dass sich der unternehmerische Bereich der öffentlichen Hand vergrößert. Zwar ist ein wesentlicher Teil der Vermögensverwaltung – die Grundstücksvermietung – nach § 4 Nr. 12 lit. a UStG steuerfrei, so dass ein Vorsteuerabzug auch dann nicht möglich wird, wenn es sich um eine Tätigkeit im Rahmen eines Betriebs gewerblicher Art handelt. In diesen Fällen hat die geänderte Rechtsprechung jedoch die Konsequenz, dass die öffentliche Hand nunmehr die Möglichkeit hat, durch einen Verzicht auf die Steuerbefreiung nach § 9 UStG ihren Vorsteuerabzug wieder herzustellen, soweit die Voraussetzungen vorliegen[588]. Dies wird insbesondere bei Public Private Partnership Projekten, bei denen die öffentliche Hand dem privaten Partner Immobilien im Wege eines Mietverhältnisses überlässt, der Fall sein[589].

bbb) Fiskalische Hilfsgeschäfte

In einem engen Zusammenhang mit der Vermögensverwaltung steht die Verwertung von Vermögen der öffentlichen Hand im Rahmen von fiskalischen Hilfsgeschäften[590]. Nach Auffassung der deutschen Finanzverwaltung sind auch die Verwertung und Veräußerung von Material oder Gegenständen aus dem hoheitlichen Bereich einer juristischen Person des öffentlichen Rechts – sogenannte Hilfsgeschäfte – dem hoheitlichen Bereich zuzuordnen[591]. Sie geht daher davon aus, dass fiskalische Hilfsgeschäfte grundsätzlich nicht umsatzsteuerbar sind.

Diese Ansicht stellt eine Abweichung von den unionsrechtlichen Vorgaben dar, denn sie berücksichtigt nicht, ob die Hilfsgeschäfte auf öffentlich-rechtlicher

[587] Hierzu vgl. oben 1. auf Seite 66 und 3. auf Seite 71; sowie *Kraeusel*, UR 2010, S. 480 (487 f.), der in seinem kurz vor der Veröffentlichung der BFH-Entscheidung vom 15.04.2010 – V R 10/09 erschienenen Artikel auch eine teleologische Reduktion des § 2 Absatz 3 UStG für möglich hält, bei der dieser dann nicht anwendbar sein soll, wenn die öffentliche Hand auf privatrechtlicher Grundlage tätig wird, so dass sich die Steuerbarkeit ihrer Tätigkeiten ausschließlich nach § 2 Absatz 1 UStG richtet.

[588] Vgl. *Wagner*, UVR 2009, 250 (253).

[589] Dies ist insbesondere beim Inhabermodell im Bereich des öffentlichen Hochbaus denkbar (vgl. hierzu oben 5. auf Seite 39), nicht jedoch beim Vermietungsmodell (vgl. hierzu oben 4. auf Seite 38), da hier der private Partner an den öffentlichen Partner vermietet.

[590] Der Oberbegriff der fiskalischen Verwaltung im weiten Sinne bezeichnet eine Verwaltung, die sich privatrechtlicher Form bedient, und basiert darauf, dass der Staat als Privatrechtssubjekt „Fiskus" (vgl. § 89 Abs. 1 BGB) genannt wird, vgl. *Lange*, UR 2000, S. 1 (10).

[591] Abschn. 9 Absatz 2 Satz 1 KStR 2004; vgl. hierzu auch *Forster*, UR 1996, 73 (75), der davon ausgeht, dass die Möglichkeit besteht, dass sich die Verwertungs- oder Veräußerungstätigkeit dergestalt verselbstständigt, dass sie von der hoheitlichen Tätigkeit getrennt betrachtet werden kann und einen eigenständigen Betrieb gewerblicher Art begründet.

oder auf privatrechtlicher Grundlage beruhen. In der Regel werden zivilrechtliche Kaufverträge abgeschlossen, so dass die öffentliche Hand die gleichen rechtlichen Regelungen wie private Wirtschaftsteilnehmer in Anspruch nimmt. Unionsrechtlich scheidet die Nichtsteuerbarkeit nach Artikel 13 MwStSystRL folglich aus, weil die Tätigkeit der öffentlichen Hand nicht im „Rahmen öffentlicher Gewalt obliegt“[592]. Die öffentliche Hand müsste daher – wenn sie auf zivilrechtlicher Grundlage Vermögen verwertet – nach unionsrechtlichen Vorgaben ebenso der Umsatzbesteuerung unterliegen wie ein privater Unternehmer, der sein Betriebsvermögen verwertet. Rechtsprechung des Bundesfinanzhofes konkret zu dieser Frage existiert zum Zeitpunkt dieser Untersuchung noch nicht. Bei einer konsequenten richtlinienkonformen Auslegung ist jedoch zu erwarten, dass der Bundesfinanzhof fiskalische Hilfsgeschäfte als grundsätzlich umsatzsteuerbar beurteilen wird.

Dieses unionsrechtskonforme Ergebnis wäre aus Sicht der öffentlichen Hand nachteilig; denn ihr war für die ursprünglichen Investitionen in das Material und die Gegenstände aus dem Bereich ihrer hoheitlichen Tätigkeit kein Vorsteuerabzug möglich, weil diese Investitionen nicht mit wirtschaftlichen Tätigkeiten im Rahmen eines Betriebs gewerblicher Art verknüpft waren. Ein privater Unternehmer, dessen vermeintlicher Wettbewerbsnachteil verhindert werden soll, hat hingegen im Zusammenhang mit der ursprünglichen Investition in der Regel ein Recht zum Vorsteuerabzug gehabt. Die unionsrechtskonforme Auslegung führt in diesem Fall folglich zu einer Benachteiligung der öffentlichen Hand. Der Grund hierfür liegt in der vom Europäischen Gerichtshof geprägten streng formalistischen Auslegung des Merkmals „im Rahmen öffentlicher Gewalt“.

ccc) Beistandsleistungen

Als weiterer Sonderfall sind sogenannte Beistandsleistungen zu nennen. Dieser Begriff wurde von der deutschen Finanzverwaltung geprägt und bezieht sich auf Tätigkeiten durch eine juristische Person des öffentlichen Rechts für eine andere juristische Person des öffentlichen Rechts[593]. Bezüglich derartiger Tätigkeiten vertritt die Finanzverwaltung die Auffassung, dass mangels wirtschaftlicher Tätigkeit kein Betrieb gewerblicher Art und damit keine steuerbare Tätigkeit vorliegt, wenn die Tätigkeit darin besteht, dass hoheitliche Aufgaben der anderen juristischen Person des öffentlichen Rechts wahrgenommen werden[594]. Dabei soll darauf abgestellt werden, ob die Tätigkeit – würde sie von der juristischen Person des öffentlichen Rechts selbst ausgeführt – als hoheitliche Tätigkeit anzusehen wä-

[592] Hierzu siehe oben b) auf Seite 98.

[593] Vgl. Verfügung der OFD Frankfurt vom 15.08.2011 – S 7106 A-119-St 110, Rz. 2.1 „Beistandsleistungen“; Verfügung der OFD Rostock vom 21.11.2002 – S 2706-04/01-St 242.

[594] Verfügung der OFD Rostock vom 21.11.2002 – S 2706-04/01-St 242, Rz. 1.

re[595]. Lediglich, wenn wirtschaftliche Aufgaben der empfangenden juristischen Person des öffentlichen Rechts übernommen werden, soll ein Betrieb gewerblicher Art vorliegen, wobei als Indiz für die Übernahme einer wirtschaftlichen Tätigkeit der Abschluss einer privatrechtlichen Vereinbarung zwischen den juristischen Personen des öffentlichen Rechts dienen soll[596]. Besonders erwähnenswert ist der Umstand, dass es nach dieser Verwaltungsauffassung unschädlich ist, wenn sich die Beistandsleistung nicht auf die hoheitliche Aufgabe insgesamt, sondern lediglich auf einen Teilaspekt, wie zum Beispiel die Datenverwaltung, bezieht[597]. Es soll ausdrücklich keine isolierte Prüfung der übertragenen Tätigkeit erfolgen, so dass auch dann eine nicht steuerbare Tätigkeit außerhalb eines Betriebs gewerblicher Art vorliegen kann, wenn diese für sich betrachtet keinen hoheitlichen Charakter hat[598].

Es ist leicht erkennbar, dass sich diese Verwaltungsauffassung nicht mit den auf die Möglichkeit einer Wettbewerbsverzerrung abstellenden unionsrechtlichen Grundsätzen für die Besteuerung der öffentlichen Hand vereinbaren lässt. Denn die Übertragung der Aufgabe der Datenverarbeitung z.B. könnte grundsätzlich im Rahmen des rechtlich Zulässigen auch an einen privaten Anbieter erfolgen. Es verwundert daher nicht, dass der Bundesfinanzhof sich ausdrücklich von dieser Auffassung der Finanzverwaltung distanziert hat[599]. Im Zeitpunkt der Abfassung dieser Arbeit ist noch nicht abzusehen, ob die Finanzverwaltung angesichts der aktuellen Rechtsprchung des Bundesfinanzhofs ihre Auffassung aufgeben oder weiter hieran festhalten wird[600]. Es ist jedoch mit einer Umsetzung dieser Rechtsprechung durch die Finanzverwaltung zu rechnen. Insbesondere wäre, bei Beibehaltung der bisherigen Verwaltungsauffassung, mit einer steigenden Zahl erfolgreicher Konkurrentenklagen privater Anbieter zu rechnen.

Für Public Private Partnership Projekte ergibt sich eine Relevanz der Behandlung von Beistandsleistungen dort, wo eine juristische Person des öffentlichen Rechts, eine – nach der Verwaltungsauffassung nicht umsatzsteuerbare –Beistandsleistung (z.B. Datenverarbeitung für den hoheitlichen Bereich) an eine andere juristische Person des öffentlichen Rechts erbringt, hierfür jedoch im Rahmen eines Public Private Partnership Projektes Eingangsleistungen eines privaten Partners bezieht (z.B. dauerhafte Betreuung und Schulung von Personal im Hinblick

595 Verfügung der OFD Frankfurt vom 15.08.2011 – S 7106 A-119-St 110, Rz. 2.1 „Beistandsleistungen".

596 Verfügung der OFD Rostock vom 21.11.2002 – S 2706-04/01-St 242, Rz. 2.

597 Verfügung der OFD Rostock vom 21.11.2002 – S 2706-04/01-St 242, Rz. 1

598 Verfügung der OFD Frankfurt vom 15.08.2011 – S 7106 A-119-St 110, Rz. 2.1 „Beistandsleistungen".

599 BFH, Urteil vom 10.11.2011 – V R 41/10, DStR 2012, 348; vgl. hierzu auch *Benedikt*, UVR 2012 2012; *Keyser*, UVR 2012; *Strahl*, UR 2012.

600 Zum aktuellen Stand bezüglich einer Modernisierung der Umsatzbesteuerung der öffentlichen Hand nach UStG § 13 auf Seite 157.

auf EDV-Equipment). Denn in diesem Fall wäre die Vorsteuer, die in dem Entgelt des privaten Partners enthalten ist, grundsätzlich nur dann abziehbar, wenn – entgegen der Verwaltungsauffassung – keine hoheitliche Tätigkeit, sondern eine steuerbare und steuerpflichtige Leistung der juristischen Person des öffentlichen Rechts im Rahmen eines Betriebs gewerblicher Art vorliegt.

III. Weitere Voraussetzungen des Vorsteuerabzugs

Im nationalen Umsatzsteuerrecht bildet in der Regel die Prüfung der Unternehmereigenschaft – insbesondere der Voraussetzungen des Betriebs gewerblicher Art – den Schwerpunkt bei der Frage, ob ein öffentlicher Partner eines Public Private Partnerships die ihm vom privaten Partner überwälzte Umsatzsteuer durch den Vorsteuerabzug neutralisieren kann. Die weiteren Voraussetzungen des Vorsteuerabzugs gleichen denen, die private Unternehmer erfüllen müssen. Sie werden im Nachfolgenden erläutert, wobei für die Zwecke dieser Arbeit keine vertiefte Betrachtung erforderlich wird.

1. Gesetzlich geschuldete Umsatzsteuer des leistenden Unternehmers für das Unternehmen der öffentlichen Hand

Als allgemeine weitere Voraussetzung des Vorsteuerabzugs muss die Umsatzsteuer, die ein Unternehmer der öffentlichen Hand überwälzt, gesetzlich geschuldet sein und für das Unternehmen der öffentlichen Hand ausgeführt werden. Das Erfordernis einer „gesetzlich geschuldeten" Umsatzsteuer wird insbesondere relevant, wenn der leistende Unternehmer die Umsatzsteuerbarkeit und -pflicht fehlerhaft beurteilt, so dass er Umsatzsteuer in Rechnung stellt, obwohl er sie nicht schuldet. In diesem Fall scheidet ein Vorsteuerabzug aus, weil die überwälzte Umsatzsteuer nicht gesetzlich geschuldet ist. Die sich aus derartigen Fehlbeurteilungen ergebenden Konsequenzen sollen an dieser Stelle nicht weiter vertieft werden.

Für Public Private Partnership Projekte kann sich aufgrund der Abweichungen zwischen nationalem und europäischem Umsatzsteuerrecht insbesondere die Situation ergeben, dass die Beteiligten die Unternehmereigenschaft des öffentlichen Partners falsch beurteilen. Dies kann Auswirkungen auf den Vorsteuerabzug des privaten Partners haben. Wenn der öffentliche Partner sich selbst als umsatzsteuerlichen Unternehmer beurteilt und dem privaten Partner gegenüber Leistungen erbringt, so wird er grundsätzlich dem privaten Partner einen bestimmten Nettobetrag zuzüglich Umsatzsteuer in Rechnung stellen. Vertritt die Finanzverwaltung in diesem Fall jedoch die Auffassung, dass der öffentliche Partner nicht unternehmerisch tätig wird, so würde sich keine gesetzlich geschuldete Umsatzsteuer ergeben und der Vorsteuerabzug des privaten Partners scheitern[601].

Das Erfordernis der „Ausführung für das Unternehmen“ der öffentlichen Hand beruht auf der unionsrechtlichen Vorgabe der „Verwendung der Eingangsleistungen für besteuerte Umsätze“ nach Artikel 168 MwStSystRL[602]. Vielfältige Probleme können sich in Situationen ergeben, in denen der öffentliche Partner sowohl einen Bereich unterhält, der umsatzsteuerbar ist, als auch einen Bereich, der nichtsteuerbar ist. Hier stellt sich typischerweise die Frage, ob die Leistungen des privaten Partners an den öffentlichen Partner vollständig für einen dieser Bereiche erbracht werden oder ob die öffentliche Hand die Leistungen für beide Bereiche bezieht[603]. Im letzteren Fall wird eine Aufteilung der Vorsteuer erforderlich, deren konkrete Ausgestaltung Gegenstand zahlreicher Streitigkeiten ist, da das Umsatzsteuergesetz in § 15 Absatz 4 UStG nur für den Fall eines Leistungsbezugs teilweise für steuerpflichtige und teilweise für Ausschlussumsätze[604] einen bestimmten Aufteilungsmaßstab vorsieht. Für den Fall, dass eine Leistung teilweise für den unternehmerischen und teilweise für den nichtunternehmerischen Bereich bezogen wird, sieht das Umsatzsteuergesetz hingegen keine ausdrückliche Regelung vor.

2. Keine Ausschlussumsätze

§ 15 Absatz 2 UStG schließt bestimmte Umsätze vom Vorsteuerabzug aus, die daher auch als Ausschlussumsätze bezeichnet werden[605]. Die für Public Private Partnership Projekte bedeutsamsten Ausschlussumsätze betreffen steuerfreie Umsätze im Sinne von § 15 Absatz 2 Satz 1 Nr. 1 UStG in Verbindung mit § 4 UStG. Danach ist der Vorsteuerabzug für Leistungen, die der Unternehmer zur Ausführung steuerfreier Umsätze verwendet, ausgeschlossen.

Ein typisches Beispiel ist die Steuerfreiheit der Vermietung von Grundstücken nach § 4 Nr. 12 lit. a UStG, wie sie auch in vielen Public Private Partnership Projekten vorkommt. Zwar ist es in der Regel – insbesondere im Rahmen des Vermietungsmodells im Bereich des öffentlichen Hochbaus – nicht die öffentliche Hand, sondern der private Partner, der Vermietungsleistungen erbringt[606]. Hieraus

[601] Eine derartige Sachverhaltskonstellation lag BFH, Urteil vom 17.03.2010 – XI R 17/08, DStR 2010, 2234 zugrunde. Der BFH bejahte in seiner Entscheidung die Unternehmereigenschaft einer Gemeinde im Bezug auf Werbefahrten mit einem sogenannten Werbemobil, da die Gemeinde auf privatrechtlicher Grundlage handelte.

[602] Hierzu vgl. oben III. auf Seite 118.

[603] Vgl. hierzu u.a. *Kußmaul/Türk*, BB 2010, S. 1187 ff.

[604] Hierzu vgl. nachfolgend, 2. auf Seite 153.

[605] Hierzu vgl. auch oben 2. auf Seite 119.

[606] Hierzu vgl. die Ausführungen zum Vermietungsmodell, oben 4. auf Seite 38.

kann sich jedoch eine indirekte Belastung des Public Private Partnership Projektes ergeben[607]:

Errichtet der private Partner ein Gebäude, um es sodann an die öffentliche Hand zu vermieten, so kann er wegen § 15 Absatz 2 Satz 1 Nr. 1 UStG zunächst keine Vorsteuer abziehen, die ihm im Rahmen der Errichtung des Gebäudes überwälzt wurde. Diese nicht abziehbare Vorsteuer bildet einen Kostenbestandteil der Leistung des privaten Partners an die öffentliche Hand, so dass der Preis der Leistung höher sein muss, wenn der private Partner den gleichen Gewinn erzielen will, wie im Falle einer Abziehbarkeit der Vorsteuer. Das Umsatzsteuergesetz bietet jedoch einen möglichen Ausweg: Der private Partner kann nach § 9 Absatz 1 UStG auf die Steuerbefreiung verzichten und so seinen Vorsteuerabzug ermöglichen. Dieser Verzicht setzt jedoch eine Leistung an einen anderen Unternehmer für dessen Unternehmen voraus. Er ist also nur dann möglich, wenn der öffentliche Partner ein umsatzsteuerlicher Unternehmer ist, was wiederum nur der Fall ist, wenn die Voraussetzungen des Betriebs gewerblicher Art vorliegen[608].

Hier wird deutlich, dass sich die Steuerpflicht des öffentlichen Partners auf diesem Wege auch mittelbar auf den Vorsteuerabzug der öffentlichen Hand auswirken kann. Ohne die Möglichkeit des Vorsteuerabzugs wird der private Partner darauf angewiesen sein, seine Umsatzsteuerbelastung in den Mietzins einzupreisen. Es kommt damit im Ergebnis zu einer umsatzsteuerlichen Belastung des Gesamtprojekts, die durch die Umsatzsteuerfreiheit des öffentlichen Partners ausgelöst wird.

Auf diesen Vorsteuerabzug des Privaten kann sich die Steuerpflicht des öffentlichen Partners mittelbar auswirken. Soweit seine Umsätze jedoch als Grundstücksvermietung nach § 4 Nr. 12 lit. a UStG steuerfrei sind, ist ihm der Vorsteuerabzug grundsätzlich verwehrt, weil § 15 Absatz 2 Satz 1 Nr. 1 UStG den Vorsteuerabzug ausschließt, wenn Leistungen für umsatzsteuerfreie Umsätze verwendet werden. Daher kann er nur durch einen Verzicht auf diese Befreiung seinen Vorsteuerabzug erlangen.

[607] Ein derartiger Sachverhalt lag EuGH, Urteil vom 04.06.2009 – C 102/08, UR 2009, 484 „Salix“ zugrunde, vgl. hierzu ausführlich oben aa) auf Seite 114.

[608] Hierzu im Einzelnen siehe oben c) auf Seite 131 ff.

§ 13 Unterschiede des Vorsteuerabzugs nach UStG und MwStSystRL

Es hat sich gezeigt, dass die Regelungen zum Vorsteuerabzug der öffentlichen Hand in besonderem Maße von dem Ziel geprägt sind, Wettbewerbsverzerrungen im Verhältnis zwischen der öffentlichen Hand und potenziellen privaten Konkurrenten zu vermeiden[609]. Dies gilt sowohl für die unionsrechtlichen Vorgaben, als auch für die nationalen Regelungen. Das europäische und das deutsche Umsatzsteuerrecht unterscheiden sich jedoch deutlich in ihrer Systematik im Hinblick darauf, wie dem Schutz vor möglichen umsatzsteuerbedingten Wettbewerbsverzerrungen Rechnung getragen wird.

Während der Schutz vor Wettbewerbsverzerrungen im europäischen Umsatzsteuerrecht in Artikel 13 Absatz 1 Unterabsatz 1 MwStSystRL ausdrücklich aufgenommen wurde, findet sich in den deutschen Regelungen keine explizite Erwähnung. Hier schlägt sich das Gebot einer wettbewerbsneutralen Besteuerung insbesondere in der Auslegung der Merkmale des Betriebs gewerblicher Art nieder; denn nur dann, wenn keine potenzielle Verzerrung des Wettbewerbs zu befürchten ist, kommt der Bundesfinanzhof zu einer hoheitlichen Tätigkeit, die einen Betrieb gewerblicher Art und damit die Umsatzsteuerbarkeit der öffentlichen Hand ausschließt. Ein weiterer wesentlicher Unterschied liegt darin, dass nach europäischem Recht bereits jede Tätigkeit der öffentlichen Hand auf privatrechtlicher Grundlage von der Nichtsteuerbarkeit nach Artikel 13 MwStSystRL ausgeschlossen ist, weil der Europäische Gerichtshof das Merkmal der „im Rahmen öffentlicher Gewalt obliegenden Tätigkeit" streng formal auslegt und nicht den Inhalt der Tätigkeit betrachtet[610]. Eine solche formale Betrachtung ist dem deutschen Umsatzsteuerrecht hingegen fremd. Das nationale Verständnis von „Ausübung öffentlicher Gewalt", wie sie für die Annahme einer hoheitlichen Tätigkeit erforderlich ist, basiert auf einer inhaltlichen Betrachtung der Tätigkeit, indem danach gefragt wird, ob die Tätigkeit der öffentlichen Hand „eigentümlich und vorbehalten" ist. Eine hoheitliche Tätigkeit ist anders als im europäischen Umsatzsteuerrecht

[609] Zum Gebot der Vermeidung von Wettbewerbsverzerrungen als Grund für die Besteuerung der öffentlichen Hand siehe oben II. auf Seite 84.

[610] Hierzu vgl. oben b) auf Seite 98.

nicht kategorisch ausgeschlossen, wenn die öffentliche Hand auf privatrechtlicher Grundlage handelt[611].

Trotz dieser unterschiedlichen Systematik kommen das europäische und das nationale Umsatzsteuerrecht in vielen Fällen zu dem gleichen Ergebnis[612]. Unterschiede ergeben sich jedoch insbesondere in zwei Konstellationen:

Erstens kann es aufgrund der formalen Betrachtungsweise des Europäischen Gerichtshofes zum Merkmal „im Rahmen öffentlicher Gewalt obliegende Tätigkeit" dazu kommen, dass Tätigkeiten der öffentlichen Hand unabhängig von einer möglichen Wettbewerbsverzerrung umsatzsteuerbar sind, weil sich die öffentliche Hand für diese Tätigkeiten zivilrechtlicher Regelungen bedient. Dies äußert sich zum Beispiel bei der umsatzsteuerlichen Beurteilung von fiskalischen Hilfsgeschäften in Form des Verkaufs von Gegenständen, die die öffentliche Hand ihrem hoheitlichen Bereich zugeordnet hatte[613]. Der Bundesfinanzhof betont in seiner jüngeren Rechtsprechung, dass sich aus einer unionsrechtskonformen Auslegung ergibt, dass eine juristische Person des öffentlichen Rechts dann Unternehmer im Sinne von § 2 Absatz 3 Satz 1 UStG in Verbindung mit § 4 KStG ist, wenn sie Leistungen gegen Entgelt auf privatrechtlicher Grundlage unter den gleichen rechtlichen Bedingungen wie ein privater Wirtschaftsteilnehmer erbringt[614]. Das Gericht hat bislang jedoch noch nicht klar herausgestellt, dass allein ein Handeln der öffentlichen Hand auf privatrechtlicher Grundlage nach europäischem Umsatzsteuerrecht bereits die Nichtsteuerbarkeit der Tätigkeit vereitelt[615].

Ein weiterer Unterschied ergibt sich bei der Behandlung der Vermögensverwaltung und von Beistandsleistungen der öffentlichen Hand. Dieser ist jedoch nicht mehr im gleichen Maße gegeben, da die nationale Rechtsprechung auf Grund der Rechtsprechung des Europäischen Gerichtshofes dazu übergangen ist, die nationalen Bestimmungen zum Betrieb gewerblicher Art unionsrechtskonform so auszulegen, dass auch Vermögensverwaltung und Beistandsleistungen einen Betrieb gewerblicher Art begründen können. Hiermit ist eine Abkopplung des Begriffs des Betriebs gewerblicher Art im Sinne des Umsatzsteuerrechts und im Sinne des Körperschaftsteuerrechts verbunden. Vor dem Hintergrund der noch bestehenden Abweichungen und der Tatsache, dass das nationale Recht ohnehin soweit wie möglich unionsrechtskonform ausgelegt werden muss, ist die von der Litera-

---

611 Vgl. *Forster*, UR 1996, S. 73 (81).

612 Vgl. *Forster*, UR 1996, S. 73 (83), der die Auswirkungen einer Angleichung der nationalen Auslegung an die formale Betrachtung nach der Ausübungsform als „eher gering" einschätzt.

613 Hierzu vgl. oben bbb) auf Seite 149.

614 Vgl. BFH, Urteil vom 17.03.2010 – XI R 17/08, DStR 2010, 2234 m.w.N.

615 Hierzu vgl. oben b) auf Seite 98.

tur[616] und dem Bundesrechnungshof[617] erhobene Forderung nach einer Neugestaltung des § 2 Absatz 3 UStG nach unionsrechtlichem Vorbild, insbesondere eine explizite Aufnahme des Wettbewerbskriteriums in den Gesetzeswortlaut, zu befürworten.

Die Bemühungen im Hinblick auf eine derartige Modernisierung haben jedoch bislang nicht zum Erfolg geführt. Im Anschluss an die Kritik des Bundesrechnungshofes in seinem Bericht gemäß § 99 BHO zur Umsatzbesteuerung der öffentlichen Hand vom Winter 2004 richtete das Bundesfinanzministerium zwar eine Bund-Länder-Arbeitsgruppe ein, diese brachte jedoch keine konkreten Ergebnisse hervor[618]. Im September 2010 wurde erneut eine Bund-Länder-Arbeitsgruppe zum Thema „Umsatzsteuerliche Behandlung der öffentlichen Hand" eingerichtet, um Möglichkeiten zu prüfen, die Umsatzbesteuerung der öffentlichen Hand nach dem UStG an die unionsrechtlichen Vorgaben anzupassen. Mit ihrem im Februar 2012 vorgelegten Abschlussbericht kam diese Arbeitsgruppe zur Einsicht, dass die derzeitige umsatzsteuerliche Behandlung der öffentlichen Hand nicht unionsrechtskonform ist und sprach sich für eine Neuregelung aus[619]. Im Juni 2012 berichtete das Bundesfinanzministerium dem Rechnungsprüfungsausschuss über den aktuellen Sachstand, wonach sich die Abteilungsleiter (Steuer) nochmals mit der Thematik befassen sollen, um zu entscheiden, ob im Hinblick auf die Auswirkungen der Vorschläge der Arbeitsgruppe auf Bund, Länder und Kommunen eine „vertiefte Prüfung" sinnvoll wäre[620]. Ob zeitnah mit einer entsprechenden Gesetzesinitiative zu rechnen ist, bleibt damit ungewiss. Im Ergebnis ist festzuhalten, dass die gebotene Neuregelung derzeit auf politischer Ebene stagniert.

---

[616] Vgl. etwa *Ismer/Keyser*, UR 2011, S. 81 (90 f.); *Sterzinger*, DStR 2010, S. 2217 (2221), der für einen reformierten, an das Unionsrecht angenährten § 2 Abs. 3 UStG den folgenden Wortlaut vorschlägt: „Juristische Personen des öffentlichen Rechts gelten nicht als Unternehmer, soweit sie hoheitlich tätig sind bzw. Umsätze bewirken, die ihnen im Rahmen der öffentlichen Gewalt obliegen. Dies gilt nicht, sofern diese Behandlung als Nichtunternehmer zu größeren Wettbewerbsverzerrungen führt".

[617] *Bundesrechnungshof*, Umsatzsteuerliche Behandlung, S. 39 ff.

[618] *Bundesrechnungshof*, Umsatzsteuerreformvorhaben, S. 12.

[619] *Bundesrechnungshof*, Umsatzsteuerreformvorhaben, S. 13.

[620] *Bundesrechnungshof*, Umsatzsteuerreformvorhaben, S. 14.

§ 14 Zwischenfazit

Bei einer Betrachtung des Vorsteuerabzugs des öffentlichen Partners eines Public Private Partnership Projektes zeigt sich, dass sowohl die nationalen als auch die unionsrechtlichen Vorgaben daran anknüpfen, ob der öffentliche Partner selbst umsatzsteuerbar tätig wird und die Leistungen für diesen Bereich bezieht. Die Frage, ob der öffentliche Partner Unternehmer im Sinne des UStG beziehungsweise Steuerpflichtiger im Sinne der MwStSystRL ist, bildet den Schwerpunkt der Prüfung des Vorsteuerabzugs. Der Sinn, dass die öffentliche Hand überhaupt Umsatzsteuersubjekt sein kann und nicht zur Vermeidung einer Selbstbesteuerung kategorisch von der Umsatzbesteuerung ausgenommen ist, liegt vor allem darin, dass Wettbewerbsverzerrungen zwischen der öffentlichen Hand und privaten Konkurrenten vermieden werden sollen.

Das Unionsrecht geht grundsätzlich davon aus, dass auch die öffentliche Hand umsatzsteuerbare Umsätze erbringt, wenn sie eine wirtschaftliche Tätigkeit im Sinne von Artikel 9 MwStSystRL entfaltet. Die öffentliche Hand gilt jedoch ausnahmsweise nicht als umsatzsteuerbar, wenn es sich nach Artikel 13 Absatz 1 Unterabsatz 1 MwStSystRL um eine Einrichtung öffentlichen Rechts handelt, die Tätigkeiten ausübt, die ihr im Rahmen öffentlicher Gewalt vorbehalten sind. Diese Voraussetzungen hat der Europäische Gerichtshof dahingehend konkretisiert, dass das Merkmal der öffentlichen Einrichtungen ein Handeln privatrechtlicher Rechtssubjekte ausschließt; das Merkmal einer im Rahmen der öffentlichen Gewalt vorbehaltenen Tätigkeit bezieht sich auf die Ausübungsmodalität des Handelns der Einrichtung. Nur wenn diese auf öffentlich-rechtlichen Regelungen und nicht auf Privatrecht beruht, kann sie nichtsteuerbar nach der Maßgabe des Artikels 13 Absatz 1 Unterabsatz 1 MwStSystRL sein. Selbst wenn der öffentliche Partner eines Public Private Partnerships diese Voraussetzungen erfüllt, so kann es nach der Rückausnahme des Artikels 13 Absatz 1 Unterabsatz 2 MwStSystRL dennoch zu einer Steuerbarkeit kommen, wenn die Behandlung als nichtsteuerbar zu einer größeren Wettbewerbsverzerrung führen würde. Nach Auffassung des Europäischen Gerichtshofes schließt dies den Schutz eines potenziellen Wettbewerbs mit ein, der nicht nur zu Lasten eines privaten Konkurrenten, sondern auch zu Lasten der öffentlichen Hand verzerrt sein kann. Die Wettbewerbsverzerrung ist dabei nicht auf Grundlage der Betrachtung eines lokalen Marktes, sondern tätigkeitsbezogen zu ermitteln. Sie ist bereits zu bejahen, wenn der Wettbewerb in einem mehr als unbedeutenden Ausmaß verzerrt würde. Auch wenn eine Wettbewerbsverzerrung nicht zu befürchten ist, kann sich die Steuerbarkeit schließlich aufgrund einer weiteren Rückausnahme daraus ergeben, dass der öffentliche Partner eine bestimmte Katalogtätigkeit im Sinne von Artikel 13 Absatz 1 Unterabsatz 3 in Verbindung mit Anhang I MwStSystRL in einem mehr als unbedeutenden Ausmaß ausführt. Die Interpretation der unionsrechtlichen Regelungen durch den Europäischen Gerichtshof lässt sich in Teilen kritisieren. Insbesondere beruht sie auf der fragwürdigen Annahme, dass die Besteuerung der öffentlichen Hand den Regelfall darstellt und Ausnahmen hiervon grundsätzlich eng ausgelegt werden müssen.

Das deutsche Umsatzsteuerrecht verfolgt bei der Frage, ob die öffentliche Hand umsatzsteuerbare Umsätze erbringt, einen historisch gewachsenen und von den unionsrechtlichen Vorgaben deutlich abweichenden Ansatz. Nach § 2 Absatz 3 UStG wird eine juristische Person des öffentlichen Rechts grundsätzlich nur im Rahmen ihrer Betriebe gewerblicher Art unternehmerisch und damit umsatzsteuerbar tätig. Für die Bestimmung des Begriffes des Betriebs gewerblicher Art verweist das Umsatzsteuergesetz auf § 4 Absatz 1 KStG, wonach ein Betrieb gewerblicher Art definiert wird als eine Einrichtung, die einer nachhaltigen wirtschaftlichen Tätigkeit zur Erzielung von Einnahmen außerhalb der Land- und Forstwirtschaft dient und sich innerhalb der Gesamtbetätigung der juristischen Person wirtschaftlich heraushebt, ohne dass eine Gewinnerzielungsabsicht erforderlich ist. Für die Merkmale der Einrichtung und der wirtschaftlichen Herausgehobenheit der Einrichtung behilft sich die Finanzverwaltung im Widerspruch zur Rechtsprechung des Bundesfinanzhofes bestimmter Umsatzgrenzen, die sie als Indiz für das Vorliegen dieser Merkmale anwendet. Das wichtigste Merkmal des Betriebs gewerblicher Art ist das Vorliegen einer wirtschaftlichen Tätigkeit. Dies prüft der Bundesfinanzhof in einer negativen Abgrenzung von der hoheitlichen Tätigkeit. Hierzu fragt er in einem ersten Schritt danach, ob die Tätigkeit der öffentlichen Hand „eigentümlich und vorbehalten“ ist und zwingt den Rechtsanwender damit auf das Gebiet der Staatsaufgabenlehre. Diese inhaltliche Betrachtung der Tätigkeit ist eine nationalrechtliche Besonderheit und findet sich nicht in den unionsrechtlichen Vorgaben. In einem zweiten Schritt prüft der Bundesfinanzhof, ob die Nichtbesteuerung der Tätigkeit potenziell zu einer Wettbewerbsverzerrung im Verhältnis zu möglichen privaten Konkurrenten führen würde, in welchem Fall eine hoheitliche Tätigkeit zu verneinen wäre, so dass eine wirtschaftliche Tätigkeit vorliegt.

Die unionsrechtlichen und die deutschen Voraussetzungen des Vorsteuerabzugs führen zwar in vielen Fällen zu dem gleichen Ergebnis. Aufgrund der unterschiedlichen Regelungsansätze kommt es jedoch in Einzelfällen zu Abweichungen. Im Bereich der Vermögensverwaltung durch die öffentliche Hand, in dem es typischerweise zu einem abweichenden Ergebnis kam, ist der Bundesfinanzhof dazu übergegangen, den Begriff des Betriebs gewerblicher Art unionsrechtskonform auszulegen, so dass sich für das Umsatzsteuerrecht ein vom Körperschaftssteuerrecht abweichendes Begriffsverständnis ergeben kann. Ein Bereich, in dem ein Unterschied zwischen nationalem und Unionsrecht weiterhin besteht, liegt in Tätigkeiten, die der öffentlichen Hand zwar nach dem Verständnis des Bundesfinanzhofs eigentümlich und vorbehalten sind und nicht zu größeren Wettbewerbsverzerrungen führen, die die öffentliche Hand jedoch auf zivilrechtlicher Grundlage ausführt. In diesen Fällen gebietet das Unionsrecht nach der Lesart des Europäischen Gerichtshofes allein aufgrund der zivilrechtlichen Ausübungsmodalität die Behandlung als umsatzsteuerbar, während sich aus der inhaltlichen Betrachtung auf Grundlage des deutschen Rechts eine Nichtsteuerbarkeit ergibt.

Vierter Teil:

Konsequenzen für PPP-Projekte und Lösungsansätze

Es soll nachfolgend untersucht werden, in welchen Fällen sich die umsatzsteuerliche Behandlung des öffentlichen Vertragspartners auf ein Public Private Partnership Projekt belastend auswirkt und welche Lösungen sich de lege lata und de lege ferenda anbieten.

Dabei ist zu berücksichtigen, ob, beziehungsweise in welcher Weise ein Projekt konventionell[621] durchgeführt werden würde, wenn es nicht zu einem Public Private Partnership kommt. Nur ein Vergleich beider Projektvarianten[622] ermöglicht es festzustellen, ob die Umsatzsteuer sich abhängig von der Art der Projektverwirklichung unterschiedlich auswirkt.

§ 15 Umsatzsteuerbelastete Projekte

Im ersten Teil dieser Arbeit wurde als Begriffsverständnis von Public Private Partnership im Allgemeinen erarbeitet, dass es sich um eine gleichberechtigte und freiwillige Zusammenarbeit zwischen dem öffentlichen und dem privaten Sektor handeln muss, die vorhandene Risiken angemessen verteilt und gemeinsame Ziele verfolgt, welche über das Interesse an einem reibungslosen Leistungsaustausch hinausgehen[623]. Von dieser weiten Begriffsbestimmung sind, wie bereits ausgeführt, potenziell auch Projekte umfasst, bei denen die Partner keine umsatzsteuerbaren Leistungen austauschen, sowie Projekte, bei denen nur der öffentliche Partner Leistungen an den privaten Partner erbringt[624]. Im ersten Fall ist die Umsatzsteuer mangels steuerbarer Leistungsbeziehungen irrelevant; im zweiten Fall kommt der Umsatzsteuer in der Regel keine Bedeutung zu, weil der öffentliche Partner – soweit er umsatzsteuerbare und umsatzsteuerpflichtige Leistungen aus-

[621] Zur konventionellen Realisierung im Bereich des öffentlichen Hochbaus vgl. *BMVBS*, Rahmenbedingungen, S. 413 ff.
[622] Zur Wirtschaftlichkeitsuntersuchung siehe auch unten 1. auf Seite 171.
[623] Hierzu vgl. oben § 4 auf Seite 47.
[624] Hierzu siehe oben II. auf Seite 73.

führt – dem privaten Partner die Umsatzsteuer überwälzt und der private Partner sie in der Regel durch seinen Vorsteuerabzug neutralisieren kann[625]. Für einen Teil aller denkbaren Public Private Partnership Projekte wirkt sich die Umsatzbesteuerung damit auf die Zusammenarbeit nicht aus.

Es wurde jedoch festgestellt, dass eine Auswirkung der Umsatzsteuer insbesondere in Konstellationen in Frage kommt, in denen der private Partner an den öffentlichen Partner umsatzsteuerbare und umsatzsteuerpflichtige Leistungen erbringt und es in diesen Fällen maßgeblich darauf ankommt, ob der öffentliche Partner ein Recht zum Vorsteuerabzug hat[626].

I. Projekte im umsatzsteuerpflichtigen Bereich der öffentlichen Hand

Bei der Untersuchung der unionsrechtlichen und nationalrechtlichen Voraussetzungen für den Vorsteuerabzug des öffentlichen Partners hat sich gezeigt, dass die öffentliche Hand für einen erheblichen Teil der Leistungen, die sie erbringt, umsatzsteuerbare und gegebenenfalls auch umsatzsteuerpflichtige Umsätze bewirkt, weil sie beispielsweise im Rahmen eines umsatzsteuerlichen Betriebs gewerblicher Art tätig wird[627]. Vor allem, wenn sich eine mögliche Wettbewerbsverzerrung gegenüber privaten Anbietern, die eine vergleichbare Leistung anbieten, ergeben würde, ist aufgrund der unionsrechtlichen Vorgaben[628] eine Umsatzbesteuerung der öffentlichen Hand geboten, selbst wenn das nationale Recht zur Nichtsteuerbarkeit führen würde[629]. In all diesen Fällen hat die öffentliche Hand in gleichem Umfang wie ein privater Unternehmer die Möglichkeit, die ihr in Rechnung gestellte Umsatzsteuer für Leistungen, die sie für ihre umsatzsteuerbaren und umsatzsteuerpflichtigen Tätigkeiten bezieht, als Vorsteuer abzuziehen, so dass sich aus der Umsatzsteuer, die ein privater Partner dem öffentlichen Partner im Rahmen eines Public Private Partnership Projektes in Rechnung stellt, keine Belastung für das Projekt ergibt. Um dies zu veranschaulichen, ist es zweckmäßig, ein Beispiel aus dem ersten Teil dieser Arbeit wieder aufzugreifen[630].

Beispiel:

Das Land Berlin möchte sein Angebot zur Ausübung von Wassersport ausbauen. Es plant daher den Bau und Betrieb eines neuen öffentlichen Schwimmbads.

---

[625] Vgl. hierzu das Beispiel oben 2. auf Seite 77.

[626] Vgl. hierzu das Beispiel oben 2. auf Seite 76 f.

[627] Zum Betrieb gewerblicher Art vgl. oben c) auf Seite 131 ff.

[628] Hierzu siehe oben II. auf Seite 91 ff.

[629] Zum Verhältnis zwischen den unionsrechtlichen Vorgaben für das harmonisierte Umsatzsteuerrecht und den nationalen Vorschriften siehe oben § 7 auf Seite 61 ff.

[630] Hierzu siehe oben 1. auf Seite 36 ff.

Hierfür möchte es mit der privaten Schwimmbadbau GmbH zusammenarbeiten. Es schließt mit der GmbH einen umfangreichen Public Private Partnership Inhabermodellvertrag mit einer Laufzeit von 20 Jahren. Hiernach übernimmt die GmbH zunächst die Planung, Finanzierung und den Bau eines Schwimmbadgebäudes. Dieses errichtet sie auf einem Grundstück des Landes, so dass das Land mit der Errichtung das Eigentum an dem Gebäude erwirbt. Anschließend übernimmt die GmbH das Facility Management für das Schwimmbad während der Restlaufzeit des Vertrages. Das Land zahlt der GmbH ein vierteljährliches Entgelt in Höhe von 100.000 Euro zuzüglich 19.000 Euro[631] *Umsatzsteuer.*

In diesem Fall würde das Land mit dem Betrieb des Schwimmbades potenziell in Konkurrenz zu privaten Schwimmbädern treten und daher unternehmerisch im Rahmen eines Betriebs gewerblicher Art nach § 2 Absatz 3 UStG in Verbindung mit § 4 KStG tätig werden[632]. Das Land hätte daher grundsätzlich ebenso wie ein privater unternehmerischer Auftraggeber die Möglichkeit, die ihr vom privaten Partner in Rechnung gestellte Umsatzsteuer als Vorsteuer abzuziehen. Wenn das Land darüber entscheiden will, ob es für die Errichtung des Schwimmbads ein Public Private Partnership Modell wählt oder das Projekt konventionell realisiert, würde die Umsatzsteuer im Rahmen eines Kostenvergleiches keine Rolle spielen. Zwar wird bei einer konventionellen Realisierung ein Teil der Leistungen – insbesondere die Planung und das Facility Management in der Betriebsphase[633] – von der öffentlichen Hand selbst und nicht von einem Privaten erbracht, so dass vorliegend beispielsweise die Personalkosten für einen beim Land beschäftigten Hausmeister nicht umsatzsteuerbar, die Kosten der gleichen Leistung durch den privaten Partner jedoch umsatzsteuerbar und umsatzsteuerpflichtig wären; die Umsatzsteuer, die das Land an den privaten Partner zahlt, würde es jedoch im Wege des Vorsteuerabzugs von der Finanzverwaltung zurück erhalten. Die Umsatzbesteuerung führt daher zu keiner Belastung des Public Private Partnership Projektes.

II. Projekte im nichtsteuerbaren Bereich der öffentlichen Hand

Ein anderes Bild ergibt sich, wenn das Public Private Partnership Projekt eine Tätigkeit des öffentlichen Partners betrifft, die nicht umsatzsteuerbar ist. In diesem

[631] Um das Beispiel einfach zu halten, wird unterstellt, dass die Leistung des privaten Partners vollständig und zum Regelsatz umsatzsteuerpflichtig ist.

[632] Vgl. insoweit insbesondere die Abgrenzung von einer hoheitlichen Tätigkeit im Rahmen des Merkmals der wirtschaftlichen Tätigkeit in § 4 Absatz 1 Satz 1 KStG, hierzu oben (3) auf Seite 141.

[633] *BMVBS*, Rahmenbedingungen, S. 413 f.

Fall hat der öffentliche Partner nämlich nicht die Möglichkeit zum Vorsteuerabzug, so dass er wie ein Endverbraucher mit der Umsatzsteuer belastet wird. Ob sich daraus eine Benachteiligung von Public Private Partnership ergibt, kann jedoch nur auf der Grundlage eines Vergleichs mit der Alternative einer konventionellen Realisierung beantwortet werden.

Hierzu bietet sich eine Betrachtung zweier weiterer vereinfachter Beispiele an.

Beispiel 1:

Die Bundesrepublik Deutschland möchte ein neues Sicherheitssystem entwickeln, das durch bestimmte technische Vorkehrungen besonders vor Manipulationen geschützt sein soll, um zu verhindern, dass geheime und vertrauliche Dokumente aus dem Bereich des Verteidigungsministeriums und des Außenministeriums an die Öffentlichkeit gelangen. Auf der Seite der öffentlichen Hand fehlt es jedoch an dem erforderlichen Wissen und der Erfahrung zur Realisierung dieses Vorhabens; die Bundesregierung zieht es deshalb in Betracht, ein Public Private Partnership einzugehen, um auf diese Weise das in der Privatwirtschaft vorhandene Spezialwissen zu nutzen. In diesem Zusammenhang unterbreitet die private Datensicherheit GmbH ein Angebot für eine Zusammenarbeit über einen Zeitraum von fünf Jahren. Die GmbH würde insoweit den Entwurf, die Planung, Finanzierung und Evaluation des Systems übernehmen und dem Bund ein monatliches Entgelt in Höhe von 100.000 Euro zuzüglich 19.000 Euro Umsatzsteuer in Rechnung stellen.

In diesem Fall bezieht der öffentliche Partner die Leistungen für die Durchführung von rein hoheitlichen Tätigkeiten, die sowohl nach nationalem Recht als auch nach den unionsrechtlichen Vorgaben nicht umsatzsteuerbar sind. Der öffentliche Partner hat daher nicht die Möglichkeit, die ihm vom privaten Partner in Rechnung gestellte Umsatzsteuer als Vorsteuer abzuziehen, weil er die Leistungen nicht als Unternehmer bezieht, so dass die Voraussetzungen des § 15 Absatz 1 UStG nicht vorliegen[634]. Die Umsatzsteuer wirkt sich für den öffentlichen Partner daher als eine definitive Belastung aus. Ein Vergleich mit einer „konventionellen“ Realisierung des Projektes ist jedoch in diesem Fall nicht möglich, da die öffentliche Hand mangels Spezialwissens auf eine Zusammenarbeit mit der Privatwirtschaft angewiesen ist. Mit einer Umsatzsteuerbelastung ist daher auch dann zu rechnen, wenn es nicht zu einem Public Private Partnership kommt, sondern zum Beispiel die Leistung derart in Auftrag gegeben wird, dass sich neben dem Interesse an einem reibungslosen Leistungsaustausch keine gemeinsamen Ziele

[634] Zu den Voraussetzungen des Vorsteuerabzugs für die öffentliche Hand vgl. oben § 12 auf Seite 121 ff. und zu den unionsrechtlichen Vorgaben, oben § 11 auf Seite 89 ff.

ergeben[635]. Die Umsatzsteuer wirkt sich folglich auf das Projekt zwar belastend aus; es kommt jedoch nicht zu einer Benachteiligung von Public Private Partnership im Vergleich zu einer konventionellen Beschaffungsvariante, wie sie sich im nachfolgenden Fall darstellt.

Beispiel 2:
Das Verteidigungsministerium beabsichtigt die Errichtung eines neuartigen Ausbildungszentrums, in dem Spezialkräfte für Auslandseinsätze trainiert werden sollen. In diesem Zusammenhang erwägt der Verteidigungsminister ein Public Private Partnership Projekt in Form eines Inhabermodells einzugehen. Über einen Zeitraum von 15 Jahren beträgt das Gesamtvolumen des Projektes nach einem Angebot der privaten Hochbau GmbH 300 Millionen Euro, von denen 100 Millionen auf die Planung und das Facility Management des Gebäudes entfallen. Bei der konventionellen Beschaffungsalternative würde das Ministerium zwar den Bau des Gebäudes ebenfalls bei einem privaten Unternehmen in Auftrag geben, die Planung des Gebäudes und die Facility Management Leistungen würden hingegen durch Personal des Ministeriums durchgeführt werden[636]. Hierfür würden dem Ministerium über den gesamten Zeitraum geschätzte Personalkosten von 120 Millionen Euro entstehen.

Auch in diesem Fall handelt es sich um einen Tätigkeitsbereich des öffentlichen Partners, der den Abzug von Vorsteuern nicht zulässt. Anders als im vorhergehenden Beispiel 1 kommt hier jedoch alternativ in einem bestimmten Umfang eine Eigenleistung des öffentlichen Partners in Betracht, wenn das Projekt nicht als Public Private Partnership durchgeführt werden würde. Im Rahmen des Public Private Partnership Projektes würde der öffentliche Partner für das Facility Management über den gesamten Zeitraum 100 Millionen Euro zuzüglich 19 Millionen Euro Umsatzsteuer bezahlen, wobei sich diese Umsatzsteuer mangels Vorsteuerabzugs als eine definitive Belastung auswirken würde. Bei der Entscheidung, welche Realisierungsalternative die wirtschaftlichere ist, kommt es in Bezug auf die Facility Management Komponente damit zu einem Vergleich von 120 Millionen Euro Kosten bei Eigenrealisierung und 119 Millionen Euro Kosten bei einer Entscheidung für das Public Private Partnership. Obwohl der private Partner lediglich 100 Millionen Euro Entgelt für das Facility Management kalkuliert und damit dieselbe Leistung um 20 Millionen Euro kostengünstiger erbringen kann als der öffentliche Partner, schrumpft dieser Kosteneffizienzvorteil durch die Umsatzsteuerbelastung auf 1 Million Euro.

[635] Zu diesem Erfordernis vgl. oben 6. auf Seite 27.
[636] Vgl. *BMVBS*, Rahmenbedingungen, S. 413 f.

Es wird deutlich, dass die Umsatzsteuer für ein Public Private Partnership Projekt grundsätzlich bedeutsam ist, wenn es sich um einen Tätigkeitsbereich des öffentlichen Partners handelt, für den ein Vorsteuerabzug nicht möglich ist. Nur in diesem Fall kann sich eine Umsatzsteuerbelastung des öffentlichen Partners ergeben. Dies kommt insbesondere für Tätigkeiten in Frage, die aufgrund der Spezialregelungen zur Umsatzbesteuerung der öffentlichen Hand nicht umsatzsteuerbar sind, jedoch auch dann, wenn der öffentliche Partner zwar unternehmerisch tätig wird, jedoch steuerfreie Ausgangsumsätze ausführt, die den Vorsteuerabzug nach § 15 Absatz 1 Nr. 2 UStG ausschließen[637], etwa die Errichtung eines kommunalen Krankenhauses[638]. Die Menge der für die vorliegende Arbeit relevanten Projekte kann daher weiter eingeschränkt werden.

Um die Frage zu beantworten, ob Public Private Partnership Projekte bei einem Vergleich mit einer konventionellen Realisierungsvariante durch das Umsatzsteuerrecht benachteiligt werden, ist es des Weiteren bedeutsam, ob und in welchem Ausmaß auch bei der konventionellen Projektdurchführung eine Umsatzsteuerbelastung für die öffentliche Hand entstehen würde. Es liegt nahe, dass in vielen Fällen jedenfalls ein Teil des Leistungsspektrums des privaten Partners im Rahmen eines Public Private Partnership Modells bei einer konventionellen Realisierung durch die öffentliche Hand selbst ausgeführt werden könnte, so dass es im Vergleich beider Varianten in der Regel zu einem Teil zu einer zusätzlichen Umsatzsteuerbelastung des Public Private Partnership Projektes kommt. Dies betrifft insbesondere personalkostenintensive Projektgestaltungen. Bezüglich der Sachkosten eines Projektes ergibt sich nur im Ausnahmefall eine umsatzsteuerliche Benachteiligung im Vergleich zu einer konventionellen Realisierung, weil die öffentliche Hand Sachmittel grundsätzlich aus der Privatwirtschaft bezieht[639], so dass sich für nichtsteuerbare Tätigkeitsbereiche der öffentlichen Hand auch bei einer konventionellen Realisierung eine Belastung mit nichtabziehbarer Vorsteuer ergibt.

Es erhebt sich die Frage, welche Bedeutung die umsatzsteuerliche Belastung für die betroffenen Public Private Partnership Projekte hat.

[637] Siehe hierzu oben 2. auf Seite 153.

[638] Die Umsätze aus Krankenhausbehandlungen sind nach § 4 Nr. 14 lit. b UStG steuerfrei und schließen den Vorsteuerabzug nach § 15 Absatz 1 Nr. 2 UStG aus.

[639] Vgl. *KPMG*, Endbericht Umsatzsteuer-Refund, S. 2.

§ 16 Bedeutung der Umsatzsteuerbelastung

Werden Tätigkeiten der öffentlichen Hand als nicht umsatzsteuerbar oder steuerfrei behandelt, so ergeben sich daraus ökonomische Effekte, die auch Public Private Partnership Projekte betreffen. In diesem Zusammenhang werden im Schrifttum insbesondere der Kaskadeneffekt, die Begünstigung von Eigenleistungen sowie eine Hemmung von Investitionen der öffentlichen Hand diskutiert[640].

I. Kaskadeneffekt

Der Kaskadeneffekt bezeichnet eine Situation, in der es aufgrund der Nichtsteuerbarkeit oder Steuerfreiheit einer Tätigkeit zu einer Steuerkumulation in der Umsatzkette kommt[641]. Zwar werden im geltenden Nettoumsatzsteuersystem Steuerkumulationen grundsätzlich durch den Vorsteuerabzug vermieden[642]. Dieses System funktioniert jedoch nicht im Zusammenspiel mit nichtsteuerbaren Tätigkeiten und steuerfreien Ausschlussumsätzen. Wenn die öffentliche Hand Leistungen erbringt, die wegen Artikel 13 MwStSystRL beziehungsweise § 2 Absatz 3 UStG als nicht umsatzsteuerbar behandelt werden, so kann sie die Vorsteuern auf Leistungen, die sie selbst für die Tätigkeit bezieht, nicht abziehen. Die öffentliche Hand trägt daher wirtschaftlich die Umsatzsteuerlast und wird wie ein Endverbraucher behandelt, auch wenn sie tatsächlich nicht am Ende der umsatzsteuerlichen Leistungskette steht, sondern etwa Leistungen an Bürger erbringt[643]. Die nichtabziehbaren Vorsteuern bilden einen Kostenbestandteil der Tätigkeit der öffentlichen Hand.

Der Kaskadeneffekt bezeichnet den Effekt, dass die durch den fehlenden Vorsteuerabzug entstehenden Kosten den Preis der öffentlichen Leistung erhöhen. Zwar liegt die Ursache für diese Preiserhöhung in der umsatzsteuerlichen Behandlung der Tätigkeit der öffentlichen Hand; dennoch kann sie dem Leistungsempfänger keine Umsatzsteuer offen in Rechnung stellen, da es sich um eine nichtsteuerbare Tätigkeit handelt. Es wird deshalb auch von sogenannter „versteckter Um-

[640] Vgl. hierzu *de la Feria*, Intertax 2009, S. 148 (160 f.).

[641] Vgl. *Gendron*, VAT Treatment of Public Sector Bodies, S. 8.

[642] Vgl. hierzu oben V. auf Seite 57 ff.

[643] Vgl. *Aujean/Jenkins/Poddar*, IVM 1999, S. 144 (146); *Gendron*, VAT Treatment of Public Sector Bodies, S. 3.

satzsteuer“ gesprochen[644]. Bezieht ein privater Leistungsempfänger eine derart umsatzsteuerbelastete öffentliche Leistung, so kann er mangels offen ausgewiesener Umsatzsteuer auch dann keinen Vorsteuerabzug geltend machen, wenn er die Leistung für sein Unternehmen bezieht. Vielmehr wird er die versteckte Umsatzsteuer seinerseits wiederum bei der Bildung des Preises für sein Leistungsangebot berücksichtigen und sie weitergeben, so dass eine Steuerkumulation entsteht.

Beispiel:
Die Halteverbot GmbH hat sich auf das Einrichten von mobilen Halteverbotszonen spezialisiert. Sie wird insbesondere im Zusammenhang mit Umzügen beauftragt und übernimmt für ihre Kunden die Anmeldung und das Einholen der notwendigen behördlichen Genehmigungen, das Bereitstellen der Verkehrsschilder sowie erforderlichenfalls eine vorherige Besichtigung der Stelle, an der das Halteverbot gebraucht wird. Eine Gemeinde, in der die GmbH häufig tätig wird, hat für mobile Halteverbote innerhalb der Straßenverkehrsbehörde eine spezielle Abteilung geschaffen. Für die Genehmigung eines Halteverbotes entsteht eine Verwaltungsgebühr, deren Höhe auf Grundlage der Kosten der Abteilung und des geschätzten jährlichen Genehmigungsbedarfs festgesetzt wird. Um die Antragsbearbeitung möglichst effizient zu gestalten und Personalkosten zu sparen, hat die Abteilung in die Einführung eines Systems investiert, das eine papierlose und computergestützte Antragsbearbeitung ermöglicht. Die Anschaffung und Wartung dieses Systems verursacht 50 % der Kosten der Abteilung und ist mit Umsatzsteuer belastet, die die Gemeinde nicht abziehen kann.

Wenn in diesem Beispiel die Halteverbot GmbH eine Verwaltungsgebühr von 219 Euro für die Genehmigung eines Halteverbotes zahlt, so ist hierin ein umsatzsteuerbelasteter Kostenbestandteil von 100 Euro und damit versteckte Umsatzsteuer in Höhe von 19 Euro enthalten. Diese versteckte Umsatzsteuerbelastung gibt die GmbH an ihren Kunden weiter, weil sie nicht die Möglichkeit hat, sie als Vorsteuer abzuziehen. Sie berechnet gegenüber ihrem Kunden zum Beispiel ein Entgelt von 300 Euro zuzüglich 57 Euro Umsatzsteuer. Da in der Bemessungsgrundlage auch die versteckte Umsatzsteuer als Kostenbestandteil enthalten ist, kommt es zu einer Kumulation in der Umsatzsteuerkette.

Übertragen auf Public Private Partnership Projekte lässt sich feststellen, dass der Kaskadeneffekt nur für solche Projekte relevant werden kann, bei denen der öffentliche Partner Leistungen an den privaten Partner erbringt und der private Partner diese Leistungen für sein Unternehmen bezieht.

---

[644] Vgl. *de la Feria*, Intertax 2009, 148 (160).

II. Begünstigung von Eigenleistungen

Ein weiterer in der Literatur[645] angeführter und für Public Private Partnership Projekte besonders bedeutsamer ökonomischer Effekt der Nichtsteuerbarkeit oder Steuerfreiheit einer öffentlichen Tätigkeit liegt darin, dass Eigenleistungen begünstigt und Investitionen gehemmt werden. Dieser Effekt ist leicht verständlich, da sich die Umsatzsteuer für die öffentliche Hand als eine zusätzliche Kostenbelastung auswirkt, soweit sie aufgrund ihrer Nichtsteuerbarkeit keinen Vorsteuerabzug geltend machen kann[646]. Wenn die Wahl besteht, ob eine bestimmte Leistung umsatzsteuerbelastet eingekauft oder selbst durch eigenes Personal erbracht wird, so wirkt sich die Umsatzsteuer bei einem Kostenvergleich verzerrend aus. Das Ausmaß dieses Effekts ist direkt proportional zur Höhe des Umsatzsteuersatzes[647]. Hieraus folgt eine Begünstigung der Eigenleistung gegenüber dem Einkauf einer Fremdleistung. Soll in einem vorgegebenen Rahmen eine Investition getätigt werden, für die keine Eigenrealisation möglich ist, kann die Umsatzsteuerbelastung des Weiteren die Durchführung der Investition hemmen, wenn sie zu einem Überschreiten eines fest vorgegebenen finanziellen Rahmens führt.

Die besondere Bedeutung dieses Effektes für Public Private Partnership Projekte ergibt sich daraus, dass in vielen Fällen – insbesondere im Bereich des öffentlichen Hochbaus – Public Private Partnership eine Alternative zu einer konventionellen Beschaffung der öffentlichen Hand bildet. In diesen Fällen entscheidet die öffentliche Hand auf Basis einer Wirtschaftlichkeitsuntersuchung darüber, ob ein Public Private Partnership in Frage kommt.

1. Die Wirtschaftlichkeitsuntersuchung

Die öffentliche Hand ist den Grundsätzen der Wirtschaftlichkeit und Sparsamkeit verpflichtet und hat diese gemäß § 6 Absatz 1 HGrG bei der Aufstellung und Ausführung des Haushaltsplanes zu beachten. Sie ist daher nach § 7 Absatz 1 Satz 2 BHO auch dazu verpflichtet zu prüfen, inwieweit staatliche Aufgaben durch Alternativen zu einer konventionellen Realisierung erfüllt werden können[648]. Um diesen Grundsätzen zu genügen, muss die öffentliche Hand, wenn sich für eine finanzwirksame Maßnahme unterschiedliche Realisierungsvarianten anbieten, diese im Rahmen sogenannter Wirtschaftlichkeitsuntersuchungen miteinander vergleichen[649]. Für die Wirtschaftlichkeitsuntersuchungen speziell bei Public Private

[645] Vgl. *Ebril* et al., Modern VAT, S. 86 ff; *de la Feria*, Intertax 2009, S. 148 (160).
[646] *Gendron*, VAT Treatment of Public Sector Bodies, S. 8.
[647] *Gendron*, VAT Treatment of Public Sector Bodies, S. 9.
[648] Entsprechende Vorschriften finden sich in den Landeshaushaltsordnungen vgl. exemplarisch § 7 Absatz 1 der LHO Berlin, BayHO, SäHO und LHO Nordrhein-Westfalen; eine Linksammlung der Landeshaushaltsordnungen sämtlicher Bundesländer findet sich auf http://www.saarheim.de (Stand: 20.01.2013).
[649] Vgl. *Rauschenbach, Gottschling* in: *BMVBS*, PPP-Handbuch, S. 299.

Partnership Projekten hat sich ein mehrstufiger Prozess herausgebildet, der in vier verschiedene Phasen zerfällt. In der ersten Phase wird unabhängig von der Realisierungsform der Bedarf auf Seiten der öffentlichen Hand festgestellt und die grundsätzliche Finanzierbarkeit des Vorhabens geprüft[650]. In der zweiten Phase werden die Kosten der konventionellen Beschaffungsvariante anhand des sogenannten Public Sector Comparator, kurz PSC, quantifiziert und mit den voraussichtlichen Kosten einer Realisierung im Rahmen eines Public Private Partnership Projektes verglichen[651]. Am Ende dieser zweiten Phase steht eine Entscheidung darüber, ob eine Ausschreibung des Projektes als PPP oder konventionell erfolgt. In der dritten Phase wird sodann anhand der Angebote im Ausschreibungsverfahren entschieden, welches das wirtschaftlichste ist, und diesem der Zuschlag erteilt, während die vierte Phase die laufende Überprüfung der Wirtschaftlichkeit über die gesamte Projektlaufzeit sowie eine abschließende Beurteilung der Wirtschaftlichkeit am Ende des Projekts beinhaltet[652].

2. Verzerrung durch Umsatzsteuerbelastung

Es wird deutlich, dass die Umsatzsteuer vor allem in der zweiten Phase des Prozesses der Wirtschaftlichkeitsuntersuchung zu einer Beeinträchtigung führen kann. Um dies zu veranschaulichen, lässt sich ein zuvor gebildetes Beispiel[653] mit veränderten Zahlen wieder aufnehmen.

Beispiel:
Das Verteidigungsministerium beabsichtigt die Errichtung eines neuartigen Ausbildungszentrums, in dem Spezialkräfte für Auslandseinsätze trainiert werden sollen. In diesem Zusammenhang erwägt der Verteidigungsminister, ein Public Private Partnership Projekt in Form eines Inhabermodells einzugehen. Über einen Zeitraum von 15 Jahren beträgt das geschätzte Gesamtvolumen eines Public Private Partnership Projektes 300 Millionen Euro, von denen 100 Millionen auf die Planung und das Facility Management des Gebäudes entfallen. Bei der konventionellen Beschaffungsalternative würde das Ministerium zwar den Bau des Gebäudes ebenfalls in gleichem Umfang bei einem privaten Unternehmen in Auftrag geben, die Planung des Gebäudes und die Facility Management Leistungen würden hingegen durch eigenes Personal des Ministeriums durchgeführt werden[654]. Hierfür würden dem Ministerium über den gesamten Zeitraum geschätzte Personalkosten von 110 Millionen Euro entstehen.

---

[650] Vgl. *Rauschenbach, Gottschling* in: *BMVBS*, PPP-Handbuch, S. 302.
[651] Vgl. *Rauschenbach, Gottschling* in: *BMVBS*, PPP-Handbuch, S. 299.
[652] Vgl. *Rauschenbach, Gottschling* in: *BMVBS*, PPP-Handbuch, S. 304 ff.
[653] Siehe oben II. auf Seite 167.
[654] Vgl. *BMVBS*, Rahmenbedingungen, S. 413 f.

In diesem Fall müsste das Innenministerium bei der zweiten Phase der Wirtschaftlichkeitsuntersuchungen zu dem Ergebnis gelangen, dass ein Public Private Partnership Projekt mit Gesamtkosten von 319 Millionen Euro der konventionellen Realisierungsmethode mit Gesamtkosten von 310 Millionen unterlegen ist. Diese Kostendifferenz ist jedoch ausschließlich umsatzsteuerbedingt. Bei einem Vergleich der Gesamtkosten unter Vernachlässigung der Umsatzsteuerbelastung der Planung und des Facility Managements zeigt sich, dass die Variante Public Private Partnership mit Gesamtkosten von 300 Millionen der konventionellen Realisierungsmethode mit Gesamtkosten von 310 Millionen sogar deutlich überlegen ist.

III. Benachteiligte PPP-Projekte

Bei Public Private Partnership Projekten kann es, wie sich im vorigen Kapitel gezeigt hat, zu einer umsatzsteuerlichen Belastung des öffentlichen Vertragspartners kommen. Hiervon ist jedoch nur ein Teil der möglichen Public Private Partnership Projekte betroffen. Auch wenn im Rahmen eines Public Private Partnership Projektes der private Partner an den öffentlichen Partner umsatzsteuerbare und -pflichtige Leistungen erbringt, kommt es in vielen Fällen nicht zu einer umsatzsteuerlichen Belastung, weil die Tätigkeit des öffentlichen Partners, für die das Projekt durchgeführt wird, steuerbar ist. Insbesondere bei Public Private Partnership Projekten im Bereich von Tätigkeiten, die für den öffentlichen Partner nicht steuerbar sind, kommt es jedoch zu einer umsatzsteuerlichen Belastung, weil der öffentliche Partner die ihm in Rechnung gestellte Umsatzsteuer nicht als Vorsteuer abziehen kann. Die Behandlung der öffentlichen Hand als nichtsteuerbar kann zu einem Kaskadeneffekt mit einer Steuerkumulation führen, wenn private Unternehmer öffentliche Leistungen für ihr Unternehmen beziehen.

Da die öffentliche Hand bei mehreren möglichen Realisierungsvarianten aufgrund einer Wirtschaftlichkeitsuntersuchung darüber entscheiden muss, ob ein Vorhaben konventionell oder in Form eines Public Private Partnerships durchgeführt wird, kann es bei bestimmten Projekten aufgrund der umsatzsteuerlichen Belastung zu einer Benachteiligung von Public Private Partnership gegenüber einer konventionellen Realisierung kommen. Dies betrifft insbesondere Elemente eines Projektes, bei denen der private Partner an den öffentlichen Partner eine Leistung erbringt, die der öffentliche Partner bei konventioneller Realisierung selbst erbringen könnte und würde.

Die Möglichkeit, dass das Umsatzsteuerrecht die Entscheidung zwischen einer konventionellen Realisierung und einem Public Private Partnership Projekt zu Lasten des Public Private Partnership Projektes beeinflusst, steht im Widerspruch zum politischen Willen, den Anteil von Public Private Partnership Projekten weiterhin kontinuierlich zu steigern[655]. Darüber hinaus hat sich gezeigt, dass die Umsatzsteuerbelastung eines Public Private Partnership Projekts den Effekt haben kann, dass aufgrund der Wirtschaftlichkeitsuntersuchung die öffentliche Hand eine konventionelle Realisierungsvariante wählen müsste, obwohl Public Private Partnership die gleiche Leistung kosteneffizienter bereitstellen könnte. Hieraus ergibt sich ein Wertungswiderspruch, da die Realisierung möglicher Kosteneffizienzvorteile im Wege eines Public Private Partnerships gehemmt wird.

Es erheben sich die Fragen, ob sich dieser Wertungswiderspruch durch eine Gestaltung auf Basis des geltenden Rechts lösen lässt (dazu § 17) und welche Lösungsmöglichkeiten im Rahmen einer Änderung des geltenden Rechts denkbar sind (dazu § 18).

[655] Hierzu vgl. oben II. auf Seite 8.

§ 17 Lösungen de lege lata

Zur Vermeidung einer umsatzsteuerlichen Belastung des öffentlichen Vertragspartners bei einem Public Private Partnership Projekt auf Basis des geltenden Rechts kommen grundsätzlich zwei verschiedene Ansätze in Betracht. Entweder wird ein Projekt so gestaltet, dass umsatzsteuerbare und umsatzsteuerpflichtige Leistungen an den öffentlichen Partner minimiert werden, so dass eine nichtabziehbare Umsatzsteuer gar nicht erst entsteht. Der Nachteil dieses Ansatzes liegt darin, dass der private Partner grundsätzlich keinen Vorsteuerabzug für Eingangsleistungen geltend machen kann, die er für nicht umsatzsteuerbare oder umsatzsteuerfreie Leistungen an den öffentlichen Partner bezieht.

Ein zweiter Ansatz besteht darin, das Public Private Partnership Projekt so zu gestalten, dass ein Vorsteuerabzug des öffentlichen Partners begründet wird. Der Nachteil dieser Lösungsvariante liegt naturgemäß darin, dass mit der Begründung eines Vorsteuerabzugs auch eine Umsatzbesteuerung der Ausgangsumsätze des öffentlichen Partners einhergeht. Dies kann sich für den öffentlichen Partner insbesondere dann als eine Belastung auswirken, wenn eine Überwälzung der Umsatzsteuer auf den Empfänger der öffentlichen Leistung nicht gewollt ist.

Für die Begründung des Vorsteuerabzugs der öffentlichen Hand kommen einerseits eine formelle Privatisierung im Vorfeld des Public Private Partnerships (dazu I.) oder eine Berufung auf höherrangiges Unionsrecht in Betracht (dazu II.). Als Lösungsvarianten zur Vermeidung beziehungsweise Minimierung umsatzsteuerbarer und umsatzsteuerpflichtiger Leistungen an den öffentlichen Partner kommen Zuschüsse (dazu III.), umsatzsteuerliche Organschaften (dazu IV.) und Personalbeistellungen (dazu V.) in Betracht.

I. Formelle Privatisierung

1. Allgemeines

Eine formelle Privatisierung liegt vor, wenn die öffentliche Verwaltung Aufgaben von öffentlich-rechtlichen in privatrechtliche Organisationsformen überführt, jedoch weiterhin Trägerin der Aufgaben bleibt und die Aufgaben mittels der privatrechtlichen Organisationsform selbst wahrnimmt[656].

Da die öffentliche Hand nach einer formellen Privatisierung in der Rechtsform eines privaten Rechtssubjektes tätig wird, kommen weder nach Unionsrecht noch nach nationalem Umsatzsteuerrecht die Sonderregelungen bezüglich der Steuerbarkeit der öffentlichen Hand zur Anwendung. Denn Artikel 13 Absatz 1 Unterabsatz 1 MwStSystRL scheidet mangels einer „Einrichtung öffentlichen Rechts" aus, da diese nach der Rechtsprechung des Europäischen Gerichtshofes ein unmittelbares Handeln der öffentlichen Hand erfordert[657]; § 2 Absatz 3 UStG greift nicht, weil das Merkmal einer juristischen Person des öffentlichen Rechts nicht vorliegt[658].

2. Eignung zur Gestaltung

Die formelle Privatisierung im Vorfeld eines Public Private Partnership Projektes ist grundsätzlich geeignet, die Umsatzsteuerbelastung des öffentlichen Vertragspartners zu vermeiden[659]. Dies funktioniert jedoch nur dann, wenn der öffentliche Partner die Möglichkeit hat, die Umsatzsteuer, die er für seine Ausgangsleistungen schuldet, auf den Leistungsempfänger zu überwälzen. Ist dies nicht möglich oder nicht gewollt, so kommt es lediglich zu einer Verschiebung der Umsatzsteuerbelastung von nichtabziehbarer Vorsteuer auf der Eingangsseite zu nicht überwälzbarer Umsatzsteuer auf der Ausgangsseite. Darüber hinaus lässt sich durch eine formelle Privatisierung die umsatzsteuerliche Belastung durch nichtabziehbare Vorsteuer nicht vermeiden, wenn die Tätigkeit des öffentlichen Partners einer Umsatzsteuerbefreiung unterliegt, die wiederum den Vorsteuerabzug nach Maßgabe des § 15 Absatz 2 UStG ausschließt. Dies wäre zum Beispiel im Krankenhausbereich gemäß § 4 Nr. 14 Buchstabe b UStG der Fall. Schließlich ist darauf hinzuweisen, dass die Lösungsmöglichkeit einer formellen Privatisierung nicht in allen Bereichen in Frage kommt. Insbesondere wenn die öffentliche Hand auf die Anwendung einseitiger und hoheitlicher Zwangsmittel, wie etwa im Bereich der Polizei oder Steuerverwaltung, angewiesen ist, kommt eine formelle Privatisierung nicht in Betracht[660].

---

[656] *Heintzen*, DStR 1999, S. 1799 (1799); zu den verschiedenen Grundkategorien von Privatisierung vgl. auch oben V. auf Seite 31.

[657] Hierzu vgl. oben a) auf Seite 97.

[658] Hierzu vgl. oben a) auf Seite 128.

[659] Nach dem hier zugrunde liegenden Begriffsverständnis kann der öffentliche Partner grundsätzlich auch eine Gesellschaft in privater Rechtsform sein, die der öffentlichen Hand gehört, vgl. hierzu oben 1. auf Seite 19.

[660] *Maurer*, Juridica International 2009, S. 4 (7).

II. Vorsteuerabzug aufgrund unionsrechtskonformer Auslegung

Der Vergleich zwischen den unionsrechtlichen Vorgaben für den Vorsteuerabzug der öffentlichen Hand und der deutschen Umsetzung hat gezeigt, dass sich in einigen Bereichen Unterschiede ergeben[661]. Fraglich ist, ob die Benachteiligung von Public Private Partnership Projekten im Vergleich zur konventionellen Realisierung durch eine richtlinienkonforme Auslegung oder eine unmittelbare Anwendung von Normen der MwStSystRL beseitigt werden kann[662].

1. Wettbewerbsverzerrungen zu Lasten der öffentlichen Hand

a) Allgemeines

Wie der Europäische Gerichtshof in seiner Entscheidung in Sachen „Salix"[663] klargestellt hat, kann sich die Notwendigkeit einer Umsatzbesteuerung aufgrund einer möglichen Wettbewerbsverzerrung im Sinne von Artikel 13 Absatz 1 Unterabsatz 2 MwStSystRL auch dann ergeben, wenn eine Wettbewerbsverzerrung besteht, die nicht zu Lasten eines potenziellen privaten Konkurrenten, sondern zu Lasten der öffentlichen Hand selbst geht. Dies wird in der Literatur zum Teil so verstanden, dass sich eine öffentliche Einrichtung, sofern die Nichtgewährung des Vorsteuerabzugs eine größere Wettbewerbsverzerrung zu ihren Lasten bewirkt, direkt oder im Wege einer richtlinienkonformen Auslegung nationalen Rechts auf Artikel 13 Absatz 1 Unterabsatz 2 MwStSystRL berufen und so ihre Umsatzsteuerbarkeit, Umsatzsteuerpflicht und schließlich das Recht zum Vorsteuerabzug herbeiführen kann[664].

Fraglich ist, inwieweit sich dies auf Public Private Partnership Projekte auswirkt, bei denen die Umsatzsteuer eine zusätzliche Belastung des Projekts darstellt, weil die öffentliche Hand nicht zum Vorsteuerabzug berechtigt ist. Auf Basis der Salix-Rechtsprechung des Europäischen Gerichtshofes könnte argumentiert werden, dass sich bei einem Public Private Partnership Projekt in einem nichtsteuerbaren Tätigkeitsbereich der öffentlichen Hand stets eine solche Wettbewerbsverzerrung zu Lasten des öffentlichen Partners ergibt. Denn ein anstelle des öffentlichen Partners gedachter privater Partner könnte die ihm überwälzte Vorsteuer grundsätzlich abziehen, nur bei der öffentlichen Hand scheitert der Vorsteuerabzug aufgrund der für sie geltenden Spezialvorschriften.

---

[661] Hierzu vgl. oben § 13 auf Seite 155.

[662] Zur Abgrenzung zwischen richtlinienkonformer Auslegung und unmittelbarer Anwendung, siehe oben 3. auf Seite 70.

[663] EuGH, Urteil vom 04.06.2009 – C 102/08, UR 2009, 484 „Salix".

[664] Vgl. *Thieme*, BB 2009, S. 1900 (1901).

Problematisch an diesem Argumentationsansatz ist, dass eine Wettbewerbsverzerrung stets notwendig einen Wettbewerb erfordert[665]. Dieser muss in Bezug auf die betreffende Tätigkeit zwischen der öffentlichen Hand und der Privatwirtschaft bestehen. Soweit ein Public Private Partnership in einem Tätigkeitsbereich in Frage kommt, der exklusiv der öffentlichen Hand vorbehalten ist – etwa der Bau eines Finanzamtsgebäudes zur Erhebung von Steuern –, lässt sich ein Wettbewerb mit der Privatwirtschaft nicht begründen. Ein Projekt in diesem Bereich könnte zwischen zwei privaten Partnern nicht abgeschlossen werden, so dass die Nichtsteuerbarkeit der öffentlichen Hand nicht zu einer Wettbewerbsverzerrung zu ihren Lasten führen kann. Zwar liegt darin, dass der öffentliche Partner die ihm überwälzte Vorsteuer nicht abziehen kann, für ihn ein Nachteil. Dieser Nachteil führt jedoch nicht zu einer größeren Wettbewerbsverzerrung. Auf Grundlage der Salix-Rechtsprechung kann daher nicht im Wege einer richtlinienkonformen Auslegung allgemein der Vorsteuerabzug des öffentlichen Partners wieder hergestellt werden.

b) Einzelne Bereiche

Wie gezeigt, lässt sich das Problem nicht allgemein dadurch lösen, dass der öffentliche Partner durch die Nichtabziehbarkeit der Vorsteuer einen Nachteil hat. In den letzten Jahren ist die deutsche Rechtsprechung jedoch immer stärker dazu übergegangen, das nationale Umsatzsteuerrecht unionsrechtskonform auszulegen und in Bereichen eine Steuerbarkeit der öffentlichen Hand anzunehmen, die bislang als nicht umsatzsteuerbar behandelt wurden[666]. Dies hat sich insbesondere im Bereich der umsatzsteuerlichen Beurteilung der Vermögensverwaltung durch die öffentliche Hand gezeigt.

aa) Vermögensverwaltung der öffentlichen Hand

Soweit Public Private Partnerships im Bereich der Vermögensverwaltung des öffentlichen Partners bestehen, ist seit der Entscheidung des Europäischen Gerichtshofes in Sachen „Salix“[667] und der daran anschließenden nationalen Rechtsprechung des Bundesfinanzhofes[668] nicht mehr in jedem Fall von einer zusätzlichen Umsatzsteuerbelastung des Projektes auszugehen. Insoweit ergibt sich eine Erweiterung des umsatzsteuerlichen Unternehmens der juristischen Person des öffentlichen Rechts um die vermögensverwaltenden wirtschaftlichen Tätigkeiten[669].

[665] Hierzu vgl. oben a) auf Seite 103.

[666] Hierzu vgl. oben § 13 auf Seite 155.

[667] EuGH, Urteil vom 04.06.2009 – C 102/08, UR 2009, 484 „Salix“; zum der Entscheidung zugrunde liegenden Sachverhalt siehe oben aa) auf Seite 114.

[668] Insbesondere: BFH, Urteil vom 15.04.2010 – V R 10/09, BFH/NV 2010, 1574; hierzu vgl. oben aaa) auf Seite 147.

[669] *Thieme*, BB 2009, S. 1900 (1902).

Wenn für eine solche Tätigkeit ein Public Private Partnership Projekt erwogen wird, so kommt es folglich zu keinen umsatzsteuerbedingten Effekten, da die öffentliche Hand Umsatzsteuer, die ein privater Partner ihr überwälzen würde, durch den Vorsteuerabzug neutralisieren kann.

bb) Hoheitliche Tätigkeiten auf privatrechtlicher Grundlage

Wie gezeigt, stimmen die nationale Rechtsprechung und die Auffassung der Finanzverwaltung nicht in allen Bereichen mit den unionsrechtlichen Vorgaben überein. Vor allem das streng formale Verständnis des Europäischen Gerichtshofs, wonach eine Nichtsteuerbarkeit der öffentlichen Hand nach Artikel 13 Absatz 1 MwStSystRL bereits ausscheidet, wenn sich die öffentliche Hand für ihre Tätigkeit privaten Rechts bedient, ist durch Finanzverwaltung und Rechtsprechung noch nicht vollkommen umgesetzt worden.[670].

Wenn die öffentliche Hand für eine eigene Tätigkeit, die sie auf privatrechtlicher Grundlage ausführt, ein Public Private Partnership in Erwägung zieht, so könnte es sich folglich ergeben, dass sich die Umsatzsteuer belastend auswirkt, weil es sich nach nationaler Rechtsauffassung um eine hoheitliche Tätigkeit handelt. In diesem Fall kommt es jedoch in Betracht, dass sich der öffentliche Vertragspartner gegenüber der Finanzverwaltung auf Unionsrecht und auf die Rechtsprechung des Europäischen Gerichtshofs beruft, um auf der Basis einer richtlinienkonformen Auslegung[671] oder einer unmittelbaren Geltung der MwStSystRL[672] die Behandlung seiner Tätigkeit als umsatzsteuerbar und umsatzsteuerpflichtig zu bewirken und damit seinen Vorsteuerabzug herzustellen.

III. Zuschüsse

1. Allgemeines

Die Umsatzsteuerbarkeit erfordert nach § 1 Absatz 1 Nr. 1 UStG stets eine Lieferung oder sonstige Leistung gegen Entgelt. Entgeltlichkeit in diesem Sinne setzt voraus, dass zwischen Leistung und Gegenleistung ein unmittelbarer Zusammenhang besteht[673]. Hierfür muss der Empfänger der Leistung identifizierbar sein;

[670] Zu fiskalischen Hilfsgeschäften vgl. oben bbb) auf Seite 149.

[671] Hierzu vgl. oben 2. auf Seite 66.

[672] Hierzu vgl. oben 1. auf Seite 64.

[673] Vgl. EuGH, Urteil vom 21.03.2002 – C 174/00, Slg. 2002, 3293 „Kennemer Golf & Country Club“ Rz. 39; BFH, Urteil vom 19.02.2004 – V R 10/03, BStBl II 2004, 675; BFH, Urteil vom 08.11.2007 – V R 20/05, BStBl. II 2009, 483; BFH, Urteil vom 05.12.2007 – V R 60/05, BFH/NV 2008, 1072.

er muss einen Vorteil zu seiner eigenen Verwendung erhalten, der zu einem Verbrauch im Sinne des gemeinsamen Mehrwertsteuerrechts führt[674].

Nach diesen Grundsätzen sind Zahlungen der öffentlichen Hand an einen Unternehmer nicht in jedem Fall Entgelt für eine steuerbare Leistung, sondern können auch ohne einen unmittelbaren Zusammenhang zu einer Leistung des Unternehmers im allgemeinen Interesse erfolgen. Derartige Zahlungen werden häufig als Zuschuss oder Subvention und der Zahlungsgegenstand als Ausgleichszahlung, Beihilfe, Betriebskostenersatz, Finanzzuweisung, Fördermittel oder Verlustabdeckung beschrieben[675]. Fraglich ist, ob im Rahmen eines Public Private Partnership Projektes eine Gestaltungsmöglichkeit dahingehend besteht, dass die öffentliche Hand dem privaten Partner Zahlungen nicht als Entgelt, sondern in der Form eines Zuschusses zuwendet, so dass es nicht dazu kommt, dass dem öffentlichen Partner Umsatzsteuer in Rechnung gestellt wird, die er nicht als Vorsteuer abziehen kann.

Für die umsatzsteuerrechtliche Beurteilung einer Zahlung des öffentlichen an den privaten Partner kommen – unabhängig von der Bezeichnung der Zahlung – grundsätzlich drei Möglichkeiten in Betracht[676]: Erstens kann es sich um ein Leistungsentgelt im Sinne von § 10 Absatz 1 Satz 2 UStG handeln. Danach ist Entgelt alles, was der Leistungsempfänger aufwendet, um die Leistung zu erhalten. Zweitens kann es sich um ein Entgelt handeln, das nicht für eine Leistung an den öffentlichen Vertragspartner selbst, sondern für eine Leistung an Dritte – zum Beispiel die Einwohner einer Gemeinde – gezahlt wird. Auch hierbei handelt es sich um ein umsatzsteuerliches Entgelt, da § 10 Absatz 1 Satz 3 UStG bestimmt, dass zum Entgelt auch das gehört, was ein anderer als der Leistungsempfänger dem Unternehmer für die Leistung gewährt. Es wird insoweit auch die Bezeichnung „Entgelt von dritter Seite“ verwendet[677]. Auch Zahlungen des öffentlichen Partners, die zusätzlich zu einem Entgelt des Leistungsempfängers erfolgen, um für den Leistungsempfänger – zum Beispiel die Besucher eines Schwimmbades – den Preis niedrig zu halten, fallen in diese Kategorie[678]. Schließlich kann es sich drittens um eine Zahlung handeln, die nicht unmittelbar mit einer umsatzsteuerbaren Leistung zusammenhängt. Insoweit wird von „echten Zuschüssen“

[674] Vgl. EuGH, Urteil vom 29.02.1996 – C 215/94, Slg. 1996, 959 „Mohr“, Rz. 22, der einen Vorteil zur eigenen Verwendung der öffentlichen Hand im Falle einer Vergütung an einen privaten Milchbauern für die Aufgabe der Milcherzeugung verneinte.

[675] *Baldauf*, DStZ 2010, S. 125 (127), der darauf hinweist, dass der Begriff des Zuschusses umsatzsteuerrechtlich nicht schlüssig definiert ist; *Fest*, DStR 2011, 1293; *Noack*, DStR 2011, 2027.

[676] Vgl. hierzu Abschn. 10.2. Absatz 1 Satz 1 UStAE (entspricht ex-Abschn. 150 Absatz 1 Satz 1 UStR 2008).

[677] Vgl. BFH, Urteil vom 14.05.2008 – XI R 60/07, BStBl. II 2008, 721.

[678] Dass es sich hier um einen Teil der umsatzsteuerlichen Bemessungsgrundlage handelt, ist ausdrücklich in Artikel 73 MwStSystRL vorgegeben.

gesprochen[679], während Zahlungen, die zwar als Zuschuss bezeichnet werden, umsatzsteuerlich jedoch Entgelt sind, auch als „unechte Zuschüsse" bezeichnet werden[680]. In der umsatzsteuerrechtlichen Literatur und Rechtsprechung wird teilweise ungenau formuliert, dass ein Zuschuss steuerbar oder nichtsteuerbar sei[681]. Dies ist nicht zutreffend, da die Zahlung selbst keine Steuerbarkeit begründen, sondern allenfalls Entgelt für eine steuerbare Leistung sein kann.

Ein echter Zuschuss in diesem Sinne liegt vor, wenn die Zahlung lediglich der Förderung der Tätigkeit des Empfängers allgemein, aus strukturpolitischen, volkswirtschaftlichen oder allgemeinpolitischen Gründen dient und nicht der Gegenwert für eine Leistung des Zahlungsempfängers ist[682]. Dabei kommt es entscheidend auf die der vermeintlichen Leistung zugrunde liegenden Rechtsverhältnisse an[683]. Vor diesem Hintergrund ging die Finanzverwaltung davon aus, dass Zuwendungen aus öffentlichen Kassen, die ausschließlich auf der Grundlage des Haushaltsrechts und der dazu erlassenen allgemeinen Nebenbestimmungen vergeben werden, als echte Zuschüsse einzuordnen seien[684]. Der Bundesfinanzhof wandte sich jedoch ausdrücklich gegen diese Rechtsauffassung und befand, dass es nicht auf die Form einer Zuwendung – etwa einen Haushaltsbeschluss bzw. Betrauungsakt[685] – ankomme, weil auch in diesen Fällen ein unmittelbarer Zusammenhang zwischen der Zahlung und einer Leistung des Zahlungsempfängers an den vermeintlichen Zuschussgeber bestehen kann, so dass allein der konkrete Grund der Zahlung maßgeblich sei[686]. Auch schließe die Tatsache, dass eine Leistung letztlich im öffentlichen Interesse erfolgt, eine steuerbare Leistung an die öffentliche Hand nicht aus; denn das Interesse der Allgemeinheit liege zwar stets dem Handeln der öffentlichen Hand zugrunde, schließe jedoch die Identifizierbarkeit der öffentlichen Hand als einen individuellen Leistungsempfänger nicht aus[687]. Als Reaktion hierauf modifizierte die Finanzverwaltung ihre Auffassung dahingehend, dass nicht die haushaltsrechtliche Erlaubnis einer Zahlung, sondern

[679] Vgl. Abschn. 10.2 Absatz 7 UStAE (entspricht ex-Abschn. 150 Absatz 7 UStR 2008).

[680] Vgl. *Baldauf*, DStZ 2010, S. 125 (127).

[681] Vgl. exemplarisch: *Baldauf*, DStZ 2010, S. 125 (127), der von einem echten „(nicht steuerbaren) Zuschuss" spricht, und BFH, Urteil vom 18.12.2008 - V R 38/06, BStBl. II 2009, 749, der ausführt, dass das Finanzgericht zu Unrecht festgestellt habe, dass es sich um einen „nicht steuerbaren Zuschuss" gehandelt habe.

[682] Vgl. BFH, Urteil vom 20. 12. 2001 – V R 81/ 99, BStBl II 2003, 213.

[683] Vgl. BFH, Urteil vom 09.11.2006 – V R 9/04, BStBl. II 2007, 285.

[684] Abschn. 10.2 Absatz 8 UStAE (entpricht ex-Abschn. 150 Absatz 8 Satz 1 UStR 2008).

[685] Vgl. vor diesem Hintergrund zu Umsatzsteuerrisiken in Verbindung mit der Weitergabe von EU-Beihilfen durch eine Kommune an Private: *Leippe*, ZKF 2011, S. 217 ff.

[686] BFH, Urteil vom 27.11.2008 – V R 8/07, BStBl. II 2009, 397.

[687] Vgl. BFH, Urteil vom 18.12.2008 - V R 38/06, BStBl. II 2009, 749.

allein der Grund der Zahlung maßgeblich sei[688]. Dennoch hält sie in leicht abgeschwächter Form an ihrer Ansicht fest, indem sie nunmehr formuliert, dass „in der Regel“ ein echter Zuschuss vorliege, wenn Zuwendungen aus öffentlichen Kassen ausschließlich auf der Grundlage des Haushaltsrechts in Verbindung mit den dazu erlassenen allgemeinen Nebenbestimmungen vergeben werden, weil die in diesen allgemeinen Nebenbestimmungen normierten Auflagen grundsätzlich für die Annahme eines Leistungsaustausches nicht ausreichen würden[689]. Ein umsatzsteuerliches Leistungsaustauschverhältnis könne jedoch vorliegen, wenn, über die allgemeinen Nebenbestimmungen hinaus, die Bewilligung der Zuwendungen mit weiteren besonderen Nebenbestimmungen verknüpft wird, die auf einen Leistungsaustausch schließen lassen[690]. Rechtsprechung und Finanzverwaltung sind sich jedoch einig darin, dass ein Leistungsaustausch grundsätzlich dann vorliegt, wenn ein gegenseitiger Vertrag vorliegt, in dem sich die Vertragsparteien zu bestimmten Leistungen verpflichtet haben[691].

Es ist festzustellen, dass die Finanzverwaltung im Vergleich zur Rechtsprechung großzügiger in der Annahme eines echten Zuschusses ist, weil sie hiervon zunächst ausgeht, wenn die Zahlung ausschließlich auf einer haushaltsrechtlichen Grundlage erfolgt und der Zuschuss nur in Verbindung mit den allgemeinen Nebenbestimmungen vergeben wird.

2. Eignung zur Gestaltung

Für eine Vielzahl von Public Private Partnership Projekten kommt eine Gestaltung nicht in Frage, in der der öffentliche Partner dem privaten Partner echte Zuschüsse gewährt, da den meisten Public Private Partnership Projekten komplexe gegenseitige Verträge zugrunde liegen, die bestimmte Leistungen des privaten Partners und eine konkrete Gegenleistung des öffentlichen Partners vorsehen[692]. Vor diesem Hintergrund kommt der Möglichkeit, Zahlungen als echte Zuschüsse zu gestalten, für den gegenwärtigen Public Private Partnership Markt keine große Bedeutung zu.

Public Private Partnership im Sinne der dieser Untersuchung zugrunde liegenden allgemeinen Begriffsbestimmung[693] ist jedoch nicht auf Projekte zwischen

---

[688] Vgl. nunmehr Abschn. 10.2 Absatz 8 Satz 1 UStAE, der ausdrücklich auf die Urteile des BFH vom 27.11.2008 – V R 8/07, BStBl. II 2009, 397 und vom 18.12.2008 - V R 38/06, BStBl. II 2009, 749 verweist.

[689] Abschn. 10.2. Absatz 8 Satz 2 und 3 UStAE.

[690] Abschn. 10.2 Absatz 9 Sätze 1 bis 3.

[691] BFH, Urteil vom 18.12.2008 – V R 38706, BStBl. II 2009, 749; Abschn. 10.2. Absatz 9 Satz 5 UStAE.

[692] Vgl. die gängigen Public Private Partnership Modelle im Bereich des öffentlichen Hochbaus (hierzu siehe oben I. auf Seite 35) und im Bereich der öffentlichen Abfall- und Abwasserentsorgung (hierzu siehe oben II. auf Seite 44).

[693] Hierzu vgl. oben § 4 auf Seite 47.

der öffentlichen Hand und der Privatwirtschaft beschränkt, bei denen konkrete Leistungen gegen Entgelt erbracht werden[694]. Zwar kann in der Zahlung von Zuschüssen für sich betrachtet kein Public Private Partnership liegen, da es insofern an dem erforderlichen Maß an Gleichberechtigung fehlt[695]. Es ist jedoch denkbar, dass die öffentliche Hand im Rahmen eines Public Private Partnership Projektes unter anderem auch die Tätigkeit des privaten Partners durch eine Zahlung allgemein fördert, ohne dass diese Zahlung unmittelbar mit einer Leistung des privaten Partners zusammenhängt. In diesen Fällen bietet es sich aufgrund der Rechtsprechung und Verwaltungsauffassung zu nichtsteuerbaren Zuschüssen an zu beachten, dass die Zahlung lediglich auf einer haushaltsrechtlichen Grundlage erfolgt und der Zuschuss nur in Verbindung mit den allgemeinen Nebenbestimmungen vergeben wird. Aus praktischer Sicht profitiert der öffentliche Partner von der Regelvermutung der Finanzverwaltung, die solche Zahlungen grundsätzlich nicht als ein Entgelt für eine umsatzsteuerbare Leistung einordnet, so dass einer rechtlichen Auseinandersetzung mit der Finanzverwaltung vorgebeugt wird. Darüber hinaus ist bei der Gestaltung des Public Private Partnerships jedoch stets sicherzustellen, dass auch tatsächlich keine konkreten Leistungen des privaten Partners an den öffentlichen Partner erfolgen, denen die Zahlung als Entgelt unmittelbar zugeordnet werden kann; dies insbesondere, da der Bundesfinanzhof – anders als die Finanzverwaltung – der Form der Zahlung keine Indizwirkung beimisst.

Insgesamt ist der Wert einer Gestaltung im Zusammenhang mit der Zahlung von Zuschüssen für Public Private Partnership Projekte als gering zu bewerten, da sie für die überwiegende Zahl der gängigen Public Private Partnership Modelle nicht in Betracht kommt. Eine solche Gestaltung kann sich jedoch in Einzelfällen anbieten, wenn Public Private Partnership Projekte nicht mit dem Abschluss eines umfangreichen gegenseitigen Vertrages verbunden sind. Insbesondere wenn nach den konkreten Umständen des Einzelfalles Zweifel bestehen, ob eine Tätigkeit des privaten Partners sich umsatzsteuerlich als eine Leistung darstellt oder nicht, ist es empfehlenswert, bei der Gestaltung des Projektes die Kriterien der Rechtsprechung und Finanzverwaltung zu beachten, so dass lediglich Zuschüsse gezahlt werden, denen keine umsatzsteuerbaren Leistungen des privaten Partners zugrunde liegen.

[694] Vgl. oben II. auf Seite 73.

[695] Siehe hierzu oben 5. auf Seite 25.

IV. Organschaften

1. Allgemeines

In der Literatur wird zur Vermeidung umsatzsteuerpflichtiger Umsätze bei einem Leistungsbezug eines Unternehmens die Gestaltung einer umsatzsteuerlichen Organschaft nach § 2 Absatz 2 Nr. 2 UStG erwogen[696].

Nach § 2 Absatz 2 Nr. 2 UStG wird die gewerbliche oder berufliche Tätigkeit einer juristischen Person nicht selbstständig und damit nicht umsatzsteuerbar ausgeführt, soweit sie nach dem Gesamtbild der tatsächlichen Verhältnisse finanziell, wirtschaftlich und organisatorisch in das Unternehmen des Organträgers eingegliedert ist. Träger einer Organschaft kann daher nur sein, wer selbst ein umsatzsteuerliches Unternehmen hat, in das die Organgesellschaft eingegliedert werden kann.

Für die finanzielle Eingliederung ist es erforderlich, dass die Organträgerin die Möglichkeit hat, Beschlüsse in der Organgesellschaft durchzusetzen, wofür in der Regel das Halten eines Gesellschafteranteils von über 50 % ausreicht[697]. Darüber hinaus muss für die organisatorische Eingliederung sichergestellt sein, dass eine abweichende Willensbildung bei der Organgesellschaft nicht möglich ist, was in der Regel durch eine personelle Verflechtung der Geschäftsführungsorgane der Organträgerin und der Organgesellschaft geschieht[698]. In der Praxis wird bei Organschaftsgestaltungen mit der öffentlichen Hand als Organträgerin die organisatorische Verflechtung häufig dadurch hergestellt, dass die Geschäftsführung der Organgesellschaft mit weisungsgebundenem Personal des öffentlichen Organträgers besetzt wird[699]. Für die wirtschaftliche Eingliederung müssen die Tätigkeiten von Organträger und Organgesellschaft aufeinander abgestimmt sein, sich fördern und ergänzen[700]. Da § 2 Absatz 2 Nr. 2 UStG bezüglich der drei Eingliederungskriterien auf das „Gesamtbild der tatsächlichen Verhältnisse" abstellt, ist es nicht immer notwendig, dass alle drei Merkmale in gleichem Ausmaß und vollständig erfüllt sind[701]. So hielt der Bundesfinanzhof etwa eine weniger deutlich zu Tage tretende wirtschaftliche Eingliederung für unschädlich, wenn die finanziel-

[696] Vgl. *Slapio*, DStR 2000, S. 999 ff.; kritisch zu dieser Gestaltungsmöglichkeit hingegen: *Leonard*, DStR 2010, S. 721 ff; zur Organschaft vgl. auch oben a) auf Seite 126.

[697] Vgl. BFH, Urteil vom 02.11.2001 – V R 50/00, BStBl. II 2002, 167; *Leonard*, DStR 2010, S. 721 (722).

[698] Vgl. BFH, Urteil vom 03.04.2008 – V R 76/05, BStBl. II 2008, 905.

[699] *Heintzen*, DStR 1999, S. 1799 (1800).

[700] Vgl. BFH, Urteil vom 25.06.1998 – V R 76/97, BFH/NV 1998, 1534; BFH, Urteil vom 03.04.2003 – V R 63/01, BStBl. II 2004, 434.

[701] BFH, Urteil vom 22.11.2001 – V R 50/00, BStBl. II 2002, 167; BFH, Urteil vom 05.12.2007 – V R 26/06, BStBl. II 2008, 451.

le und die organisatorische Eingliederung deutlich ausgeprägt sind[702]. Dennoch müssen alle Eingliederungskriterien vorliegen; es genügt für die Annahme einer umsatzsteuerlichen Organschaft nicht, dass nur zwei Eingliederungsmerkmale erfüllt sind[703].

2. Eignung zur Gestaltung

Da die Organträgerschaft einen umsatzsteuerlichen Unternehmer erfordert, kann der öffentliche Partner nur Organträger sein, wenn er selbst unternehmerisch, zum Beispiel als Betrieb gewerblicher Art, tätig wird. Folglich scheidet die Möglichkeit einer Gestaltung eines Public Private Partnerships über die Herstellung einer Organschaft mit dem öffentlichen Partner als Organträger in allen Fällen aus, in denen es sich um einen nichtsteuerbaren Tätigkeitsbereich handelt. Damit kommt für einen großen Teil der Projekte, bei denen sich eine umsatzsteuerliche Benachteiligung von Public Private Partnership im Vergleich zu einer konventionellen Realisierung ergibt, eine organschaftliche Gestaltung nicht in Betracht. In Fällen, in denen die umsatzsteuerliche Belastung des öffentlichen Vertragspartners hingegen nicht auf der Nichtsteuerbarkeit der Tätigkeit, sondern auf steuerbefreiten Ausschlussumsätzen im Rahmen eines Betriebs gewerblicher Art beruht, könnte der öffentliche Vertragspartner hingegen grundsätzlich Träger einer Organgesellschaft sein.

Denkbare Anwendungsbereiche für eine organschaftliche Gestaltung sind folglich zum Beispiel öffentliche Krankenhäuser und Alten- und Pflegeheime, die ausschließlich steuerfreie Ausschlussumsätze nach § 4 Nr. 14 lit. b UStG beziehungsweise § 4 Nr. 16 UStG erbringen und daher wegen § 15 Absatz 2 Nr. 1 UStG keine Möglichkeit haben, die ihnen in Rechnung gestellte Umsatzsteuer als Vorsteuer abzuziehen. Da es zwischen einer Organgesellschaft und ihrem Organträger mangels Selbstständigkeit der Organgesellschaft[704] nicht zu umsatzsteuerbaren, sondern lediglich zu nichtsteuerbaren sogenannten Innenleistungen kommt, kann die Organgesellschaft ihre Preise ohne Umsatzsteuer berechnen. Um dies zu erreichen, gründen in der Regel die öffentliche Hand und der private Dienstleister eine neue Gesellschaft, die als eine Organgesellschaft des öffentlichen Auftraggebers ausgestaltet wird. Diese Gesellschaft wird dann von ihrem Organträger, dem öffentlichen Gesellschafter, mit der Durchführung der Leistungen beauftragt. Hierfür nutzt die Organgesellschaft in der Regel eigenes Personal, mit dem sie der private Gesellschafter ausgestattet hat[705]. Eine umsatzsteuerliche Organschaft

[702] BFH, Urteil vom 29.10.2008 – XI R 74/07, BStBl. II 2008, 451.

[703] Vgl. BFH, Urteil vom 20.02.1992 – V R 80/ 85, BFH/ NV 1993, 133; BFH, Urteil vom 03.04.2003 V R 63/ 01, BStBl. II 2004, 434; BFH, Urteil vom 19.05.2005 – V R 31/ 03, BStBl. II 2005, 671; BFH, Urteil vom 05.12.2007 – V R 26/06, BStBl. II 2008, 451.

[704] Hierzu vgl. oben a) auf Seite 126.

[705] Vgl. *Leonard*, DStR 2010, S. 721 (721).

scheint sich daher insbesondere für Public Private Partnership Projekte in Form eines Gesellschaftsmodells anzubieten[706].

Es ist jedoch fraglich, ob sich die Anforderungen an die finanzielle, wirtschaftliche und organisatorische Eingliederung der Organgesellschaft mit einem Public Private Partnership vereinbaren lassen. Insbesondere das Erfordernis der organisatorischen Eingliederung führt dazu, dass die Organgesellschaft sich in einem hohen Maße dem Organträger unterordnen muss. Dies steht in einem Widerspruch zu dem mit Public Private Partnership verbundenen Gedanken einer partnerschaftlichen Zusammenarbeit, die einen gewissen Grad an Gleichberechtigung erfordert[707]. Wenn ein Privater durch eine umsatzsteuerliche Organschaft in ein öffentliches Unternehmen eingegliedert ist, so steht dies im Widerspruch zu dem dieser Arbeit zugrunde liegenden Begriffsverständnis von Public Private Partnership. Darüber hinaus ist zu befürchten, dass der mit der organschaftlichen Eingliederung verbundene Verlust an wirtschaftlicher Selbstständigkeit und kaufmännischer Eigenverantwortung des Privaten dazu führt, dass auch der Vorteil der Kosteneffizienz gegenüber einer Eigenrealisierung durch die öffentliche Hand weniger stark ausfällt[708]. Folglich eignet sich eine Organschaft nicht als Gestaltungsinstrument, um die umsatzsteuerliche Belastung eines Public Private Partnership Projektes zu vermeiden.

In der Literatur wurde des Weiteren im Zusammenhang mit Public Private Partnership Projekten die Gestaltung einer sogenannten „Mehrmütterorganschaft“ erwogen, bei welcher der Organkreis aus mehr als einem Organträger besteht[709]. Bei dieser Gestaltung könnte eine PPP-Projektgesellschaft im Rahmen eines Gesellschaftsmodells gleichzeitig Organgesellschaft des privaten Partners und des öffentlichen Partners sein. Der Bundesfinanzhof lehnte jedoch im Jahre 2009[710] ausdrücklich die Möglichkeit einer solchen Mehrmütterorganschaft für das Umsatzsteuerrecht ab, so dass diese Gestaltungsmöglichkeit nicht zielführend ist.

V. Personalbeistellungen

1. Allgemeines

Oftmals sind es Personalkosten, die einen Großteil derjenigen Leistung des privaten Partners ausmachen, die eine umsatzsteuerliche Mehrbelastung des Public

[706] Zum PPP Gesellschaftsmodell vgl. oben 8. auf Seite 43.

[707] Hierzu siehe oben 5. auf Seite 25.

[708] Vgl. *Heintzen*, DStR 1999, S. 1799 (1800).

[709] Vgl. *BMVBS*, Rahmenbedingungen, S. 400 ff. mit Verweis auf die Anerkennung einer umsatzsteuerlichen Mehrmütterorganschaft bei *Menner/Broer*, UStB 2000, S. 241 ff; *Kaiser*, Umsatzsteuerliche Behandlung, S. 102 ff.; *Schenke*, UR 2007, 1 (9 ff.); *Wolfgang/Groschupp*, UR 2000, S. 449 ff; .

[710] BFH, Urteil vom 30.04.2009 - V R 3/08, UR 2009, 639.

Private Partnership Projektes verursacht. Denn im Rahmen einer konventionellen Realisierung würde der öffentliche Partner eigenes Personal verwenden, so dass keine umsatzsteuerliche Belastung entstünde. Vielfach wird der öffentliche Partner ein Interesse daran haben, dass bislang von ihm beschäftigtes und nunmehr nicht mehr benötigtes Personal fortan vom privaten Partner übernommen wird. Auch in diesem Fall kommt es jedoch zu der umsatzsteuerlichen Mehrbelastung, wenn das Personal arbeitsrechtlich auf den privaten Partner übertragen und von diesem entlohnt wird. Um eine personalkostenbedingte umsatzsteuerliche Mehrbelastung zu vermeiden, könnte es sich anbieten, dass der private Partner Personal im Rahmen einer sogenannten Personalbeistellung von der öffentlichen Hand erhält. Hierbei bleibt das Personal arbeits- bzw. dienstrechtlich dem öffentlichen Partner zugeordnet und wird weiterhin von diesem entlohnt. Der öffentliche Partner überlässt sein Personal jedoch dem privaten Partner zur Erfüllung seiner Leistungsverpflichtung.

Fraglich bei einer solchen Beistellung von Personal ist insbesondere, ob die Überlassung entgeltlich erfolgt, so dass der öffentliche Partner an den privaten Partner eine umsatzsteuerbare und umsatzsteuerpflichtige sonstige Leistung im Sinne von § 3 Absatz 9 UStG ausführt. Der Bundesfinanzhof hatte zunächst in Bezug auf die Beistellung von Material entschieden, dass grundsätzlich kein steuerbarer Umsatz vorliege, wenn ein Auftraggeber, der einen Gegenstand herstellen lässt, einen Teil des „Hauptstoffes" zur Verwendung bei der Herstellung des Gegenstands zur Verfügung stellt und der herstellende Unternehmer den „beigestellten" Stoff abredegemäß dazu verwendet[711]. Diese Grundsätze zur sogenannten Materialbeistellung übertrug das Gericht auf die Beistellung von Personal. In diesem Zusammenhang liege keine sonstige Leistung vor, wenn der Leistungsempfänger über die Verwendung des Personals nicht unabhängig vom Willen des Überlassenden bestimmen darf und kann[712]. Die Finanzverwaltung und der Bundesfinanzhof stimmen darin überein, dass sie insoweit von einer nichtsteuerbaren Beistellung von Personal ausgehen, wenn die Überlassung ausschließlich zum Zweck der Auftragsdurchführung erfolgt und die anderweitige Verwendung aufgrund des beim Auftraggeber verbleibenden Weisungsrechts ausgeschlossen ist[713].

2. Eignung zur Gestaltung

Soweit eine Beistellung von Personal durch den öffentlichen Partner an den privaten Partner nach den vorstehenden Grundsätzen nichtsteuerbar gestaltet wird und arbeits- bzw. dienstrechtlich zulässig ist, kann der personalkostenbedingte Teil

[711] Vgl. BFH, Urteil vom 10.02.1966 – V 105/63, BStBl. III 1966, 257.
[712] BFH, Urteil vom 06.12.2007, BStBl. II 2009, 493.
[713] Vgl. Abschn. 1.1. Absatz 7 UStAE (entspricht ex-Abschnitt 1 Absatz 8 UStR 2008).

der umsatzsteuerlichen Mehrbelastung eines Public Private Partnership Projektes grundsätzlich vermieden werden. Eine Gefahr dieser Gestaltung liegt darin, dass sich auf der Seite eines öffentlichen Partners ein Betrieb gewerblicher Art ergeben kann, wenn die Personalbeistellung nicht korrekt gestaltet wird und tatsächlich doch der private Partner eine Gegenleistung für die Beistellung des Personals erbringt[714]. Eine weitere Gefahr der Personalbeistellung liegt darin, dass die mit Public Private Partnership verbundenen Effizienzvorteile nicht optimal genutzt werden können[715]. Da für eine Personalbeistellung, die nicht umsatzsteuerbar ist, erforderlich ist, dass das Weisungsrecht über das Personal bei dem öffentlichen Partner verbleibt, beschneidet diese Gestaltung die Eigenverantwortlichkeit des privaten Partners bei der Erbringung seiner Leistungen. Der private Partner hat damit zum Beispiel nicht die Möglichkeit, auf veränderte Umstände durch eine Umstrukturierung seines Personals zu reagieren. Auch wenn der private Partner das Personal anders als ursprünglich beabsichtigt einsetzen möchte, so kann er dies wegen der Weisungshoheit des öffentlichen Partners nicht eigenständig machen. Damit kommt es zu einer Verschränkung der Entscheidungsstrukturen, die in der Regel der angestrebten Verteilung des Risikos im Rahmen eines Public Private Partnership Projektes widerspricht[716]. Denn es liegt grundsätzlich im Risikobereich des privaten Partners, die geschuldete Leistung zu erbringen. Ihm sollte eine möglichst weitgehende Freiheit in Bezug auf die gestalterische und funktionelle Umsetzung der Leistung eingeräumt werden, damit kreative Lösungen gefunden werden können[717]. Vor diesem Hintergrund ist fraglich, ob im jeweiligen Einzelfall überhaupt noch ein Public Private Partnership vorliegt, da es hierfür erforderlich ist, dass die vorhandenen Risiken angemessen verteilt werden[718].

Es ergibt sich, dass die Gestaltung einer Personalbeistellung zwar geeignet ist, um in Bezug auf den Personalkostenanteil eines Public Private Partnership Projektes eine umsatzsteuerliche Benachteiligung im Vergleich zur konventionellen Realisierung zu vermeiden. Sie ist jedoch auch mit Gefahren verbunden. Insbesondere konterkariert die Verschränkung der Verantwortungs- und Entscheidungsstrukturen bezüglich des Personals das Ziel, Effizienzvorteile optimal auszuschöpfen.

---

[714] Vgl. *Weinand-Härer/Sauerhering* in: *Littwin/Schöne*, Public Private Partnership, Rz. 240 auf S. 160.

[715] Vgl. *BMVBS*, Rahmenbedingungen, S. 399.

[716] Vgl. *Funken*, ÖPP Zwischenbilanz 2009, S. 25.

[717] Vgl. *BMVBS*, Leitfaden, S. 15.

[718] Vgl. hierzu oben § 4 auf Seite 47.

§ 18 Lösungen de lege ferenda

Wie die Ausführungen zu den Gestaltungsmöglichkeiten auf Basis des geltenden Rechts gezeigt haben, sind diese mit einer Vielzahl an Problemen verbunden. Soweit eine Gestaltung überhaupt möglich ist, ist sie in der Regel mit einem erheblichen gestalterischen Aufwand verbunden, der wiederum Risiken nach sich zieht und zum Teil dem Grundgedanken von Public Private Partnership widerspricht, durch die Kooperation zwischen der öffentlichen Hand und der Privatwirtschaft, Effizienzpotenziale zu nutzen[719]. Nachfolgend sollen daher Möglichkeiten dargestellt werden, die auf Basis einer Änderung des geltenden Rechts eine Beseitigung der umsatzsteuerlichen Benachteiligung von Public Private Partnership Projekten ermöglichen könnten. Untersucht werden sollen in diesem Zusammenhang die Einführung einer Vollbesteuerung der öffentlichen Hand (dazu I.), die Abschaffung der Sonderbehandlung der öffentlichen Hand (dazu II.), die Einführung eines Umsatzsteuerrefunds (dazu III.), die Umgestaltung des Umsatzsteuersystems nach einem Vorschlag von *Kirchhof* (dazu IV.) und die Einführung einer echten Umsatzsteuerbefreiung (dazu V.). Der Schwerpunkt der Untersuchung wird dabei auf einer möglichen Einführung eines Umsatzsteuerrefundsystems liegen. Diese Variante wurde vom Gesetzgeber Anfang des Jahres 2009 ernsthaft in Betracht gezogen, so dass die Durchführbarkeit in einem Pilotprojekt untersucht werden sollte[720]. Des Weiteren sind mit der Einführung eines nationalen Refundsystems in besonderem Maße unionsrechtliche und verfassungsrechtliche Fragestellungen verknüpft, so dass eine ausführliche Würdigung angebracht erscheint.

I. Vollbesteuerung der öffentlichen Hand

1. Funktionsweise

Die beschriebene Umsatzsteuerbelastung eines Public Private Partnership Projektes entsteht daraus, dass die öffentliche Hand nicht die Möglichkeit hat, Vorsteuern abzuziehen, weil sie Leistungen nicht als umsatzsteuerlicher Unternehmer bezieht

---

[719] Vgl. *Bürsch/Funken*, ÖPP-Kommentar, S. 4, der das Erzielen von Effizienzgewinnen als die entscheidende Legitimation für Öffentlich Private Partnerschaften bezeichnet; zum Hintergrund von PPP in Europa und Deutschland siehe auch oben II. auf Seite 7.

[720] Vgl. BT-Drs. 16/12283; TOP 15 des amtlichen Plenarprotokolls der 211. Sitzung des Deutschen Bundestages vom 19. März 2009.

oder ihre Tätigkeit einer den Vorsteuerabzug ausschließenden Umsatzsteuerbefreiung unterliegt. Eine denkbare Lösung dieses Problems besteht daher darin, einerseits zwar die Regelungen zum Vorsteuerabzug beizubehalten, gleichzeitig jedoch die öffentliche Hand in Bezug auf all ihre Tätigkeitsbereiche der Umsatzbesteuerung zu unterwerfen.

Das Konzept, die öffentliche Hand grundsätzlich ebenso zu behandeln wie private Unternehmer erscheint zunächst radikal; es findet sich jedoch bereits in der Praxis der Umsatzbesteuerung in anderen Ländern, insbesondere im neuseeländischen Rechtssystem und etwas abgeschwächt auch in Australien[721]. In diesem Zusammenhang ist es außerdem interessant, in die eigene Rechtsgeschichte Deutschlands zurückzublicken; denn auch hier gab es ursprünglich – mit Ausnahme bestimmter gemeinnütziger Tätigkeiten – keine Sonderregelungen, die einen Bereich der Tätigkeit der öffentlichen Hand von der Umsatzbesteuerung ausklammerten. Im Gegenteil sah das Gesetz über einen Warenumsatzstempel vom 26. Juni 1916[722] in seinem § 76 Absatz 2 Satz 3 sogar vor, dass die Gewerbsmäßigkeit einer Unternehmung gerade nicht dadurch ausgeschlossen werden soll, dass sie von einer öffentlichen Körperschaft betrieben wird, woran auch das Umsatzsteuergesetz vom 26. Juli 1918[723], jedoch ohne ausdrückliche Regelung festhielt[724]. Erst 1926 nahmen die Umsatzsteuer-Durchführungsbestimmungen vom 25. Juni 1926[725] durch § 24 UStDB 1926 erstmals die Ausübung der öffentlichen Gewalt ausdrücklich von der Umsatzsteuer aus[726]. Es kann daher festgehalten werden, dass eine umfangreiche Besteuerung nahezu aller Tätigkeiten der öffentlichen Hand in den gegenwärtigen Rechtssystemen der Welt vorkommt und auch dem deutschen Rechtskreis eine wesentlich weitere Besteuerung der öffentlichen Hand nicht fremd ist.

Gesetzestechnisch könnte auf der Ebene des Unionsrechts Artikel 13 MwStSystRL neu gefasst werden mit dem sinngemäßen Inhalt, dass Staaten, Länder, Gemeinden und sonstige Einrichtungen des öffentlichen Rechts im Hinblick auf ihre Tätigkeiten stets als steuerbar und steuerpflichtig gelten. Auf nationaler Ebene würde es sich anbieten, § 2 Absatz 3 UStG entsprechend dahingehend neu zu fassen, dass juristische Personen des öffentlichen Rechts stets als Unternehmer

[721] Vgl. *Barrand*, IVM 1991, S. 1 ff.; *de la Feria*, Intertax 2009, S. 148 (162 f.); *Gendron*, Canadian Model, S. 21 ff.; *Gendron*, Government Entities under a VAT, S. 14 ff.; *Gendron*, VAT Treatment of Public Sector Bodies, S. 20 ff.

[722] RGBl. 1916, 639; zum Warenumsatzstempel als historischer Wurzel der Umsatzsteuergesetzgebung in Deutschland siehe oben I. auf Seite 53.

[723] RGBl. 1918, 779.

[724] Vgl. *Lange*, UR 2000, S. 1 (4).

[725] RGBl. 1926, 323.

[726] Vgl. *Lange*, UR 2000, S. 1 (5), bei dem sich ein Abdruck der Vorschrift im Wortlaut findet.

gelten und in der Befreiungsvorschrift des § 4 UStG für die genannten öffentlichen Einrichtungen sämtliche Umsatzsteuerbefreiungen auszuschließen.

Das Konzept einer Vollbesteuerung der öffentlichen Hand wurde in der Literatur vielfach als vorbildlich gelobt und als beste Alternative zum bestehenden System der Europäischen Union favorisiert[727]. Insbesondere besteche es durch eine einfache Handhabung, die sich positiv auf die administrativen Kosten[728] auswirke, ohne dass es zu Einbußen an Umsatzsteueraufkommen kommen würde[729]. Sowohl die Begünstigung von Eigenleistungen der öffentlichen Hand als auch der Kaskadeneffekt beim Empfang nichtsteuerbarer öffentlicher Leistungen durch einen privaten Unternehmer würden durch eine Vollbesteuerung eliminiert[730]. Zudem biete die Vollbesteuerung den Vorteil, dass Wettbewerbsverzerrungen durch eine Sonderbehandlung der öffentlichen Hand ausgeschlossen werden würden[731]. In Bezug auf die Frage, ob das Konzept einer Vollbesteuerung auf das europäische harmonisierte Umsatzsteuersystem übertragbar ist, finden sich unterschiedliche Auffassungen[732].

2. Stellungnahme

Es ist fraglich, ob sich durch eine Vollbesteuerung der öffentlichen Hand, das skizzierte Problem der umsatzsteuerlichen Benachteiligung von Public Private Partnership Projekten im bislang nichtsteuerbaren Bereich der öffentlichen Hand überzeugend lösen ließe. Zwar trifft es zu, dass die Vollbesteuerung eine systematisch einfache Lösung darstellt, da sie mit der Abschaffung komplexer Ausnahmevorschriften für die öffentliche Hand verbunden ist. Auch würde in vielen Fällen, in denen die öffentliche Hand bisher die Last der ihr überwälzten Umsatzsteuer tragen muss, der Vorsteuerabzug hergestellt. Für diese Fälle würde eine Vollbesteuerung tatsächlich dazu führen, dass die umsatzsteuerliche Begünstigung von Eigenleistungen der öffentlichen Hand vermieden würde, so dass ein Public Private Partnership Projekt im Vergleich mit einer konventionellen Realisierung

[727] Vgl. *Aujean/Jenkins/Poddar*, IVM 1999, S. 144 (149); *CE/KPMG*, VAT in the public sector (2011); *CE*, VAT in the public sector (2013), S. 12 ff.; *de la Feria*, Intertax 2009, S. 148 (162 f.); *Gendron*, Government Entities under a VAT, S. 2; *Gendron*, VAT Treatment of Public Sector Bodies, S 21 f. und 35.

[728] Hiermit sind sowohl die Kosten gemeint, die auf der Seite der Finanzverwaltung zur Erhebung der Steuer entstehen, als auch die Kosten, die einem Unternehmer entstehen, um seine umsatzsteuerlichen Auskunfts- und Erklärungspflichten zu erfüllen.

[729] Vgl. *de la Feria*, Intertax 2009, S. 148 (163) m.w.N.

[730] Vgl. *Poddar*, VAT and Public Bodies.

[731] *Gendron*, VAT Treatment of Public Sector Bodies, S. 22.

[732] Befürwortend: *Gendron*, Government Entities under a VAT, S. 7; *Gendron*, VAT Treatment of Public Sector Bodies, S. 26; a. A. hingegen *Wassenaar/Gradus*, CESifo Economic Studies 2004, S. 383.

umsatzsteuerlich nicht mehr benachteiligt würde. Diesen Vorteilen stehen jedoch auch eine Reihe von gewichtigen Nachteilen gegenüber.

a) Ermittlung der Bemessungsgrundlage

Ein wesentliches Problem der Vollbesteuerung liegt darin, dass es in vielen Fällen zu Schwierigkeiten in Bezug auf die Ermittlung einer Bemessungsgrundlage für die nunmehr umsatzsteuerbaren und umsatzsteuerpflichtigen Tätigkeiten der öffentlichen Hand kommen würde. Dies wurde auch in der die Vollbesteuerung favorisierenden Literatur erkannt[733].

Die Steuerbarkeit setzt grundsätzlich einen entgeltlichen Leistungsaustausch voraus; hierfür müssen ein Leistender und Leistungsempfänger vorhanden sein und der Leistung eine wechselseitig unmittelbar verbundene Gegenleistung gegenüberstehen[734]. Die öffentliche Hand erbringt hingegen eine breite Palette verschiedener Leistungen, die teilweise ohne eine konkrete Gegenleistung erbracht werden[735]. Soweit für eine öffentliche Leistung eine konkrete öffentliche Gebühr für eine bestimmte Tätigkeit und einen bestimmten Leistungsempfänger fällig wird, kann diese für die Bemessungsgrundlage der Umsatzsteuerschuld herangezogen werden[736].

Probleme ergeben sich jedoch in den Fällen, in denen keine Gebühr erhoben wird oder sich ein individueller Leistungsempfänger nicht bestimmen lässt. Die Benutzung eines öffentlichen Parks etwa steht in der Regel allen Besuchern kostenfrei zur Verfügung. In anderen Fällen wird ein Entgelt – zum Beispiel in Form einer Eintrittsgebühr für ein öffentliches Museum – erhoben, das nicht annähernd die Kosten für die öffentliche Leistung deckt. Diese Tätigkeiten werden folglich entweder vollständig oder jedenfalls zu einem erheblichen Teil über das Steuereinkommen in Form von Zuweisungen im Rahmen des Finanzausgleiches oder über öffentliche Zuschüsse anderer Hoheitsträger – zum Beispiel im Rahmen europäischer Förderprogramme – finanziert. Darüber hinaus lassen sich eine Reihe von „Leistungen“ der öffentlichen Hand erkennen, die der Allgemeinheit zu Gute kommen, wie etwa die Gewährleistung der allgemeinen Sicherheit und Ordnung. Auch für diese Tätigkeiten entstehen der öffentlichen Hand Kosten für Eingangsumsätze, so dass bei einer echten Vollbesteuerung diesbezüglich Vorsteuern abziehbar wären. Auf der Ausgangsseite würde die Ermittlung einer Umsatzsteuerschuld jedoch erhebliche Probleme bereiten, weil es keine konkrete Gegenleistung gibt, die als Bemessungsgrundlage herangezogen werden könnte.

---

[733] Vgl. *Aujean/Jenkins/Poddar*, IVM 1999, S. 144 (146); *de la Feria*, Intertax 2009, S. 163; *Gendron*, Government Entities under a VAT, S. 7 f..

[734] Vgl. BFH, Urteil vom 18.04.1996 – V R 123/93, BStBl. II 1996, 387; Abschnitt 1.1. Absatz 1 UStAE.

[735] Vgl. *Gendron*, Government Entities under a VAT, S. 7.

[736] *Aujean/Jenkins/Poddar*, IVM 1999, S. 144 (146).

Zwar stellt das geltende Umsatzsteuerrecht unter bestimmten Voraussetzungen unentgeltliche Zuwendungen von Gegenständen (§ 3 Absatz 1b Nr. 2 und 3 UStG) und unentgeltliche sonstige Leistungen (§ 3 Absatz 9a Nr. 1 und 2 UStG) entgeltlichen Leistungen gleich. Die Steuerbarkeit der unentgeltlichen Zuwendung eines Gegenstands kann jedoch nur in Fällen greifen, in denen ein bestimmter Gegenstand einem bestimmten Leistungsempfänger unentgeltlich zugewendet wird, zum Beispiel die unentgeltliche Ausgabe eines Behindertenausweises. Für die unentgeltliche sonstige Leistung ergibt sich eine Steuerbarkeit nur dann, wenn die Leistung für Zwecke erfolgt, die außerhalb des Unternehmens des Leistenden liegen. Da bei einer Vollbesteuerung der öffentlichen Hand jedoch ein Bereich außerhalb des Unternehmens der öffentlichen Hand notwendigerweise nicht existiert, würden die Vorschriften zu steuerbaren unentgeltlichen Leistungen nicht zu einer Steuerbarkeit dieser Leistungen führen.

aa) Null-Bemessungsgrundlage

In der eine Vollbesteuerung der öffentlichen Hand befürwortenden Literatur wird im Hinblick auf das Problem der Ermittlung einer Bemessungsgrundlage vertreten, dass im Falle einer öffentlichen Leistung, der kein konkretes Entgelt gegenübersteht, die Bemessungsgrundlage für die Umsatzsteuerschuld der betroffenen öffentlichen Einrichtung Null sein müsse, so dass keine Umsatzsteuerschuld entstehen würde[737]. Die Vollbesteuerung käme insoweit im Ergebnis einer den Vorsteuerabzug nicht ausschließenden sogenannten „echten Umsatzsteuerbefreiung[738]" oder einem ermäßigten Umsatzsteuersatz in Höhe von 0 % gleich[739].

Diese Rechtsauffassung zugrunde gelegt, wäre bei der Einführung einer Vollbesteuerung zu erwarten, dass die betroffenen juristischen Personen des öffentlichen Rechts anstreben werden, ihre öffentlichen Leistungen soweit wie möglich nicht mehr durch Gebühreneinnahmen zu finanzieren, die mit einer bestimmten Leistung an einen bestimmten Leistungsempfänger in Verbindung gebracht werden können und deshalb als Bemessungsgrundlage für die Umsatzsteuerschuld geeignet sind. Auf diese Weise könnte eine juristische Person des öffentlichen Rechts den Vorsteuerabzug in Anspruch nehmen, gleichzeitig jedoch eine Umsatzsteuerschuld bezüglich der Ausgangsumsätze vermeiden. Es ergibt sich aus einer Vollbesteuerung der öffentlichen Hand folglich ein Anreiz für juristische Personen des öffentlichen Rechts, keine konkreten Gebühren oder Beiträge für ihre Leistungen zu erheben, sondern sich soweit möglich anderweitig zu finanzieren. Zwar ist es fraglich, wie zum Beispiel eine Gemeinde den Wegfall öffentlicher Gebühren gegenfinanzieren würde. Insoweit könnte jedoch ein Anreiz

[737] Vgl. *Gendron*, Government Entities under a VAT, S. 7.
[738] Siehe hierzu unten V. auf Seite 233.
[739] Vgl. *Gendron*, VAT Treatment of Public Sector Bodies, S. 23.

entstehen, neue Kommunalabgaben einzuführen, deren Beurteilung im Hinblick auf den Charakter einer konkreten umsatzsteuerlichen Gegenleistung für eine öffentliche Leistung zu weiteren Problemen und rechtlichen Unsicherheiten führen könnte.

Im Hinblick auf das Umsatzsteueraufkommen besteht die Gefahr, dass einerseits ein erheblicher Teil des Aufkommens ausfällt, weil den bislang nichtsteuerbaren öffentlichen Einrichtungen nun ein Recht auf Abzug der Vorsteuern auf ihre sämtlichen Eingangsleistungen zusteht, auf der anderen Seite diesem Vorsteuerabzug, wie ausgeführt, keine korrespondierenden umsatzsteuerpflichtigen Leistungen auf der Ausgangsseite gegenüberstehen, soweit kein konkretes Entgelt und kein individueller Leistungsempfänger existieren und auch die Voraussetzungen für eine steuerbare unentgeltliche Lieferung oder sonstige Leistung nicht vorliegen.

bb) Extensiver Entgeltbegriff

Ein weiterer Vorschlag in der Literatur im Hinblick auf das Problem der Ermittlung der Bemessungsgrundlage für Leistungen der öffentlichen Hand, die nicht an einen individuellen Leistungsempfänger gegen ein konkretes Entgelt erbracht werden, geht dahin, den Begriff des Entgelts weiter zu definieren[740]. Hintergrund ist die Annahme, dass die öffentliche Hand finanzielle Mittel, die sie erhält, verwendet, um in Erfüllung ihrer Aufgaben Leistungen gegenüber der Bevölkerung zu erbringen. Zwar fehlt es insoweit an einer direkten Verknüpfung der Mittelzuweisung mit einer Leistung an einen konkreten Leistungsempfänger. Dennoch sei es möglich, einen Zusammenhang zwischen den Einnahmen aus Mittelzuweisungen und der Leistungserbringung herzuleiten.

Der Vorschlag, den Entgeltbegriff weiter zu fassen, wirft die Frage auf, wie weit eine neue Definition des umsatzsteuerlichen Entgelts für Leistungen der öffentlichen Hand gehen sollte. Mit anderen Worten, wie stark verwässert die Verknüpfung einer Einnahme der öffentlichen Hand mit einer Leistungserbringung sein darf. Vor diesem Hintergrund wäre es denkbar, sämtliche Einnahmen, die die öffentliche Hand erzielt, unabhängig davon, ob sie im Zusammenhang mit einer Leistungserbringung stehen, als Entgelt für eine umsatzsteuerbare und umsatzsteuerpflichtige Leistung zu definieren. Danach wären auch Einnahmen zum Beispiel durch die Erhebung allgemeiner Steuern, Verwarnungsgelder und Strafzahlungen aufgrund strafrechtlicher Geldstrafen Teil der Gegenleistung. Aus den genannten Beispielen wird jedoch deutlich, dass im Falle allgemeiner Steuern und Strafzahlungen eine Verknüpfung mit einer Leistung der öffentlichen Hand in so geringem Maße besteht, dass es willkürlich erscheinen würde, von einer

[740] *Aujean/Jenkins/Poddar*, IVM 1999, S. 144 (146).

umsatzsteuerlichen Gegenleistung auszugehen. Im Falle von allgemeinen Steuern schreibt § 3 Absatz 1 AO explizit fest, dass es sich bei Steuern nicht um eine Gegenleistung für eine besondere Leistung handelt. Für Strafzahlungen ist es offensichtlich, dass diese nicht den Zweck verfolgen, die öffentliche Hand für eine Leistung zu entlohnen, sondern aus Anlass eines Fehlverhaltens der betroffenen Person entstehen.

Aujean/ Jenkins/ Poddar befürworten die Erfassung von Finanzzuweisungen und sonstigen Transferzahlungen in Form von allgemeinen Zuschüssen als Gegenleistung[741]. Zwar könnten diese Mittel von der empfangenden juristischen Person des öffentlichen Rechts grundsätzlich nach deren Ermessen eingesetzt werden. Dennoch sei eine Umsatzbesteuerung geboten, da angenommen werden müsse, dass das Geld für Leistungen verwendet werde, die entweder konkreten Leistungsempfängern oder der Allgemeinheit zugute kommen und damit im Interesse des Zahlenden liegen. Durch die Besteuerung dieser Leistungen sei auch keine Wettbewerbsverzerrung zu befürchten, da die Umsatzsteuer, die von der die Zuwendung empfangenden juristischen Person des öffentlichen Rechts geschuldet wird, von der zahlenden juristischen Person des öffentlichen Rechts aufgrund der Vollbesteuerung aller Ausgangsumsätze stets wieder als Vorsteuer abgezogen werden könne. Für allgemeine Steuern, Bußgelder und sonstige Strafzahlungen, lehnen jedoch auch *Aujean/ Jenkins/ Poddar* die Erfassung als umsatzsteuerliche Bemessungsgrundlage ab, da die Verknüpfung mit einer Leistung zu schwach sei.

Diese Auffassung ist nicht überzeugend. Es ist nicht erkennbar, dass eine allgemeine Finanzzuweisung stärker mit einer konkreten Leistung verknüpft ist als die Einnahme aus einer allgemeinen Steuer. Folgerichtig muss daher in beiden Fällen die Annahme eines Entgelts für eine umsatzsteuerliche Leistung verneint werden. Anderenfalls würde das System der Umsatzsteuer ad absurdum geführt, indem Einnahmen besteuert werden, für die eine Verknüpfung mit einer umsatzsteuerlichen Leistung nicht erkennbar ist. Es ist daher im Ergebnis abzulehnen, den Begriff der Gegenleistung für die öffentliche Hand weiter zu fassen.

b) Erklärungspflichten

Ein weiteres, praktisches Problem der Einführung einer Vollbesteuerung der öffentlichen Hand liegt darin, dass für die Umsatzbesteuerung auch eine umsatzsteuerliche Erfassung der entsprechenden juristischen Person des öffentlichen Rechts verbunden mit umsatzsteuerlichen Erklärungspflichten erforderlich wird.

Zwar ist der Grundsatz einer vollständigen Besteuerung der öffentlichen Hand vom systematischen Ansatz her einfach und würde daher im Hinblick auf die Erfüllung umsatzsteuerlicher Erklärungspflichten voraussichtlich zu geringeren Kosten für die bereits nach dem gegenwärtigen System umsatzsteuerpflichtigen

[741] *Aujean/Jenkins/Poddar*, IVM 1999, S. 144 (147).

Teile der öffentlichen Hand führen. Bei einem Vergleich mit dem bestehenden System ist jedoch zu berücksichtigen, dass einen erheblichen Teil der öffentlichen Hand derzeit keinerlei umsatzsteuerliche Pflichten trifft, weil sie lediglich nichtsteuerbare Tätigkeiten verfolgen. Eine Vollbesteuerung würde daher zunächst dazu führen, dass das Ausmaß der umsatzsteuerbedingten Verwaltungskosten für diesen Teil der öffentlichen Hand steigt und eine intensive umsatzsteuerliche Schulung des zuständigen Personals notwendig würde. Darüber hinaus müsste die Buchhaltung vieler öffentlicher Einrichtungen entsprechend angepasst werden, da nunmehr Einnahmen der Einrichtung als umsatzsteuerpflichtige Umsätze gebucht werden müssten. Auch nach der Implementierung der nötigen Änderungen ist damit zu rechnen, dass – in gleichem Ausmaß wie bei jedem anderen Unternehmer – ein laufender Beratungsbedarf in Bezug auf typische umsatzsteuerliche Fragestellungen entstehen würde, der zusätzliche Kosten verursacht. So werden für die ehemals nichtsteuerbaren Teile der öffentlichen Hand unter anderem Fragen danach relevant, ob die ihr überwälzte Umsatzsteuer, tatsächlich in dieser Höhe gesetzlich geschuldet ist, da nur in diesem Fall ein Vorsteuerabzug nach § 15 UStG möglich ist.

c) Selbstbesteuerung

Die Einführung einer Vollbesteuerung der öffentlichen Hand würde die Frage aufwerfen, worin in diesem Fall der erforderliche Grund für die Selbstbesteuerung der öffentlichen Hand erkannt werden kann.

Wie im zweiten Teil dieser Arbeit ausgeführt, bedarf die Besteuerung der öffentlichen Hand grundsätzlich einer Rechtfertigung, da es sonst zu einer lediglich Kosten verursachenden Selbstbesteuerung käme[742]. Im gegenwärtigen System kann der Grund für eine Umsatzbesteuerung der öffentlichen Hand in der Vermeidung von Wettbewerbsverzerrungen im Verhältnis zu privaten potenziellen Konkurrenten erkannt werden[743]. Da es bei dem Modell der Vollbesteuerung hingegen auch zu einer Besteuerung solcher Tätigkeiten der öffentlichen Hand kommen würde, bei denen eine Wettbewerbsverzerrung nicht zu befürchten ist, weil private Konkurrenz unmöglich ist, stellt sich die Frage, ob sich die Umsatzbesteuerung dieser Tätigkeiten der öffentlichen Hand rechtfertigen lässt.

Insoweit könnte angeführt werden, dass die Umsatzsteuerbarkeit dem Ziel dient, eine Begünstigung von Eigenleistungen der öffentlichen Hand zu vermeiden. Zudem ist die Vorstellung, dass die öffentliche Hand im gegenwärtigen System nicht umsatzbesteuert wird, nicht ganz treffend, da auch im gegenwärtigen System für den Bereich der öffentlichen Hand, der nach Artikel 13 MwStSystRL bzw. § 2 Absatz 3 UStG als nichtsteuerbar betrachtet wird, jedenfalls eine indirekte Umsatzsteuerbelastung dadurch entsteht, dass die öffentliche Hand für ihre

[742] Hierzu siehe oben I. auf Seite 83.
[743] Hierzu siehe oben II. auf Seite 84.

Eingangsleistungen Umsatzsteuer überwälzt bekommt, diese jedoch nicht als Vorsteuer abziehen kann. Die öffentliche Hand wird damit wie ein Endverbraucher behandelt und trägt wirtschaftlich die Umsatzsteuerlast, obwohl der tatsächliche Endverbrauch nicht durch die öffentliche Hand, sondern durch den Bürger stattfindet, der die Leistungen der öffentlichen Einrichtung empfängt[744].

d) Eingriff in das System der Umsatzbesteuerung

Das Prinzip, nur wirtschaftliche Tätigkeiten nach Maßgabe von Artikel 9 MwStSystRL[745] in Form der Erbringung entgeltlicher Leistungen der Umsatzbesteuerung zu unterwerfen, ist ein wesentlicher Grundsatz, auf dem das gesamte System der Umsatzbesteuerung ruht[746]. Die Fiktion eines steuerbaren Umsatzes für sämtliche – auch nichtwirtschaftliche – Tätigkeiten der öffentlichen Hand würde für einen begrenzten Bereich von diesem Grundsatz abweichen und damit erheblich in das System der Umsatzbesteuerung eingreifen. Es stellt sich die Frage, ob ein derart tiefer Eingriff angebracht ist. Diese Frage ist jedoch vorwiegend politischer Natur und soll im Rahmen dieser Arbeit nicht näher erörtert werden.

Darüber hinaus ist fraglich, welche Konsequenzen sich daraus ergeben, wenn nicht auf einer allgemeinen Ebene, sondern lediglich für den Bereich der öffentlichen Hand eine Sonderregelung im Hinblick auf wirtschaftliche Tätigkeiten geschaffen wird. Auf diese Weise wird die derzeitige Sonderbehandlung der öffentlichen Hand durch eine andere Sonderbehandlung ersetzt. Als Konsequenz ergeben sich neue potenzielle Wettbewerbsverzerrungen in Bezug auf das Verhältnis zwischen der öffentlichen Hand und privaten Konkurrenten[747].

e) Anwendungsbereich

Wenn eine juristische Person des öffentlichen Rechts nicht selbst, sondern durch eine Eigengesellschaft in Form einer Kapitalgesellschaft tätig wird, so unterliegt sie bereits nach der gegenwärtigen Rechtslage grundsätzlich der Umsatzbesteuerung, da weder Artikel 13 Absatz 1 Unterabsatz 1 MwStSystRL noch § 2 Absatz 3 UStG anwendbar sind[748]. Insoweit bestünde scheinbar keine Notwendigkeit, die Vollbesteuerung der öffentlichen Hand auf Eigengesellschaften auszudehnen, so dass der Anwendungsbereich auf juristische Personen des öffentlichen Rechts beschränkt werden könnte. In diesem Zusammenhang ist jedoch hervorzuheben, dass auch Eigengesellschaften Tätigkeiten entfalten können, die der Allgemeinheit dienen und für die keine konkrete Gegenleistung und kein individueller

---

[744] Vgl. *Aujean/Jenkins/Poddar*, IVM 1999, S. 144 (146), die darauf hinweisen, dass Endverbraucher vor dem Hintergrund der Umsatzsteuer als Verbrauchsteuer nur natürliche Personen sein können.

[745] Vgl. hierzu oben Seite 92.

[746] Vgl. *Swinkels*, IVM 2009, S. 369 (371).

[747] Siehe hierzu unten g) auf Seite 199.

[748] Siehe hierzu oben a) auf Seite 97 und a) auf Seite 128.

Leistungsempfänger vorhanden sind. Wenn die Finanzierung in diesem Fall durch einen sogenannten echten Zuschuss[749] der öffentlichen Hand erfolgt, kommt es nicht zu umsatzsteuerbaren Leistungen der Eigengesellschaft. Folglich wäre einer derartigen Eigengesellschaft auch nach Einführung einer Vollbesteuerung der öffentlichen Hand weiterhin der Vorsteuerabzug verwehrt. Die Einführung der Vollbesteuerung der öffentlichen Hand hätte daher die Konsequenz, dass in Bezug auf nichtsteuerbare Tätigkeiten die Tätigkeit einer Eigengesellschaft im Gegensatz zu einer Selbstverwirklichung durch die öffentliche Hand benachteiligt würde. Dies wirft die Frage auf, ob der Anwendungsbereich einer Vollbesteuerung der öffentlichen Hand nicht auch auf nicht unternehmerisch tätige Eigengesellschaften der öffentlichen Hand ausgedehnt werden müsste. Das gleiche Problem stellt sich für den Gemeinnützigkeitsbereich zum Beispiel im Hinblick auf nicht unternehmerisch tätige Vereine, die sich aus Spendeneinnahmen finanzieren.

f) Mögliche Verteuerung öffentlicher Leistungen

Die Vollbesteuerung würde für einen Teil bislang nichtsteuerbarer öffentlicher Leistungen den Effekt haben, dass die betroffene öffentliche Einrichtung Umsatzsteuer schuldet. Insoweit könnte es zu einer umsatzsteuerbedingten Verteuerung der Leistungen an den Bürger kommen. Dieser würde dann zum Beispiel einen Gebührenbescheid zuzüglich Umsatzsteuer in Rechnung gestellt bekommen und, soweit er die Leistung nicht als Unternehmer bezieht, keine Möglichkeit haben, die Vorsteuern abzuziehen. Ob sich die Leistungen tatsächlich für den Bürger verteuern, hängt davon ab, ob die öffentliche Hand die Umsatzsteuer auf den bisher vereinnahmten Preis aufschlägt oder herausrechnet. In letzterem Fall würden zwar die Preise der öffentlichen Leistungen nicht erhöht, sondern im Gegenteil für unternehmerische, vorsteuerabzugsberechtigte Leistungsempfänger sogar günstiger. Es würde der öffentlichen Hand durch die auf ihre Ausgangsleistungen geschuldete Umsatzsteuer jedoch grundsätzlich eine Belastung entstehen. In diesem Zusammenhang ist jedoch wiederum zu berücksichtigen, dass der Umsatzbesteuerung der Ausgangsumsätze der öffentlichen Hand das Recht zum Vorsteuerabzug in Bezug auf die Eingangsumsätze der betroffenen öffentlichen Einrichtung gegenübersteht. Folglich kann sich die Umsatzbesteuerung einer bislang als nichtsteuerbar betrachteten Tätigkeit sogar günstig auswirken, wenn die öffentliche Einrichtungen höhere Eingangsumsätze bezieht als sie Ausgangsumsätze erzielt[750]. Dies ist insbesondere im Bereich der öffentlichen Daseinsvorsorge durch sogenannte Verlustbetriebe denkbar. In diesem Fall wäre grundsätzlich damit zu rechnen, dass sich durch den Vorsteuerabzug der Preis für die öffentlichen Leistungen zunächst

[749] Vgl. hierzu oben III. auf Seite 179.

[750] Es wird hier vereinfachend davon ausgegangen, dass für die Eingangs- und Ausgangsumsätze der gleiche Steuersatz Anwendung findet. Soweit teilweise der ermäßigte und teilweise der regelmäßige Steuersatz einschlägig sind, kann es zu Verzerrungen kommen.

erheblich verringert und selbst bei Überwälzung der Umsatzsteuer auf den Gebührenschuldner insgesamt keine Verteuerung entsteht.

Wenn hingegen das Verhältnis von Eingangsleistungen und Ausgangsumsätzen der öffentlichen Hand umgekehrt ist, so dass die öffentliche Einrichtung einen Überschuss an Ausgangsumsätzen erzielt, kommt es dazu, dass die Umsatzsteuerschuld auf der Ausgangseite die Höhe der abziehbaren Vorsteuern übersteigt. In diesem Fall kommt es folglich aus der Perspektive der betroffenen öffentlichen Einrichtung zu einer umsatzsteuerbedingten Verteuerung ihres Leistungsangebotes. Um diese zusätzlichen Kosten zu finanzieren, könnte die öffentliche Einrichtung die Gegenleistung für die Leistung anheben, so dass es zu einer Belastung des Bürgers kommt, der als Endverbraucher der entsprechenden öffentlichen Leistung nicht zum Vorsteuerabzug berechtigt ist.

g) Benachteiligung gegenüber privaten Konkurrenten

Durch die Einführung einer umfassenden Vollbesteuerung der öffentlichen Hand, würde selbst dort von einem umsatzsteuerbaren Bereich ausgegangen, wo ein privates Unternehmen als nicht unternehmerisch angesehen wird. Es liegt nahe, dass diese Ungleichbehandlung wiederum die Gefahr in sich birgt, neue Wettbewerbsverzerrungen hervorzurufen. So sind beispielsweise das bloße Erwerben, Halten und Veräußern von gesellschaftsrechtlichen Beteiligungen keine unternehmerischen Tätigkeiten[751]. Würde zum Beispiel ein privates Unternehmen Eingangsleistungen – etwa Rechtsberatung – für das bloße Halten einer Beteiligung beziehen, so hätte es mangels Bezug für sein Unternehmen nicht die Möglichkeit, Vorsteuer abzuziehen. Durch die Einführung einer Vollbesteuerung würde eine juristische Person des öffentlichen Rechts, die ebenfalls ausschließlich Beteiligungen hält, hingegen die Möglichkeit haben, derartige Vorsteuern geltend zu machen. Folglich würde die Vollbesteuerung zwar die an Ausgangsumsätze anknüpfende Wettbewerbsverzerrung in Form eines Preisvorteils der nicht umsatzsteuerbaren öffentlichen Hand beseitigen; im Hinblick auf die Vorsteuerabzugsmöglichkeit würde eine isolierte Vollbesteuerung der öffentlichen Hand jedoch eine neue Wettbewerbsverzerrung zum Nachteil bestimmter nichtsteuerbarer privater Unternehmer verursachen.

Eine echte Vollbesteuerung wäre zudem, wie beschrieben, damit verbunden, dass für die Tätigkeit der öffentlichen Hand auch keine Umsatzsteuerbefreiungen mehr eingreifen, da andererseits in Bezug auf Eingangsumsätze für die umsatzsteuerbefreiten Ausgangsumsätze das Problem nichtabziehbarer Vorsteuer und die daraus folgende Begünstigung von Eigenleistungen fortbestehen würde. Auch in Bezug auf Umsatzsteuerbefreiungen würde jedoch eine neue Ungleichbehandlung

[751] EuGH, Urteil vom 14.11.2000 – C 142/99, Slg. 2000, 9567 „Floridienne, Berginvest"; EuGH, Urteil vom 27.09.2001 – C 16/00, Slg. 2001, 6663 „Cibo Participations"; Abschn. 2.3. Abs. 2 Satz 1 UStAE; *Ransiek*, UStB 2011, S. 110.

zwischen der öffentlichen Hand und privaten Rechtssubjekten geschaffen. Soweit die erzielten Ausgangsumsätze die Eingangsleistungen in ihrem Wert übertreffen, würde es folglich zu einer Wettbewerbsbenachteiligung der öffentlichen Hand kommen, wenn es sich um eine Tätigkeit handelt, die für den privaten Konkurrenten umsatzsteuerbefreit ist, für die öffentliche Hand hingegen nicht.

II. Abschaffung der Sonderbehandlung der öffentlichen Hand

1. Funktionsweise

Im Hinblick auf die aufgezeigten Schwächen einer radikalen umsatzsteuerlichen Vollbesteuerung der öffentlichen Hand könnte es eine Alternative sein, für die öffentliche Hand und private Unternehmer grundsätzlich die gleichen umsatzsteuerrechtlichen Regeln zu implementieren. In diesem Zusammenhang könnte etwa Artikel 13 MwStSystRL beziehungsweise § 2 Absatz 3 UStG ersatzlos gestrichen werden. Darüber hinaus müssten die Befreiungsvorschriften des Artikels 132 MwStSystRL und entsprechend § 4 UStG derart neu gefasst werden, dass nicht mehr nach der Rechtsform des Leistenden differenziert wird, so dass alle Befreiungen tätigkeitsbezogen sind und gleichermaßen für die öffentliche Hand und die Privatwirtschaft gelten[752].

2. Stellungnahme

Da die Beseitigung der Sonderregelungen zur Besteuerung der öffentlichen Hand den Effekt hat, dass Tätigkeiten, die bislang aufgrund von Artikel 13 Absatz 1 Unterabsatz 1 MwStSystRL beziehungsweise aufgrund von § 2 Absatz 3 UStG nicht steuerbar waren, nunmehr steuerbar und gegebenenfalls auch steuerpflichtig sind, lässt sich dieses Lösungsmodell auch als eine abgeschwächte Variante der Einführung einer radikalen Vollbesteuerung der öffentlichen Hand begreifen. Durch die umsatzsteuerliche Gleichschaltung der öffentlichen Hand und der Privatwirtschaft würden die überschießenden Effekte einer radikalen Vollbesteuerung der öffentlichen Hand vermieden. Weil für private Umsatzsteuersubjekte und für die öffentliche Hand die gleichen umsatzsteuerlichen Rahmenbedingungen gelten, würde es nicht zu neuen Wettbewerbsverzerrungen kommen, die daraus resultieren, dass für dieselbe Tätigkeit ein Privater keine Vorsteuern abziehen kann, weil er steuerbefreit oder nichtsteuerbar tätig wird, die öffentliche Hand jedoch Vorsteuern abziehen könnte.

Im Hinblick auf das System der Umsatzsteuer in Europa und Deutschland würde diese Modellvariante im Einklang mit dem Grundsatz der Besteuerung

[752] Vgl. hierzu auch *CE/KPMG*, VAT in the public sector (2011), S. 176 ff.; *CE*, VAT in the public sector (2013), S. 224 ff.

wirtschaftlicher Tätigkeiten im Sinne von Artikel 9 MwStSystRL stehen, dessen Bedeutung der Europäische Gerichtshof im Zusammenhang mit der Umsatzbesteuerung der öffentlichen Hand vielfach hervorgehoben hat[753]. Die Abschaffung einer Ausnahme von diesem Grundsatz durch Streichung des Artikels 13 MwStSystRL wäre vor diesem Hintergrund folglich im Vergleich mit der Einführung einer radikalen Vollbesteuerung der öffentlichen Hand ein geringfügiger Eingriff in das System der Umsatzbesteuerung und würde dem Gebot der Umsatzbesteuerung wirtschaftlicher Tätigkeiten ein höheres Gewicht verschaffen.

Den Vorteilen dieser Lösungsvariante stehen jedoch auch Nachteile gegenüber. Die bloße Beseitigung der zu einer Nichtsteuerbarkeit der öffentlichen Hand führenden Sondervorschriften und die Abschaffung rechtsformbezogener Differenzierungen in den Befreiungsvorschriften würden die Probleme des gegenwärtigen Systems nicht vollständig lösen, da keine echte Vollbesteuerung der öffentlichen Hand eingeführt würde. Denn in diesem Fall, würde die Steuerbarkeit nicht fingiert, sondern die öffentliche Hand müsste stets die Voraussetzungen einer wirtschaftlichen Tätigkeit im Sinne von Artikel 9 MwStSystRL[754] beziehungsweise die allgemeinen Voraussetzungen des umsatzsteuerlichen Unternehmers nach § 2 Absatz 1 UStG erfüllen[755]. Für alle Bereiche öffentlicher Tätigkeiten, die nicht die Voraussetzungen einer wirtschaftlichen, unternehmerischen Tätigkeit erfüllen, würde sich im Vergleich zur geltenden Rechtslage keine Veränderung ergeben. Die öffentliche Hand würde insoweit auch weiterhin nicht umsatzsteuerbar sein und daher keine Möglichkeit haben, Vorsteuern für die Eingangsleistungen abzuziehen, die sie für ihre Tätigkeiten bezieht. Folglich würde in diesen Fällen weiterhin ein Anreiz bestehen, vorsteuerbelastete Eingangsleistungen soweit wie möglich zu vermeiden und Leistungen selbst zu erbringen, anstatt ein möglicherweise effizienteres Public Private Partnership Projekt einzugehen.

Im Ergebnis bleibt festzuhalten, dass die Modellvariante einer Abschaffung der umsatzsteuerlichen Sonderbehandlung der öffentlichen Hand im Vergleich zur Einführung einer radikalen Vollbesteuerung zwar mit einem relativ geringen Eingriff in das bestehende System möglich wäre und zu einer Verbesserung der gegenwärtigen Situation führen würde. Es würde jedoch nur für einen Teil der Tätigkeiten der öffentlichen Hand zu einer Lösung des Problems kommen. Für den übrigen Teil der Tätigkeiten, die mangels der Voraussetzungen einer wirtschaftlichen beziehungsweise unternehmerischen Tätigkeit weiterhin nicht umsatzsteuer-

[753] Vgl. insoweit insbesondere: EuGH, Urteil vom 16.09.2008 – C 288/07, EU-UStB 2008, 68 „Isle of Wight", in welchem der EuGH aus dem Grundsatz der Besteuerung wirtschaftlicher Tätigkeiten das Erfordernis einer engen Auslegung des Wettbewerbsvorbehalts des Artikels 13 Absatz 1 Unterabsatz 2 MwStSystRL herleitet.

[754] Siehe hierzu oben Seite 92.

[755] Siehe hierzu oben Seite 125.

bar wären, würde es bei den bestehenden Problemen und damit einer umsatzsteuerlichen Benachteiligung von Public Private Partnership Projekten bleiben.

III. Einführung eines Umsatzsteuerrefunds

1. Hintergrund und Funktionsweise

Wenn die öffentliche Hand aufgrund der Nichtsteuerbarkeit ihrer Tätigkeiten keine Vorsteuern abziehen darf und wie ein Endverbraucher die Umsatzsteuerlast wirtschaftlich trägt, so kommt es gesamtwirtschaftlich betrachtet zu einer Selbstbesteuerung der öffentlichen Hand. Da die öffentliche Hand als Gläubigerin des Steueraufkommens gleichzeitig Steuern schuldet, stellt sich die Frage, ob es sich bei der Belastung aus der Umsatzsteuerpflicht nicht um einen neutralen Vorgang handelt, mit anderen Worten die Steuerzahlung direkt durch die jeweils korrespondierenden Steuereinnahmen kompensiert wird, so dass sich die öffentliche Hand gewissermaßen „in die eigene Tasche" zahlt. Wie bereits im dritten Teil dieser Arbeit erläutert, wäre diese Sichtweise jedoch nur treffend, wenn es sich bei der öffentlichen Hand um ein einziges zentrales Rechtssubjekt mit einer einheitlichen Finanzwirtschaft handeln würde[756]. Die Bundesrepublik Deutschland ist hingegen ein föderaler Bundesstaat mit einer Vielzahl rechtlich selbstständiger juristischer Personen des öffentlichen Rechts, die sich finanziell grundsätzlich selbst verwalten. Der Bund und die Länder stellen jeweils für sich eigenverantwortlich Haushaltspläne auf, die sie selbst ausführen, abrechnen und prüfen. Die Selbstverwaltung der Gemeinden wird durch Artikel 28 Absatz 2 Satz 1 GG garantiert. Zwar steht das Umsatzsteueraufkommen als sogenannte Gemeinschaftsteuer nach Artikel 105 Absatz 3 GG dem Bund und den Ländern gemeinsam zu, soweit nicht ein Teil des Umsatzsteueraufkommens nach Artikel 105 Absatz 5a GG den Gemeinden zugewiesen wird. Die Umsatzsteuerzahlungen erfolgen jedoch zunächst einheitlich an die Finanzverwaltung, so dass eine Aufteilung des Umsatzsteueraufkommens im Rahmen des Finanzausgleiches notwendig wird[757].

Die Verteilung des Umsatzsteueraufkommens führt dazu, dass eine juristische Person des öffentlichen Rechts, die nicht umsatzsteuerbar oder im Rahmen von Ausschlussumsätzen tätig ist, zwar wirtschaftlich wie ein Endverbraucher eine Umsatzsteuerlast trägt, das in diesem Zusammenhang generierte Umsatzsteueraufkommen jedoch nicht direkt wieder zurück erhält, da es in den Finanzausgleich einfließt[758]. Dieser Umstand soll durch einen sogenannten Umsatzsteuerrefund geändert beziehungsweise neutralisiert werden. Es geht dabei im Wesentlichen um eine außerhalb des Umsatzsteuerrechts angesiedelte Erstattung der wirtschaftli-

---

[756] Siehe oben II. auf Seite 84.

[757] Siehe hierzu unten aa) auf 224.

[758] Siehe oben II. auf Seite 84.

chen Belastung durch die umsatzsteuerliche Benachteiligung des Fremdleistungsbezugs der öffentlichen Hand. Ziel ist es, die umsatzsteuerliche Benachteiligung der öffentlichen Hand zu beseitigen, die im Verhältnis zur Eigenrealisierung entsteht. Derartige Refundsysteme existieren bereits in einigen EU-Mitgliedstaaten, in Deutschland jedoch zum Zeitpunkt der Erstellung dieser Untersuchung nicht.

a) Refundsysteme in anderen EU-Mitgliedstaaten

Einige EU-Mitgliedstaaten haben bereits eine Form von Kompensationssystem eingeführt. In den meisten Fällen werden die Zuweisungen durch eine Reduzierung der Zuweisungen im Rahmen des innerstaatlichen Finanzausgleiches finanziert[759]. Derartige Kompensationssysteme bestehen derzeit in unterschiedlichen Formen in Österreich, Dänemark, Finnland, Frankreich, den Niederlanden, Portugal, Schweden und dem Vereinigten Königreich[760]. Die Voraussetzungen für einen solchen Umsatzsteuerrefund sind in den Mitgliedstaaten jedoch nicht vereinheitlicht, so dass sich erhebliche Unterschiede ergeben. So existieren etwa Unterschiede im sachlichen Anwendungsbereich der Refundsysteme. Im Vereinigten Königreich werden zum Beispiel nur nichtabziehbare Vorsteuern für nicht umsatzsteuerbare Tätigkeiten der öffentlichen Hand erstattet, während etwa in Finnland auch Vorsteuern erstattungsfähig sind, die aufgrund einer Umsatzsteuerbefreiung der Ausgangsumsätze der betroffenen juristischen Person des öffentlichen Rechts nichtabziehbar sind[761].

b) Pläne zur Einführung eines Umsatzsteuerrefunds in Deutschland

In Deutschland gibt es Bestrebungen, ein Umsatzsteuerrefundmodell einzuführen. In diesem Zusammenhang hat das Bundesministerium für Verkehr, Bau und Stadtentwicklung ein Gutachten in Auftrag gegeben, welches 2005 vorgelegt wurde[762]. Gegenstand des Gutachtens war die Frage, ob in Deutschland ein Umsatzsteuerrefund nach dem Vorbild der in anderen EU-Ländern existierenden Kompensationssysteme implementiert werden könnte, der vor allem bei Public Private Partnership Projekten im Bereich des öffentlichen Hochbaus eine umsatzsteuerliche Benachteiligung vermeiden könnte. Das wesentliche Ergebnis dieser Untersuchung war, dass insbesondere aufgrund der föderalen Struktur der Bundesrepublik Deutschland und den verfassungsrechtlichen Implikationen im Hinblick auf die Aufgabenfinanzierung und die Verteilung des Umsatzsteueraufkommens eine Übertragung der in der EU existierenden Refundsysteme nicht ohne Komplikatio-

---

[759] *Gendron*, VAT Treatment of Public Sector Bodies, S. 18.

[760] Vgl. *CE/KPMG*, VAT in the public sector (2011), S. 85 ff.; *CE*, VAT in the public sector (2013), S. 97 ff.; *Gendron*, Government Entities under a VAT, S. 21 f.

[761] Vgl. *Aujean/Jenkins/Poddar*, IVM 1999, S. 144 (145); siehe auch: *CE/KPMG*, VAT in the public sector (2011), S. 91 f. und *CE*, VAT in the public sector (2013), S. 104, die eine Übersichtstabelle der verschiedenen Refundsysteme liefern.

[762] Vgl. *KPMG*, Endbericht Umsatzsteuer-Refund.

nen möglich ist[763]. In Anlehnung an dieses Gutachten ist auch in der Literatur die Möglichkeit eines Einstiegs in einen umsatzsteuerlichen Refund für Public Private Partnership Projekte erörtert und unterschiedlich beurteilt worden[764].

Der Deutsche Bundestag hat in seiner 211. Sitzung am 19. März 2009 einen Antrag zur Durchführung eines fünfjährigen Modellversuchs angenommen, in dem umsatzsteuerliche Mehrbelastungen von PPP-Projekten gegenüber einer konventionellen Realisierung ausgeglichen werden sollen[765]. Teilnehmer dieses Modellversuchs sollen der Bund und interessierte Länder auf freiwilliger Basis sein. Für die Finanzierung der Erstattungsbeträge sieht der Antrag vor, dass die teilnehmenden Gebietskörperschaften aus Haushaltsmitteln jeweils einen jährlichen Festbetrag zur Verfügung stellen sollen, wobei die einzelnen Beträge grundsätzlich entsprechend dem Umsatzsteueranteil von Bund und Ländern ermittelt werden sollen. Grundsätzlich sollen die teilnehmenden Gebietskörperschaften für die Projektförderung Fördermittel in Höhe des auf sie entfallenden Umsatzsteuermehraufkommens, das durch die geförderten Projekte generiert wird, bereitstellen.

Zur Umsetzung dieses Modellvorhabens entwickelte das Bundesministerium für Finanzen ein Konzept, welches in mehreren Sitzungen mit Vertretern der Bundesländer besprochen wurde[766]. Bis Mai 2010 hatten jedoch zwei Bundesländer eine Teilnahme am Modellvorhaben abgelehnt und noch kein Bundesland ausdrücklich eine Teilnahmebereitschaft bekundet. Soweit ersichtlich, wurde das Modellvorhaben daher bislang noch nicht umgesetzt. Dies zeigt sich auch darin, dass der Deutsche Bundestag die Bundesregierung im Mai 2012 erneut aufforderte zu prüfen, ob die umsatzsteuerliche Mehrbelastung von Public Private Partnership Projekten gegenüber einer konventionellen Realisierung ausgeglichen werden könnte[767]. Ungeachtet dieser Stagnation auf politischer Ebene in Deutschland wird dieses Modell weiterhin im Schrifttum wissenschaftlich diskutiert[768].

---

763 *KPMG*, Endbericht Umsatzsteuer-Refund, S. 128 ff.

764 Befürwortend: *Desens/Hummel*, StuW 2012, S. 225 (240 f.), die eine Integration eines umsatzsteuerlichen Refunds in das Umsatzsteuergesetz in Verbindung mit einer Umkehr der Steuerschuldnerschaft für Leistungsbezüge der öffentlichen Hand favorisieren; *Jacob/Berger*, Umsatzsteuerrefund, der sich speziell einem umsatzsteuerlichen Refund für PPP-Inhabermodelle widmet; ablehnend: *Kaiser*, Umsatzsteuerliche Behandlung, S. 90 ff., der in einem Refund einen Verstoß gegen Artikel 168 MwStSystRL erblickt, welcher nur dem Steuerpflichtigen einen Vorsteuerabzug gewährt.

765 Vgl. BT-Drs. 16/12283; TOP 15 des amtlichen Plenarprotokolls der 211. Sitzung des Deutschen Bundestages vom 19.03.2009.

766 Antwort der Bundesregierung vom 27.05.2010 auf die schriftliche Frage der Abgeordneten Katrin Kunert, BT-Drucks. 17/1879, S. 7 f.

767 BT-Drucks. 17/9726, S. 9 Nr. 17.

768 Zuletzt: *CE*, VAT in the public sector (2013), S. 94 ff. und S. 212 ff.; *Desens/Hummel*, StuW 2012, S. 225 ff.

c) Vorgaben für einen deutschen Umsatzsteuerrefund

Die Tatsache, dass in anderen EU-Mitgliedstaaten Kompensationssysteme in unterschiedlichen Ausgestaltungen bestehen, verdeutlicht, dass eine Vielzahl von Refundsystem-Varianten möglich sind[769]. Allen denkbaren Varianten ist jedoch gemein, dass sie mit den unions- und verfassungsrechtlichen Vorgaben vereinbar sein müssen. Nachfolgend soll daher dieser rechtliche Rahmen betrachtet und erörtert werden, ob und in welcher Form ein Umsatzsteuerrefund eine geeignete Lösung für die in dieser Arbeit beschriebenen umsatzsteuerlichen Probleme bei Public Private Partnership Projekten wäre.

2. Unionsrechtliche Vorgaben

Aus unionsrechtlicher Sicht stellt sich zunächst die Frage nach der Vereinbarkeit eines umsatzsteuerlichen Refunds mit den unionsrechtlichen Voraussetzungen des Vorsteuerabzugs nach Art. 168 Absatz 1 MwStSystRL (dazu a)). Des Weiteren ist fraglich, welche Grenzen der Erstattung im Wege eines Refundsystems durch unionsrechtliche Grundfreiheiten gezogen sind (dazu b)).

a) Vorsteuerabzug des Steuerpflichtigen

Nach Artikel 168 MwStSystRL ist der Steuerpflichtige bei Vorliegen der entsprechenden Voraussetzungen berechtigt, Vorsteuern abzuziehen. Hierin liegt – neben der Einräumung des Rechts zum Vorsteuerabzug – gleichzeitig eine Beschränkung dahingehend, dass nur ein Steuerpflichtiger Vorsteuern abziehen darf. Im zweiten Teil dieser Arbeit wurde bereits Artikel 13 MwStSystRL erläutert, wonach Staaten, Länder, Gemeinden und sonstige Einrichtungen des öffentlichen Rechts grundsätzlich nicht als Steuerpflichtige[770] im Sinne der MwStSystRL gelten[771]. Wenn ein Mitgliedstaat der öffentlichen Hand einen Vorsteuerabzug gestattet, obwohl sie als Nichtsteuerpflichtiger gilt, liegt daher grundsätzlich ein direkter Verstoß gegen Artikel 168 in Verbindung mit Artikel 13 MwStSystRL vor. Fraglich ist jedoch, ob es sich bei der Erstattung im Rahmen eines Umsatzsteuerrefunds um einen Vorsteuerabzug im Sinne der MwStSystRL handelt. Dies wird in der Fachliteratur teilweise bejaht[772], teilweise auch verneint[773].

Die Frage danach, ob Erstattungen im Rahmen eines Refundsystems gegen Unionsrecht verstoßen, kam erstmals im Zusammenhang mit dem Kompensati-

[769] Vgl. hierzu auch *CE/KPMG*, VAT in the public sector (2011), S. 83 und *CE*, VAT in the public sector (2013), S. 95, die eine graphische Übersicht verschiedener denkbarer Refund-Varianten liefern.

[770] Zu der Terminologie, die von derjenigen des UStG abweicht siehe oben, I. auf Seite 90.

[771] Siehe hierzu oben II. auf Seite 91.

[772] *Kaiser*, Umsatzsteuerliche Behandlung, S. 92.

[773] *Jacob/Berger*, Umsatzsteuerrefund, S. 4 unter Verweis auf *KPMG*, Endbericht Umsatzsteuer-Refund, S. 36 und 125.

onssystem im Vereinigten Königreich auf. Nachdem bereits 1990 bei der Europäischen Kommission eine Anfrage zur Vereinbarkeit des englischen Refundsystems mit dem Unionsrecht gestellt wurde[774], diese jedoch von der Kommission lediglich vorläufig und unter dem Vorbehalt genauerer Prüfung beantwortet wurde[775], kam es im Jahr 2000 zu einer erneuten schriftlichen Anfrage[776]. Die Kommission antwortete hierauf, dass bei dem englischen Refundsystem und auch bei den in anderen Mitgliedstaaten eingeführten Refundsystemen ein Verstoß gegen Unionsrecht nicht vorliegen würde. Bei der Erstattung handele es sich nämlich nicht um einen Vorsteuerabzug, sondern um eine rein finanztechnische Maßnahme zwischen verschiedenen öffentlichen Einrichtungen im Rahmen der einzelstaatlichen Politik zur Finanzierung der öffentlichen Einrichtungen[777].

Der Antwort der Kommission ist zwar insoweit eine Bedeutung beizumessen, als dass die Kommission die Refundsysteme in den Mitgliedstaaten nicht beanstandet. Eine rechtliche Verbindlichkeit für den Europäischen Gerichtshof besteht hingegen nicht[778]. Es bleibt daher weiterhin fraglich, ob die Erstattung von nach der MwStSystRL nichtabziehbarer Vorsteuer im Rahmen eines nationalen Refundsystems tatsächlich mit den unionsrechtlichen Vorgaben des Vorsteuerabzugs vereinbar ist. Hierzu ist vor allem auf den Sinn und Zweck der unionsrechtlichen Vorschriften zur Umsatzbesteuerung der öffentlichen Hand abzustellen. Wie bereits im zweiten Teil dieser Arbeit erläutert, geht es insbesondere darum, dass die Umsatzbesteuerung nicht zu Wettbewerbsverzerrungen zwischen der öffentlichen Hand und privaten Rechtssubjekten führen soll[779]. In diesem Zusammenhang werden in der Regel die Ausgangsumsätze einer juristischen Person des öffentlichen Rechts in den Blick genommen, welche nach Artikel 13 Absatz 1 Unterabsatz 2 MwStSystRL im Falle zu befürchtender Wettbewerbsverzerrungen umsatzsteuerbar sein sollen. Wie sich im Laufe dieser Arbeit gezeigt hat, können allerdings Wettbewerbsverzerrungen nicht nur direkt durch eine unterschiedliche umsatzsteuerliche Behandlung von Ausgangleistungen, sondern auch durch die hiermit verbundene Gewährung oder Versagung des Vorsteuerabzugs entstehen. Hieraus ergibt sich, dass nach dem Sinn und Zweck der unionsrechtlichen Vorgaben zur Umsatzbesteuerung der öffentlichen Hand nur dann eine Erstattung von regulär

[774] Schriftliche Anfrage Nr. 2083/90 vom 17.09.1990, Abl. Nr. 91/C 164/17, S. 10.

[775] Antwort vom 13.03.1991, Abl. Nr. 91/C 164/17, S. 11.

[776] Schriftliche Anfrage des Abgeordneten Michel Hansenne vom 07.01.2000 Nr. P/28861/99, Abl. Nr. C 225 E, S. 211.

[777] Vgl. Antwort der Kommission vom 1. Februar 2000, Abl. Nr. 225 E, S. 211.

[778] Dies verkennen *Desens/Hummel*, StuW 2012, S. 225 (235), die die unionsrechtliche Zulässigkeit eines Refundsystems bereits aus der Nichtbeanstandung der britischen und niederländischen Refundsysteme durch die EU-Kommission herleiten.

[779] Siehe oben § 10 auf Seite 83 ff.

nichtabziehbarer Vorsteuer der öffentlichen Hand erfolgen darf, wenn der Wettbewerb mit Privaten nicht verzerrt wird.

Vor diesem Hintergrund ist die Argumentation der Kommission so zu verstehen, dass rein finanztechnische Maßnahmen zwischen öffentlichen Einrichtungen eines Mitgliedstaates keine Auswirkung auf die unionsrechtlichen Vorgaben zum harmonisierten Umsatzsteuerrecht haben, weil sie keinen wettbewerbsverzerrenden Charakter entfalten. Dies ist jedoch nicht überzeugend, da durch eine solche finanztechnische Maßnahme die Vorgaben der Mehrwertsteuersystemrichtlinie zur Umsatzbesteuerung der öffentlichen Hand de facto neutralisiert werden können. Wenn es sich nämlich bei der Erstattung des Betrages nichtabziehbarer Vorsteuer lediglich um eine aus unionsrechtlicher Sicht unbedenkliche finanztechnische Maßnahme handeln soll, so lässt sich folgern, dass auf Basis dieser Argumentation das gleiche auch gelten müsste, wenn ein Mitgliedstaat seinen öffentlichen Einrichtungen die geschuldete Umsatzsteuer für Ausgangsumsätze über finanztechnische Maßnahmen direkt zurück erstatten würde. Auf diese Weise würden jedoch die Vorgaben der MwStSystRL ausgehebelt. Denn die öffentliche Einrichtung hätte in diesem Fall trotz der Umsatzbesteuerung ihrer Ausgangsumsätze einen wettbewerbsverzerrenden Vorteil gegenüber Konkurrenten, die keine Erstattung der von ihnen für die Ausgangsumsätze geschuldeten Steuer erhalten. Obwohl es sich um eine nationale finanztechnische Maßnahme handelt, würde die Wirkung des Artikels 13 MwStSystRL hierdurch faktisch aufgehoben, so dass keine erfolgreiche Umsetzung der Richtlinienvorgaben mehr gegeben ist. Auch eine finanztechnische Maßnahme kann daher zu einem Verstoß gegen die unionsrechtlichen Vorgaben des Artikels 13 MwStSystRL führen. Gleiches muss grundsätzlich auch für eine Erstattung von nicht nach der MwStSystRL abziehbarer Vorsteuer gelten. Denn die Nichtabziehbarkeit von Vorsteuern im Falle nicht umsatzsteuerbarer Ausgangsumsätze durch den Regelungsmechanismus des Artikels 13 Absatz 1 Unterabsatz 1 MwStSystRL in Verbindung mit Artikel 168 MwStSystRL ist ebenso vorgegeben, wie die Steuerbarkeit der Ausgangsumsätze im Falle des Artikels 13 Absatz 1 Unterabsatz 2 MwStSystRL. Die Unbedenklichkeit eines Umsatzsteuerrefunds lässt sich daher jedenfalls nicht allein aus dem Charakter der Erstattung als einer rein finanztechnischen Maßnahme herleiten. Vielmehr ist danach zu fragen, ob der Erstattungsmechanismus so ausgestaltet ist, dass keine Wettbewerbsverzerrungen zu befürchten sind, so dass kein Widerspruch zum Sinn und Zweck der Umsatzbesteuerung der öffentlichen Hand entsteht.

Eine ideale Umsetzung und Rechtsanwendung der Vorgaben des Artikels 13 MwStSystRL vorausgesetzt, würde überall dort, wo eine Wettbewerbsverzerrung droht, wegen der Vorgaben des Artikels 13 Absatz 1 Unterabsatz 2 MwStSystRL kein Bedarf für eine Erstattung nichtabziehbarer Vorsteuer durch einen Umsatzsteuerrefund bestehen, da insoweit eine Besteuerung der Ausgangsleistungen verbunden mit dem Recht zum Vorsteuerabzug greifen würde. Die Erstattung von nichtabziehbarer Vorsteuer durch einen Umsatzsteuerrefund würde daher nur dann greifen, wenn es sich um eine nicht wettbewerbsrelevante Tätigkeit der öffentlichen Hand handelt. Die Erstattung würde daher nicht dem Sinn und Zweck widersprechen, Wettbewerbsverzerrungen zu vermeiden. Es ist jedoch zu betonen, dass dort, wo entgegen den Vorgaben des Artikels 13 MwStSystRL das nationale Recht zu Wettbewerbsverzerrungen führt, weil öffentliche Tätigkeiten als nicht umsatzsteuerbar behandelt werden, obwohl tatsächlich eine Konkurrenz mit Privaten möglich ist[780], die Erstattung durch einen Refund die Wettbewerbsverzerrung nochmals erheblich verschlimmern würde. Nicht nur hätte die öffentliche Hand gegenüber dem privaten Konkurrenten die Möglichkeit, mangels Ausgangsbesteuerung günstigere Preise anzubieten, sondern würde darüber hinaus, ebenso wie der private Konkurrent, von der Vorsteuer auf Eingangsleistungen entlastet.

Im Ergebnis bleibt festzuhalten, dass die Erstattung von nichtabziehbarer Vorsteuer an öffentliche Einrichtungen für Tätigkeiten, die nach Artikel 13 MwStSystRL nicht umsatzsteuerbar sind, keinen Verstoß gegen die Vorgaben des Artikels 168 MwStSystRL darstellt, weil es nicht zu einer Wettbewerbsbeeinträchtigung kommt und der Grundsatz der Neutralität der Umsatzsteuer folglich nicht verletzt würde. Es besteht jedoch die Gefahr, dass in Fällen, in denen die Vorgaben des Artikels 13 MwStSystRL nicht richtig umgesetzt sind, es zu einer Verschärfung von Wettbewerbsverzerrungen kommt.

b) Unionsrechtliche Grundfreiheiten

In der erneuten Anfrage an die EU-Kommission in Bezug auf das englische Refundsystem stellte der Abgeordnete Hansenne außerdem die Frage, ob nicht auch öffentliche Einrichtungen anderer Mitgliedstaaten profitieren müssten und von dem englischen Umsatzsteuerrefund eine Erstattung nichtabziehbarer englischer Umsatzsteuer verlangen könnten[781]. Auf diese Frage ging jedoch die Kommission in ihrer Antwort nicht direkt ein, sondern beschränkte sich auf die Feststellung, dass ein Nichtsteuerpflichtiger weder einen Vorsteuerabzug im Hinblick auf inländische noch im Hinblick auf Umsatzsteuer eines anderen Mitgliedstaates hat[782].

Es bleibt daher die Frage zu klären, ob die Einführung eines nationalen Umsatzsteuerrefundsystems einen Verstoß gegen unionsrechtliche Grundfreiheiten darstellen könnte. Da öffentliche Einrichtungen von Mitgliedstaaten, die einen

[780] Vgl. für Deutschland den Bereich der Vermögensverwaltung, BFH, Urteil vom 15.04.2010 – V R 10/09, BFH/NV 2010, 1574; siehe auch *Bundesrechnungshof*, Umsatzsteuerliche Behandlung, S. 24 f., der die Praxis der deutschen Finanzverwaltung moniert, für den Bereich sogenannter Beistandsleistungen zwischen juristischen Personen des öffentlichen Rechts eine Nichtsteuerbarkeit anzunehmen, obwohl auch private Unternehmen solche Leistungen anbieten können; diese Praxis der Finanzverwaltung wurde ebenfalls vom BFH abgelehnt mit Urteil vom 10.11.2011 – V R 41/10, DStR 2012, 348.

[781] Schriftliche Anfrage vom 07.01.2000 Nr. P/28861/99, Abl. Nr. C 225 E, S. 211.

[782] Vgl. Antwort vom 01.02.2000, Abl. Nr. 225 E, S. 211.

Umsatzsteuerrefund haben, in den Genuss einer Erstattung nichtabziehbarer Vorsteuer kommen, während dies den öffentlichen Einrichtungen in Mitgliedstaaten, die kein Umsatzsteuerrefund haben, verwehrt bleibt, kommen grundsätzlich Verletzungen des allgemeinen Diskriminierungsverbotes des Artikels 18 AEUV[783] in Form des diese konkretisierenden[784] Verbotes, den freien Warenverkehr zu beschränken, gemäß Artikel 34 AEUV[785], und des Gebots des freien Dienstleistungsverkehrs nach Artikel 56 AEUV[786] in Frage. In Bezug auf eine mögliche Verletzung sind zwei unterschiedliche Situationen zu entscheiden.

Zunächst ist es denkbar, dass eine nicht umsatzsteuerbar tätige öffentliche Einrichtung im Anwendungsbereich des Refundsystems Eingangsleistungen in Form von Lieferungen oder sonstigen Leistungen von Unternehmen bezieht, die ihren Sitz in einem anderen Mitgliedsstaat haben. Wenn sich in diesem Fall als Ort der Leistung nicht das Unionsland des Leistungsempfängers ergibt, so kommt es grundsätzlich zur Umsatzbesteuerung im Land des Leistenden. Erhält die öffentliche Einrichtung insoweit eine Rechnung mit ausgewiesener Umsatzsteuer, so stellt sich die Frage, ob auch diese durch das Refundsystem erstattungsfähig sein muss, obwohl das Steueraufkommen an den Fiskus des Mitgliedstaates geflossen ist, in dem der leistende Unternehmer seinen Sitz hat.

Beispiel 1:
Eine ausschließlich nicht unternehmerisch tätige schwedische Universität möchte zur dauerhaften Fortbildung ihres Lehrpersonals im Rahmen eines Public Private Partnership Projektes mit einem privaten Partner in Deutschland kooperieren. In diesem Zuge werden unter anderem in erheblichem Umfang Beratungsleistungen des deutschen privaten Partners bezogen. Des Weiteren beinhaltet die Zusammenarbeit die Lieferung von Schreibmaterial durch den privaten Partner in geringem Umfang. Die schwedische Universität hat im vorangegangenen Jahr aus anderen Unionsmitgliedstaaten lediglich Waren im Wert von 2.000 Euro bezogen.

Hier liegt der Ort der Beratungsleistung des deutschen Unternehmers an die schwedische Universität nach § 3a Absatz 1 UStG nicht in Schweden, sondern in Deutschland und unterliegt damit der deutschen Umsatzsteuer. Auch der Ort der Lieferung des Schreibmaterials liegt in Deutschland und diese ist wegen § 6a Absatz 1 Nr. 3 in Verbindung mit § 1a Absatz 3 Nr. 1a und Nr. 2 UStG auch nicht als innergemeinschaftliche Lieferung von der Umsatzsteuer befreit, da die schwedi-

[783] Entspricht ex-Artikel 12 EGV.
[784] *Kingreen* in: *Calliess/ Ruffert*, AEUV, Art. 34-36, Rz. 20; *Kotzur* in: *Geiger/Khan/Kotzur*, AEUV, Art. 18 Rz. 2; *Schroeder* in: *Streinz*, AEUV, Art. 34, Rz. 13.
[785] Entspricht ex-Artikel 28 EGV.
[786] Entspricht ex-Artikel 49 EGV.

sche Hochschule mangels Überschreitens der maßgeblichen Lieferschwelle keinen in Schweden umsatzsteuerbaren innergemeinschaftlichen Erwerb tätigt. Der deutsche Unternehmer wird der schwedischen Hochschule daher eine Rechnung mit deutscher Umsatzsteuer stellen. Als Schuldner der Umsatzsteuer wird der leistende deutsche Unternehmer diese an die deutsche Finanzverwaltung abführen. Fraglich ist, ob die schwedische Universität die ihr in Rechnung gestellte deutsche Umsatzsteuer, die sie mangels steuerbarer Ausgangsumsätze nicht als Vorsteuer abziehen kann, vom schwedischen Umsatzsteuerrefundsystem erstattet bekommt.

Der zweite Fall, den es zu unterscheiden gilt, ist derjenige, dass eine nicht umsatzsteuerbar tätige öffentliche Einrichtung zwar nicht selbst ihren Sitz in einem Land mit einem Refundsystem hat, jedoch aus einem Land mit einem Refundsystem Leistungen bezieht, die in diesem Land der Umsatzbesteuerung unterliegen und sie daher entsprechend Umsatzsteuer dieses Landes in Rechnung gestellt bekommt. Hier stellt sich die Frage, ob auch die ausländische öffentliche Einrichtung in den Anwendungsbereich des Refundsystems fällt, obwohl sie in dem entsprechenden Land nicht ihren Sitz hat.

Beispiel 2:

Eine ausschließlich nichtunternehmerisch tätige deutsche Universität veranstaltet laufend internationale Kongresse zu wissenschaftlichen Themen. Um diese Veranstaltungen jeweils international bekannt zu machen, beauftragt sie im Rahmen eines Public Private Partnership Projektes einen niederländischen Unternehmer damit, für die Veranstaltungen jährlich eine eigene Website im Internet zu erstellen. Des Weiteren ist im Rahmen des Projektes vorgesehen, dass der private Partner jeweils ein Projektionsgerät für Präsentationen liefert, die im Rahmen des jeweiligen Kongresses gehalten werden sollen. Der Projektor wird von der niederländischen Firma an die Universität versendet. Da der private Partner im Übrigen auf dem niederländischen Markt tätig ist, belaufen sich die jährlichen Lieferungen nach Deutschland jeweils nur auf einen Umfang von ca. 5.000 Euro.

In diesem Fall bezieht die Universität Leistungen, deren Leistungsort jeweils nicht in Deutschland, sondern in den Niederlanden liegt. Dies ergibt sich für die sonstige Leistung, die in der Erstellung der Website liegt, aus § 3a Absatz 1 UStG und für die Lieferung des Beamers aus § 3 Absatz 6 UStG. Die Umsatzsteuerbefreiung als innergemeinschaftliche Lieferung nach § 4 Nr. 1 b UStG ist nicht möglich, da nicht an einen Unternehmer geleistet wird. Auch eine Verlagerung des Leistungsorts der Lieferung nach Deutschland gemäß § 3c Absatz 1 und Absatz 2 Nr. 1 UStG ist vorliegend nicht einschlägig, weil die Lieferschwelle des § 3c Absatz 3 Nr. 1 UStG nicht überschritten wird. Da die Leistungen folglich nicht in Deutschland, sondern in den Niederlanden der Umsatzbesteuerung unterliegen, werden der Universität niederländische Umsatzsteuerbeträge in Rechnung gestellt. Diese Umsatzsteuer kann die Universität nicht als Vorsteuern abziehen, da sie nichtunternehmerisch tätig wird. Es erhebt sich daher die Frage, ob sich die deutsche Universität ebenso wie eine niederländische Universität die nichtabziehbare Vorsteuer vom niederländischen Refundsystem erstatten lassen kann.

Für die Prüfung, ob in den beiden aufgeworfenen Konstellationen ein Verstoß gegen unionsrechtliche Grundfreiheiten vorliegen würde, wenn keine Erstattung durch den Umsatzsteuerrefund stattfindet, sind in einem ersten Schritt der Schutzbereich der Warenverkehrs- und Dienstleistungsfreiheit und die Anforderungen an eine Rechtfertigung eines Eingriffes zu bestimmen. In einem zweiten Schritt kann sodann für beide Fälle beantwortet werden, ob eine Verletzung vorliegt.

aa) Schutzbereich und Rechtfertigungsmöglichkeiten

Titel I des dritten Teils des AEUV ist dem gemeinsamen unionsweiten Binnenmarkt gewidmet. Artikel 26 Absatz 1 AEUV bestimmt vor diesem Hintergrund, dass die Union die erforderlichen Maßnahmen erlässt, um nach Maßgabe der einschlägigen Bestimmungen der Verträge den Binnenmarkt zu verwirklichen beziehungsweise dessen Funktionieren zu gewährleisten. Das in Artikel 26 Absatz 2 AEUV festgeschriebene Ziel ist es, einen Raum ohne Binnengrenzen zu schaffen, in dem der freie Verkehr von Waren, Personen, Dienstleistungen und Kapital gemäß den Bestimmungen der Verträge gewährleistet wird. Dies soll insbesondere durch die in den Artikeln 28 ff. AEUV geregelten Grundfreiheiten ermöglicht werden. Für die vorliegende Betrachtung sind die Warenverkehrsfreiheit (Artikel 28 ff. AEUV) und die Dienstleistungsfreiheit (Artikel 56 ff. AEUV) bedeutsam.

aaa) Warenverkehrsfreiheit

Soweit ein Umsatzsteuerrefund nichtabziehbare Umsatzsteuer aus Rechnungen über die Lieferung von Waren erstattet, so muss dies im Einklang mit der Warenverkehrsfreiheit stehen.

(1) Schutzbereich

Zum Schutz des freien Warenverkehrs innerhalb des Unionsgebiet konstituieren Artikel 28 Absatz 1 und Artikel 30 AEUV das Verbot, zwischen den Mitgliedstaaten Ein-, Ausfuhr- oder Finanzzölle sowie Abgaben gleicher Wirkung zu erheben. Da der Verkehr gegenständlicher Waren geschützt wird, handelt es sich aus umsatzsteuerlicher Sicht in der Regel um Lieferungen im Sinne von § 1 Absatz 1 Nr. 1 UStG und § 3 Absatz 1 UStG, soweit die Leistung darin besteht, dem Leistungsempfänger die Verfügungsmacht an der Ware zu verschaffen. Eine Abgabe gleicher Wirkung im Sinne von Artikel 28 Absatz 1 AEUV ist nach der Rechtsprechung des Europäischen Gerichtshofes jede den Waren wegen des Überschreitens der Grenze einseitig auferlegte finanzielle Belastung, wenn sie kein Zoll im eigentlichen Sinne ist, unabhängig von ihrer Bezeichnung und der Art ihrer Erhebung[787].

Liegt nicht bereits ein verbotener Zoll oder eine zollgleiche Belastung im Sinne der Artikel 28 Absatz 1 und Artikel 30 AEUV vor[788], so sind nach Artikel 34 AEUV des Weiteren mengenmäßige Einfuhrbeschränkungen und Maßnahmen gleicher Wirkung verboten. Nach der weiten Definition des Europäischen Gerichtshofes ist eine Maßnahme gleicher Wirkung jede Handelsregelung eines Mitgliedstaates, die geeignet ist, den innerunionalen Handel unmittelbar oder mittelbar, tatsächlich oder potentiell zu behindern[789]. Eine Handelsregelung in diesem Sinne ist jede nationale Maßnahme, die objektiv auf den Warenverkehr einwirkt, wobei ein spezifisch handelspolitischer Zweck nicht erforderlich ist[790]. Verboten sind daher insbesondere Diskriminierungen von Importwaren aus anderen Mitgliedstaaten. Dies umfasst sowohl „offene Diskriminierungen“, bei denen Einfuhren im Verhältnis zu inländischen Erzeugnissen spezifisch erschwert oder benachteiligt werden[791]. Darüber hinaus werden jedoch auch sogenannte „versteckte Diskriminierungen“ erfasst. Hierunter fallen zum Beispiel Regelungen, über die Vermarktung von Waren, die zwar unterschiedslos für inländische und eingeführte Waren gelten, deren beschränkende Wirkungen auf den Warenverkehr jedoch den Rahmen der solchen Handelsregelungen eigentümlichen Wirkung überschreiten[792]. Durch die Ausdehnung des Verbotes von Maßnahmen gleicher Wirkung im Sinne von Artikel 34 AEUV auf nationale Regelungen, denen Importware und Inlandsware gleichermaßen unterworfen sind, hat der Europäische Gerichtshof das Gebot der Gleichbehandlung von Inlands- und Importwaren rechtsfortbildend zu einem umfassenden Beschränkungsverbot erweitert[793]. Allgemeine Regelun-

[787] EuGH, Urteil vom 07.12.1995 – C 45/94, Slg. 1995, 4385 „Camera de Comercio“ Rz. 28.

[788] Die Artikel 28, 30 AEUV gehen den Artikeln 34 ff. AEUV als Spezialvorschriften vor, vgl. *Kotzur* in: *Geiger/Khan/Kotzur*, AEUV, Art. 30 Rz. 8 mit Verweis auf EuGH, Urteil vom 10.12.1968 – C 7/68, Slg. 1968, 644 „Kunstschätze“; EuGH, Urteil vom 16.12.1992 – C 17/91, Slg. 1992, 6523 „Lornoy“.

[789] EuGH, Urteil vom 11.07.1974 – C 8/74, Slg. 1974, 837, „Dassonville“.

[790] Vgl. *Kotzur* in: *Geiger/Khan/Kotzur*, AEUV, Art. 34 Rz. 9 mit Verweis auf EuGH, Urteil vom 12.10.1978 – C 13/78, Slg. 1978, 1935, „Eggers“; *Lux* in: *Lenz/Borchardt*, EU-Verträge, Art. 34, Rz. 17; vgl. auch *Schroeder* in: *Streinz*, AEUV, Art. 34, Rz. 36, der die Auffassung vertritt, dass dem Begriff der Handelsregelung keine konstitutive Wirkung zukomme.

[791] Vgl. Art. 2 der Richtlinie 70/50 EWG vom 22.12.1969 gestützt auf Art. 33 Abs. 7 EWG a.F., Amtsblatt Nr. L 013 vom 19.01.1970, S. 29-31.

[792] Vgl. Art. 3 Richtlinie 70/50 EWG vom 22.12.1969 gestütz auf Art. 33 Abs. 7 EWG a.F., Amtsblatt Nr. L 013 vom 19.01.1970, S. 29-31.

[793] Grundlegend vor allem: EuGH, Urteil vom 20.02.1979 – C 120/78, Slg. 1979, 649, „Cassis de Dijon“; vgl. *Kotzur* in: *Geiger/Khan/Kotzur*, AEUV, Art. 34 Rz. 15.

gen des Wirtschaftslebens, die in keinerlei Zusammenhang mit der Steuerung der Handelsströme stehen und keine spezifische Behinderung des Warenverkehrs enthalten, fallen nach der Rechtsprechung des Europäischen Gerichtshofes hingegen nicht in den Schutzbereich des Artikels 34 AEUV, weil ihnen keine potentiell handelsbeschränkende Wirkung zukommt[794].

(2) Eingriff und Rechtfertigung

Soweit sich eine offene Diskriminierung von Importwaren aus einem anderen Mitgliedstaat ergibt, kommt eine Rechtfertigung nur unter den Voraussetzungen des Artikels 36 AEUV in Frage. Danach steht Artikel 34 AEUV einer Beschränkung nicht entgegen, die aus Gründen der öffentlichen Sittlichkeit, Ordnung und Sicherheit, zum Schutze der Gesundheit und des Lebens von Menschen und Tieren oder Pflanzen, des nationalen Kulturguts von künstlerischem, geschichtlichem oder archäologischem Wert oder des gewerblichen und kommerziellen Eigentums gerechtfertigt sind. Gemäß Artikel 36 Satz 2 AEUV kommt eine Rechtfertigung nach Artikel 36 Satz 1 AEUV hingegen nicht in Frage, wenn die Beschränkung ein Mittel zur willkürlichen Diskriminierung oder eine verschleierte Beschränkung des Handels darstellt. Da es sich bei den in Artikel 36 AEUV geregelten Fällen um ausnahmsweise Einschränkungen des Verbots mengenmäßiger Beschränkungen und Maßnahmen gleicher Wirkung nach Artikel 34 AEUV handelt, kommt eine Rechtfertigung nach Artikel 36 AEUV nur in Frage, wenn sie verhältnismäßig ist. Eine auf Artikel 36 AEUV gestützte Beschränkung muss daher im Einzelfall zur Erreichung ihres Ziels geeignet sein, sich auf das Notwendige beschränken und darf im Hinblick auf die Bedeutung des Verbots nicht unverhältnismäßig sein[795].

Liegt eine versteckte Diskriminierung vor, so kann diese gerechtfertigt sein, wenn sie notwendig ist, um zwingenden Erfordernissen – insbesondere solchen einer wirksamen steuerlichen Kontrolle, des Schutzes der öffentlichen Gesundheit, der Lauterkeit des Handelsverkehrs und des Verbraucherschutzes – gerecht zu werden[796]. Das Vorliegen von zwingenden Erfordernissen in diesem Sinne wird bejaht, wenn ein im allgemeinen Interesse liegendes Ziel verfolgt wird, die staatliche Regelung zur Erreichung dieses Ziels geeignet, erforderlich und angesichts der Bedeutung des Grundsatzes des freien Warenverkehrs verhältnismäßig ist und es sich weder um eine willkürliche Diskriminierung noch um eine verschleierte Beschränkung im Sinne von Artikel 36 Satz 2 AEUV handelt[797].

[794] EuGH, Urteil vom 24.11.1993 – C 267/91 und C 268/91, Slg. 1993, 6097, „Keck".

[795] *Kotzur* in: *Geiger/Khan/Kotzur*, AEUV, Art. 36 Rz. 15.

[796] Statt vieler: EuGH, Urteil vom 20.02.1979 – C 120/78, Slg. 1979, 649, „Cassis de Dijon", Rz. 8.

[797] *Kotzur* in: *Geiger/Khan/Kotzur*, AEUV, Art. 34 Rz. 18.

bbb) Dienstleistungsfreiheit

Werden im Rahmen eines Umsatzsteuerrefunds nichtabziehbare Umsatzsteuerbeträge aus Rechnungen für die Erbringung sonstiger Leistungen erbracht, so muss dies im Einklang mit der Dienstleistungsfreiheit geschehen.

(1) Schutzbereich

Gemäß Artikel 56 AEUV sind Beschränkungen des freien Dienstleistungsverkehrs innerhalb der Union für Angehörige der Mitgliedstaaten, die in einem anderen Mitgliedstaat als demjenigen des Leistungsempfängers ansässig sind, verboten. Sekundärrechtlich wird der Schutz der Dienstleistungsfreiheit flankiert durch die sogenannte Dienstleistungsrichtlinie[798]. Artikel 57 AEUV konkretisiert den Dienstleistungsbegriff. Danach handelt es sich um Leistungen, die in der Regel gegen Entgelt erbracht werden, soweit sie nicht den Vorschriften über den freien Waren- und Kapitalverkehr und über die Freizügigkeit der Personen unterliegen. Ergänzt wird diese Begriffsbestimmung durch eine nicht abschließende Aufzählung von Beispielen für Dienstleistungen[799]. Aus umsatzsteuerlicher Sicht handelt es sich daher um sonstige Leistungen im Sinne von § 1 Absatz 1 Nr. 1 und § 3 Absatz 9 UStG, da nicht im Sinne von § 3 Absatz 1 UStG die Verfügungsmacht an einem Gegenstand übertragen wird. Vom Schutzbereich umfasst sind ausschließlich entgeltliche, grenzüberschreitende Dienstleistungen innerhalb des Unionsgebiets, da es bei einer Dienstleistung, die nur Berührungspunkte zum nationalen Markt aufweist, an einem Bezug zum unionalen Binnenmarkt fehlt[800]. Eine grenzüberschreitende Dienstleistung in diesem Sinne liegt immer vor, wenn ein Dienstleistungserbringer in einem anderen Mitgliedstaat als demjenigen anbietet, in dem er niedergelassen ist[801].

Zwar ergibt sich aus Artikel 57 AEUV, dass die Warenverkehrsfreiheit der Dienstleistungsfreiheit grundsätzlich als lex specialis vorgeht, da in der Lieferung einer gegenständlichen Ware auch eine Fülle von immateriellen Dienstleistungen vergegenständlicht sein kann[802]. Die Dienstleistungsfreiheit ist jedoch nicht nur als eine subsidiäre Auffangfreiheit zu verstehen[803], sondern lässt sich gemeinsam

[798] Richtlinie 2006/123/EG des Europäischen Parlaments und Rates vom 12.12.2006 über Dienstleistungen im Binnenmarkt, Abl. 2006 Nr. L 376, S. 36.

[799] Gewerbliche Tätigkeiten, kaufmännische Tätigkeiten, handwerkliche Tätigkeiten, freiberufliche Tätigkeiten.

[800] *Kluth* in: *Calliess/ Ruffert*, AEUV, Art. 56, Rz. 9; *Kotzur* in: *Geiger/Khan/Kotzur*, AEUV, Art. 57 Rz. 7; *Müller-Graf* in: *Streinz*, AEUV, Art. 56, Rz. 31; *Seyr* in: *Lenz/Borchardt*, EU-Verträge, Art. 56, 57 Rz. 14.

[801] EuGH, Urteil vom 14.07.1994 – C 379/92, Slg. 1994, 3453 '"Peralta"; EuGH, Urteil vom 05.10.1994 – C 255/93, Slg. 1994, 4949 „Kommission gegen Frankreich".

[802] *Kotzur* in: *Geiger/Khan/Kotzur*, AEUV, Art. 56 Rz. 1.

[803] EuGH, Urteil vom 03.10.2006 – C 452/04, Slg. 2006, 9521 „Fidium Finanz".

mit der Warenverkehrsfreiheit als Gruppe komplementärer Produktverkehrsfreiheiten betrachten[804], deren Anwendungsbereich sich nach dem Schwerpunkt der erbrachten Leistung abgrenzen lässt[805].

Der Schutzbereich der Dienstleistungsfreiheit umfasst als sogenannte „aktive“ Dienstleistungsfreiheit den in Art. 57 Satz 3 AEUV vorgesehenen Normalfall, dass sich ein selbstständiger Erwerbstätiger in einen anderen Mitgliedstaat begibt, um dort seine Dienstleistungen anzubieten[806]. Sowohl der Mitgliedstaat, in dem die Dienstleistung erbracht wird, als auch der Staat des Leistungserbringers müssen die Dienstleistungsfreiheit beachten[807]. Des Weiteren ist auch die sogenannte „passive“ Dienstleistungsfreiheit geschützt. Dies betrifft Fälle, in denen sich nicht der Leistungserbringer sondern der Leistungsempfänger in einen anderen Mitgliedstaat begibt, um hier die Dienstleistung zu empfangen[808]. Schließlich sind durch die Dienstleistungsfreiheit außerdem sogenannte „Korrespondenzdienstleistungen“ geschützt, die zwischen Mitgliedstaaten erbracht werden, ohne dass einer der Beteiligten sich physisch in einen anderen Mitgliedstaat begibt, vielmehr lediglich die Dienstleistung als Produkt grenzüberschreitend übermittelt wird[809].

(2) Eingriff und Rechtfertigung

Wie die Warenverkehrsfreiheit beinhaltet die Dienstleistungsfreiheit ein Diskriminierungsverbot. Demnach darf ein Dienstleistungserbringer nicht aus Gründen der Staatsangehörigkeit gegenüber Staatsangehörigen eines anderen Mitgliedstaates benachteiligt werden. Auch eine nur mittelbare Diskriminierung ist verboten[810]. Der Europäische Gerichtshof hat jedoch auch bei der Dienstleistungsfreiheit das Verbot einer offenen Diskriminierung zu einem umfassenden Beschränkungsverbot erweitert[811]. Danach ergibt sich aus der gemäß Artikel 49 AEUV allgemeinen Aufgabe der Mitgliedstaaten, den freien Dienstleistungsverkehr zu fördern, die Pflicht, Hindernisse zu beseitigen, die sich aus den Unterschieden in ihren für alle Rechtsunterworfenen ungeachtet der Staatsangehörigkeit geltenden Vorschriften

[804] *Kotzur* in: *Geiger/Khan/Kotzur*, AEUV, Art. 56 Rz. 1.

[805] *Kluth* in: *Calliess/ Ruffert*, AEUV, Art. 56, Rz. 18.

[806] *Kotzur* in: *Geiger/Khan/Kotzur*, AEUV, Art. 57 Rz. 8; *Müller-Graf* in: *Streinz*, AEUV, Art. 56, Rz. 34.

[807] EuGH, Urteil vom 11.07.2002 – C 60/00, Slg. 2002, 6279, Rz. 30 „Carpenter“‘.

[808] Vgl. EuGH, Urteil vom 16.05.2006 C 372/04, Slg. 2006, 4325 Rz. 98 „Watts“.

[809] Vgl. EuGH, Urteil vom 10.05.1995 – C 384/93, Slg. 1995, 1141 „Alpine Investments“.

[810] Vgl. EuGH, Urteil vom 17.05.1994 – C 18/93, Slg. 1994, 1783 „Lotsendienste Genua“; EuGH, Urteil vom 26.06.2001 – C 70/99, Slg. 2001, 4865 „Kommission gegen Portugal“; EuGH, Urteil vom 29.04.1999, – C 224/97, Slg. 1999, 2517 „Ciola“; EuGH, Urteil vom 04.05.1993, – C 17/92, Slg. 1993, 2239 „FDC“.

[811] Vgl. für den Bereich der Warenverkehrsfreiheit, oben (1) auf Seite 211.

ergeben[812]. Die Mitgliedstaaten sollen daher alle Beschränkungen aufheben, die – obwohl sie unterschiedslos gelten – geeignet sind, die Tätigkeit eines Dienstleistenden zu behindern, der in einem anderen Mitgliedstaat ansässig ist und dort rechtmäßig gleichartige Dienstleistungen erbringt[813]. Eingriffe können gerechtfertigt sein, wenn sie nicht nach Staatsangehörigkeit oder Niederlassungsort diskriminieren, dem Allgemeininteresse dienen[814], zur Erreichung des Zwecks geeignet und notwendig sind[815], dem Allgemeininteresse nicht bereits durch Rechtsvorschriften gedient wird, denen der Dienstleistungserbringer in seinem Herkunftsstaat unterliegt[816], und der Eingriff angesichts der Bedeutung der Dienstleistungsfreiheit verhältnismäßig ist[817].

bb) Konsequenzen für ein Umsatzsteuerrefundsystem

Bei einer Anwendung der vorstehend ausgeführten Grundsätze zur Warenverkehrs- und Dienstleistungsfreiheit ergibt sich, dass in den dargestellten Konstellationen eine Erstattung durch den Umsatzsteuerrefund erfolgen muss, um eine Beachtung der Grundfreiheiten zu gewährleisten. Es ist wiederum zwischen der Frage, ob auch Umsatzsteuer, die in einem anderen Mitgliedstaat geschuldet wird, von einem Refundsystem erstattet werden muss[818], und der Frage, ob auch eine nicht im Land des Refundsystems ansässige öffentliche Einrichtung zum Kreis der Anwendungsberechtigten gehören muss[819], zu differenzieren.

aaa) Erstattungsfähige nichtabziehbare Vorsteuer

Wenn die Umsatzsteuer, die ein privater Lieferant einer öffentlichen Einrichtung in Rechnung stellt, nur dann erstattet würde, wenn der Lieferant seinen Sitz im gleichen Mitgliedstaat hat wie der Leistungsempfänger, so liegt weder ein verbotener Zoll noch eine Abgabe zollgleicher Wirkung im Sinne der Artikel 28 Absatz 1 und Artikel 30 AEUV vor. Bei Anwendung der weiten Kriterien der Rechtsprechung des Europäischen Gerichtshofes[820] ist jedoch von einer Maßnahme gleicher Wirkung im Sinne von Artikel 34 AEUV auszugehen. Denn in der Erstattung

---

[812] *Kotzur* in: *Geiger/Khan/Kotzur*, AEUV, Art. 57 Rz. 14.

[813] EuGH, Urteil vom 19.01.2006 – C 43/93, Slg. 1994, 3803 „Vander Elst“.

[814] EuGH, Urteil vom 10.05.1995 – C 384/93, Slg. 1995, 1141 „Alpine Investments“ zur Aufrechterhaltung des guten Rufes des nationalen Finanzsektors als zwingender Grund des Allgemeininteresses.

[815] EuGH, Urteil vom 28.01.1992 - C 204/90, Slg. 1992, 249, „Bachmann“.

[816] EuGH, Urteil vom 17.12.1981 – C 279/80, „Webb“.

[817] EuGH, Urteil vom 25.07.1991 – C 76/90, Slg. 1991, 4221, „Säger/ Dennemeyer“, Rz. 15 ff.

[818] Vgl. hierzu Beispiel 1 auf Seite 209.

[819] Vgl. hierzu Beispiel 2 auf Seite 210.

[820] EuGH, Urteil vom 11.07.1974 – C 8/74, Slg. 1974, 837, „Dassonville“.

nichtabziehbarer Umsatzsteuer nur für inländische Lieferungen liegt eine Handelsregelung, die jedenfalls dazu geeignet ist, den innerunionalen Handel potentiell mittelbar zu behindern. Eine Einrichtung des öffentlichen Rechts, die zwischen mehreren Lieferanten für die Lieferung des gleichen Gegenstands wählen muss, wird sich für den Lieferanten entscheiden, bei dem sie die ihr in Rechnung gestellte Umsatzsteuer über das Umsatzsteuerrefundsystem erstattet bekommen kann. Es liegt daher eine Diskriminierung zu Lasten von Warenlieferungen aus anderen Mitgliedstaaten vor, so dass eine Rechtfertigung nur auf Basis des Artikels 36 AEUV möglich wäre. Für den vorliegenden Fall ist jedoch keine der in Artikel 36 AEUV genannten Rechtfertigungsmöglichkeiten ersichtlich. Auch wenn die vom Leistenden geschuldete Umsatzsteuer – dem Regelfall des § 13a Absatz 1 Nr. 1 UStG entsprechend – nicht an die Finanzverwaltung des Landes abgeführt wird, in dem die juristische Person des öffentlichen Rechts, die die Leistung empfängt, eine Erstattung der nichtabziehbaren Vorsteuer verlangen kann, müsste folglich eine Erstattung erfolgen, um eine Verletzung der Warenverkehrsfreiheit zu vermeiden.

Handelt es sich nicht um eine Warenlieferung, sondern um eine sonstige Leistung im Sinne von § 1 Absatz 1 Nr. 1 und § 3 Absatz 9 UStG, so ergibt sich aufgrund der Dienstleistungsfreiheit des Artikels 56 AEUV das gleiche Ergebnis. Auch in diesem Fall muss eine Erstattung erfolgen, um eine Verletzung der Dienstleistungsfreiheit zu vermeiden, da eine Diskriminierung der Leistung aus einem anderen Mitgliedstaat im Vergleich zu einer inländischen Leistung vorliegt. Dabei wird es sich häufig um Korrespondenzdienstleistungen handeln, die der Leistungserbringer an die öffentliche Einrichtung eines anderen Mitgliedstaates erbringt, ohne selbst physisch das Land zu verlassen. Da es sich nicht um eine bloße Beschränkung, sondern um einen diskriminierenden Eingriff handelt, ergibt sich eine Verletzung der Dienstleistungsfreiheit direkt aus der Nichterstattung der nichtabziehbaren ausländischen Umsatzsteuer. Abweichend von der Warenverkehrsfreiheit existiert für die Dienstleistungsfreiheit keine dem Artikel 36 AEUV vergleichbare Vorschrift, die spezielle Rechtfertigungsmöglichkeiten für diskriminierende Eingriffe vorsieht.

Die Konsequenz für ein nationales Umsatzsteuerrefundsystem liegt darin, dass der Fiskus des Mitgliedstaates, der das Refundsystem unterhält, ausländische Umsatzsteuer erstatten muss, die ihm nicht zugeflossen ist. Je nach dem Umfang der Dienstleistungen, die von Anwendungsberechtigten aus anderen Mitgliedstaaten mit ausländischer Umsatzsteuer empfangen werden, stellt dies ein Problem für die Finanzierung des Refundsystems dar. Insoweit stellt sich die Folgefrage, ob dieser Effekt so groß ist, dass ein finanzieller Ausgleich zwischen den Mitgliedstaaten erforderlich würde. Dies soll jedoch im Rahmen dieser Arbeit nicht näher untersucht werden. Es ist darauf hinzuweisen, dass sich dieses Problem nicht ergibt, wenn sich im Falle einer sonstigen Leistung der Leistungsort nach dem Sitz des Leistungsempfängers richtet, so dass die Leistung in dem Land der Umsatzbesteuerung unterliegt, das das Refundsystem unterhält. Dies ist nach deutschem Umsatzsteuerrecht gemäß § 3a Absatz 2 Satz 1 und Satz 3 UStG insbesondere der Fall, wenn der die Leistung empfangenden nichtunternehmerisch tätigen juristischen Person des öffentlichen Rechts eine Umsatzsteuer-Identifikationsnummer erteilt worden ist und keine speziellere Vorschrift zur Bestimmung des Leistungsorts einschlägig ist.

bbb) Anwendungsberechtigte Personen

Bezieht eine nicht umsatzsteuerbar tätige öffentliche Einrichtung eines Mitgliedstaates ohne Refundsystem umsatzsteuerpflichtige Leistungen aus einem anderen Mitgliedstaat mit einem Refundsystem und bekommt Umsatzsteuer dieses Mitgliedstaates in Rechnung gestellt[821], so wäre sie gegenüber einer öffentlichen Einrichtung des Landes, aus dem die Leistung bezogen wird, benachteiligt, wenn sie keine Erstattung der nichtabziehbaren Vorsteuer durch das Refundsystem erlangen könnte. Die Ware oder Dienstleistung wäre mit anderen Worten für einen Leistungsempfänger aus einem anderen Mitgliedstaat effektiv teurer als für einen Leistungsempfänger aus dem gleichen Mitgliedstaat.

Fraglich ist, ob in Bezug auf Warenlieferungen hierin eine Verletzung der Warenverkehrsfreiheit liegt. Es könnte sich um eine zollgleiche Abgabe im Sinne von Artikel 28 Absatz 1 und Artikel 30 AEUV handeln. Dafür müsste es sich um eine den Waren wegen des Überschreitens der Grenze einseitig auferlegte finanzielle Belastung handeln[822]. Es könnte angeführt werden, dass der Ware zwar wegen des Überschreitens der Grenze keine finanzielle Belastung auferlegt wird, jedoch nur bei nicht grenzüberschreitenden Leistungen eine finanzielle Entlastung durch die Erstattung im Rahmen des Refundsystems gewährt wird, so dass sich, wirtschaftlich betrachtet, die Nichterstattung gegenüber ausländischen öffentlichen Einrichtungen, im Vergleich zu inländischen öffentlichen Einrichtungen, wie eine zusätzliche finanzielle Belastung auswirkt. Diese wirtschaftliche Betrachtung würde jedoch dazu führen, dass auch Maßnahmen betroffen sind, die mit einer Zollabgabe nichts gemein haben. Folglich würde die Grenze des Wortlautes einer „zollgleichen Abgabe" überschritten. Die Nichterstattung eines Refundsystems an ausländische öffentliche Einrichtungen stellt daher keine zollgleiche Abgabe im Sinne von Artikel 28 Absatz 1 und Artikel 30 AEUV dar.

Es könnte jedoch eine Maßnahme gleicher Wirkung im Sinne von Artikel 34 AEUV vorliegen, also eine objektiv auf den Warenverkehr einwirkende nationale Maßnahme eines Mitgliedstaates, die geeignet ist, den innerunionalen Handel un-

[821] Vgl. Beispiel 2 auf Seite 210.
[822] EuGH, Urteil vom 07.12.1995 – C 45/94, Slg. 1995, 4385 „Camera de Comercio" Rz. 28.

mittelbar oder mittelbar, tatsächlich oder potentiell zu behindern[823]. Nach diesen Grundsätzen handelt es sich bei der Erstattung von nichtabziehbarer Umsatzsteuer für Warenlieferungen ausschließlich an inländische öffentliche Einrichtungen und nicht auch gegenüber ausländischen öffentlichen Einrichtungen um eine derartige Maßnahme gleicher Wirkung. Denn es ist davon auszugehen, dass hierdurch inländische Waren stärker von inländischen öffentlichen Einrichtungen als von ausländischen öffentlichen Einrichtungen nachgefragt werden. Der Anbieter von Waren für öffentliche Einrichtungen wird daher sein Angebot vorwiegend auf inländische öffentliche Einrichtungen ausrichten. Der Annahme einer Maßnahme gleicher Wirkung steht auch nicht entgegen, dass es sich vorliegend nicht um eine Belastung grenzüberschreitender Warenlieferungen, sondern vielmehr um eine Förderung inländischer Warenlieferungen handelt. Insoweit ist die Rechtsprechung des Europäischen Gerichtshofes in Sachen „Buy Irish" anzuführen[824]. Hier hatte das Gericht eine Maßnahme gleicher Wirkung für den Fall bejaht, dass eine staatliche Kampagne darauf abzielt, Importe zu ersetzen und stattdessen den Handel inländischer Erzeugnisse zu fördern. Auch eine Förderung inländischer Waren kann daher eine Maßnahme gleicher Wirkung sein. Die Erstattung nichtabziehbarer Vorsteuer ausschließlich an inländische Einrichtungen des öffentlichen Rechts kommt einer einseitigen Förderung des Inlandshandels gleich.

Auch im Hinblick auf die Dienstleistungsfreiheit erscheint die Beschränkung des Kreises der Anwendungsberechtigten auf inländische öffentliche Einrichtungen bedenklich, da auf diese Weise letztlich interunionale Leistungen von Leistungserbringern des Landes, in dem der Umsatzsteuerrefund besteht, an öffentliche Einrichtungen eines anderen Mitgliedstaats benachteiligt werden. Folglich müsste bei der Einführung eines Refundsystems auch eine Erstattung an öffentliche Einrichtungen eines anderen Mitgliedstaats ermöglicht werden, soweit aus umsatzsteuerlicher Sicht nicht Warenlieferungen, sondern sonstige Leistungen Gegenstand des Geschäfts sind.

c) Zusammenfassung

Es hat sich gezeigt, dass aus unionsrechtlicher Sicht die Erstattung nichtabziehbarer Vorsteuern im Rahmen eines nationalen Refundsystems zwar nicht gegen die unionsrechtlichen Vorgaben zum Vorsteuerabzug gemäß Artikel 168 ff. MwStSystRL verstößt, weil es nicht zu einer Wettbewerbsverzerrung kommt und der Grundsatz der Neutralität der Umsatzsteuer folglich nicht verletzt würde. Die unionsrechtlichen Grundfreiheiten der Warenverkehrsfreiheit und der Dienstleistungsfreiheit ziehen der Ausgestaltung eines nationalen Umsatzsteuerrefunds hingegen Grenzen. Um Verstöße gegen die Grundfreiheiten zu vermeiden, müsste

[823] EuGH, Urteil vom 11.07.1974 – C 8/74, Slg. 1974, 837, „Dassonville"; vgl. hierzu auch oben (1) auf Seite 211.

[824] EuGH, Urteil vom 24.11.1982 – C 249/81, Slg. 1982, 4005, „Buy Irish".

grundsätzlich auch in Fällen, in denen einer öffentlichen Einrichtung des Mitgliedstaates, in dem der Refund besteht, ausländische nichtabziehbare Umsatzsteuer in Rechnung gestellt wird, eine Erstattung erfolgen. Des Weiteren müsste auch dann, wenn aus dem Mitgliedstaat, in dem das Refundsystem besteht, an eine öffentliche Einrichtung eines anderen Mitgliedstaates geleistet wird, eine Erstattung an diese öffentliche Einrichtung erfolgen. Vor diesem Hintergrund erscheint es fraglich, ob die Einführung eines unionsrechtskonformen nationalen Refundsystems praktikabel ist, da insbesondere die Notwendigkeit einer Erstattung von ausländischen Umsatzsteuern faktisch mit einer Verschiebung eines Teils des Umsatzsteueraufkommens zwischen den betreffenden Mitgliedstaaten verbunden wäre, so dass sich die Frage erhebt, ob dieser Effekt wiederum einer Kompensierung bedarf.

3. Verfassungsrechtliche Vorgaben

Für die Einführung eines Refundsystems stellt sich des Weiteren die Frage, aus welchen beziehungsweise aus wessen Mitteln die Erstattung finanziert wird. Es ist eine Integration des Kompensationsmechanismus in die Haushaltswirtschaft der öffentlichen Hand erforderlich. Diese Integration muss im Einklang mit den verfassungsrechtlichen Vorgaben zur Aufgabenfinanzierung und zur Verteilung des Umsatzsteueraufkommens stehen. Dabei ist grundsätzlich zu unterscheiden zwischen einer Finanzierung des Umsatzsteuer-Refunds durch Mittel außerhalb des Finanzausgleichs und einer Finanzierung des Erstattungsmechanismus über eine Integration in den Finanzausgleich.

a) Erstattung durch Mittel außerhalb des Finanzausgleichs

aa) Allgemeines

Nach Artikel 104a GG haben der Bund und die Länder grundsätzlich jeweils diejenigen Ausgaben zu tragen, die sich aus der Wahrnehmung der ihnen zugewiesenen Aufgaben ergeben. Nach diesem sogenannten Konnexitätsprinzip zwischen Aufgabenverantwortung und Ausgabenlast ist also, soweit das Gesetz nichts anderes bestimmt, die Ausgabenlast stets mit der Aufgabenverteilung verknüpft[825]. Nach der allgemeinen Kompetenzverteilung des Artikels 30 GG sind die Ausübung staatlicher Befugnisse und die Erfüllung der staatlichen Aufgaben Sache der Länder, soweit das Grundgesetz keine andere Regelung trifft oder zulässt[826]. Neben der Verpflichtung, die eigenen Aufgaben zu finanzieren, konstituiert Artikel 104a GG auch ein Verbot, Aufgaben der anderen Seite zu finanzieren[827]. Das

[825] *Heintzen* in: *von Münch/Kunig*, GG, Art. 104a Rz. 11 ff; *Schmehl* in: *Friauf/Höfling*, GG, Art. 104a, Rz. 15; *Siekmann* in: *Sachs*, GG, Art. 104a, Rz. 2.

[826] *Häde*, Finanzausgleich, S. 16.

[827] *Maunz* in: *Maunz/Dürig*, Grundgesetz, Art. 104a, Rz. 25; *Siekmann* in: *Sachs*, GG, Art. 104a, Rz. 12.

Grundgesetz geht dabei von einem zweistufigen Staatsaufbau der Bundesrepublik in Bund und Länder aus und behandelt die Gemeinden als Teil der Länder[828]. Die Finanzlastverteilung zwischen den Ländern und ihren Gemeinden im Rahmen des sogenannten kommunalen Finanzausgleichs obliegt ausschließlich landesrechtlichen Regelungen[829]. Das Verbot gegenseitiger Aufgabenfinanzierung bedeutet daher auch, dass grundsätzlich die Gemeinden als Teil der Länder keine Bundesaufgaben finanzieren dürfen und der Bund keine Gemeindeaufgaben finanzieren darf[830]. Jede Form der Mischfinanzierung bedarf einer Rechtfertigung und ist nur im Rahmen der verfassungsrechtlich vorgesehenen Fälle erlaubt[831].

Vom Verbot gegenseitiger Aufgabenfinanzierung existieren jedoch Ausnahmen. Nach Artikel 104a Absatz 3 GG kann bestimmt werden, dass der Bund bei Bundesgesetzen, die Geldleistungen gewähren und von den Ländern ausgeführt werden, ganz oder zum Teil die Kosten dieser Geldleistungen trägt. Des Weiteren erlaubt Artikel 104b GG Finanzhilfen des Bundes an Länder, welche seit einer Änderung im Jahre 2009[832] im Falle von Naturkatastrophen oder außergewöhnlichen Notsituationen, die sich der Kontrolle des Staates entziehen und die Finanzlage erheblich beeinträchtigen, auch ohne Gesetzgebungsbefugnisse gewährt werden dürfen. Finanzhilfen des Bundes dürfen gemäß Artikel 104b Absatz 1 GG nur gewährt werden, wenn sie erforderlich sind, um entweder eine Störung des gesamtwirtschaftlichen Gleichgewichts abzuwehren, eine unterschiedliche Wirtschaftskraft im Bundesgebiet auszugleichen oder das wirtschaftliche Wachstum zu fördern. Weitere Ausnahmen vom Verbot gegenseitiger Aufgabenfinanzierung bestehen bei Gemeinschaftsaufgaben im Sinne von Artikel 91a GG und Artikel 91b GG[833]. Nach Artikel 91a Absatz 1 GG kann der Bund im Bereich der Verbesserung der regionalen Wirtschaftsstruktur und im Bereich der Verbesserung der Agrarstruktur und des Küstenschutzes bei der Erfüllung der Aufgaben der Länder mitwirken. Voraussetzung hierfür ist jedoch, dass diese Aufgaben für die Gesamtheit bedeutsam sind und die Mitwirkung des Bundes zur Verbesserung der Lebensverhältnisse erforderlich ist. Artikel 91b GG erlaubt es Bund und Ländern, auf Basis von Vereinbarungen in Fällen überregionaler Bedeutung zusammenzuwirken, wenn es um die Förderung bestimmter Projekte im Hochschulbereich geht.

[828] *Maunz* in: *Maunz/Dürig*, Grundgesetz, Art. 104a, Rz. 27

[829] *Heller*, Haushaltsgrundsätze, S. 93.

[830] *Weber*, Subvention, S. 88.

[831] *Siekmann* in: *Sachs*, GG, Art. 104a, Rz. 3.

[832] Gesetz zur Änderung des Grundgesetzes vom 29. Juli 2009, BGBl. I 2009, 2248.

[833] Vgl. *KPMG*, Endbericht Umsatzsteuer-Refund, S. 88

bb) Konsequenzen

Aus dem grundsätzlichen Verbot der Finanzierung von Aufgaben der anderen Seite ergibt sich für die Gestaltung eines umsatzsteuerlichen Refundsystems das Problem, dass nur ein Refundsystem völlig unbedenklich wäre und keiner besonderen Rechtsfertigung bedürfte, welches entweder ausschließlich durch den Bund oder ausschließlich durch die Länder finanziert wird und entsprechend ausschließlich Erstattungen an die finanzierenden Gebietskörperschaften vorsieht[834]. Ein einheitliches Refundsystem für Public Private Partnership Projekte sowohl des Bundes als auch der Länder könnte jedoch aufgrund des skizzierten Verbots gegenseitiger Aufgabenfinanzierung verfassungskonform nur auf eine der Ausnahmen zum Fremdfinanzierungsverbot gestützt werden. Es ist jedoch fraglich, ob eine Rechtfertigung nach diesen Vorschriften zum Zwecke der Erstattungen durch ein Refundsystem für Public Private Partnership Projekte geeignet ist.

Nach Artikel 91b GG wäre lediglich eine Rechtfertigung für Projekte im Hochschulbereich denkbar. Hierdurch würde der Anwendungsbereich des Refundsystems folglich stark auf einen speziellen Bereich beschränkt. Dies erscheint nicht sachgerecht, da auf diese Weise ein Ungleichgewicht innerhalb von Public Private Partnership Projekten aus unterschiedlichen Bereichen herbeigeführt würde. Auch Artikel 91a Abs. 1 GG erscheint nicht geeignet, um ein gemeinsames Refundsystem zu rechtfertigen. Einerseits würde hierdurch grundsätzlich nur ein Mitwirken des Bundes bei den Aufgaben der Länder ermöglicht, so dass es zweifelhaft ist, ob ein hierauf gestütztes gemeinsames Refundsystem auch Erstattungen für Public Private Partnership Projekte im Bereich des Bundes vornehmen dürfte. Darüber hinaus wäre der Bereich erstattungsfähiger Projekte stets insoweit beschränkt, als nur dann eine Erstattung möglich wäre, wenn das Projekt im Rahmen einer Aufgabe angesiedelt ist, die für die Gesamtheit bedeutsam ist.

Der Anwendungsbereich des Artikels 104a Abs. 3 GG beschränkt sich auf sogenannte Geldleistungsgesetze. Dies betrifft jedoch nur Fälle, in denen die Länder Bundesgesetze ausführen, durch die Geldleistungen an Stellen außerhalb des öffentlichen Dienstes erfolgen[835]. Da ein Umsatzsteuer-Refund seine Auszahlungen an den öffentlichen Partner leisten müsste, kommt daher auch diese Regelung einer Ausnahme vom Verbot gegenseitiger Aufgabenfinanzierung nicht in Betracht.

Fraglich ist, ob ein gemeinsam finanziertes Refundsystem sich auf Artikel 104b Abs. 1 GG stützen ließe. Diese Regelung hat vor dem Hintergrund des im Jahr 2009 beschlossenen Konjunkturpakets II durch das Zukunftsinvestitionsge-

---

[834] Vgl. hierzu *KPMG*, Endbericht Umsatzsteuer-Refund, S. 96 ff., die eine Kombination eines Refundsystem auf Bundesebene sowie 16 eigenständiger Refundsysteme jeweils auf Ebene der Länder untersuchen.

[835] *Maunz* in: *Maunz/Dürig*, Grundgesetz, Art. 104a, Rz. 29.

setz (ZuInvG)[836] besondere Bedeutung erlangt. Denn das ZuInvG verteilt Finanzhilfen des Bundes in Höhe von insgesamt 10 Milliarden Euro aus dem Sondervermögen „Investitions- und Tilgungsfonds" an die Länder zur Abwehr einer Störung des gesamtwirtschaftlichen Gleichgewichts und Unterstützung zusätzlicher Investitionen der Länder und Kommunen (§ 1 Absatz 1 ZuInvG). Dabei werden die Finanzhilfen ausdrücklich mit einer Anwendung des Artikel 104b GG gerechtfertigt[837].

Artikel 104b GG stellt allerdings keine Generalklausel für eine Beteiligung des Bundes an besonders wichtigen Investitionen der Länder dar, sondern es muss vielmehr eine der drei durch die Vorschrift geregelten Fallgruppen einschlägig sein[838]. Die vom ZInvG bemühte Variante der Abwehr einer Störung des gesamtwirtschaftlichen Gleichgewichts erscheint als allgemeine und dauerhafte Rechtfertigung für einen Umsatzsteuer-Refund für Public Private Partnership Projekte nicht darstellbar. Denn die Notwendigkeit einer Störungsabwehr in diesem Sinne ist naturgemäß mit eher punktuellen ökonomischen Krisenfällen verbunden. Entsprechend wurde die Förderung durch das ZuInvG durch die im Anschluss an die US-Immobilienkrise folgende weltweite Finanzmarktkrise ausgelöst. Für die dauerhafte Rechtfertigung eines Refund-Systems käme die Anwendung dieser Fallgruppe daher nicht in Frage.

Es könnte jedoch eine Rechtfertigung über die Fallgruppe einer Förderung des wirtschaftlichen Wachstums im Bundesgebiet bzw. den Ausgleich unterschiedlicher Wirtschaftskraft im Bundesgebiet denkbar sein. Denn durch eine Beseitigung umsatzsteuerlicher Hemmnisse für Public Private Partnership Projekte wäre grundsätzlich mit einer positiven Wirkung auf die Wirtschaft zu rechnen, da – entsprechend dem Grundgedanken von Public Private Partnership Projekten – öffentliche Leistungen effizienter bereitgestellt und daher vorhandene Resourcen besser genutzt werden könnten. Die beiden Varianten unterscheiden sich im Wesentlichen dadurch, ob ein regionales oder ein gesamtstaatliches Wirtschaftswachstum bezweckt wird[839]. Auch in diesem Fall ist es jedoch stets Voraussetzung der Förderung durch den Bund, dass es sich um eine Sachinvestition handelt[840]. Finanzhilfen sind daher nur für langfristig angelegte Investitionen für dauerhafte, insbesondere produktive Werte möglich; Folgekosten können nicht unter Artikel 104b GG subsumiert werden[841]. Folglich würde bei einem umsatzsteuerlichen Refund

[836] Art. 7 des Gesetzes zur Sicherung von Beschäftigung und Stabilität in Deutschland vom 02.03.2009, BGBl. I 2009, 416.

[837] Vgl. hierzu *Meyer/Freese*, NVwZ 2009, S. 609, 610 ff.

[838] *Maunz* in: *Maunz/Dürig*, Grundgesetz, Art. 104a, Rz. 47.

[839] *Maunz* in: *Maunz/Dürig*, Grundgesetz, Art. 104a, Rz. 50.

[840] *Häde*, Finanzausgleich, S.74; *Heintzen* in: *von Münch/Kunig*, GG, Art. 104b, Rz. 6; *Meyer/Freese*, NVwZ 2009, S. 610; *Siekmann* in: *Sachs*, GG, Art. 104b, Rz. 14.

[841] *Schmehl* in: *Friauf/Höfling*, GG, Art. 104b, Rz. 10.

System, dass seine Finanzierung durch Bund und Länder auf die Rechtfertigung des Artikels 104b GG stützt, der Umfang der förderungsfähigen Public Private Partnership Projekte erheblich eingeschränkt. Denn wie im ersten Teil dieser Arbeit dargelegt, sind Public Private Partnership Projekte in einer Vielzahl von Bereichen denkbar. Darüber hinaus entspricht es gerade dem Wesen von Public Private Partnership Projekten, dass sie sich nicht über einen längeren Zeitraum erstrecken und auch Folgekosten berücksichtigen. Würden nur Projekte gefördert, die im Wesentlichen Sachinvestitionen zum Gegenstand haben, so würde folglich ein erheblicher Teil der denkbaren Public Private Partnership Projekte aus dem Anwendungsbereich des Refundsystems herausfallen.

b) Finanzierung über den Finanzausgleich

Fraglich ist, ob eine direkte Integration des Erstattungsmechanismus eines Refundmodells in den Finanzausgleich möglich wäre und ob auf diese Weise das Problem einer möglicherweise verfassungswidrigen Mischfinanzierung vermieden werden könnte. Bei einer derartigen Gestaltung müsste ein Teil des zu verteilenden Steueraufkommens direkt für Erstattungsansprüche im Rahmen eines Refundsystems zugewiesen werden.

Das Steueraufkommen bildet die Haupteinnahmequelle der öffentlichen Hand. Um die Finanzierung der Aufgabenwahrnehmung zu gewährleisten, wird es zwischen Bund und Ländern verteilt. Die meisten Steuerarten und ihre Erträge werden bereits durch das Grundgesetz selbst in den Artikeln 106, 106a und 106b GG zugewiesen[842]. Die Verteilung des Umsatzsteueraufkommens ist hingegen flexibel geregelt, da sie nach Artikel 106 Abs. 3 Satz 3 GG unter Einhaltung vorgegebener Grundsätze auf Basis eines Bundesgesetzes erfolgt. Es stellt sich daher die Frage, ob die Integration eines Refundmechanismusses in den Finanzausgleich im Zusammenhang mit der Verteilung des Umsatzsteueraufkommens möglich wäre, ohne dass eine Änderung des Grundgesetzes erforderlich würde.

aa) Verteilung des Umsatzsteueraufkommens

Die Umsatzsteuer ist – wie auch die Einkommensteuer und die Körperschaftsteuer – eine Gemeinschaftssteuer im Sinne des Artikels 106 Absatz 3 GG. Demnach steht das Umsatzsteueraufkommen sowohl dem Bund als auch den Ländern zu. Die genaue Höhe der Verteilung richtet sich nach den Vorschriften zum Bund-Länder-Finanzausgleich nach Artikel 107 GG. Darüber hinaus fließt ein Teil der Umsatzsteuereinnahmen an die Europäische Union als Eigenmittel. Dieser Teil beträgt nach Artikel 311 AEUV in Verbindung mit Artikel 2 Absatz 4 EMB[843]

[842] *Von Lewinski*, Krisenbewältigung, S. 396.

[843] Beschluss des Rates vom 07.06.2007 über das System der Eigenmittel der Europäischen Gemeinschaften, 2007/436/EG, Abl. 2007, L 163/17.

grundsätzlich 0,3 % der einheitlichen Mehrwertsteuer-Eigenmittelbemessungsgrundlage jeden Mitgliedstaats. Für die Umsatzsteuer wird als Ausnahme zum Grundsatz, dass das Grundgesetz die Anteile am Steueraufkommen selbst festlegt[844], diese Aufgabe einem einfachen zustimmungsbedürftigen Bundesgesetz, dem Finanzausgleichsgesetz (FAG), zugewiesen. Die Verteilung erfolgt einerseits zwischen den Ebenen Bund und Länder inklusive der Gemeinden (vertikaler Finanzausgleich) und andererseits in einem zweiten Schritt auf Ebene der Länder (horizontaler Finanzausgleich). Über die Verteilung der Umsatzsteuer kann der Bundesgesetzgeber im FAG jedoch nicht völlig frei entscheiden[845]. Er ist an die Grundsätze des Artikels 106 Absatz 3 Satz 4 GG gebunden. Danach haben der Bund und die Länder im Rahmen der laufenden Einnahmen gleichmäßig Anspruch auf Deckung ihrer notwendigen Ausgaben, wobei der Umfang der Ausgaben unter Berücksichtigung einer mehrjährigen Finanzplanung zu ermitteln ist (Artikel 106 Absatz 3 Satz 4 Nr. 1 GG). Des Weiteren sind die Deckungsbedürfnisse des Bundes und der Länder so aufeinander abzustimmen, dass ein billiger Ausgleich erzielt, eine Überbelastung vermieden wird und die Einheitlichkeit der Lebensverhältnisse im Bundesgebiet gewahrt bleibt (Artikel 106 Absatz 3 Satz 4 Nr. 2 GG). Die Fülle unbestimmter Rechtsbegriffe, die sich in diesen Verteilungsgrundsätzen – insbesondere in Artikel 106 Absatz 3 Satz 4 Nr. 2 GG – findet, führt zu schwierigen, kaum lösbaren Auslegungsproblemen und belässt einen erheblichen politischen Entscheidungsspielraum[846], der häufig zu Streitigkeiten zwischen Bund und Ländern führt[847]. Eine vertiefte Untersuchung der sich aus der Unbestimmtheit der verwendeten Rechtsbegriffe ergebenden Probleme würde den Rahmen dieser Arbeit sprengen und soll daher an dieser Stelle unterbleiben[848].

Nach § 1 FAG stehen ab dem Jahr 2009 dem Bund vom Gesamtaufkommen der Umsatzsteuer vorab 4,45 % als Ausgleich für eine Senkung des Beitragssatzes zur Arbeitslosenversicherung und ab 2008 ein Anteil von 5,05 % als Ausgleich für einen zusätzlichen Bundeszuschuss an die Rentenversicherung zu. Von dem danach verbleibenden Aufkommen der Umsatzsteuer erhalten gemäß § 1 Satz 4 FAG grundsätzlich der Bund 50,5 % und die Länder 49,5 %[849].

---

[844] *Häde*, Finanzausgleich, S. 195.

[845] *Maunz* in: *Maunz/Dürig*, Grundgesetz, Art. 106, Rz. 1.

[846] *Heintzen* in: *von Münch/Kunig*, GG, Art. 106, Rz. 29, der vor diesem Hintergrund die gesetzliche Bemessung der Umsatzsteueranteile als eine „politische Entscheidung" bezeichnet; *Maunz* in: *Maunz/Dürig*, Grundgesetz, Art. 106 Rz. 42.

[847] *Häde*, Finanzausgleich, S. 196.

[848] Ausführlich zur Problematik der Auslegung unbestimmter Rechtsbegriffe in diesem Zusammenhang: *Maciejewski*, Rechtsbegriffe im Finanzausgleich.

[849] Aus Vereinfachungsgründen wird auf eine Darstellung der zahlreichen Ergänzungen und Minderungen, die in § 1 Satz 5 ff. FAG vorgesehen sind, verzichtet.

bb) Integration eines Umsatzsteuerrefundsystems in das FAG

Wie vorstehend erläutert, sieht das FAG bereits eine Vorabverteilung im Zusammenhang mit der Arbeitslosen- und Rentenversicherung vor. Es ist daher denkbar, einen weiteren Vorababzug vor Verteilung des Restaufkommens auf Bund und Länder für Erstattungen im Rahmen eines umsatzsteuerlichen Refundsystems zu konzipieren. Da allerdings der Umfang des zu finanzierenden Erstattungsbetrages von den im konkreten Jahr durchgeführten Public Private Partnership Projekten abhängig ist und entsprechend von Jahr zu Jahr differiert, könnte kein über mehrere Jahre gültiger fester Prozentsatz für den Vorababzug festgelegt werden. Vielmehr müsste die Höhe des Abzugs nach den tatsächlich geleisteten Erstattungszahlungen ermittelt werden.

Fraglich ist jedoch, wem dieser Vorababzug zugewiesen werden soll, d.h. ob die Erstattung nichtabziehbarer Vorsteuer im Rahmen von Public Private Partnership Projekten dem Bund oder den Ländern oder zum Teil beiden obliegen soll. In diesem Zusammenhang ist es von Bedeutung, sich zu vergegenwärtigen, dass die durch die Vorabzuweisung verteilten Mittel wiederum in einem zweiten Schritt zur Befriedigung von Erstattungsanspruchen ausgeschüttet werden müssten. An dieser Stelle wäre jedoch wiederum das Verbot einer gegenseitigen Aufgabenfinanzierung zu beachten[850]. Die Auffassung, dass das Problem der Mischfinanzierung durch die Gestaltung einer Vorabzuweisung gelöst werden kann[851], ist daher verfehlt. Folglich müsste bei einer Finanzierung eines Refundmodells über eine Integration in den Finanzausgleich grundsätzlich die Erstattung so ausgestaltet werden, dass Erstattungen nichtabziehbarer Vorsteuer für Public Private Partnership Projekte, die Länderaufgaben betreffen, nur von den Ländern vorgenommen werden und entsprechend Erstattungen für Bundesaufgaben nur vom Bund vorgenommen werden, es sei denn, es ist eine Berufung auf eine der verfassungsrechtlichen Ausnahmen vom Verbot der Mischfinanzierung möglich. Mit anderen Worten bleibt festzuhalten, dass sich im Ergebnis auch bei einer Finanzierung eines Refundmodells durch eine Integration in den Finanzausgleichs, die verfassungsrechtlichen Probleme einer Mischfinanzierung nicht lösen ließen.

4. Stellungnahme zur Einführung eines Refundmodells

Die Einführung einer Erstattung nichtabziehbarer Vorsteuer durch einen Umsatzsteuerrefund wäre zwar grundsätzlich geeignet, um eine umsatzsteuerliche Benachteiligung von Public Private Partnership Projekten zu vermeiden. Ein einheitliches Refundsystem auf Bund-Länder-Ebene wäre jedoch, wie gezeigt, ohne eine Änderung des Grundgesetzes nur begrenzt möglich. Lediglich eine Kombination von Erstattungssystemen auf Bundes- und Länderebene wäre verfassungsrechtlich

[850] Siehe oben aa) auf Seite 220.

[851] So *Desens/Hummel*, StuW 2012, S. 225 (236).

unbedenklich. Auch durch eine Integration der Verteilung des Umsatzsteueraufkommens im Rahmen des Finanzausgleichs würde sich das verfassungsrechtliche Verbot einer Mischfinanzierung nicht überwinden lassen.

Darüber hinaus bestehen gegen ein Refundsystem jedoch auch weitere systembedingte Bedenken, zu denen im Folgenden Stellung genommen werden soll. Insbesondere könnte eine Wettbewerbsverzerrung zum Nachteil privater Konkurrenten entstehen bzw. verstärkt werden.

a) Wettbewerbsverzerrungen

Die Erstattung nichtabziehbarer Vorsteuern könnte zu einem unfairen Wettbewerbsvorteil der öffentlichen Hand führen. Dies scheint zunächst abwegig, da eine Erstattung nur in dem Bereich greifen sollte, in dem die öffentliche Hand bislang als nicht umsatzsteuerbar galt, das heißt – eine korrekte unionsrechtskonforme Rechtsanwendung vorausgesetzt – potenzielle Wettbewerbsverzerrungen mit privaten Konkurrenten nicht zu befürchten sind. In diesem Zusammenhang muss jedoch berücksichtigt werden, dass ein potenzieller Wettbewerbsnachteil für Private sich auch dann grundsätzlich nicht ergibt, wenn eine Tätigkeit im Falle der Ausübung durch einen Privaten einer Umsatzsteuerbefreiung unterliegt. Handelt es sich in diesen Fällen um eine Tätigkeit, die der öffentlichen Hand grundsätzlich im Rahmen ihrer öffentlichen Gewalt obliegt[852], so würde die Behandlung dieser Tätigkeit, wenn sie von einer öffentlichen Einrichtung ausgeübt wird, als nichtsteuerbar, nicht zu einer Wettbewerbsverzerrung führen. Vielmehr wäre die Situation gleich, da sowohl der steuerfrei tätige Private als auch die nicht umsatzsteuerbar tätige öffentliche Hand keine Umsatzsteuer abführen müssen und keine Möglichkeit zum Vorsteuerabzug haben. Dass insoweit keine Wettbewerbsverzerrung zu befürchten ist, schlägt sich auch in der Möglichkeit des Artikels 13 Absatz 2 MwStSystRL nieder, der es den Mitgliedstaaten freistellt, auch Tätigkeiten der öffentlichen Hand als ihr im Rahmen öffentlicher Gewalt obliegend und damit effektiv als nichtsteuerbar zu behandeln, wenn die Tätigkeit im Falle der Ausübung durch einen Privaten steuerfrei wäre.

Dies betrifft insbesondere solche Tätigkeiten, die zwar regelmäßig nicht nur von der öffentlichen Hand, sondern auch von Privaten ausgeübt werden, bei denen sich jedoch eine Wettbewerbsverzerrung nicht ergab, weil die Leistungen der Privaten unter eine Umsatzsteuerbefreiung fallen; denn eine Wettbewerbsverzerrung scheidet immer aus, wenn der private Konkurrent steuerfreie Umsätze erbringt, eine Option für ihn nicht möglich ist und er keinen Vorsteuerabzug geltend machen kann[853]. In diesen Fällen hat der private Konkurrent aufgrund der Steuerbefreiung keine Möglichkeit, Vorsteuern abzuziehen. Wenn nun jedoch der öffentlichen Hand die nichtabziehbare Vorsteuer erstattet wird, dem privaten Konkurren-

[852] Vgl. hierzu oben b) auf Seite 98.
[853] *Sterzinger*, UR 2009, S. 37 (42).

ten hingegen nicht, so liegt hierin ein klarer Wettbewerbsvorteil der öffentlichen Hand, der sich zum Nachteil des privaten Konkurrenten wettbewerbsverzerrend auswirkt.

b) Harmonisierung innerhalb der Europäischen Union

Ein weiteres Problem, das mit der Einführung eines Umsatzsteuer-Refundsystems in Deutschland verbunden ist, liegt darin, dass eine Harmonisierung der Refundsysteme in den verschiedenen Mitgliedstaaten auf Unionsebene nicht gewährleistet ist. Dies führt zu einer misslichen Lage, da eine öffentliche Einrichtung, die als öffentlicher Partner an einem Public Private Partnership Projekt beteiligt ist, einer unterschiedlichen Behandlung unterliegt, je nachdem, welchem Mitgliedstaat sie angehört. Um die bereits im Zeitpunkt der Abfassung dieser Arbeit heterogen ausgestalteten Refundsysteme einiger Mitgliedstaaten nicht noch um ein weiteres Refundsystem zu ergänzen, würde es sich anbieten, das Problem der umsatzsteuerlichen Belastung öffentlicher Vertragspartner bei Public Private Partnership Projekten auf eine andere Weise und möglichst unionseinheitlich zu lösen.

IV. Paul Kirchhof-Modell

Paul Kirchhof hat 2008 ein Konzept für ein modernisiertes Umsatzsteuerrecht vorgelegt[854]. Dieses hat als Buch 4 mit den §§ 101 bis 131 auch Eingang in das 2011 veröffentlichte Bundessteuergesetzbuch gefunden[855]. Das vorgeschlagene Reformkonzept sieht radikale Unterschiede im Vergleich zum geltenden Umsatzsteuerrecht vor. Auch in diesem Reformvorschlag finden sich jedoch besondere Vorschriften für die umsatzsteuerliche Behandlung der öffentlichen Hand. Dies bietet Anlass, zu untersuchen, ob die in dieser Arbeit aufgeworfene Problematik durch das Reformkonzept verbessert würde.

1. Funktionsweise

Eine wesentliche Säule des Umsatzsteuer-Modells von *Kirchhof*, welches sich selbst auch als Vorschlag für das europäische Umsatzsteuerrecht versteht[856], besteht darin, dass Leistungen zwischen Unternehmern grundsätzlich nicht mehr steuerbar sein sollen, um umsatzsteuerliche Belastungen der Unternehmer auszuschließen und die Betrugsanfälligkeit des Vorsteuerabzugsystems zu mindern[857]. Auf diese Weise sollen die bisherigen großen Liquiditätsverschiebungen und da-

[854] Vgl. *Kirchhof*, Umsatzsteuergesetzbuch.

[855] *Kirchhof*, Bundessteuergesetzbuch, S. 68 ff; vgl. auch *Dziadkowski*, BB 2011, S. 3031 ff., der eine Zusammenfassung des Konzepts im Hinblick auf die Behandlung der öffentlichen Hand gibt.

[856] *Kirchhof*, Bundessteuergesetzbuch, S. 819 f.; *Kirchhof*, Umsatzsteuergesetzbuch, S. 30 ff.

[857] *Kirchhof*, Bundessteuergesetzbuch, S. 814; *Kirchhof*, Umsatzsteuergesetzbuch, S. 20 f.

mit die Betrugsanfälligkeit des Systems der Allphasennettoumsatzsteuer[858] mit Vorsteuerabzug vermieden werden.

a) Allgemeines

In Bezug auf die öffentliche Hand bemängelt *Kirchhof* am gegenwärtigen System, dass der Staat im hoheitlichen Bereich häufig zwar wie ein Unternehmer auftritt, weil er Wirtschaftsgüter nicht zum eigenen Verbrauch, sondern zum Nutzen Dritter erwerbe, dennoch vom Umsatzsteuerrecht nicht als Unternehmer behandelt werde[859], da weder eine Umsatzbesteuerung der Ausgangsumsätze stattfinde noch ein Vorsteuerabzug im Hinblick auf Eingangsumsätze gewährt werde. Der Reformentwurf sieht eine von der derzeitigen Handhabung stark abweichende Behandlung der Eingangs- und Ausgangsumsätze der öffentlichen Hand vor.

b) Eingangsumsätze der öffentlichen Hand nach UStGB

Der Kirchhof'sche Entwurf eines alternativen „Umsatzsteuergesetzbuches“ sieht vor, dass grundsätzlich nur Leistungen eines Unternehmers an einen „Verbraucher“ steuerbar sind[860], die öffentliche Hand jedoch nicht als Verbraucher in diesem Sinne handelt, so dass Leistungen an sie grundsätzlich nicht umsatzsteuerbar sind[861]. Das Kirchhof'sche Umsatzsteuergesetzbuch sieht jedoch eine Ausnahme von dem Grundsatz vor, dass Leistungen eines Unternehmers an die öffentliche Hand nicht umsatzsteuerbar sind. Denn nach § 9 Abs. 1 Nr. 1 Satz 1 UStGB unterliegen Leistungen an die öffentliche Hand ausnahmsweise doch der Umsatzbesteuerung, wenn sie nicht ersichtlich von einer Verwaltungseinheit erworben werden[862]. Den Begriff der Verwaltungseinheit will *Kirchhof* in Anlehnung an den Behördenbegriff des § 1 Absatz 4 VwVfG danach definieren, ob, durch Steuern finanziert, öffentliche Aufgaben wahrgenommen und dabei am Rechtsverkehr im eigenen Namen teilgenommen wird[863]. Dabei kommt es jedoch nach dem Begriffsverständnis von *Kirchhof* nicht darauf an, ob eine juristische Person des öffentlichen Rechts handelt. Denn auch beliehene Privatrechtssubjekte, die aufgrund gesetzlicher Vorschriften beauftragt und befugt sind, nach außen im eigenen Namen in den Formen des Verwaltungsrechts zu handeln, sollen die Eigenschaft ei-

[858] Vgl. zu diesem System oben III. auf Seite 56.

[859] *Kirchhof*, Bundessteuergesetzbuch, S. 32; *Kirchhof*, Umsatzsteuergesetzbuch, S. 22.

[860] Vgl. § 101 des Bundessteuergesetzbuches, *Kirchhof*, Bundessteuergesetzbuch, S. 68; wortgleich § 1 Nr. 1 des Kirchhof'schen Umsatzsteuergesetzbuches, mit Kommentaren: *Kirchhof*, Umsatzsteuergesetzbuch, S. 33 ff..

[861] Vgl. § 104 Satz 1 des Bundessteuergesetzbuches, *Kirchhof*, Bundessteuergesetzbuch, S. 69; wortgleich § 4 Satz 1 des Kirchhof'schen Umsatzsteuergesetzbuches, mit Kommentaren: *Kirchhof*, Umsatzsteuergesetzbuch, S. 75.

[862] Wortgleich § 109 des Bundessteuergesetzbuches.

[863] *Kirchhof*, Umsatzsteuergesetzbuch, S. 122.

ner Verwaltungseinheit haben[864]. Berufskammern, die sich aus Mitgliedsbeiträgen finanzieren, sollen hingegen auch dann keine Verwaltungseinheit sein, wenn es sich um juristische Personen des öffentlichen Rechts handelt, weil es an einer Finanzierung durch Steuermittel fehlt[865].

c) Ausgangsumsätze der öffentlichen Hand nach UStGB

Im Hinblick auf ihre Ausgangsumsätze soll die öffentliche Hand nach den Regelungen des UStGB unter den gleichen Voraussetzungen wie ein Privater ein Unternehmer sein können, so dass sich eine Umsatzsteuerpflicht ergibt, wenn sie an einen Verbraucher leistet[866]. § 2 UStGB definiert den Unternehmer als jemand, der selbstständig eine Einkunftsquelle planmäßig zur Erzielung von Entgelten am Markt nutzt[867]. Unter dem Begriff der Einkunftsquelle versteht *Kirchhof* jeden „Ursprung des Erwerbs – die Arbeitskraft, ein Gegenstand oder ein Recht –, der zu Entgelten und somit zur Abschöpfung von Kaufkraft führen kann[868]". Die Person des Unternehmers soll der jeweilige Rechtsträger der Einkunftsquelle sein[869]. Für die öffentliche Hand kommt es dabei im Unterschied zu den geltenden Vorgaben des Artikels 13 MwStSystRL nicht auf das Bestehen eines potenziellen Wettbewerbs[870] an, sondern lediglich darauf, ob durch die Tätigkeit Kaufkraft abgeschöpft wird[871].

2. Stellungnahme

Der Vorschlag von Kirchhof wurde vom umsatzsteuerrechtlichen Schrifttum teilweise feierlich begrüßt[872], stieß jedoch auch auf erhebliche Kritik[873]. Mit diesem Reformansatz ist ein grundlegender Systemwechsel verbunden, der eine umfassende Umsatzsteuerreform auf europäischer und nationaler Ebene notwendig machen würde. Im Ergebnis würde das geltende System der Allphasennettoumsatzsteuer mit Vorsteuerabzug[874] abgeschafft. Indem nur der letzte Teil einer Veräuße-

---

864 *Kirchhof*, Umsatzsteuergesetzbuch, S. 123 f.

865 *Kirchhof*, Umsatzsteuergesetzbuch, S. 125.

866 § 104 Satz 2 Bundessteuergesetzbuch, *Kirchhof*, Bundessteuergesetzbuch, S. 69; wortgleich § 4 Satz 2 des Kirchhof'schen Umsatzsteuergesetzbuches, mit Kommentaren: *Kirchhof*, Umsatzsteuergesetzbuch, S. 75.

867 *Kirchhof*, Umsatzsteuergesetzbuch, S. 51.

868 *Kirchhof*, Umsatzsteuergesetzbuch, S. 52.

869 *Kirchhof*, Umsatzsteuergesetzbuch, S.53.

870 Siehe oben 3. auf Seite 102.

871 *Kirchhof*, Umsatzsteuergesetzbuch, S. 53 f.

872 Vgl. insbesondere *Widmann*, UR 2009, S. 9 (12), der den Regelungsmechanismus des UStGB bezüglich der Eingangsleistungen der öffentlichen Hand als „geradezu revolutionär" anpreist.

873 Vgl. insbesondere *Homburg/Rublack*, Anmerkungen zum UStGB, S. 893 (904), die der Behandlung der öffentlichen Hand des UStGB „keinen einzigen Vorteil, aber eine Reihe nennenswerter Nachteile" bescheinigen.

874 Vgl. hierzu oben III. auf Seite 56 ff.

rungskette der Umsatzbesteuerung unterliegt, käme es im Wesentlichen zur Einführung eines Endphasensystems[875] nach dem Vorbild einer Einzelhandelssteuer bzw. Retail Sales Tax, wie sie in einigen Bundesstaaten der Vereinigten Staaten von Amerika existiert[876]. Fraglich ist, ob das System des Umsatzsteuergesetzbuches im Hinblick auf die Durchführung von Public Private Partnership Projekten zu einer wesentlichen Verbesserung im Vergleich zur derzeitigen Situation führen würde.

a) Konsequenzen für Public Private Partnership Projekte

Die Konsequenz des systematischen Ansatzes des Kirchhof'schen Umsatzsteuergesetzbuchs ist, dass es einerseits mangels Umsatzsteuerbarkeit der Leistungen an die öffentliche Hand – soweit es sich um Verwaltungseinheiten handelt – nicht zu einer Überwälzung der Umsatzsteuerlast auf die öffentliche Hand kommt. Gleichzeitig entsteht damit auch keine versteckte Umsatzsteuer, die sich erhöhend auf den Preis der Leistungen an die öffentliche Hand auswirkt, weil auch die Eingangsleistungen, die der private Unternehmer bezieht, nicht steuerbar und damit nicht vorsteuerbelastet sind. Im Vergleich zum derzeitigen System würde die öffentliche Hand daher in einem erheblichen Umfang entlastet, da sie beim Bezug von Leistungen für ihren nicht umsatzsteuerbaren hoheitlichen Bereich keiner Umsatzsteuerbelastung mehr ausgesetzt wäre.

Betrachtet man ein Public Private Partnership Projekt, bei dem der private Partner Leistungen an den öffentlichen Partner erbringt, und letzterer auch die Voraussetzungen einer Verwaltungseinheit erfüllt, so kommt dies wirtschaftlich der Erstattung nichtabziehbarer Vorsteuern der öffentlichen Hand durch einen Umsatzsteuerrefund gleich[877]. Das heißt, der öffentliche Partner, der ein Public Private Partnership Projekt für seinen nach derzeitigem Umsatzsteuerrecht nicht steuerbaren hoheitlichen Bereich bezieht, wäre nicht mit nichtabziehbarer Vorsteuer belastet, so dass sich keine Benachteiligung im Vergleich zu einer konventionellen Realisierung durch eine Eigenleistung des öffentlichen Partners ergeben könnte. In dem von *Kirchhof* vorgeschlagenen Reformkonzept käme es daher weder zu einer umsatzsteuerrechtlichen Begünstigung von Eigenleistungen[878] noch zu einem Kaskadeneffekt[879].

b) Abgrenzungsprobleme

Bei der Anwendung des Reformkonzepts von *Kirchhof* auf Public Private Partnership Projekte zeigt sich, dass zwar einerseits Abgrenzungsprobleme des derzeit

[875] *Homburg/Rublack*, Anmerkungen zum UStGB, S. 893 (896).
[876] *Bird/Gendron*, VAT in Developing Countries, S. 3.
[877] Vgl. hierzu oben III. auf Seite 202 ff.
[878] Siehe oben II. auf Seite 171.
[879] Siehe oben I. auf Seite 169.

geltenden Rechts aufgelöst werden, dafür erheben sich jedoch andererseits neue Abgrenzungsfragen. Denn es entfällt zwar nach dem Kirchhof'schen Regelungskonzept das Abstellen darauf, ob die öffentliche Hand eine Tätigkeit ausübt, deren Nichtbesteuerung zu größeren Wettbewerbsverzerrungen führen könnte[880]. Damit würde ein derzeit besonders schwierig zu handhabender und streitanfälliger Mechanismus entfallen. Allerdings führt das UStGB durch das Abstellen auf eine „Verwaltungseinheit" als Leistungsempfänger wiederum einen Begriff ein, der zu streitanfälligen Abgrenzungsproblemen führen würde. Wie dargelegt, will *Kirchhof* den Begriff der Verwaltungseinheit insbesondere darüber abgrenzen, ob eine Finanzierung aus Steuergeldern erfolgt. Dies würde für Public Private Partnership Projekte folglich die Konsequenz haben, dass es für Projekte, bei denen sich der öffentliche Partner ausschließlich aus Gebühren und Beiträgen finanziert, bei den Problemen des derzeitigen Rechts (Begünstigung von Eigenleistungen und Kaskadeneffekt) bleiben würde. Es entstünde folglich ein Anreiz für die betroffenen Teile der öffentlichen Hand darüber nachzudenken, ob nicht eine alternative Finanzierung über Steuergelder möglich wäre, um eine umsatzsteuerliche Belastung durch nichtabziehbare Vorsteuern zu vermeiden. Ob die Herstellung eines derartigen umsatzsteuerrechtlichen Anreizes im Hinblick auf die Finanzierung öffentlicher Einrichtungen wünschenswert ist, darf bezweifelt werden. Darüber hinaus ergibt sich ein besonderes Problem, wenn eine potenzielle Verwaltungseinheit sich gleichzeitig aus Steuergeldern und aus anderweitigen Einnahmen finanziert[881]. In diesem in der Praxis häufig anzutreffenden Fall stellen sich kaum befriedigend lösbare Abgrenzungsprobleme. Insbesondere dürfte es äußerst schwierig sein, für jeden Leistungsbezug zu ermitteln, ob die Leistung gerade für einen Bereich bezogen wurde, der aus Gebühreneinnahmen oder aus einem zugewiesenen Anteil des Steueraufkommens finanziert wird.

Es lässt sich insgesamt feststellen, dass das von *Kirchhof* vorgeschlagene Reformkonzept zwar grundsätzlich für einen Teil der Public Private Partnership Projekte durch Beseitigung der gegenwärtig bestehenden Begünstigung von Eigenleistungen und des Kaskadeneffekts zu einer Verbesserung führen würde. Durch das Abstellen auf den Begriff der Verwaltungseinheit würde es jedoch weiterhin zu erheblichen Rechtsunsicherheiten kommen. Darüber hinaus würden für alle Public Private Partnership Projekte, bei denen der öffentliche Partner nicht die Voraussetzungen einer Verwaltungseinheit erfüllt, die bisherigen Probleme fortbestehen. Insgesamt wäre das Reformkonzept daher keine hinreichende und flächendeckende Lösung zur Beseitigung der umsatzsteuerlichen Hemmnisse bei Public Private Partnership Projekten.

[880] Siehe hierzu oben 3. auf Seite 102.

[881] *Homburg/Rublack*, Anmerkungen zum UStGB, S. 893 (904).

V. „Echte" Umsatzsteuerbefreiung

Einige Mitgliedstaaten, wie zum Beispiel das Vereinigte Königreich, praktizieren auf der Grundlage einer unionsrechtlichen Sondererlaubnis für bestimmte Leistungen eine sogenannte umsatzsteuerliche Nullrate. Der Effekt besteht faktisch darin, dass die Ausgangsleistung zwar nicht umsatzsteuerpflichtig ist, dennoch die Möglichkeit des Vorsteuerabzugs für Eingangsleistungen besteht, da diese nicht für eine steuerfreie oder eine nicht umsatzsteuerbare Tätigkeit bezogen werden. Im Ergebnis trifft den Leistenden, wie bei einer Umsatzsteuerbefreiung, keine Umsatzsteuerpflicht. Weil er durch die Nullrate im Gegensatz zu einer Befreiung jedoch nicht gleichzeitig sein Recht auf Vorsteuerabzug verliert, wird insofern auch von einer „echten Umsatzsteuerbefreiung" gesprochen.

Fraglich ist, ob sich durch echte Steuerbefreiungen die Benachteiligung von Public Private Partnership Projekten im Vergleich zu konventionellen Realisierungen vermeiden lässt. Dabei ist zwischen einer echten Umsatzsteuerbefreiung der Leistungen *von der* öffentlichen Hand (dazu 1.) und einer echten Umsatzsteuerbefreiung der Leistungen von privaten Partnern *an die* öffentliche Hand (dazu 2.) zu differenzieren.

1. Leistungen von der öffentlichen Hand

a) Funktionsweise

Im Gegensatz zum derzeitigen System würden Leistungen der öffentlichen Hand zwar grundsätzlich immer als steuerbar behandelt, es würde jedoch eine echte Umsatzsteuerbefreiung für ihre Ausgangsumsätze eingeführt. Der öffentliche Partner eines Public Private Partnership Projektes hätte auf diese Weise die Möglichkeit, die ihm überwälzte Umsatzsteuer als Vorsteuer abzuziehen.

b) Stellungnahme

Die Einführung einer echten Umsatzsteuerbefreiung für die öffentliche Hand im beschriebenen Sinne entspricht zum Teil der Vollbesteuerung der öffentlichen Hand[882], soweit die Behandlung der öffentlichen Hand als nichtsteuerbar abgeschafft würde. Indem die Ausgangsleistungen der öffentlichen Hand jedoch gleichzeitig steuerfrei gestellt werden, geht diese Variante über die Vollbesteuerung insoweit hinaus, als sie der öffentlichen Hand neben der Möglichkeit des Vorsteuerabzugs noch einen zusätzlichen Vorteil einräumt.

Das Hauptproblem der Einführung einer echten Umsatzsteuerbefreiung liegt in Wettbewerbsverzerrungen, die im Vergleich zu privaten Unternehmern, die die gleiche Leistung wie eine öffentliche Einrichtung erbringen, entstehen würde. Wenn eine echte Umsatzsteuerbefreiung für Leistungen der öffentlichen Hand

[882] Vgl. oben I. auf Seite 189.

einschlägig wäre, die potenziell auch von einem privaten Konkurrenten angeboten werden könnten, so würde der Wettbewerb in starkem Maße verzerrt. Der Anwendungsbereich einer echten Umsatzsteuerbefreiung für die öffentliche Hand müsste daher auf Fälle begrenzt werden, in denen, wie bisher von Artikel 13 MwStSystRL gefordert, ein potenzieller Wettbewerb ausgeschlossen ist. Dies würde jedoch bei der Anwendung der echten Umsatzsteuerbefreiung zu den gleichen Anwendungsproblemen und Fragen führen, die derzeit bei Artikel 13 MwStSystRL bestehen.

2. Leistungen an die öffentliche Hand

a) Funktionsweise

Bei dieser Variante würde das Problem der für den öffentlichen Partner nichtabziehbaren Vorsteuer gewissermaßen bereits auf einer vorgelagerten Stufe angegriffen. Es wäre eine neue umsatzsteuerliche Befreiungsvorschrift speziell für die Leistungen eines privaten Partners an den öffentlichen Partner im Rahmen eines Public Private Partnership Projektes zu konzipieren. In diesem Fall würde der private Partner dem öffentlichen Partner gar nicht erst Umsatzsteuer in Rechnung stellen, so dass sich für den öffentlichen Partner kein wirtschaftlicher Nachteil aus nichtabziehbarer Vorsteuer ergeben könnte.

b) Stellungnahme

Mangels einer Belastung des öffentlichen Partners mit nichtabziehbarer Vorsteuer würde es durch diesen Lösungsansatz zu einer Beseitigung sowohl der Begünstigung von Eigenleistungen[883] als auch des Kaskadeneffekts[884] kommen. Ein Problem könnte jedoch daraus resultieren, dass ein Privater, der an eine öffentliche Einrichtung im Rahmen eines Public Private Partnership Projektes leistet, gegenüber einem privaten Unternehmen, welches außerhalb eines Public Private Partnership Projektes ggf. eine ähnliche Leistung erbringt, durch die neue Befreiungsvorschrift einen Vorteil haben könnte. Soweit die Leistungen des Nicht-PPP-Konkurrenten an den unternehmerischen Bereich der öffentlichen Hand erbracht werden, wäre ein derartiger Vorteil tatsächlich nicht gegeben. Denn die öffentliche Hand hätte in diesem Fall die Möglichkeit, die ihr in Rechnung gestellte Vorsteuer abzuziehen. Geht es jedoch um Konkurrenzleistungen an den nichtunternehmerischen Bereich der öffentlichen Hand, so wäre der Anbieter im Rahmen eines Public Private Partnership Projektes im Vorteil, weil sich hier die Umsatzsteuer für den öffentlichen Leistungsempfänger als eine definitive Belastung auswirkt, so dass die Leistung im Rahmen eines Public Private Partnership Projektes günstiger angeboten werden könnte. Damit käme es faktisch zu einer Bevorteilung von Public Private Partnership Projekten gegenüber anderen Leistungsaustauschen zwi-

[883] Siehe oben II. auf Seite 171.
[884] Vgl. oben I. auf Seite 169.

schen Privaten und öffentlichen Einrichtungen (z.B. im Rahmen eines regulären Outsourcings). Dies könnte zwar politisch begrüßenswert sein, um Public Private Partnership Projekte zu fördern. Es erscheint jedoch insbesondere vor dem Hintergrund der Neutralität der Umsatzsteuer nicht sinnvoll, eine bestimmte Kooperationsform zwischen Privaten und der öffentlichen Hand umsatzsteuerlich besser zu stellen als andere.

Vor diesem Hintergrund stellt sich die Frage, ob nicht eine Einführung einer echten Umsatzsteuerbefreiung für sämtliche Leistungen, die ein Privater an eine juristische Person des öffentlichen Rechts erbringt, sinnvoll wäre. Denn in diesem Fall käme es nicht zu einer Ungleichbehandlung zwischen Public Private Partnership und anderen öffentlich-privaten Kooperationsformen. Darüber hinaus könnte der Anwendungsbereich der Vorschrift einfacher gestaltet werden, indem auf Leistungen an eine juristische Person des öffentlichen Rechts abgestellt wird, so dass die mit der Definition des Public Private Partnership Begriffs verbundenen Schwierigkeiten[885] nicht zu Problemen bei der Anwendung der Befreiungsvorschrift führen würden. Freilich würde sich jedoch bei Leistungserbringungen im internationalen Bereich das Problem ergeben, unter welchen Voraussetzungen eine juristische Person des öffentlichen Rechts im Sinne der Vorschrift vorliegt, wenn an eine Einrichtung eines anderen Mitgliedstaats eine Leistung erbracht wird, die in Deutschland umsatzsteuerbar ist. Vor diesem Hintergrund könnte jedoch auf das Verständnis des jeweiligen Mitgliedstaats von einer „Einrichtung des öffentlichen Rechts“ im Sinne von Artikel 13 Absatz 1 MwStSystRL nach Maßgabe des jeweiligen Landesrechts abgestellt werden, so dass eine hinreichend rechtssichere Anwendung der Befreiungsvorschrift auch bei internationalen Fällen möglich wäre.

Fraglich ist allerdings, ob eine umfassende echte Umsatzsteuerbefreiung für Leistungen an die öffentliche Hand zu zusätzlichen Wettbewerbsverzerrungen führen könnte. Diese Gefahr besteht zwar auf den ersten Blick nicht. Denn dort, wo die öffentliche Hand im wettbewerbsrelevanten Bereich tätig wird, unterliegt sie – wie in dieser Arbeit ausführlich dargestellt – nach den Vorgaben des Unionsrechts gemäß Artikel 13 Absatz 2 MwStSystRL ohnehin der Umsatzbesteuerung und ist daher grundsätzlich zum Vorsteuerabzug berechtigt[886], so dass sich auch ohne eine Umsatzsteuerbefreiung ihres Leistungsbezugs für sie wirtschaftlich keine Belastung ergeben würde. Bei einer genaueren Betrachtung zeigt sich jedoch, dass sich dies anders darstellt, wenn die öffentliche Hand im unternehmerischen Bereich Leistungen erbringt, die einer den Vorsteuerabzug ausschließenden Umsatzsteuerbefreiung unterliegen. Denn in diesem Fall hat der private Konkurrent, der die gleiche Leistung anbietet, keinen Vorsteuerabzug. Wenn nun jedoch die

[885] Vgl. oben, Erster Teil auf Seite 5 ff.
[886] Vgl. § 11 auf Seite 89 ff.

Eingangsleistungen der öffentlichen Hand von der Umsatzsteuer befreit würden, so wäre die öffentliche Einrichtung gegenüber ihrem privaten Konkurrenten im Vorteil, da sie für den Preis ihres Produkts keine Belastung durch nichtabziehbare Vorsteuer mit einkalkulieren müsste und daher günstiger anbieten könnte als der private Konkurrent. Um diese Wettbewerbsverzerrung zu vermeiden, müsste die echte Umsatzsteuerbefreiung folglich so gestaltet werden, dass sie nicht eingreift, wenn und soweit die öffentliche Hand Leistungen für Tätigkeiten bezieht, die die Voraussetzungen einer den Vorsteuerabzug ausschließenden Umsatzsteuerbefreiung erfüllen. Dies würde zum Beispiel die Eingangsleistungen öffentlicher Krankenhäuser betreffen, deren Ausgangsumsätze – ebenso wie die Leistungen von Krankenhäusern in privater Trägerschaft – nach § 4 Nr. 14 UStG befreit sind und wo der Vorsteuerabzug entsprechend ausgeschlossen ist.

Freilich würde durch diese Einschränkung die Anwendung einer derartigen Befreiungsvorschrift verkompliziert. Dennoch erscheint dies als ein gangbarer Weg, um die umsatzsteuerliche Belastung öffentlicher Vertragspartner bei Public Private Partnership Projekten zu beseitigen. Ein verwaltungspraktischer Vorteil dieser Lösungsvariante kann zudem darin gesehen werden, dass kein umfassender Eingriff in das gegenwärtige System der Umsatzbesteuerung erforderlich wäre. Zwar müsste eine derartige neue echte Befreiungsvorschrift zunächst auf unionsrechtlicher Ebene eingeführt werden. Da außer der Einführung der Befreiungsvorschrift jedoch keine umfangreichen weiteren Änderungen vorgenommen werden müssten und Public Private Partnership Projekte auch auf europäischer Ebene als fördernswert betrachtet werden, um öffentliche Leistungen kosteneffizienter bereit zu stellen, erscheint es nicht abwegig, dass ein derartiger Konsens auf Unionsebene erzielt werden könnte.

§ 19 Zwischenfazit

Es hat sich gezeigt, dass für einen erheblichen Teil der Public Private Partnership Projekte aus dem gegenwärtigen Umsatzsteuerrecht negative Effekte in Form einer Begünstigung von Eigenleistungen und einem Kaskadeneffekt resultieren. Diese umsatzsteuerlichen Effekte können dazu führen, dass ein Public Private Partnership Projekt aufgrund der Belastung mit nichtabziehbarer Vorsteuer aus der Sicht des öffentlichen Partners selbst dann nicht lohnenswert erscheint, wenn die Leistung im Rahmen von Public Private Partnership – ohne Berücksichtigung der Umsatzsteuereffekte – tatsächlich kosteneffizienter bereitgestellt werden könnte.

Die Lösungsansätze auf Basis des geltenden Rechts widersprechen grundsätzlich dem Gedanken von Public Private Partnership, da sie mit einem relativ hohen Gestaltungsaufwand und vielfach erheblichen rechtlichen Unsicherheiten verbunden sind und daher zusätzliche Kosten verursachen, die der Kosteneffizienz eines Public Private Partnership Projekts schaden.

De lege ferenda lassen sich verschiedenen Lösungsansätze finden, die die negativen umsatzsteuerlichen Effekte beseitigen würden, zum überwiegenden Teil jedoch mit Folgeproblemen verbunden wären beziehungsweise in ihrem Anwendungsbereich nur einen Teil der Public Private Partnership Projekte umfassen würden. Das effektivste Lösungsmodell bestünde darin, eine neue echte Umsatzsteuerbefreiung für Leistungen einzuführen, die an juristische Personen des öffentlichen Rechts erbracht werden. Zwar würden auf diese Weise auch nichtabziehbare Vorsteuern von Leistungen außerhalb eines Public Private Partnership Projektes eliminiert. Eine Beschränkung des Anwendungsbereichs auf Public Private Partnership Projekte würde jedoch zu einer dem Grundsatz der Neutralität der Umsatzsteuer widersprechenden Bevorteilung von Public Private Partnership Projekten führen. Der Anwendungsbereich dieser Befreiungsvorschrift wäre allerdings zur Vermeidung von Wettbewerbsverzerrungen zu beschränken, soweit die öffentliche Hand die Eingangsleistungen für Aktivitäten bezieht, die die Voraussetzungen eines Ausschlussumsatzes gemäß § 15 Abs. 2 UStG erfüllen. Denn in diesen Fällen würde anderenfalls die öffentliche Hand beim Leistungsbezug besser gestellt als ein privater Unternehmer.

Fünfter Teil:

Thesenartige Zusammenfassung

Public Private Partnerships bzw. Öffentlich Private Partnerschaften haben ihren Ursprung in den Vereinigten Staaten von Amerika der 40er Jahre und erfreuen sich seit den 90er Jahren in Europa und Deutschland verstärkter Beliebtheit, wobei eine Dominanz von Projekten im Bereich des öffentlichen Hochbaus festzustellen ist. Sie haben eine erhebliche wirtschaftliche Bedeutung und werden sowohl auf europäischer als auch auf nationaler Ebene seitens der Politik aktiv gefördert.

Der Begriff des Public Private Partnership ist nicht legaldefiniert und wurde bis zum derzeitigen Zeitpunkt keiner allgemein gültigen und anerkannten Definition zugeführt, obwohl er bereits Tatbestandsmerkmal steuerrechtlicher Normen geworden ist. Dies führt zu einer nicht unerheblichen Rechtsunsicherheit. Aufgrund der Schwierigkeit einer adäquaten Begriffsbestimmung sollte eine allgemeine Definition von ergänzenden bereichsspezifischen Definitionen flankiert werden.

Für die Zwecke dieser Arbeit wird unter Public Private Partnership eine gleichberechtigte und freiwillige Zusammenarbeit zwischen dem öffentlichen und privaten Sektor verstanden, die die vorhandenen Risiken angemessen verteilt und gemeinsame Ziele verfolgt, die über das Interesse an einem reibungslosen Leistungsaustausch hinausgehen.

Eine umsatzsteuerliche Relevanz haben nur solche Public Private Partnership Projekte, bei denen entgeltliche Leistungen zwischen dem öffentlichen und dem privaten Partner ausgetauscht werden. Für Projekte, bei denen lediglich der öffentliche, nicht jedoch der Private entgeltliche Leistungen erbringt, ist die Wirkung der Umsatzsteuer grundsätzlich neutral, weil der private Partner die ihm überwälzte Umsatzsteuer als Vorsteuer wieder abziehen kann.

Unionsrecht und nationales Umsatzsteuerrecht knüpfen bezüglich des Vorsteuerabzugs des öffentlichen Partners eines Public Private Partnership Projektes daran an, ob der öffentliche Partner selbst umsatzsteuerbar tätig wird und die Leistungen für diesen Bereich bezieht. Der Sinn, dass die öffentliche Hand überhaupt Umsatzsteuersubjekt sein kann, liegt vor allem darin, Wettbewerbsverzerrungen, die durch eine Nichtbesteuerung entstehen könnten, zu vermeiden.

Die unionsrechtlichen Vorgaben des Vorsteuerabzugs der öffentlichen Hand knüpfen an die Möglichkeit einer Wettbewerbsverzerrung an. Die Regelungen im Umsatzsteuergesetz sind durch die Anknüpfung an den Betrieb gewerblicher Art grundlegend anders strukturiert, kommen jedoch durch die unionsrechtskonforme Auslegung und höchstrichterliche Rechtsprechung in vielen Fällen zu dem gleichen Ergebnis.

Für einen Teil der Public Private Partnership Projekte ergibt sich aus den gesetzlichen Vorgaben zur Umsatzbesteuerung der öffentlichen Hand ein Nachteil im Vergleich zu einer konventionellen Realisierung. Dies betrifft jedoch nur Projekte, die den hoheitlichen, nicht umsatzsteuerbaren Bereich des öffentlichen Partners betreffen und bei denen im Falle einer konventionellen Realisierung eine Eigenleistung des öffentlichen Partners erfolgen würde, die nicht zu einer Belastung mit nichtabziehbarer Umsatzsteuer führen würde.

Wesentliche, durch die Umsatzsteuer ausgelöste Effekte, die Public Private Partnership Projekte hemmen, sind der Kaskadeneffekt und die Begünstigung von Eigenleistungen der öffentlichen Hand. Der Kaskadeneffekt beruht darauf, dass die öffentliche Hand die nichtabziehbare Umsatzsteuer auf ihre Eigenleistungen als versteckte Vorsteuer in Gebührenentgelte an Unternehmer einkalkuliert und mangels offenem Umsatzsteuerausweis auch unternehmerische Empfänger öffentlicher Leistungen keinen Vorsteuerabzug geltend machen können, so dass eine Belastung mit versteckter Umsatzsteuer entsteht. Die Begünstigung von Eigenleistungen der öffentlichen Hand ergibt sich insbesondere daraus, dass die Verwendung eigenen Personals im Gegensatz zu Leistungen, die von einem privaten Partner empfangen werden, nicht mit Umsatzsteuer belastet ist.

Für die betroffenen Public Private Partnership Projekte kommt es durch die Begünstigung von Eigenleistungen und den Kaskadeneffekt dazu, dass eine konventionelle Realisierung auch dann aus Sicht der öffentlichen Hand günstiger sein kann, wenn die Zusammenarbeit mit einem privaten Partner im Rahmen eines Public Private Partnership Projektes – ohne Berücksichtigung der umsatzsteuerlichen Effekte – kostengünstiger wäre.

Gestaltungsmodelle de lege lata zur Vermeidung einer umsatzsteuerlichen Belastung des öffentlichen Vertragspartners bei Public Private Partnership Projekten umfassen insbesondere eine formelle Privatisierung im Vorfeld, nicht umsatzsteuerbare Zuschüsse an den privaten Partner, umsatzsteuerliche Organschaften und nicht umsatzsteuerbare Personalbeistellungen. Darüber hinaus kommt in Einzelfällen eine Berufung auf die Vorgaben des Unionsrechts zur Umsatzbesteuerung der öffentlichen Hand in Frage. Keine dieser Gestaltungsmöglichkeiten de lege lata ermöglicht jedoch eine befriedigende allgemeine Lösung des Problems der umsatzsteuerlichen Belastung des öffentlichen Vertragspartners bei Public Private Partnership Projekten.

De lege ferenda könnte das Problem der Belastung mit nichtabziehbarer Vorsteuer grundsätzlich durch die Einführung einer Vollbesteuerung der öffentlichen Hand beseitigt werden. Dies würde indes einen radikalen Systemwechsel sowie Änderungen auf Unionsebene voraussetzen und wäre mit Folgeproblemen verbunden. Die Beseitigung der Sonderbehandlung der öffentlichen Hand würde einen weniger radikalen Eingriff in das Mehrwertsteuersystem darstellen, jedoch auch nicht alle bestehenden Probleme lösen.

Ein weiterer Lösungsansatz de lege ferenda liegt in der Rückerstattung nichtabziehbarer Vorsteuerbeträge an den öffentlichen Partner. Ein solcher umsatzsteuerlicher Refund existiert zwar bereits in einigen EU-Mitgliedstaaten. Eine Implementierung eines Refundsystems wäre jedoch durch die unionsrechtlichen und verfassungsrechtlichen Vorgaben in seinem Anwendungsbereich beschränkt und könnte insbesondere ohne eine Änderung des Grundgesetzes nicht effektiv umgesetzt werden.

Die von *Kirchhof* im Rahmen seines Umsatzsteuergesetzbuchs vorgeschlagene Behandlung der öffentlichen Hand würde das Problem einer umsatzsteuerlichen Belastung des öffentlichen Vertragspartners bei Public Private Partnership Projekten zwar in vielen Fällen lösen. Jedoch würde es bei einem Teil der betroffenen Public Private Partnership Projekte zu keiner Verbesserung kommen. Darüber hinaus würden neue Abgrenzungsprobleme geschaffen.

Durch die Einführung einer echten Umsatzsteuerbefreiung mit Recht zum Vorsteuerabzug für Leistungen an einen öffentlichen Partner im Rahmen eines Public Private Partnership Projekts könnte effektiv das Problem nichtabziehbarer Vorsteuer gelöst werden. Um Wettbewerbsverzerrungen zu vermeiden, müsste diese Befreiung jedoch so ausgestaltet werden, dass sie nur greift, wenn die Leistung nicht für eine Tätigkeit des öffentlichen Partners bezogen wird, die – würde sie von einem Privaten ausgeführt – zu den Vorsteuerabzug ausschließenden Umsätzen führen würde.

Literaturverzeichnis

Aujean, Michel/*Jenkins,* Peter/*Poddar,* Satya: A New Approach to Public Sector Bodies, in IVM, 1999, 144–149.

Badura, Peter: Rechtsfragen der Telekommunikation, in *Bull,* Hans Peter (Hrsg.): Festschrift für Werner Thieme zum 70. Geburtstag, München, 1993, 877–894.

Baldauf, Uwe: Umsatzsteuerliche Abgrenzung von Zuschusszahlungen der öffentlichen Hand, in DStZ, 2010, 125–134.

Barnekov, Timothy/*Boyle,* Robin/*Rich,* Daniel: Privatism and urban policy in Britain and the United States, 1989 (zitiert: *Barnekov*, Privatism).

Barrand, Peter: The Taxation of Non-Profit Bodies and Government Entities under the New Zealand GST, in IVM, 1991, 1–19.

Bauer, Hartmut: Verwaltungsrechtliche und verwaltungswissenschaftliche Aspekte der Gestaltung von Kooperationsverträgen bei Public Private Partnership, in DÖV, 1998, 89–97.

Benedikt, Karla: Die öffentliche Hand als Unternehmer – Neue Dimensionen der Umsatzsteuerpflicht bei Wettbewerbsverzerrungen? in UVR 2012, 2012, 139.

Bird, Richard Miller: Is a State VAT the Answer? What's the Question? Toronto: online, July 2007, ITP Paper 703 (zitiert: *Bird*, State VAT).

- /*Gendron,* Pierre-Pascal: The VAT in Developing and Transitional Countries, Cambridge, 2007 (zitiert: *Bird/Gendron*, VAT in Developing Countries).

Birkenfeld, Wolfram: Verwaltungsvorschriften im Umsatzsteuerrecht und Gemeinschaftsrecht, in UR, 1993, 271 ff.

- Das große Umsatzsteuerhandbuch, Band 2, Steuerbefreiungen und -vergütungen, Bemessungsgrundlagen, Steuer und Vorsteuer §§ 4 -15a UStG, München, 2011 (zitiert: *Bearbeiter* in: *Birkenfeld*, Umsatzsteuerhandbuch).

Blankenheim, Marcus: "Steuerpflichtiger" und Unternehmerbegriff im Umsatzsteuerrecht. Die Vorgaben der 6. EG-Richtlinie und das deutsche Recht, Köln, 2005 (zugl. Jur. Diss., Bonn, 2004) (zitiert: *Blankenheim*, Steuerpflichtiger).

Boor, Julian Raphael: Mittelbare finanzielle Eingliederung bei der umsatzsteuerlichen Organschaft – Zugleich Besprechung des BFH-Urteils vom 22.4.2010 – V R 9/09, in UR, 2010, 757–763.

Budäus, Dietrich (Hrsg.): Kooperationsformen zwischen Staat und Markt. Theoretische Grundlagen und praktische Ausprägungen von Public Private Partnership, 1. Auflage, Baden-Baden, 2006 (zitiert: *Budäus*, Kooperationsformen).

- /*Eichhorn,* Peter (Hrsg.): Public Private Partnership. Neue Formen öffentlicher Aufgabenerfüllung, 1. Auflage, Baden-Baden, 1997 (zitiert: *Budäus*, Aufgabenerfüllung).

Bundesministerium für Verkehr, Bau und Stadtentwicklung (Hrsg.): Gutachten PPP im öffentlichen Hochbau, Band 1, Leitfaden, 2003 (zitiert: *BMVBS*, Leitfaden).

- Gutachten PPP im öffentlichen Hochbau, Band 2, Rechtliche Rahmenbedingungen, 2003 (zitiert: *BMVBS*, Rahmenbedingungen).

- /*Deutscher Sparkassen und Giroverband* (Hrsg.): PPP-Handbuch Leitfaden für Öffentlich-Private-Partnerschaften, 2. Auflage, Bad Homburg, 2009 (zitiert: *Bearbeiter* in: *BMVBS*, PPP-Handbuch).

Bundesrechnungshof: Bericht nach § 99 BHO: Umsatzsteuerliche Behandlung der öffentlichen Hand. Vorschläge für eine EG-konforme Besteuerung juristischer Personen des öffentlichen Rechts, Bonn, 2004 (zitiert: *Bundesrechnungshof*, Umsatzsteuerliche Behandlung).

- Chancen zur Sicherung des Umsatzsteueraufkommens. Vorschläge zur Umsetzung wichtiger Reformvorhaben bei der Umsatzsteuer, Bonn, 2013 (zitiert: *Bundesrechnungshof*, Umsatzsteuerreformvorhaben).

Bunjes, Johann/*Geist,* Reinhold: Umsatzsteuergesetz, 11. Auflage, München, 2012 (zitiert: *Bearbeiter* in: *Bunjes/Geist*, UStG).

Burgi, Martin: Funktionale Privatisierung und Verwaltungshilfe Staatsaufgabendogmatik Phänomenologie - Verfassungsrecht, Tübingen, 1999 (zugl. Habil., Konstanz, 1998) (zitiert: *Burgi*, Privatisierung).

Bürsch, Michael/*Funken,* Klaus (Hrsg.): Kommentar zum ÖPP-Beschleunigungsgesetz, 1. Auflage, Frankfurt am Main, 2007 (zitiert: *Bearbeiter* in: *Bürsch/Funken*, ÖPP-Kommentar).

Calliess, Christian/*Ruffert,* Matthias (Hrsg.): EUV/ AEUV, 4. Auflage, München, 2011 (zitiert: *Bearbeiter* in: *Calliess/ Ruffert*, AEUV).

Copenhagen Economics: VAT in the public sector and exemptions in the public interest. Final report for TAXUD/2011/DE/334, Kopenhagen, 2013 (zitiert: *CE*, VAT in the public sector (2013)).

- /*KPMG AG Wirtschaftsprüfungsgesellschaft*: VAT in the public sector and exemptions in the public interest. Final report for TAXUD/2009/316, Kopenhagen, 2011 (zitiert: *CE/KPMG*, VAT in the public sector (2011)).

Cronauge, Ulrich/*Westermann,* Georg: Kommunale Unternehmen, 5. Auflage, Berlin, 2006.

Damas, Jens-Peter: Die öffentliche Hand und die 6. EG-Richtlinie, in UR, 2005, 303–306.

Dänzer-Vanotti, Wolfgang: Die richtlinienkonforme Auslegung deutschen Rechts hat keinen rechtlichen Vorrang, in RIW, 1991, 754–755.

- Unzulässige Rechtsfortbildung des Europäischen Gerichtshofs, in RIW, 1992, 733 ff.

Dauses, Manfred A. (Hrsg.): Handbuch des EU-Wirtschaftsrechts, Band 1, 31. Auflage, München, 2012 (zitiert: *Bearbeiter* in: *Dauses*, EU-Wirtschaftsrecht).

Demuth, Björn/*Kaiser,* Daniel: Die Folgen der Zinsschranke auf PPP-Projekte nach dem neuen BMF-Schreiben vom 4.7.2008 - IV C 7-S 2742/07/10001, in BB, 2008, 2497–2501.

Desens, Marc/*Hummel,* David: Umsatzsteuerdefinitivbelastung bei Körperschaften des öffentlichen Rechts, in StuW, 2012, 225–241.

Di Fabio, Udo: Richtlinienkonformität als ranghöchstes Normauslegungsprinzip? Überlegungen zum Einfluß des indirekten Gemeinschaftsrechts auf die nationale Rechtsordnung, in NJW, 1990, 947 ff.

Dziadkowski, Dieter: Das Neutralitätsprinzip als Basis der Mehrwertbesteuerung im Europarecht, in BB, 2000, 392–393.

Dziadkowski, Dieter: Erheblicher Reformbedarf bei der Umsatzbesteuerung der Öffentlichen Hand aus gemeinschaftsrechtlicher Sicht - zugleich Anmerkung zum EuGH-Urteil SALIX vom 4.6.2009, in IStR, 2009, 835–837.

- Zur umsatzsteuerlichen Behandlung der öffentlichen Hand, in BB, 2011, 3031–3036.

Ebril, Liam et al.; *International Monetary Fund* (Hrsg.): The modern VAT, Washington D.C., 2001 (zitiert: *Ebril* et al., Modern VAT).

EG-Kommission: Grünbuch zu Öffentlich Privaten Partnerschaften und den gemeinschaftlichen Rechtsvorschriften für öffentliche Aufträge und Konzessionen, Brüssel, 2004 (zitiert: *EG-Kommission*, Grünbuch).

Ehricke, Ulrich: Die richtlinienkonforme Auslegung und die gemeinschaftskonforme Auslegung nationalen Rechts. Ein Beitrag zu ihren Grundlagen und zu ihrer Bedeutung für die Verwirklichung eines „europäischen Privatrechts“, in RabelsZ, 1995, 598 ff.

Engisch, Karl: Logische Studien zur Gesetzesanwendung, 1. Auflage, Heidelberg, 1943 (zitiert: *Engisch*, Gesetzesanwendung).

- Die Idee der Konkretisierung in Recht und Rechtswissenschaft unserer Zeit, 2. Auflage, Heidelberg, 1968 (zitiert: *Engisch*, Konkretisierung).

- Einführung in das juristische Denken, 8. Auflage, Stuttgart, 1983 (zitiert: *Engisch*, Juristisches Denken).

Feria, Rita de la: The EU VAT Treatment of Public Sector Bodies: Slowly Moving in the Wrong Direction, in Intertax, 2009, 148–165.

Fest, Timo: Umsatzbesteuerung von Zuschüssen an öffentliche Beteiligungsunternehmen, in DStR, 2011, 1293–1298.

Fischer, Peter: Steuerrechtlicher Typus und rechtsstaatliche Bestimmtheit des Steuergesetzes, in DStZ, 2000, 885–893.

Florstedt, Tim: Typusbegriffe im Steuerrecht. Analyse einer unzeitgemäßen Methodenfigur, in StuW, 2007, 314–323.

Forchhammer, Josef M.: Umsatzsteuerrechtliche Probleme bei Einschaltung einer privatrechtlichen Gesellschaft in die Erfüllung hoheitlicher Aufgaben, in UR, 1991, 157–159.

Forster, Eduard: Einfluß des europäischen Gemeinschaftsrechts auf die deutsche Umsatzbesteuerung der Tätigkeiten von juristischen Personen des öffentlichen Rechts, in UR, 1996, 73–84.

- Juristische Personen des öffentlichen Rechts und Harmonisierung eines europäischen Mehrwertsteuersystems, Aachen, 1997 (zitiert: *Forster*, Harmonisierung).

- Aktuelle Bestandsaufnahme zur umsatzsteuerlichen Organschaft, in UStB, 2010, 16 ff.

Friauf, Karl Heinrich/*Höfling,* Wolfram (Hrsg.): Berliner Kommentar zum Grundgesetz, Band 4, Artikel 83 – 146, Köln, 2011 (zitiert: *Bearbeiter* in: *Friauf/Höfling*, GG).

Funke, Daniela; *Nentwig,* Bernd (Hrsg.): Realisierbarkeit von Public Private Partnership-Modellen im deutschen Krankenhaussektor, 2005 (zugl. Diplomarbeit, München, 2004) (zitiert: *Funke*, PPP im Krankenhaussektor).

Funken, Klaus; *Fraktion der SPD im Deutschen Bundestag* (Hrsg.): Öffentlich Private Partnerschaften. Eine Zwischenbilanz im Jahre 2009, Berlin, 2009 (zitiert: *Funken*, ÖPP Zwischenbilanz 2009).

Geiger, Rudolf/*Khan,* Daniel-Erasmus/*Kotzur,* Markus: EUV/ AEUV Kommentar, 5. Auflage, München, 2010 (zitiert: *Bearbeiter* in: *Geiger/Khan/Kotzur*, AEUV).

Gendron, Pierre-Pascal: Value-Added Tax Treatment of Public Sector Bodies and Non-Profit Organizations: A Developing Country Perspective, Toronto: BIT 2005, 514–526 und online, July 2005, ITP Paper 0514 ⟨URL: www.rotman.utoronto.ca⟩ (zitiert: *Gendron*, VAT Treatment of Public Sector Bodies).

- How Should the U.S. Treat Government Entities, Nonprofit Organizations, and Other Tax-Exempt Bodies under a VAT? Toronto: TLR 2010, 477 ff. und online, May 2009 ⟨URL: http://www.americantaxpolicyinstitute.org⟩ (zitiert: *Gendron*, Government Entities under a VAT).

- VAT Treatment of Public Sector Bodies: The Canadian Model, Oxford: online, July 2010, paper ⟨URL: http://www.sbs.ox.ac.uk⟩ (zitiert: *Gendron*, Canadian Model).

Giesberts, Franz J.: Zur Qualifizierung des Unternehmerbegriffs i.S.d. § 2 UStG als Typusbegriff, in UR, 1993, 279–284.

Goertzen, Reiner: Begründet die Veräußerung von Hausrat die Unternehmereigenschaft im Sinne des Umsatzsteuergesetzes? in DStR, 1996, 164–169.

Götz, Volkmar: Europäische Gesetzgebung durch Richtlinien – Zusammenwirken von Gemeinschaft und Staat, in NJW, 1992, 1849 – 1856.

Häck, Nils D.: Die öffentliche Hand im Körperschaft- und Umsatzsteuerrecht, Hamburg, 2004 (zugl. Jur. Diss., Universität Hamburg, 2004) (zitiert: *Häck*, Öffentliche Hand).

Häde, Ulrich: Finanzausgleich, Tübingen, 1996 (zugl. Habil., Würzburg, 1996).

Hailbronner, Kay/*Wilms,* Heinrich (Hrsg.): Recht der Europäischen Union, Band 3, Stuttgart, 20. Ergänzungslieferung Januar 2010 (zitiert: *Bearbeiter* in: *Hailbronner/Wilms*, Recht der EU).

Hannappel, Rüdiger: Public Private Partnership im Hochschulwesen. Vorraussetzungen für eine erfolgreiche Gestaltung, 2005 (zugl. Jur. Diss., Kassel, 2005) (zitiert: *Hannappel*, PPP im Hochschulwesen).

Hartmann, Alfred/*Metzenmacher,* Wilhelm; *Birkenfeld,* Wolfram (Hrsg.): Umsatzsteuergesetz, Band 2, 7. Auflage, Berlin, 2008.

Hartmann, Petra: Beziehungen zwischen Staat und Wirtschaft – Unter besonderer Berücksichtigung neuartiger Kooperationsformen im Bereich der regionalen und kommunalen Wirtschaftspolitik, Baden-Baden, 1994 (zitiert: *Hartmann*, Beziehungen).

Hefermehl, Wolfgang/*Köhler,* Helmut/*Bornkamm,* Joachim: Gesetz gegen den unlauteren Wettbewerb, 26. Auflage, München, 2008 (zitiert: *Bearbeiter* in: *Hefermehl/Köhler/Bornkamm*, UWG).

Heger, Karin: Die Besteuerung der öffentlichen Hand – Ein Überblick über die Rechtsprechung des BFH, in FR, 2009, 301–352.

Heintzen, Markus: Hierarchisierungsprozesse innerhalb des Primärrechts der Europäischen Gemeinschaft, in EuR, 1994, 34 ff.

- Die umsatzsteuerliche Organschaft bei Organisationsprivatisierungen in der öffentlichen Verwaltung, in DStR, 1999, 1799–1803.

- EU-Verordnungsentwurf zur Anwendung von IAS: Kein Verstoß gegen Unionsverfassungsrecht, in BB, 2001, 825–829.

Heinz, Werner (Hrsg.): Public Private Partnership – ein neuer Weg zur Stadtentwicklung? Stuttgart, 1993 (zitiert: *Bearbeiter* in: *Heinz*, Stadtentwicklung).

Heller, Robert F.: Haushaltsgrundsätze für Bund, Länder und Gemeinden, 2. Auflage, München, 2010 (zitiert: *Heller*, Haushaltsgrundsätze).

Herrmann, Christoph: Die negative unmittelbare Wirkung von Richtlinien in horizontalen Rechtsverhältnissen. Erwiderung auf T. Gas, Gastkommentar Heft 24/2005, in EuZW, 2006, 69 f.

Hoffrichter-Dahl, Gabriele/*Moecker,* Udo: Umsatzsteuer, 7. Auflage, München, 2005.

Homburg, Stefan/*Rublack,* Carolin: Anmerkungen zum Umsatzsteuergesetzbuch, einem Vorschlag zur Umsatzsteuerreform, in *Tipke,* Klaus et al. (Hrsg.): Gestaltung der Steuerrechtsordnung, Festschrift für Joachim Lang, Köln, 2010, 893–912 (zitiert: *Homburg/Rublack*, Anmerkungen zum UStGB).

Hüllmann: Die Unternehmereigenschaft der öffentlichen Hand im Umbruch? in UStB, 2009, 46–52.

Hüttemann, Rainer: Die Besteuerung der öffentlichen Hand, 1. Auflage, Köln, 2002 (zitiert: *Hüttemann*, Besteuerung).

- Die Besteuerung der öffentlichen Hand, in FR, 2009, 308–314.

Immenga, Ulrich/*Lübben,* Natalie/*Schwintowski,* Hans-Peter (Hrsg.): PPP - Moving Ahead, 1. Auflage, Baden-Baden, 2007 (zitiert: *Bearbeiter* in: *Immenga*, Moving Ahead).

Ismer, Roland/*Keyser,* Anne-Katharina: Umsatzbesteuerung der öffentlichen Hand, in UR, 2011, 81–91.

Jacob, Dieter/*Berger,* Conny: Vorschläge für den Einstieg in einen umsatzsteuerlichen Refund bei PPP-Inhabermodellen, Freiberg: in Freiberger Arbeitspapiere 01, 2007 und online, 2007 ⟨URL: http://hdl.handle.net/10419/27113⟩ (zitiert: *Jacob/Berger*, Umsatzsteuerrefund).

Jarass, Hans D.: Richtlinienkonforme bzw. EG-rechtskonforme Auslegung nationalen Rechts, in EuR, 1991, 211 ff.

- Konflikte zwischen EG-Recht und nationalem Recht vor den Gerichten der Mitgliedstaaten, in DVBl., 1995, 211 ff.

Kaiser, Daniel: Die umsatzsteuerliche Behandlung von Public Private Partnership Modellen, 1. Auflage, Berlin, 2007 (zugl. Jur. Diss., Konstanz, 2006) (zitiert: *Kaiser*, Umsatzsteuerliche Behandlung).

Kämmerer, Jörn Axel: Privatisierung, 1. Auflage, Tübingen, 2001 (zugl. Habil., Tübingen, 2000).

Kaufmann, Arthur: Analogie und „Natur der Sache" – Zugleich ein Beitrag zur Lehre vom Typus, 2. Auflage, Heidelberg, 1982 (zitiert: *Kaufmann*, Natur der Sache).

Keyser, Anne-Katharina: Der BFH auf dem Weg zu einer wettbewerbsneutralen und unionsrechtskonformen Umsatzbesteuerung der öffentlichen Hand, in UVR, 2012, 126.

Kirchhof, Paul: Entwicklungsmöglichkeiten der Umsatzsteuer im Rahmen von Verfassungs- und Europarecht, in UR, 2002, 541–548.

- 40 Jahre Umsatzsteuergesetz - Eine Steuer im Umbruch, in DStR, 2008, 1–8.

- Umsatzsteuergesetzbuch. Ein Vorschlag zur Reform der Umsatzsteuer und der Verkehrsteuern, Heidelberg, 2008 (zitiert: *Kirchhof*, Umsatzsteuergesetzbuch).

- Bundessteuergesetzbuch: ein Reformentwurf zur Erneuerung des Steuerrechts, Heidelberg, 2011 (zitiert: *Kirchhof*, Bundessteuergesetzbuch).

Kirchhoff, Hans-Peter/*Lwowski,* Hans-Jürgen/*Stürner,* Rolf (Hrsg.): Münchener Kommentar zur Insolvenzordnung, Band 3, §§ 270 - 335, Internationales Insolvenzrecht, Insolvenzsteuerrecht, 1. Auflage, München, 2003 (zitiert: *Bearbeiter* in: *Kirchhoff/Lwowski/Stürner*, Insolvenzordnung).

Klein, Franz: Vorwort des Präsidenten des Bundesfinanzhofs. in 75 Jahre Reichsfinanzhof – Bundesfinanzhof. Festschrift, Bonn: Der Präsident des Bundesfinanzhofs, 1993 (zitiert: *Klein*, 75 Jahre Reichsfinanzhof).

Klose, Christoph: Die Begriffe des Unternehmers und des Steuerpflichtigen im deutschen und europäischen Umsatzsteuerrecht: Abgrenzung des Unternehmers vom Nichtunternehmer, Frankfurt a. M., 2000 (zugl. Jur. Diss., 2000) (zitiert: *Klose*, Unternehmerbegriff).

Kohlhepp, Ralf: Konkurrentenklagen im Umsatzsteuerrecht, in DStR, 2011, 145–151.

Kokert, Josef: Der Begriff des Typus bei Karl Larenz, Berlin, 1995 (zugl. Jur. Diss., Köln, 1993) (zitiert: *Kokert*, Typusbegriff bei Larenz).

KPMG AG Wirtschaftsprüfungsgesellschaft: Endbericht zum Gutachten PPP im öffentlichen Hochbau - Umsatzsteuerrefundsystem, Berlin, 2005 (zitiert: *KPMG*, Endbericht Umsatzsteuer-Refund).

Kraeusel, Jörg: Die juristische Person des öffentlichen Rechts als Unternehmer aus deutscher und europäischer Sicht, in *Carlé,* Dieter/*Strahl,* Rudolf/*Strahl,* Martin (Hrsg.): Gestaltung und Abwehr im Steuerrecht. Festschrift für Klaus Korn, 2005 (zitiert: *Kraeusel*, FS Korn).

- Richtlinienkonforme Besteuerung der öffentlichen Hand, in UR, 2010, 480–489.

Krebs, Walter: Neue Bauformen des Organisationsrechts und ihre Einbeziehung in das allgemeine Verwaltungsrecht, in *Schmidt-Aßmann,* Eberhard/*Hoffmann-Riem,* Wolfgang (Hrsg.): Verwaltungsorganisationsrecht als Steuerungsressource, 1998, 339–354 (zitiert: *Krebs*, Verwaltungsorganisationsrecht).

Küffner, Thomas: Umsatzsteuerliche Behandlung von juristischen Personen des öffentlichen Rechts im Lichte der 6. Richtlinie (EWG) Nr. 77/388 zur Harmonisierung der Rechtsvorschriften der Mitgliedstaaten über die Umsatzsteuern, insbesondere Abgrenzung des Betriebs gewerblicher Art vom Hoheitsbetrieb, 1. Auflage, Passau, 2001 (zugl. Jur. Diss., Passau, 2001) (zitiert: *Küffner*, Umsatzsteuerliche Behandlung).

- Dammbruch der umsatzsteuerlichen Neutralität – EuGH öffnet Weg für Konkurrentenklage privater Mitbewerber auf umsatzsteuerliche Gleichbehandlung mit der öffentlichen Hand, in DStR, 2006, 1120–123.

- Umsatzsteuerfalle Organschaft, in StC, 2010, 23 ff.

Kuhlen, Lothar: Typuskonzeptionen in der Rechtstheorie, Frankfurt a. M., 1977 (zugl. Jur. Diss., 1975) (zitiert: *Kuhlen*, Typuskonzeptionen).

Kußmaul, Heinz/*Türk,* Nicole: Die umsatzsteuerliche Behandlung eines gemischt genutzten Gegenstands, in BB, 2010, 1187–1192.

Landwehr, Volker: Betriebe gewerblicher Art von juristischen Personen des öffentlichen Rechts im Körperschaftsteuerrecht, 1. Auflage, Regensburg, 2000 (zugl. Jur. Diss., Osnabrück, 2000) (zitiert: *Landwehr*, Betriebe gewerblicher Art).

Lange, Hans-Friedrich: Juristische Personen des öffentlichen Rechts als Unternehmer im Umsatzsteuerrecht, in UR, 2000, 1–12.

Larenz, Karl: Zur Logik des konkreten Begriffs, in DRW, 1940, 279.

- Methodenlehre der Rechtswissenschaft, 6. Auflage, Berlin, 1991 (zitiert: *Larenz*, Methodenlehre).

Leippe, Bernd: Umsatzsteuerrisiken aus EU-Beihilfen, in ZKF, 2011, 217–220.

Leitner, Korbinian: Die Maut im F-Modell zur Fernstraßenfinanzierung. Eine Analyse der ökonomischen und rechtlichen Einflussfaktoren und Entwurf einer Mautverordnung. München, 2010 (zugl. Jur. Diss., München, 2009) (zitiert: *Leitner*, F-Modell zur Fernstraßenfinanzierung).

Lenz, Otto/*Borchardt,* Klaus-Dieter (Hrsg.): EU-Verträge. Kommentar nach dem Vertrag von Lissabon, 5. Auflage, Köln, 2010 (zitiert: *Bearbeiter* in: *Lenz/Borchardt*, EU-Verträge).

Leonard, Axel: Taugt die Organschaft noch als Gestaltungsinstrument bei steuerfreien Umsätzen, in DStR, 2010, 721–725.

Lewinski, Kai von: Öffentlichrechtliche Insolvenz und Staatsbankrott. Rechtliche Bewältigung finanzieller Krisen der öffentlichen Hand, Tübingen, 2011 (zugl. Habil., Berlin, 2010) (zitiert: *Von Lewinski,* Krisenbewältigung).

Lippross, Otto-Gerd (Hrsg.): Basiskommentar Steuerrecht, Köln, 2010 (zitiert: *Bearbeiter* in: *Lippross*, Basiskommentar).

Littwin, Frank/*Schöne,* Franz-Josef (Hrsg.): Public Private Partnership im öffentlichen Hochbau, 1. Auflage, Stuttgart, 2006 (zitiert: *Littwin*, PPP im Hochbau).

- Public Private Partnership im öffentlichen Hochbau, Stuttgart, 2006 (zitiert: *Bearbeiter* in: *Littwin/Schöne*, Public Private Partnership).

Maciejewski, Karim: Von der Auslegung unbestimmter Rechtsbegriffe im bundesstaatlichen Finanzausgleich, Berlin, 2007 (zugl. Jur. Diss., Hamburg, 2006) (zitiert: *Maciejewski*, Rechtsbegriffe im Finanzausgleich).

Maunz, Theodor/*Dürig,* Günther: Grundgesetz Kommentar, München, 64. Ergänzungslieferung 2012 (zitiert: *Bearbeiter* in: *Maunz/Dürig*, Grundgesetz).

Maurer, Hartmut: Die verfassungsrechtlichen Grenzen der Privatisierung in Deutschland, in Juridica International, 2009, Nr. XVI, 4–13.

- Allgemeines Verwaltungsrecht, 18. Auflage, München, 2011 (zitiert: *Maurer*, Verwaltungsrecht).

Meilicke, Wienand: Zur Bedeutung der richtlinienkonformen Auslegung für das deutsche Steuerrecht, in BB, 1992, 969–975.

Menner, Stefan/*Broer,* Frank: Die umsatzsteuerliche Mehrmütter-Organschaft – Auswirkungen der Rechtsprechungsänderung zur Gewerbesteuer auf die Umsatzsteuer, in UStB, 2000, 241 ff..

Meyer, Hubert/*Freese,* Herbert: Konjunkturpaket II: Art. 104b GG als Ärgernis und Garant des Föderalismus, in NVwZ, 2009, 609–615.

Mösslang, Gerhard: Der Unternehmerbegriff des deutschen Umsatzsteuergesetzes und die Harmonisierung des Umsatzsteuerrechts, in UR, 1994, 10–18.

Mössner, Jörg Manfred: Typusbegriffe im Steuerrecht, in *Drenseck,* Walter/*Seer,* Roman (Hrsg.): Festschrift für Heinrich Wilhelm Kruse zum 70. Geburtstag, Köln, 2001, 161–181 (zitiert: *Mössner*, FS Korn).

Münch, Ingo von/*Kunig,* Philip (Hrsg.): Grundgesetz Kommentar, Band 1-2, 6. Auflage, München, 2012 (zitiert: *Bearbeiter* in: *von Münch/Kunig*, GG).

Neumann, Lothar F./*Nieswandt,* Frank (Hrsg.): Sozialpolitik und öffentliche Wirtschaft, 1. Auflage, Berlin, 1995 (zitiert: *Bearbeiter* in: *Neumann/Nieswandt*, Sozialpolitik).

Nieskens, Hans (Hrsg.): Deutsche Umsatzsteuer im europäischen Kontext. Festgabe 25 Jahre UmsatzsteuerForum, 1. Auflage, Köln, 2008 (zitiert: *Bearbeiter* in: *Nieskens*, Umsatzsteuer).

Nieskoven, Georg: Umsatzsteuerliche Organschaft: Vorteile, Nachteile und Risiken, in GStB, 2009, 355 ff.

Noack, Reinhard: Umsatzbesteuerung von Zuschüssen an öffentliche Beteiligungsunternehmen. Replik zu Fest, DStR 2011, 1293, in DStR, 2011, 2027–2030.

Ochmann, Daniela: Rechtsformwahrende Privatisierung von öffentlich-rechtlichen Anstalten, 1. Auflage, Baden-Baden, 2005 (zugl. Jur. Diss., Freie Universität Berlin, 2004) (zitiert: *Ochmann*, Privatisierung).

Offerhaus, Klaus: Der Unternehmer im Umsatzsteuerrecht, in UR, 1991, 279–281.

ÖPP Deutschland AG (Hrsg.): Auswirkungen der Finanzmarktkrise auf Öffentlich Private Partnerschaften, insbesondere im Hochbau, Berlin, 2010 (zitiert: *ÖPP Deutschland AG*, ÖPP in der Finanzmarktkrise).

Pawlowski, Hans-Martin: Methodenlehre für Juristen, 3. Auflage, Heidelberg, 1999 (zitiert: *Pawlowski*, Methodenlehre).

Pechstein, Matthias/*Koenig,* Christian: Die Europäische Union, 3. Auflage, Tübingen, 2000 (zitiert: *Pechstein/Koenig*, Europäische Union).

Pfeiffer, Thomas: Richtlinienkonforme Auslegung gegen den Wortlaut des nationalen Gesetzes - Die Quelle-Folgeentscheidung des BGH, in NJW, 2009, 412–413.

Plückebaum, Konrad/*Malitzky,* Heinz/*Widmann,* Werner (Hrsg.): Umsatzsteuergesetz Kommentar, Freiburg, 194. Ergänzungslieferung 2012 (zitiert: *Bearbeiter* in: *Plückebaum/ Malitzky*, Umsatzsteuergesetz).

Poddar, Satya: Application of VAT to Public Bodies, online, 2005, Präsentation im Rahmen der International Tax Dialogue VAT Conference in Rom, 15.–16. März 2005 ⟨URL: http://www.itdweb.org/vatconference/pages/paperspresentations.aspx⟩ (zitiert: *Poddar*, VAT and Public Bodies).

Pohmer, Dieter/*Pflugmann-Holstein,* Barbara: 25 Jahre Nettoumsatzsteuer in Deutschland, in UR, 1993, 37–48.

Prugger, Karl: Anmerkung zur Entscheidung des Bundesfinanzhofs, Urteil vom 14. April 1983 – V R 3/79, in UR, 1983, 145–149.

Puppe, Ingeborg: Vom Umgang mit Definitionen in der Jurisprudenz. Kreative Definitionen oder warum sich Juristen über Begriffe streiten, in *Dornseifer,* Gerhard et al. (Hrsg.): Gedächtnisschrift für Armin Kaufmann, 1989, 15–34 (zitiert: *Puppe*, Definitionen).

Radbruch, Gustav: Klassenbegriffe und Ordnungsbegriffe im Rechtsdenken, in Gesamtausgabe Rechtsphilosphie, Band 3, Heidelberg, 1990, 60–70 (zitiert: *Radbruch*, Klassenbegriffe).

Ransiek, Ulrich: Die unternehmerische Aktivität von Holdinggesellschaften (Teil 1), in UStB, 2011, 110–124.

Rau, Günter/*Dürrwächter,* Erich: Kommentar zum Umsatzsteuergesetz, Band 1-6, 8. Auflage, Köln, 152. Nachlieferung Oktober 2012 (zitiert: *Bearbeiter* in: *Rau/Dürrwächter*, Umsatzsteuergesetz).

Reuter, Alexander/*Polley,* Isabel: ÖPP und das Neue Kommunale Finanzmanagement, in NVwZ, 2007, 1345–1351.

Ridinger, Rudolf/*Steinröx,* Manfred (Hrsg.): Regionale Wirtschaftsförderung in der Praxis, Köln, 1995 (zitiert: *Bearbeiter* in: *Ridinger/Steinröx*, Wirtschaftsförderung).

Robisch, Martin: Unternehmereigenschaft und Vorsteuerabzug von Holdinggesellschaften, in UR, 2001, 100–106.

Roggencamp, Sibylle: Public Private Partnership: Entstehung und Funktionsweise kooperativer Arrangements zwischen öffentlichem Sektor und Privatwirtschaft, Frankfurt a.M., 1999 (zitiert: *Roggencamp*, Public Private Partnership).

Rüth, Henning H.: Die Umsetzung der 6. Mehrwertsteuerrichtlinie in das nationale Recht, Hamburg, 2005 (zugl. Jur. Diss., Hamburg, 2005) (zitiert: *Rüth*, Umsetzung).

Sachs, Michael (Hrsg.): Grundgesetz Kommentar, 6. Auflage, München, 2011 (zitiert: *Bearbeiter* in: *Sachs*, GG).

Sangmeister, Bernd: Zweiter Deutscher Finanzgerichtstag in Köln, in NZG, 2005, 309–310.

Schenke, Ralf P.: Die Rechtsfindung im Steuerrecht, 1. Auflage, Tübingen, 2007 (zugl. Habil., Freiburg, 2004) (zitiert: *Schenke*, Rechtsfindung).

- Umsatzsteuerliche Gestaltungsoptionen bei Öffentlich Privaten Partnerschaften (ÖPP) / Public Private Partnership (PPP), in UR, 2007, 4–12.

Schmitt, Carl: Über die drei Arten des rechtswissenschaftlichen Denkens, 3. Auflage, Hamburg, 1934 (zitiert: *Schmitt*, Rechtswissenschaftliches Denken).

Schmitz, Martin/*Erdbrügger,* Andreas: Die umsatzsteuerliche Behandlung der öffentlichen Hand vor dem Hintergrund des Urteils des EuGH in Sachen Isle of Wight, in EU-UStB, 2008, 91–97.

Schmitz, Martin/*Erdbrügger,* Andreas/*Liegmann,* Bastian: Reform der Umsatzbesteuerung des öffentlichen und gemeinnützigen Sektors, in DStR, 2011, 1157–1162.

Schneider, Egon/*Schnapp,* Friedrich E.: Logik für Juristen, 6. Auflage, München, 2006 (zitiert: *Schneider*, Logik).

Schön, Wolfgang: Die Auslegung europäischen Steuerrechts, Köln, 1993 (zitiert: *Schön*, Auslegung).

- Gemeinschaftskonforme Auslegung und Fortbildung des nationalen Steuerrechts – unter Einschluß des Vorlageverfahrens nach Art. 177 EGV–, in *Lehner,* Moris (Hrsg.): Steuerrecht im Europäischen Binnenmarkt: Einfluss des EG-Rechts auf die nationalen Steuerrechtsordnungen, Köln, 1996, 167 ff. (zitiert: *Schön*, Gemeinschaftskonforme Auslegung).

Schrallhammer, Julia: Public Private Partnership im Bereich Kunst und Kultur vor dem Hintergrund der historisch-traditionellen Begründung öffentlicher Kunst- und Kulturförderung in Deutschland, Dissertation, Regensburg, 2006 (zitiert: *Schrallhammer*, PPP in Kunst und Kultur).

Schuck, Stephan: Umsatzsteuer im Immobilienkaufvertrag, in MittBayNot, 1998, 412–417.

Schuppert, Gunnar Folke: Grundzüge eines zu entwickelnden Verwaltungskooperationsrechts – Rechts- und verwaltungswissenschaftliches Gutachten, erstellt im Auftrag des Bundesministeriums des Innern, Baden-Baden, 2001 (zitiert: *Schuppert*, Verwaltungskooperationsrecht).

Seer, Roman: Inhalt und Funktion des Begriffs „Betrieb gewerblicher Art“ für die Besteuerung der öffentlichen Hand, in DStR, 1992, 1751 und 1790.

- /*Klemke,* Sina: Abgrenzung des Betriebes gewerblicher Art vom Hoheitsbetrieb, in BB, 2010, 2015–2024.

Seer, Roman/*Wendt,* Volker: Strukturprobleme der Besteuerung der öffentlichen Hand, in DStR, 2001, 825–837.

Siegel, Manfred: Der Begriff des „Betriebs gewerblicher Art“ im Körperschaft- und Umsatzsteuerrecht, 1. Auflage, Berlin, 1999 (zugl. Jur. Diss., Tübingen, 1997) (zitiert: *Siegel*, Betrieb gewerblicher Art).

Siniwe, Patrick/*Frase,* Henning: Die Praxis der steuerrechtlichen Konkurrentenklage, in BB, 2011, 1567–1571.

Slapio, Ursula: Gestaltungsmöglichkeiten bei umsatzsteuerlicher Organschaft, in DStR, 2000, 999–1002.

Sölch, Otto/*Ringleb,* Karl; *Mößlang,* Gerhard (Hrsg.): Umsatzsteuergesetz, 68. Auflage, München, 2012 (zitiert: *Bearbeiter* in: *Sölch/Ringleb*, Umsatzsteuer).

Spetzler, Eugen: Die richtlinienkonforme Auslegung als vorrangige Methode steuerjuristischer Hermeneutik, in RIW, 1991, 579 ff.

Stadie, Holger: Anmerkung zur Entscheidung des Bundesfinanzhofs, Beschluss vom 21. Juni 1990 – V B 27/90, in UR, 1990, 347–348.

- Umsatzsteuerrecht, 1. Auflage, Köln, 2005.

- Umsatzsteuergesetz, Leipzig, 2009.

Stelkens, Ulrich: Verwaltungsprivatrecht, 1. Auflage, Saarbrücken, 2005 (zugl. Habil., Saarbrücken, 2003).

Sterzinger, Christian: Unternehmereigenschaft einer juristischen Person des öffentlichen Rechts, in UR, 2009, 37–44.

- Unternehmereigenschaft der öffentlichen Hand. Plädoyer für eine gesetzliche Änderung, in DStR, 2010, 2217–2222.

Strahl, Martin: Die typisierende Betrachtungsweise im Steuerrecht, Köln, 1996 (zugl. Jur. Diss., Köln, 1996) (zitiert: *Strahl*, Typisierende Betrachtungsweise).

- Die Abgrenzung hoheitlicher und wirtschaftlicher Tätigkeiten von Körperschaften des öffentlichen Rechts im Ertragsteuer- und Umsatzsteuerrecht, in *Carlé,* Dieter/*Strahl,* Rudolf/*Strahl,* Martin (Hrsg.): Gestaltung und Abwehr im Steuerrecht. Festschrift für Klaus Korn, 2005, 489–518 (zitiert: *Strahl*, FS Korn).

- Kooperationen von Körperschaften des öffentlichen Rechts, in UR, 2012, 381–387.

Stratmann, Bernhard; *Wollmann,* Helmut (Hrsg.): Stadtentwicklung in globalen Zeiten. Lokale Strategien, städtische Lebensqualität und Globalisierung, Basel, Boston, Berlin, 1999 (zugl. Jur. Diss., Marburg, 1999) (zitiert: *Stratmann*, Globalisierung).

Streinz, Rudolf (Hrsg.): EUV/ AEUV, 2. Auflage, München, 2012 (zitiert: *Bearbeiter* in: *Streinz*, AEUV).

Swinkels, Joep: The Tax Liability of Public Bodies under EU VAT, in IVM, 2009, 369–374.

Tehler, Hermann-Josef: Gestaltungsmöglichkeiten des Steuerpflichtigen aufgrund fehlender oder unzulänglicher Umsetzung der MwStSystRL in nationales Recht, in UVR, 2009, 378–380.

Tettinger, Peter J.: Die rechtliche Ausgestaltung von Public Private Partnership, in DÖV, 1996, 764–765.

Thieme, Hauke: Neueste EuGH-Rechtsprechung zur Umsatzbesteuerung der öffentlichen Hand, in BB, 2009, 1900–1903.

Thietz-Bartram, Jochim: Die umsatzsteuerliche Organschaft auf europarechtlichem Prüfstand, in DB, 2009, 1784.

Wagner, Wilfried: Vorsteuerabzugsmöglichkeit bei Grundstücksvermietung an Einrichtung des öffentlichen Rechts als „Zwischenmieter“, in UVR, 2009, 250–254.

Wallis, Georg von: Umsatzsteuerliche Behandlung von Public Private Partnerships im Bundesfernstraßenbau, in UStB, 2006, 200–204 und 229–233.

Wassenaar/Gradus: Contracting Out: The Importance of a Solution for the VAT Distortion, in CESifo Economic Studies, 2004, 377–396.

Weber, Hermann: Steuererlass und Steuerstundung als Subvention, Berlin, 1980 (zugl. Jur. Diss., Heidelberg, 1979) (zitiert: *Weber*, Subvention).

Weber, Martin/*Schäfer,* Michael/*Hausmann,* Friedrich L.: Praxishandbuch Public Private Partnership, 1. Auflage, München, 2006 (zitiert: *Bearbeiter* in: *Weber/Schäfer/Hausmann*, Praxishandbuch).

Weber-Grellet, Heinrich: Der Typus des Typus, in *Budde,* Wolfgang Dieter (Hrsg.): Handelsbilanzen und Steuerbilanzen, Festschrift für Heinrich Beisse, Düsseldorf, 1997, 551–569 (zitiert: *Weber-Grellet*, FS Beisse).

Weiß, Wolfgang: Privatisierung und Staatsaufgaben, 1. Auflage, Tübingen, 2002 (zugl. Habil., Bayreuth, 2000) (zitiert: *Weiß*, Privatisierung).

Widmann, Werner: Umsatzsteuerfragen bei der Abfallentsorgung und Wertstoffverwertung durch die öffentliche Hand, in UR, 1992, 9–12.

- Anmerkung zur Entscheidung des Europäischen Gerichtshofs vom 4. Juni 2009 in Sachen „SALIX“, in UR, 2009, 493–494.

- Zum Entwurf eines Umsatzsteuergesetzbuches von Paul Kirchhof, in UR, 2009, 9–15.

Wolff, Hans Julius/*Bachof,* Otto/*Stober,* Rolf: Verwaltungsrecht, Band III, 5. Auflage, München, 2004 (zitiert: *Wolff*, Verwaltungsrecht III).

- Verwaltungsrecht, Band I, 12. Auflage, München, 2007 (zitiert: *Wolff/Bachof/Stober*, Verwaltungsrecht I).

Wolfgang, Walter/*Groschupp,* Matthias: Umsatzsteuerliche Mehrmütterorganschaft als Gestaltungsinstrument für Körperschaften des öffentlichen Rechts, in UR, 2000, 449–455.

Ziekow, Jan/*Windoffer,* Alexander: Public Private Partnership als Verfahren - Struktur und Erfolgsbedingungen von Kooperationsarenen, in NZBau, 2005, 665–671.

Quellen im World Wide Web

Die Zahlen beziehen sich auf die Seiten, auf denen die Website in der Arbeit zitiert wurde.

http://ec.europa.eu VII
Website der Europäischen Kommission

http://www.d-nb.de/ 1
Website der Deutschen Nationalbibliothek

http://ec.europa.eu 2
Website der Europäischen Kommission

http://ec.europa.eu 2
Website der Europäischen Kommission

http://www.partnerschaften-deutschland.de 8
Website der ÖPP Deutschland AG

http://www.bmvbs.de 8
Website des Bundesministeriums für Verkehr, Bau und Stadtentwicklung

http://www.eib.org/epec 9
Website der EPEC

http://www.ppp.niedersachsen.de 9
PPP Website des niedersächsischen Ministeriums für Wirtschaft, Arbeit und Verkehr

http://www.immobilien-zeitung.de 9
Website der Immobilien Zeitung - Fachzeitung für die Immobilienwirtschaft.

http://www.eib.org/epec 10
Website der EPEC.

http://www.eib.org/epec 10
Website der EPEC.

http://www.eib.org/epec 11
Website der EPEC.

http://www.eib.org/epec 11
Website der EPEC.

http://www.saarheim.de 171
Website von Univ.-Prof. Dr. Klaus Grupp und Univ.-Prof. Dr. Ulrich Stelkens über die virtuelle Stadt Saarheim.